사도신경 살아내기

사도신경 살아내기
지은이: 홍정수
펴낸이: 김준우
펴낸날/ 2009년 2월 16일
펴낸곳/ 한국기독교연구소
등록번호/ 제8-195호(1996년 9월 3일)
경기도 고양시 일산구 장항2동 730, 우인 1322호 (우 410-837)
전화 031-929-5731, 5732(Fax)
E-mail: honestjesus@hanmail.net
Homepage: http://www.historicaljesus.co.kr.
표지 디자인/ 정희수
인쇄처/ 조명문화사 (전화 02-498-3015)
보급처/ 하늘유통 (전화 031-947-7777, Fax 031-947-9753)

이 책의 저작권은 저자와의 독점계약으로 한국기독교연구소가 소유합니다. 저작권법에 따라 국내에서 보호받는 저작물이므로 무단전재와 무단복제를 금합니다.

Sensible Christian Story by Jeong Soo Hong
Copyright ⓒ 2009 Jeong Soo Hong
All rights reserved. Printed in Seoul, Korea.

ISBN 978-89-87427-82-9 04230

값 12,000원

사도신경 살아내기

홍정수 지음

한국기독교연구소

Sensible Christian Story

by

Jeong Soo Hong

이 책은 한상수 권사(동녘교회)의
출판비 후원으로 간행되었습니다.

Korean Institute of the Christian Studies

책을 내면서

이것은 Los Angeles 한아름교회(hanarumchurch.com)에서 행한 실제 설교 중 일부를 모은 것입니다. 그러나 "설교" 모음은 아닙니다. 전통적인 의미의 설교는 아닙니다. 만일 "전통적" 설교가 성경에 대한 충실함을 전제로 한다면 그렇습니다. 저는 조직신학밖에 모릅니다. 그래서 특별히 설교할 거리가 없으면, 사도신경을 재해석하는 작업을 수없이 반복합니다. 제가 배운 조직신학은 성서신학과 별 연관 없이도 가능했던 모형의 신학 분야이며, 절름발이 신학입니다. 성경을 모르고도 할 수 있는 신학!? 그 견본입니다. 양해를 구합니다. 그리고 미국 땅에 살고 있는 교포들을 대상으로 설교한 내용이라서, 한국에 사는 독자들에게 특별한 의미가 없는 내용들이 있을 수도 있습니다.

이것은 신학 연습이요, 신학적 에세이 집입니다. 따라서 글 서두에 등장하는 성경 본문들은 그냥 참고만 하세요. 설교는 해당 성경 주석을 염두에 둔 것이 전혀 아닙니다. 사실 저는 구·신약 성경 자체가 성경 (되)풀이가 아니란 걸 혼자 배웠습니다. 따라서 제 설교는 성경 안에 있지만, 결코 특정 성경 본문에 얽매이지 않습니다. 대체로 신학교들은 설교와 성경 본문과의 관계를 제대로 가르쳐 주지 못합니다. 하여, 어쩔 수 없이, 모든 설교자들은 매주 토요일 밤 자신을 고문합니다. 신학(의 틀)이 있습니까? 고문에서 해방될 수 있습니다!

감사합니다, 저의 삶을 돌보아 준 많은 이들, 아주 많은 이들에게. 물론 저에게 고통을 준 이들에게도 고마운 마음을 전합니다. 그 고통 덕에 제가 감히 하느님을 가까이 하게 되었기 때문입니다. 그러나 특히 고마운 이들이 있습니다. 한국기독교연구소 소장 김준우 박사님, 오랜 세월 기쁨과 지혜를 함께 나누어 온 한인철 박사님, 한아름교회 교우들, 갈릴리신학대학원 식구들, 원고 없이 한 설교를 풀어써 준 함인숙 목사님, 그리고 말로 다 할 수 없는 도움을 늘 주고 있는 아내에게 감사를 드립니다.

2009년 벽두, Los Angeles에서
홍정수

목 차

1. 큰 창조 - 작은 일에서 시작된다 · 9
2. 믿음은 사건을 만든다 · 21
3. "나"를 사랑하는 지혜는? · 33
4. 여전히 전능하신 하느님 · 44
5. 하늘이요 땅입니다 · 56
6. 우리가 믿음을 고백할 때, 우리는 무엇을 하는가(1) · 69
7. 우리가 믿음을 고백할 때, 우리는 무엇을 하는가(2) · 81
8. 우리를 닮은 사람을 만들자(1) · 92
9. 우리를 닮은 사람을 만들자(2) · 104
10. 원수 사랑은 포기하고··· 110
11. 자유인에게 웬 "주님" · 119
12. "우리 주님"을 내가 믿습니다 · 130
13. "하느님의 외아들"을 믿습니다 · 139
14. 사람은 어디까지 자라는가? · 147
15. 물음, 과제가 중요하다 · 157
16. 예루살렘 가는 길 · 167

17. 그들의 주님, 우리들의 주님 · 177

18. 십자가는 고난이 아니라 말이었다 · 190

19. 범법자 예수 · 201

20. 죽음을 몸소 겪으신 우리 주님 · 212

21. "부활"이 약속하는 것 · 219

22. 진인사대천명(盡人事待天命) · 227

23. 낯선 땅에서 "성령을 믿습니다" · 241

24. 교회를 거룩하게 하는 것 · 252

25. 왜 그 여러 교회를 "하나"라 했을까? · 260

26. 팔은 안으로 굽는다 · 270

27. 교회, 뽑힌 자들의 모임 · 278

28. 교회, 거룩한 나눔 · 287

29. '말'로는 '말'을 다하지 못합니다 · 296

30. 거룩한 것과 속된 것의 만남 · 306

31. 처음 사람의 죄, 누구의 실패인가? · 316

32. 용서, 사람이 할 수 있는가? · 325

33. 자본주의 사회에서 믿는 "몸의 부활" · 334

34. "영생"이라는 나무의 열매는 · 343

35. 그 고백 후에 남은 이야기 · 353

1

큰 창조 – 작은 일에서 시작된다

창세기 1:1-5 태초에 하나님이 천지를 창조하셨다. 땅이 혼돈하고 공허하며, 어둠이 깊음 위에 있고, 하나님의 영은 물 위에 움직이고 계셨다. 하나님이 말씀하시기를 "빛이 생겨라" 하시니, 빛이 생겼다. 그 빛이 하나님 보시기에 좋았다. 하나님이 빛과 어둠을 나누셔서, 빛을 낮이라고 하시고, 어둠을 밤이라고 하셨다. 저녁이 되고 아침이 되니, 하루가 지났다.

마태복음 25:14-30 "또 하늘 나라는 이런 사정과 같다. 어떤 사람이 여행을 떠나면서, 자기 종들을 불러서, 자기의 재산을 그들에게 맡겼다. 그는 각 사람의 능력을 따라, 한 사람에게는 다섯 달란트를 주고 또 한 사람에게는 두 달란트를 주고, 또 다른 한 사람에게는 한 달란트를 주고 떠났다. 다섯 달란트를 받은 사람은 곧 가서, 그것으로 장사를 하여, 다섯 달란트를 더 벌었다. 두 달란트를 받은 사람도 그와 같이 하여, 두 달란트를 더 벌었다. 그러나 한 달란트 받은 사람은 가서, 땅을 파고, 주인의 돈을 숨겼다. 오랜 뒤에, 그 종들의 주인이 돌아와서, 그들과 셈을 하게 되었다. 다섯 달란트를 받은 사람은 다섯 달란트를 더 가지고 와서 말하기를 '주인님, 주인께서 다섯 달란트를 내게 맡기셨는데, 보십시오. 다섯 달란트를 더 벌었습니다.' 하였다. 그의 주인이 그에게 말하였다. '잘했다! 착하고 신실한 종아. 네가 적은 일에 신실하였으니, 이제 내가 많은 일을 네게 맡기겠다. 와서, 주인과 함께 기쁨을 누려라.' 두 달란트를 받은 사람도 다가와서 '주인님, 주인님께서 두 달란트를 내게 맡기셨는데, 보십시오. 두 달란트를 더 벌었습니다' 하고 말하였다. 그의 주인이 그에게 말하였다. '잘했다. 착하고 신실한 종아! 네가 적은 일에 신실하였으니, 이제 내가 많은 일을 네게 맡기겠다. 와서, 주인과 함께 기쁨을 누려라.' 그러나 한 달란트를 받은 사람은 다가와서 말하였다. '주인님, 나는, 주인이 굳은 분이시라, 심지 않은 데서 거두시고, 뿌리지 않은 데서 모으시는 줄로 알고, 무서워하여 물러가서, 그 달란트를 땅에 숨겨 두었습니다. 보십시오. 여기에 그 돈이 있으니, 받으십시오.' 그러자 그의 주인이 그에게 말하였다. '악하고 게으른 종아, 너는 내가 심지 않은 데서 거두고, 뿌리지 않은 데서 모으는 줄 알았다. 그렇다면, 너는 내 돈을 돈놀이 하는 사람에게 맡겼어야 했다. 그랬더라면, 내가 와서, 내 돈에 이자를 붙여 받았을 것이다. 그에게서 그 한 달란트를 빼앗아서, 열 달란트 가진 사람에게 주어라. 가진 사람에게는 더 주어서 넘치게 하고, 갖지 못한 사람에게서는 있는 것 마저 빼앗을 것이다. 이 쓸모 없는 종을 바깥 어두운 데로 내쫓아라. 거기서 슬피 울며 이를 가는 일이 있을 것이다.'"

요한계시록 21:1-8 나는 새 하늘과 새 땅을 보았습니다. 이전의 하늘과 이전의 땅이 사라지고, 바다도 없어졌습니다. 나는 또 거룩한 도성 새 예루살렘이, 남편을 위하여 단장한 신부와 같이 차리고, 하나님께로부터 하늘에서 내려오는 것을 보았습니다. 그 때에 나는 보좌에서 큰 음성이 울려 나오는 것을 들었습니다. "보아라, 하나님의 집이 사람들 가운데 있다. 하나님이 그들과 함께 계실 것이요, 그들은 하나님의 백성이 될 것이다. 하나님이 친히 그들과 함께 계시고, 그들의 눈에서 모든 눈물을 닦아주실 것이니, 다시는 죽음이 없고, 슬픔도 울부짖음도 고통도 없을 것이다. 이전 것들이 다 사라져 버렸기 때문이다." 그 때에 보좌에 앉으신 분이 말씀하셨습니다. "보아라, 내가 모든 것을 새롭게 한다." 또 말씀하셨습니다. "기록하여라. 이 말은 신실하고 참되다." 또 나에게 말씀하셨습니다. "다 이루었다. 나는 알파며 오메가, 곧 처음이며 마지막이다. 목마른 사람에게는 내가 생명수 샘물을 거저 마시게 하겠다. 이기는 사람은 이것들을 상속받을 것이다. 나는 그의 하나님이 되고 그는 내 자녀가 될 것이다. 그러나 비겁한 자들과 신실하지 못한 자들과 가증한 자들과 살인자들과 음행하는 자들과 마술쟁이들과 우상 숭배자들과 모든 거짓말쟁이들이 차지할 몫은, 불과 유황이 타오르는 바다뿐이다. 이것이 둘째 사망이다."

새해의 아침입니다. 어제와 달라진 것은 없는 것 같은 오늘입니다. 그래도 우리의 마음은 많이 달라져 있고, 그래서 각자의 남은 인생을 점검해 보는 그런 때입니다. 한국에는 설이 두 개나 되기 때문에 저처럼 게으른 사람은 새해를 위한 계획을 짜는 날짜를 구정이 올 때까지 미루어 놓지요. 학교를 다닐 때는 학생들의 새 날, 즉 새 학기가 처음 시작되는 때가 3월이었기 때문에, 3월까지 새해를 위한 계획을 세우는 것을 미룰 수가 있었고, 그래서 일 년에 세 번쯤은 인생을 설계할 기회가 있어서 좋았습니다.

성경에 보면 하느님께서 사람을 만들 결심을 하시고, 많은 계획을 차근차근히 시행했다는 기록이 나와 있습니다. 하느님이 처음에 어둠 속에서 빛을 만들었는데, 빛을 만들긴 만들었지만 빛을 받을 물체가 하나도 없기 때문에 별로 실감이 나지 않았을 것입니다. 그래서 그런지 하느님은 보시기에 좋다고만 하셨습니다. 그런데 시간이 지나고 하느님이 뭔가 구체적인 물체를 만드시면서 기분이 좋아지고 드디어 "참 좋다"고 하셨는데, 그것은 마침내 목표지점인 사람을 만들고 난 후였습니다. 그리고는 쉬셨다는 기록이 성서에 있습니다.

여러분은 인생의 한 토막을 아무 계획 없이 살아본 적이 있는지요? 저는 매해 새해를 맞이하고 학교에서 새 학기가 시작될 때에도 많은 계획을 세우지 못했습니다. 어쩌면 계획을 세워야 한다는 것도 생각지 않고 그냥그냥 살았죠. 그래도 시간은 흘러가더군요.

그런데 어느 날 TV의 선전을 보면서, 제가 애쓰고 태양을 들어올리지 않아도 다음날 태양은 뜬다는 암시적인 광고(오렌지 쥬스 광고)를 보고, '하느님은 참 고마운 분이다. 사람들이 저마다 아침에 일어나서 자기가 하루 동안 사용할 태양을 들어올려야 하는 수고를 하는 사람에게만 하루가 주어진다면, 나같이 게으른 사람은 며칠도 못살 것이다.' 그런 생각을 해보았습니다. 제가 늦잠을 자고 게으름을 피우는 날에도 태양은 떠올라 저에게 하루는 주어졌습니다.

이제는 조금 정신이 들어서 남은 인생의 중대한 일이 있다면 그것을 위한 계획을 좀 세워 보아야 하겠다는 생각을 합니다. 제 생애에서 제가 해야 할 중대한 일이 있다면, 그것을 위하여 금년에 해야 할 일은 무엇이며, 1월에 해야 할 일은 무엇인가를 점검해 봅니다.

사회학자들이 똑같은 학교 졸업한 사람들(하바드, 74년 **MBA** 학급생들)을 상대로 10년, 20년 후에 누가 돈을 더 많이 벌었나를 조사해 보았는데, 매일 아침마다 자신이 세운 구체적인 계획들을 재점검하면서 산 사람들이 대체적인 계획만으로 막연히 열심히 사는 사람들에 비해서 10년 후에 8배 이상의 성공을 거두었다는 보고서가 나왔습니다. 저의 지난날을 보아도 그 보고서는 별로 틀린 것 같지 않습니다. 성서에는 "계획은 네가 세우지만 그 경영의 승패는 하느님이 정하시는 것"이라는 경고가 나와 있지만, 그럼에도 불구하고 이런 새해 첫날을 맞이하면 뭔가 중요한 계획을 세우게 되지요. 그러니 아직도 자기의 여생을 위한 계획을 세우지 않은 분은 지금이라도 계획을 세우시기 바랍니다.

계획을 세우지 않으면, 여러분이 날마다 복잡한 일을 당하고 그때마다 중대한 결단을 해야 하는데, 그 결단을 할 때 기준이 없기 때문에 여러분의 오는 1년이 365일이 아니라 6일이나 5일밖에 안 될는지도 모릅니다. 왜냐하면 여러분이 중대한 결단을 할 때 일정한 판단의 기준이 없어서, 대부분의 날들을 살아도 사는 것 같지 않다고 말할 수 있기 때문입니다.

그래서 학자들은 목수가 못 통에서 아무 생각 없이 못을 꺼내느냐, 아니면 어떤 기준을 가지고 꺼내느냐, 하는 쓸데없는 논쟁을 열심히 합니다. 그 논쟁을 하는 이유는, 사람이 아무 생각 없이도 집을 지을 수 있느냐는 얘기지요. 미숙련자가 아니고 목수처럼 숙련공이 되면, 아무 생각 없이도 인생을 잘 살지 않겠느냐는 이야기입니다. 철학자들의 결론은 목수가 아무 생각 없이 못 통에서 1인치나 2인치 짜리의 못을 집어서 지붕에서 일을 하는 것 같지만, 사실은 거기에도 결단의 기준이 있다고 합니다.

우리가 항공기를 타고 가다가 불시착해서 북극에 눈 덮인 벌판에 내렸다고 가정을 해 봅시다. 동서남북 어디를 보아도 똑같은 하얀 벌판일 때, 여러분은 거기에 앉아 있겠습니까? 어디선가 여러분을 구하는 구조대가 올 때까지 어디론가 가겠습니까? 동서남북에 대한 감각도 없고 동서남북을 구별할 수 없이 사방이 똑같은 벌판일 경우, 우리가 한 걸음을 나가고 두 걸음을 나가는 것이 의미 있다고 말할 근거는 없습니다. 누군가가 우리가 있는 곳이 어디이고, 우리를 구조하러 오는 헬리콥터가 어느 쪽에서 어떻게 올 것이기 때문에 우리가 어디로 가야 할 것이라는 정확한 정보와 우리가 가야 하는 목표지점을 말해 주기 전까지는 아무것도 할 수 없을 것입니다.

황량한 벌판에 우리가 불시착한 상황처럼, 새해의 수많은 가능성이 우리 앞에 펼쳐져 있다고 할지라도, 일정한 목표가 없으면 우리는 출발하지 못하고 엉거주춤하게 시간을 보낼 수밖에 없습니다. 따라서 좋든 싫든 삶의 목표는 세워야 되고, 그 목표는 우리의 일상생활에서 크고 작은 많은 결단을 할 때 우리에게 기준이 됩니다.

하느님께서도 천지를 지으시며, 사람을 만드시기 위하여 빛을 만들고, 물고기를 만들고, 다람쥐를 만들고, 그 다음에야 사람을 만드셨습니다. 그런 것처럼 여러분도 이 새 아침에 여러분의 남은 날을 위한 중대한 계획을 세우고 결단도 하시기 바랍니다. 아마 이미 많은 계획을 세우셨겠지요?

그런데 계획을 세우는 것보다 더 중요한 것은, 여러분이 세운 계획에 집착하지 않는 유연성입니다. 어떤 사람은 선한 사마리아인의 비유를 이렇게 해석합니다. 고통 받고 있는 사람 옆을 지나가고 있는 레위인이나 제사장들은 인생에 있어서는 성공한 사람들인지 모르지만, 고통 받는 사람의 신음소리를 듣지 못하였기 때문에, 예수님의 눈, 종교인의 눈, 신앙인의 눈으로 볼 때, 그들의 삶은 실패로 끝났다는 것입니다. 그 이유는 그들이 앞에 있는 인생의 목표만 바라보고 갔기 때문에 주변에서 일어나는 응급상황에 대처할 수 없었던 것이고, 하느님의 음성, 이웃의 음성을 듣지 못했다는 것입니다.

저는 80년대를 살면서, 목표의식이 너무나 분명했기 때문에 주변을 관찰할 수 있는 여유를 갖지 못한 젊은이들을 아주 많이 보았습니다. 남들은 어떻게 살아야 할지를 아직 고민하고 있는 순간 그들은 자신의 삶의 미래를 구체적인 그림으로 그려 둡니다. 어떤 방법으로 데모를 할 것이며, 데모 중 할 어떤 행동은 옥살이 연한이 얼마나 될 것인데, 옥살이 후에는 내 앞길에 무엇이 있을 것이다 ... 자신의 생애의 너무나 구체적이고 뚜렷한 계획을 세운 무서운 젊은이들을 80년대 중에서 많이 보았습니다. 그러나 그들은 자신들이 세운 목표에 너무나 집착하기 때문에 다른 사람들의 음성, 그들을 향한 다른 사람들의 배려를 들을 수도, 볼 수도 없는 비극이 그들에게는 있었습니다.

종교적으로 말하면, 인생은 혼자 살아가는 것이 아니라 하느님이 나타나서 그를 돕고 그에게 새로운 도움을 주는데, 자신이 세운 인생의 목표에 너무 집착하면, 하느님께서 그를 사랑하고 돕고 싶어도 도울 방(room)을 마련하지 못하여 결국은 결정적인 도움을 얻지 못하고 실패로 끝날 수 있습니다. 비종교적으로 말하면, 사랑하는 사람이 옆에 있을지라도 내 인생을 혼자 꾸려 나간다고 큰소리치며 살다보면, 옆에 사랑하는 사람들을 다 잊어버리는 슬픈 비극에 빠져버립니다. 칸트 식으로 말하면 내 목표와 표적이 너무나 뚜렷한 사람은 목적이 수단을 정당화시키는 어리석은 오류를 범할 수 있습니다.

목적의식이 분명한 사람들, 자신이 무엇을 할 수 있는지 서슴지 않고 말할 수 있는 사람들을 저는 무서워합니다. 그들이 종교인일 경우에는, 무엇을 믿는지를 쉽게 말할 수 있는 사람들을 저는 약간은 무서워합니다. 그런 사람들은 그들의 생각과 다른 어떤 것들도 받아들이기 힘든 사람들이며, 자기가 세운 목표, 표적을 위해서는 무슨 방법이든지 다 동원하는 사람들입니다.

여러분 주변에도 이렇게 자의식이 강한, 그래서 가까이 하기에는 무서운 사람들이 있을 것입니다. 저는 제 주변에서 그런 사람들을 많이 보았습니다. 그들은 한때 성공할는지는 모르지만 그들의 말년은 외로울 것이고, 다른 사람들과 가까이 교제할 방을 그들은 가지고 있지 않습니다. 하느님이 도와주고 싶어도 그들은 하느님의 도움을 받을 만한 여유가 없지요.

계획을 세우십시오. 여러분 삶의 계획을 세우십시오. 계획이 없는 사람보다 계획이 있는 사람은 적어도 8배의 능률을 올립니다. 지금이라도 여러분의 생의 계획을 잡아 보시기 바랍니다. 그러나 그 계획에 집착하지는 마십시오.

창세기를 보면, 하느님께서 하늘과 땅을 만드셨습니다. 그런데 그 후에 하느님께서는 그 분이 만드신 세상이 엉망이 되었기 때문에, 새 하늘과 새 땅을 만들고 만물을 새롭게 하겠다고 하시며, 하느님이 계획을 수정하셨습니다. 요한계시록에 있는 이야기입니다.

여러분은 세워 놓은 생애 계획을 가지고 있습니까? 그것 때문에 여러분이 잘 살아 왔습니까? 새로운 계획을 세우기 원하신다면, 가지고 있던 계획을 백지로 돌릴 수 있는 사람만이 그렇게 할 수 있습니다. 그리고 여러분의 인생을 풍부하게 살아갈 수 있습니다. 한때 세운 계획에 너무 집착하지 마십시오. 여러분에게 중요한 목표, 표적이 있다고 해서 그것에 너무 집착하지 마십시오. 그것을 이루기 위하여 수단 방법을 가리지 않는 어리석은 일을 범하지 마십시오. 하느님이 당신을 도울 수 있는 여백을 만들어 두십시오. 사랑하는 사람과 친구들이 여러분을 도울 수 있는 여백을 만들어 두십시오. 그리고 아무리 바쁘더라도 이웃사람들이 우리를 향하여 신음하는 그 소리를 들을 수 있는 여백을 만들어 두십시오.

자동차마다 적정속도가 다르지요. 어떤 차는 빨리 달려도 속도감을 못 느낍니다. 그러나 어떤 차는 빨리 달리면 불안하지요.

사람도 성능이 다 다르다고 말할 수 있습니다. 비록 같은 사람이라 하더라도 처한 시간과 공간과 환경에 따라서, 각자가 움직여야 할 적정속도와 계획이 다를 수밖에 없습니다.

따라서 계획을 세우시되 그 계획을 수정할 수 있는 여유를 가지십시오. 목표를 세우시되 그 목표를 위하여 수단을 가리지 않고 목표에만 집착하는 어리석음을 피해야 할 것입니다.

다음으로, 새해 아침에 우리 마음속에 새겨야할 중요한 아름다운 예수님의 이야기를 생각해 보며, 마태복음 25장에 나와 있는 달란트 비유로 제가 하느님으로부터 받고 싶은 복에 대한 이야기를 들려드리고 싶습니다.

달란트 비유에 보면, 예수님께서 세 사람을 등장시킵니다. 주인이 그의 일꾼들에게 각각의 능력대로 다섯 달란트, 두 달란트, 한 달란트를 주고 떠났다가 훗날 돌아와서 얼마나 잘 관리했는지를 점검한다는 이야기입니다.

다섯 달란트 받은 사람은 다섯 달란트, 두 달란트 받은 사람은 두 달란트를 더 남겼는데, 한 달란트 받은 사람은 주인이 너무 지독한 사람이라는 것을 알고 겁이 나서 땅에 묻어 놓았다가 그대로 내어놓았습니다. 그러나 이 무서운 주인은 은행에라도 맡겨서 돈을 늘려놓았어야지 그 동안 무엇을 했느냐며, "악하고 게으른 종"이라고 책망합니다. 그리고는 그를 버리고, 열심히 일하여 돈을 번 두 하인에게는 이렇게 말했습니다. "네가 작은 일에 충성을 다하였으니 큰일을 맡기겠다."

하느님이 저에게 찾아오셔서 "내가 오랫동안 너를 잊어버렸다고 생각했겠지만, 네가 열심히 살고 있는 모습을 보고 있었다. 금년 한해는 너를 좀 도와주마. 그런데 어떻게 도와주면 좋겠느냐?" 이렇게 물어보신다면, "하느님이 저에게 맡기신 작은 일은 제가 책임을 지고 열심히 하겠습니다. 그런데 그 다음부터는 하느님이 하십시오."라고 대답하겠습니다.

달란트는 이미 우리가 받은 거지요. 어떤 형태로든지 달란트를 받았고, 어떤 형태로든지 우리가 이 세상에서 해야 할 일이 있습니다. 여기서 주목할 사실은 하느님께서 그 많은 일들 중에서 작은 일, 하찮은 일, 시시한 일을 어떻게 하는지 눈여겨보신다는 것입니다.

많은 사람들이 큰 일은 참 잘 합니다. 중대한 일은 잘합니다. 높은 사람들에게 인사하는 것은 잘 합니다. 그러나 별볼일 없는 사람, 만나도 그만이고 안 만나도 그만인 사람에게 인사하는 것은 잘 못합니다. 크고 중대한 일, 결과가 확실히 나타나는 일은 어떤 사람이든지 다 열심히 합니다.

그런데 예수님의 비유에 나오는 이 주인은, 작은 일에 어떻게 하는지를 살핍니다. 그래서 저는 하느님에게 하고 싶은 이야기가 있습니다. "제가 맡은 작은 일, 시시한 일, 남들의 눈에는 해도 그만, 안 해도 그만인 사소한 일을 열심히 할 것입니다. 그런데 그것으로 인생이 끝난다면 제가 피곤해져서 더 이상 일을 할 수 없으니, 그 다음 부분은 하느님이 맡아서 하십시오."

그러면 멋진 것 아닐까요? "내가 큰일을 네게 맡기겠다." 얼마나 좋습니까? 일복을 받는 것이지요.

하느님께서 지금 여러분에게 와서 "내가 금년 한해 네 소원을 들어주마. 무슨 복을 원하느냐?" 이렇게 물으신다면 어떤 대답을 하시겠습니까? 재물이 많아지는 복을 원하시겠습니까? 건강의 축복을 원하십니까? 어떤 분은 좀 더 오래 살게 해달라고 할지도 모르겠군요.

너무 욕심부리지 말고, 하느님께서 우리에게 기회를 주신다면, 하느님께서 우리에게 맡겨주신 작은 일을 다 하고, 그리고 내년이 되었을 때 우리가 더 큰일을 맡아 할 수 있는 충성스런 종이 될 수 있는 복을 받는다면, 올 한해를 멋지게 보내는 것이 아닐까요. 금년에 저는 하느님으로부터 복을 받고 싶고, 그것이 일복입니다.

그런데 어떤 사람들은 일을 너무 많이 해서 쉬는 복을 받고 싶은가 봅니다. 그렇다면 하느님께 이렇게 기도해야겠지요. "작은 일에도, 큰일에도 충성했으니 금년에는 저에게 먹고 노는 복을 주십시오." 그러면 하느님은 뭐라고 하실까요? 성경에는 그런 복을 받은 사람은 없는 것 같습니다.

교회에서는 새해를 시작하면서 축복성회를 하기도 하지요. 많은 사람이 산으로 기도하러 가기도 합니다. 어떤 사람들은 강원도에 있는 정동진에 몰려가서 해맞이를 하면서 복을 달라고 빌기도 합니다.

금년 한해를 위해 여러분은 하느님께 무엇을 도와 달라고 하실지 모르겠습니다만, 저는 제가 맡은 작은 일, 남들이 볼 때 시시한 일을 계획적으로 정말로 열심히 하도록 도와달라고 하겠습니다. 그 다음에는 하느님께서 더 큰 일을 저에게 맡기실 것이고, 저는 일복을 받기 원합니다.

또한 그 일하는 복으로만 끝나는 것이 아니라, 거기에는 '즐거움'이 있습니다. "주인과 함께 기쁨을 누려라" 하고 예수님의 이야기에서는 말하고 있습니다. '일복'이 '기쁨'으로 이어지는 것이지요. 그런 복을 받는다면 저의 여생이 얼마나 멋지게 될 수 있을까요.

여러분은 하느님께 무엇을 원하십니까? 하느님은 여러분에게 물으십니다. 어떤 복을 주면 좋겠느냐고. 여러분은 오늘밤이 되기 전에 기도하십시오. 여러분의 생애를 생각하면서 하느님에게 어떤 복을 받을 것인가를 생각해 보시기 바랍니다.

저는 이 달란트 비유가 우리에게 많은 암시를 준다고 생각합니다.

지극히 평범한 이야기이지만 새해 아침에 읽고 되새겨 볼 만한 아름다운 이야기라고 생각하여 여러분에게 말씀드렸습니다.

멋진 한 해가 여러분 앞에 기다리고 있습니다.

2

믿음은 사건을 만든다

에스겔 37:1-6 주님께서 권능으로 나를 사로잡으셨다. 주님의 영이 나를 데리고 나가서, 골짜기의 한 가운데 나를 내려 놓으셨다. 그런데 그 곳에는 뼈들이 가득히 있었다. 그가 나를 데리고 그 뼈들이 널려 있는 사방으로 다니게 하셨다. 그 골짜기의 바닥에 뼈가 대단히 많았다. 보니, 그것들은 아주 말라 있었다. 그가 내게 물으셨다. "사람아, 이 뼈들이 살아날 수 있겠느냐?" 내가 대답하였다. "주 하나님, 주님께서는 아십니다." 그는 내게 말씀하셨다. "너는 이 뼈들에게 대언하여라. 너는 그것들에게 전하여라. '너희 마른 뼈들아, 너희는 나 주의 말을 들어라. 나 주 하나님이 이 뼈들에게 말한다. 내가 너희 속에 생기를 불어넣어, 너희가 다시 살아나게 하겠다. 그 때에야 비로소 너희는, 내가 주인 줄 알게 될 것이다.'"

마태복음 14:22-30 예수께서는 곧 제자들을 재촉하여 배에 태워서, 자기보다 먼저 건너편으로 가게 하시고, 그 동안에 무리를 헤쳐 보내셨다. 무리를 헤쳐 보내신 뒤에, 예수께서는 따로 기도하시려고 산에 올라가셨다. 날이 이미 저물었을 때에, 예수께서는 홀로 거기에 계셨다. 제자들이 탄 배는, 그 사이에 이미 육지에서 멀리 떨어져 있었는데, 풍랑에 몹시 시달리고 있었다. 바람이 거슬러서 불어왔기 때문이다. 이른 새벽에 예수께서 바다 위로 걸어서 제자들에게로 가셨다. 제자들이, 예수께서 바다 위로 걸어오시는 것을 보고, 겁에 질려서 "유령이다!" 하며 두려워서 소리를 질렀다. (예수께서) 곧 그들에게 말씀하셨다. "안심하여라. 나다. 두려워하지 말아라." 베드로가 예수께 말하였다. "주님, 주님이시면, 저더러 물 위로 걸어서, 주님께로 오라고 명령하십시오." 예수께서 "오너라!" 하고 말씀하셨다. 베드로는 배에서 내려, 물 위로 걸어서, 예수께로 갔다. 그러나 베드로는 (거센) 바람이 불어오는 것을 보고, 무서움에 사로잡혀서, 물에 빠져 들어가게 되었다. 그 때에 그는 "주님, 살려 주십시오" 하고 외쳤다.

마태복음 17:20 예수께서 그들에게 대답하셨다. "내가 진정으로 너희에게 말한다. 너희에게 겨자씨 한 알만 한 믿음이라도 있으면, 이 산더러 '여기에서 저기로 옮겨가라!' 하면 그대로 될 것이요, 너희가 못할 일이 없을 것이다."

여러분 모두가 한해의 계획을 잘 세웠는지요? 저는 계획은 잘 세웠지만 그 계획대로 실천해야 할지 말지를 망설이면서 하느님께 기도하고 있습니다. 왜냐하면 하느님께서 저에게 원하시는 그 길을 가기에는 제가 능력이 부족하고, 믿음이 부족하기 때문입니다.

여러분 중에는 '나는 믿음이 좋다', '나는 믿음이 돈독하다'고 생각하시는 분들이 계실 겁니다. 그러나 우리들 가운데 더러는, 아니 대부분은 '나는 믿음이 좀 모자란다,' '믿음이 약하다'는 걱정을 하고 있지요. 그래서 저처럼 믿음이 모자라는 사람들을 위해서 오늘 이 말씀을 드립니다.

성경에는 "겨자씨 한 알만 한 믿음이 있어도 산을 움직일 수 있다"고 했으니, 믿음이 많은 사람은 걱정할 것이 없습니다. 그러나 저처럼 믿음이 좀 모자란 사람인데, 그 앞에 해야 할 '중대한 일'이 기다리고 있다면 그 일을 위해 정진할 것인지, 아니면 세상 바람을 따라 적당히 살다가 생을 마감하고 말자는 유혹을 한 번쯤 받게 됩니다.

'중대한 일'이라고 하는 것은 꼭 거룩한 일로 생각되는 것이 아니라 할지라도, 가족이나 자신을 위해, 혹은 우리가 살고 있는 이 지역사회를 위해, 하느님께서 우리에게 맡기셨다고 생각되는 그 일을 말하는 것입니다. 이런 일을 앞에 놓고 적당히 살고 싶은 유혹을 받을 때마다 나에게 좀 더 힘이 있었으면, 믿음이 있었으면 좋겠다는 생각을 하신 적이 있을 것입니다.

제가 믿음이 부족한데도 불구하고, 성경을 읽고 성경 이야기를 좋아하는 것은, 성경은 바로 저처럼 믿음 없는 사람들의 이야기로 가득 차 있고, 하느님은 바로 그 믿음 없는 사람들을 계속해서 들어 쓰신다고 하는 역설적인 이야기가 성경에 가득 차 있기 때문입니다.

제가 왜 믿음이 없다는 말씀을 드리느냐 하면, 목회자의 직업은 하느님의 말씀을 전하고 사람이 변화되기를 바라는 소망을 가지고 농사를 짓는 사람과 마찬가지인데, 하느님의 말씀을 전한다고 열심히 노력은 하지만 1년, 2년 지나놓고 보면, 칼빈의 말이 역시 옳다는 생각이 들 때가 있기 때문입니다.

칼빈의 말은 어떤 나무는 처음부터 싹이 노랗다는 것입니다. 될 성싶은 나무는 떡잎부터 안다는 말이지요. 즉 어떤 경우는 노력하지 않아도 되고, 어떤 경우는 아무리 노력해도 안 된다는 것인데, 이것을 어렵게 말하면 '이중예정론'이라고 합니다. 살다가 뒤돌아보면 어떤 이는 처음부터 훌륭한 사람이어서, 우리 교회에도 그런 분들이 더러 계시지만, 그런 사람은 더 이상 교회에서 배울 것이 없으니 '이제 당신은 천국 갈 때까지 더 이상 교회 안 나와도 됩니다.' 하고 교회 졸업장을 주어도 좋겠다는 생각을 하게 만듭니다.

반면에 또 어떤 경우는 '이 사람은 나머지 공부를 좀 더 해야 되겠다'고 생각하게 됩니다. 혹시 군대에서 유격훈련을 받는 것처럼 특수 교육을 받으면 다른 사람과 비슷해질지는 모르지만, 아니면 변화의 가능성이 거의 없다는 생각이 듭니다. 이런 사람을 향하여 칼빈 선생은 '하느님이 버린 사람'이라고 무서운 말씀을 하셨지요.

칼빈은 대단히 용감한 분입니다. 26살의 젊은 나이에 두껍고 거창한, 심오한 신학 책을 쓰면서 "하느님이 선택한 사람과, 하느님이 버린 사람이 있다"는 아주 대담한 말을 했는데, 평생 그 말을 취소하지 않았습니다. 어거스틴은 젊었을 때 쓴 글을 나이 들어서 다시 보고, 잘못되었다고 수정을 했어요. 그런데 칼빈 선생은 적어도 그 대목은 수정을 하지 않았습니다.

금년에도 저는 목회를 해야 하는데, 좀 더 믿음이 있고 능력이 있다면 얼마나 좋을까 하는 생각이 듭니다. 그러다가도 성경을 생각해 보면서, 하느님께서 그래도 저처럼 능력 없는 사람을 쓰셨던 것을 기억하며 힘을 냅니다.

오늘 읽어드린 성서에 보면 에스겔이라는 제사장 출신 귀족 예언자가 있습니다. 무슨 연고인지 그는 제사장의 아들로 태어나서 좋은 가문에서 귀족으로 잘 살 수 있는데, 사람들에게 듣기 싫은 소리를 하는 예언자의 직업을 갖게 되었습니다. 그런데 그가 아무리 사람들에게 외쳐도 사람들은 들은 척도 하지 않는 것입니다. 그래서 어쩌면 에스겔도 저처럼 새해 첫날 아침에 금년에는 내가 예언을 그만 두고 제사장 집에서 고깃국이나 먹으며 편안하게 살아 보리라고 마음을 먹었을지도 모르겠습니다.

그러다가 잠이 들었는데 하느님께서 에스겔의 속마음을 아시고 그를 광야의 골짜기로 데려갔습니다. 사막의 골짜기에 공동묘지에는 굴러다니는 많은 뼈들이 가득합니다. 이미 뼈가 마른 지 오래되었습니다. 하느님께서 에스겔에게 약을 올리듯이 물어 보십니다. 구약성경 개역판에는 "인자야"라고 했는데, 새번역에는 "사람아"라고 했습니다. 그 말의 뜻은 "너, 사람밖에 안 되는 녀석아" 그런 것이겠지요. "사람아, 이 뼈들이 살아날 수 있겠느냐?" 사실 하느님은 에스겔의 속마음을 아시고 물어보십니다. "이 뼈들이 살아날 수 있겠느냐? 네가 이 뼈다귀 같은 인생에게 하느님 말씀을 전하는 것이 그게 될 만한 일이냐?" 이것은 에스겔이 물어야 할 질문을 하느님이 하신 것입니다.

에스겔은 옳다, 잘됐구나 하며 "제가 어찌 알겠습니까? 하느님만이 아시지요"라고 응대합니다. 성경에 보면 "나는 모릅니다"라는 말을 점잖게 "주 하느님, 주님께서는 아십니다"라고 했습니다. 저는 이 말이 "안 됩니다. 해보았는데 안 됩니다"라는 말이라고 생각합니다.

그런데 하느님은 거기서 중지하지 않으십니다. "너하고 나하고 동업하면 된다. 네가 외쳐라. '나 주 하나님이 하늘의 기를 모아서 너희를 다시 살리겠다. 뼈를 주워 모으고, 살을 입히고, 힘줄을 뻗치게 하고, 생기를 불어넣어서 살아있는 사람들로 만들겠다.' 너는 여러 말 말고 가서 전하기만 해라. 나머지는 내가 하겠다." 이렇게 하느님이 에스겔과 동업했습니다. 37장의 이야기는 절망에 빠져 포기하고 있는, 믿음이 없는 예언자를 하느님께서 찾아가셔서 그와 동업을 하시는 이야기입니다.

이사야서의 이야기는 좀 그럴 듯합니다. 희망 없는 이스라엘 백성을 향하여 "지금 너희가 알고 있는 나이 어린 젊은 여자 중에 한 사람이 아이를 갖게 되고, 그 아이가 자라려면 20~30년은 걸릴 테니 그때쯤 세상은 좋아질 것이다. 지금은 힘들지만 기운을 내고 인내하라."고 이사야는 미래를 말합니다.

그러나 에스겔은 하느님의 기운, 생기가 불어넣어지면 마른 골짜기의 뼈다귀 같은 사람들이 일어나서 군대가 될 것이라고 했습니다. 놀라운 혁명이 일어날 것이라고 예언을 했습니다. 그 후 많은 세월이 지나도록 유대인들의 많은 뼈다귀들은 되살아나지 않았지만 말입니다. 에스겔은 믿음이 없었습니다. 그래도 하느님은 그를 들어 쓰셨고 하느님은 그와 동업을 하셨습니다. 그래서 저는 믿음이 없는 우리도 하느님께서 금년에 동업자로 선택하셔서 뭔가 일을 하실 것이라고 믿습니다.

신약성경도 예외는 아닙니다. 신약성경에 보면 예수님의 제자들 중 베드로가 늘 앞장섰고 그래서 사람들은 그를 가리켜 수제자라고 했는데, 제가 보기에는 베드로가 머리가 좋아서 수제자는 아닙니다. 우리는 수제자라고 하면 우등상을 탄 사람을 두고 하는 말인데, 예수님의 제자 중에서 제일 머리가 좋은 제자는 가룟 유다였고 그 다음은 도마 같아요. 베드로는 머리는 별로 안 좋고 성질은 급한데 애교가 좀 많았던 것 같습니다. 그래서 수제자인 것처럼 앞장을 서게 되지 않았나 하는 생각이 듭니다.

여러분은 베드로가 믿음이 좋다고 생각하십니까? 베드로는 여러분과 저와 같은 정도의 수준밖에는 안 되는 것 같아요.

마태복음 14장에 보면 예수님께서 하루 종일 전도하시다가 제자들을 호수 건너편으로 먼저 떠나보냈습니다. 보낸 것이 아니고, 배를 타고 있을 때 바람이 불었다고 쓰여 있는 것을 보면, 배에 타고 있는 제자들을 잠시 기다리게 하고, 예수님은 무슨 고민이 있으셨는지 산에 올라가서 기도하고 내려오겠다고 약속을 하셨는지도 모르겠습니다. 그런데 바람이 불어서 배가 미끄러져 호수 한가운데로 밀려갔습니다. 예수님께서 혼자 고민하고 기도하시다가 내려와 보니 제자들이 이미 호수 한가운데에 있습니다. 예수님은 신통한 기운을 발휘해서 물위로 걸어가셨는데 제자들은 "유령이다!" 하고 소리쳤습니다.

자기네 선생님을 알아보지 못했는데도 믿음이 있다고 할 수 있겠어요? 예수님하고 다니면서 모든 것을 다 경험했는데, 그 선생님이 물위로 걸어올 것을 예상도 못하고 유령이라고 소리친 사람이 믿음 있는 사람이라고 할 수 있겠습니까? 그러니 제자들도 믿음이 없다고 말할 수 있다는 것입니다.

예수님은 베드로와 그 제자들이 "유령이다!"라고 하자, "안심하여라. 나다. 두려워하지 말아라." 하고 말씀했습니다. "나다(I am)"라는 것은 절대적인 표현으로, 이런 말은 성경에서 특별한 경우가 아니면 쓰지 않습니다. 여러분도 전화를 하면서 "누구야?"라는 물음에 "나야!"라고 대답하는 사람이 누구인지 모르면 큰일이지요. "나야!"라고 대답한 사람은 틀림없이 친분이 두터운 사람이거나 특별한 관계의 사람일 테니까요. 그가 누구인지 알아내지 못하고 계속 누구냐고 묻는다면 심각한 일이 생깁니다.

성경에서도 마찬가지로 "나다!", 그러면 제자들은 즉각 알아보아야 했습니다. 모세가 하느님을 만났을 때 이야기입니다. 실은 모세가 하느님을 만난 것이 아니라, 누군가가 자신을 하느님이라고 하는 소리가 모세의 귀에 자꾸 들려왔던 것이에요. 모세가 "누구십니까?"라고 묻자, 하느님은 "나, 나야!"라고 하십니다. 그게 바로 '여호와 이레'입니다.

하느님의 이름의 원어의 뜻은 "나는 나다!"입니다. 하느님이 자기 백성에게 왔을 때 "당신 이름이 무엇입니까?"라고 물었어도, 이름이 없이 "나다!" 하면 그것으로 끝나는 것입니다. 그래서 예수님도 밤중에 유령이라고 소리치며 겁내는 제자들에게 나타나서 "나다!"라고 하셨습니다. 이것은 사실상 예수님의 신적인 권위를 상징하는 종교적인 언어입니다.

예수님이 그들에게 나타나서 "나다!"라고 하였을 때, 제자들은 믿지 않았습니다. 그렇게 믿음이 쉽게 생기겠습니까? 그런데 베드로는 "저에게 당신이 하는 것과 똑같은 권위를 좀 주십시오. 저도 물위로 걸어가게 해 주십시오." 그러면 예수님이 유령이 아니고 진짜라고 믿겠다는 마음이었겠지요. 그런데 예수님께서 "넌 하지 마라!" 하시지 않고, "그래, 와라. 너도 할 수 있다." 하셨습니다.

예수님이 오라고 하시는데 베드로가 안 갈 수 있겠어요? 그래서 갔지요. 그러나 그게 될 일입니까? 물위로 걸어가는가 했지만 결국은 물에 빠져서 "주님, 살려 주십시오" 하고 비명을 질렀다고 했습니다.

예수님께서 베드로를 건져주시고 "믿음이 적은 사람아. 왜 의심하였느냐?" 하셨는데, 주님께서 꼭 저보고 그러시는 것 같아요. "나하고 동업하자고 했는데, 왜 너 혼자 잘난 척하면서 일해 놓고 지금 와서는 계속할 것이냐 말 것이냐 고민을 하느냐? 의심이 그렇게 많으냐? 믿음이 그렇게 약하냐?" 주님께서 저보고 하시는 말씀입니다.

그러나 다음 대목에 관심이 있습니다. 주님께서 꾸지람을 하든지 말든지 우리가 그 자리에 붙어 있으면 우리를 쓰신다고 했습니다. 여기서 말하는 믿음이라는 것은 '전적 투신(total commitment),' 전적인 위탁, 헌신을 의미하는 것으로 자기를 내어 맡기는 것이지요. 그런 믿음이 있는지를 저는 연초에 많이 생각하게 됩니다. 제가 해야 될 일, 제가 원하는 일을 위하여 믿음을 가지고 달려들 수 있느냐, 전적으로 헌신할 수 있느냐에 대해서 자신이 없습니다. 한편으로는 전적 투신을 하고 싶어요. 그런데 '한두 번 손해 보지, 앞으로 인생이 얼마 남지도 않았는데 계속 손해 볼 이유가 있을까' 하는 생각도 드는 것입니다.

유대인이 하느님을 향하여 "우리가 선택받은 백성으로서 이 모양이 꼴이라면, 다음 번에는 다른 민족을 선택하고 우리는 빼주십시오."라고 기도를 했다는데, 저도 하느님께 "능력 많은 사람에게 이 일을 맡기시지 왜 저에게 맡기십니까? 제가 지금까지 해 보았지만 잘 되지 않았는데 또 계속하라구요? 다른 사람에게 알아보십시오."라고 말하고 싶은 때가 있습니다. 그래서 전 믿음이 없다는 거예요.

지난날을 돌아보고 주변을 살펴보면, 자본주의 사회와 경쟁의 사회 속에서 사람들이 정신 없이 달리고 있는데, 주님의 말씀을 생각하는 사람들은 그렇게 많지를 않은 것 같습니다. 또 주님의 말씀을 전하기 위해 열심히 노력하는 사람을 봐도 마른 뼈다귀가 군대가 되는 신통한 일이 일어나지 않습니다. 어떤 사람은 하느님의 말씀대로 장사를 했는데 계속 망하는 경우도 있습니다. 친구들에게 속고, 여기 저기 뜯기고, 계속 안 되는 거예요. 그래도 끝까지 정직하게 양심적으로 장사를 할 것이냐, 처자식 보기 부끄럽고 특별히 사춘기에 달한 아이들에게 아빠 모습이 부끄러운데, 남편으로서 가장으로서 체면도 안 서는데, 이젠 좀 편법을 쓰면서 장사하면 어떨까, 심각한 고민을 하게 되지요.

우리의 지난날의 경험과 주변의 환경은, 하느님의 말씀에 우리가 전적으로 헌신할 수 있도록 믿음을 주는 쪽으로 우리를 도와주지 않습니다. 따라서 믿음이 없다고 고백하는 것은 정상적이라는 것이지요.

"나는 믿음이 있다"고 하는 사람은 하느님을 모르거나 세상을 모르거나 아니면 현실 감각이 없는 것입니다. 하느님도 잘 모르고, 하느님이 나에게 무얼 원하시는지도 잘 모르고, 이 세상이 어떤 세상인지도 잘 모르는 사람은, 자신이 믿음이 돈독한 사람이라고 말할 수 있을 겁니다. 믿음이 돈독하다는 것은 내세를 믿는다든가 기적을 믿는 것이 아니라, 베드로가 물 속으로 뛰어들었듯이 자기를 통째로 맡기는 것입니다. 하느님께서 우리에게 맡긴 사명을 향하여, 약간 남겨 놓거나 딴 생각을 하면서가 아니라 전적으로 자신을 맡기는 것입니다. 그런데 우리 주변을 살펴보거나 저의 지난날을 돌아보면 그렇게 해서 얻은 것들이 별로 없습니다. 그래서 우리는 망설이게 됩니다.

왜 믿음이 없을까요? 저 같은 경우는 하느님이 제게 맡기신 일은 고귀하지만 제가 그 일을 감당할 자격이 없다고 생각하는 것입니다.

그런데 모세가 하느님의 부름을 받았을 때 "저는 말도 잘 하지 못하는데 왜 그 일을 맡기십니까?" 하자, "네가 말 못하는 것 나도 안다. 그러니 형인 아론과 같이 가라."고 하셨습니다.

여러분, 실력이 없다고요? 힘이 없다고요? 그런 것은 상관없습니다. 성경에 보면 하느님의 고귀한 부름을 받은 대부분의 사람들이, 자기는 자격이 없다는 것 때문에 망설입니다. 이것은 믿음이 없기 때문입니다. 여러분의 믿음 없는 것은 지극히 정상입니다. '내가 해야 될 이 일은 고상하고 고귀하지만, 내가 과연 이런 일을 할 수 있을까? 내가 뭘 특별하다고?' 하는 생각이 여러분에게 든다면 그건 이상한 것이 아닙니다. 성경에도 무수한 사람들이 그런 생각을 했습니다.

그렇다면 믿음이 없는 것이 정상이라는 얘기인데, 그러면 믿음이 없는 사람은 어떻게 할 것이냐를 생각해 봐야 합니다.

저는 금년 한 해 동안 기독교 신앙의 핵심이라고 말할 수 있는 "사도신경"을 처음부터 끝까지 오늘 이 시대의 언어로 재조명해 보려고 생각하며 올해 첫째 주일부터 설교를 시작했습니다. 그리고 그것을 위해서 오늘도 천지창조의 이야기를 하는 것입니다.

하느님께서는 말씀으로 천지를 창조하셨지요. 우리의 창조는 믿음으로 시작해야 되는데, 우리는 믿음이 없는 시대에 살고 있습니다. 주변을 보거나 우리의 과거를 보거나 나 자신을 볼 때, 하느님께서 맡긴 고귀한 사명을 위해 전적으로 헌신할 만큼 우리에게 믿음이 없습니다.

그러면 믿음이 어떻게 생길까요? 겨자씨 만한 작은 믿음이 있어도 남산을 들어서 한강에 빠지게 하라고 명령하면 정말로 된다고 하는데, 우리는 그럴만한 믿음이 없기 때문에 '전적 투신'을 하지 못합니다.

그래서 믿음이 없는 우리는 어떻게 해야 하겠는지, 그 대답이 마가복음 9장 24절입니다. 기도하는 것이지요. 마가복음 9장 24절에 이렇게 기도했습니다.

어떤 사람의 아들이 귀신이 들어와서 발작을 하면 불 속에도 뛰어들고 물 속으로 들어가며 광란을 일으킵니다. 그 아이를 사랑하는 아버지는 고생고생 하다가 마침내는 예수라는 용한 사람이 있다는 소문을 듣고 예수님께 찾아왔어요. "하실 수 있으면, 우리를 불쌍히 여기시고 도와주십시오. 우리 아이가 극심하게 고통을 당하고 있습니다." 예수님은 "'할 수 있으면'이 무슨 말이냐? 믿는 사람에게는 모든 일이 가능하다."고 하십니다. 예수님께서 기분이 좀 상하셨는지도 모르지요. 예수님 소문도 제대로 못 들었고, 예수님이 누군지도 모르는 사람이 아니고서야, '할 수 있으면' 한 번 해보라니, 그게 뭡니까?

아들의 병은 고쳐야 하겠고, 예수님이 믿음이 없다고 꾸지람을 하시는데 뒤로 갈 수도 없고, 얼떨결에 "예, 내가 믿습니다." 합니다. 그런데 그 다음 대목이 중요합니다. "나의 믿음 없음을 도와주십시오."

믿음이 있으면, 우리 앞에 남산만한 장애물이 있다 할지라도, "물러가라!"고 하면 물러갈 겁니다. 믿음은 천지를 창조했던 하느님의 역사를 반복할 수 있어요. 우리가 전적으로 헌신하면 세상은 달라질 수 있습니다. 우리 자신이 달라질 수 있고 우리의 가정과 일터도 달라질 수 있습니다. 그런데 믿음이 없습니다. "나의 믿음 없음을 도와주십시오."라고 했을 때, 예수님께서 그의 소원을 들어주시고, 그에게 믿음을 주시고, 그의 아들을 고쳐주셨어요. 여러분 믿음이 없습니까? 믿음이 없다는 사실을 주님께 아뢰고 믿음을 가지십시오.

믿음으로 전적인 헌신을 했는지, 욕심으로 했는지를 분별하는 것은 어렵지 않습니다. 하느님의 뜻을 따라서 하느님과 동업하여 거기에 전적으로 헌신했다면, 그 일이 거룩한 일이든 세속적인 일이든 그 결과에 대해서 집착하지 않습니다. 교회에서 했거나, 가정에서 했거나, 국가를 위해서 했거나, 하느님의 부름을 받고 그 일을 한 사람이라면, 그 자신이 하느님을 위하여 쓰임 받았다는 자체가 충분한 보답이기 때문에, 그 결과에 대해서 자신의 것이라고 욕심을 부리거나, 이만큼 해 냈다고 자랑을 하거나, 혹은 실패했다고 슬퍼하는 식으로 권리를 주장할 이유가 하나도 없습니다.

욕심으로 전적인 헌신을 했는지, 하느님의 부름을 받고 자기를 전적으로 헌신했는지는, 열매를 보면 나무를 안다고 하신 예수님의 말씀대로, 그것은 쉽게 알 수 있습니다. 금년 한해 동안 믿음으로 시작하여 하느님의 큰일을 하는 귀한 삶을 사시기 바랍니다.

3

"나"를 사랑하는 지혜는

시편 139:1-6 주님, 주님께서 나를 샅샅이 살펴보셨으니, 나를 환히 알고 계십니다. 내가 앉아 있거나 서 있거나 주님께서는 다 아십니다. 멀리서도 내 생각을 다 알고 계십니다. 내가 길을 가거나 누워 있거나, 주님께서는 다 살피고 계시니, 내 모든 행실을 다 알고 계십니다. 내가 혀를 놀려 아무 말 하지 않아도 주님께서는 내가 하려는 말을 이미 다 알고 계십니다. 주님께서 나의 앞뒤를 두루 감싸주시고, 내게 주님의 손을 얹어 주셨습니다. 이 깨달음이 내게는 너무 놀랍고 너무 높아서, 내가 감히 측량할 수조차 없습니다.

요한복음 15:1-8 "나는 참 포도나무요, 내 아버지는 농부이시다. 내게 붙어 있으면서도 열매를 맺지 못하는 가지는, 아버지께서 다 잘라버리시고, 열매를 맺는 가지는 더 많은 열매를 맺게 하시려고 손질하신다. 너희는, 내가 너희에게 말한 그 말로 말미암아 이미 깨끗하게 되었다. 내 안에 머물러 있어라. 그리하면 나도 너희 안에 머물러 있겠다. 가지가 포도나무에 붙어 있지 아니하면 스스로 열매를 맺을 수 없는 것과 같이, 너희도 내 안에 머물러 있지 아니하면 열매를 맺을 수 없다. 나는 포도나무요, 너희는 가지이다. 사람이 내 안에 머물러 있고, 내가 그 안에 머물러 있으면, 그는 많은 열매를 맺는다. 너희는 나를 떠나서는 아무 것도 할 수 없다. 사람이 내 안에 머물러 있지 아니하면, 그는 쓸모 없는 가지처럼 버림을 받아서 말라 버린다. 사람들이 그것을 모아다가, 불에 던져서 태워 버린다. 너희가 내 안에 머물러 있고, 내 말이 너희 안에 머물러 있으면, 너희가 무엇을 구하든지 다 그대로 이루어질 것이다. 너희가 열매를 많이 맺어서 내 제자가 되면, 이것으로 내 아버지께서 영광을 받으실 것이다."

우리는 오늘도 사도신경을 우리 시대의 방식대로 새롭게 이해하려는 노력을 계속하려 합니다. 그리고 지금 '하느님께서 천지를 만드셨다'고 하는 '천지창조'에 머물러 있습니다.

하느님께서는 말씀으로 천지를 창조하셨지만, 우리가 하느님을 흉내내서 소리친다고 하여 세상은 달라지지 않습니다. 하느님의 천지창조를 모방하려면 우리에게는 믿음이 있어야 합니다. 우리의 천지창조는 그래서 믿음으로 시작된다고 이야기를 시작하였습니다. 그런데 우리에게 믿음이 없으니 기도를 해야겠지요. 우리가 세상을 창조한다고 하였을 때 정면으로 부딪치는 문제는 우리에게는 나 자신, '나'라고 하는 것이 흔들리고 있다는 사실입니다.

오늘 성경말씀에 보면 이런 말씀이 있습니다. 예수님께서는 참 포도나무요, 우리는 가지이고, 하느님은 농부시라는 것입니다. 하느님은 많은 포도열매가 맺기를 바라시며 포도농사를 짓는 농부이시며, 우리는 예수라는 포도나무에 든든히 붙어 있으면 많은 열매를 맺는다는 말씀입니다. 하느님께서 말씀으로 세상을 창조하셨듯이 우리가 풍성한 열매를 맺으며 창조의 삶을 살고 싶다면 예수님 안에 끝까지 머물러 있으면 됩니다.

구약성서 시편 139편에는 "내가 앉아 있거나 서 있거나, 낮이나 밤이나, 어디를 가거나, 바다 끝에 가 서있던지 지옥에 가든지, 하느님은 나를 따라 와서 보호하시고 인도하신다"는 아주 놀라운 신앙고백이 있습니다.

예수님께서는 인생의 열매의 삼위일체라고 말할 수 있는 하느님, 예수님, 우리, 그것이 서로 합칠 때 많은 열매를 맺는다고 하셨습니다. 그리고 시편의 기자는 인생이 어느 상황에 처해 있든지 하느님께서 저들을 살펴 보호하신다는 놀라운 신앙고백을 했습니다.

그런데 문제는, 많은 열매를 맺는 예수님의 포도나무 가지 이야기나 시편 기자의 고백과는 우리의 상황이 많이 다릅니다. 우리의 삶을 뒤돌아보면 열매가 별로 없습니다. 열매를 맺지 않으면 그 가지를 찍어 불에 태운다고 했는데, 어쩌면 하느님께서 우리를 심판하시기 전에, 우리 스스로 먼저 자신을 찍어 불에 던지고 싶은 생각을 몇 번씩 하면서 살고 있을지도 모릅니다. 시편 기자는 앉으나 서나, 낮이나 밤이나 하느님께서 우리를 보호하신다고 고백했지만, 우리는 하느님이 어디 계시냐고 찾고 있는 심정입니다.

그러나 우리 주변을 살펴보면 풍성한 열매를 많이 맺은 인생도 볼 수 있습니다. 여러모로 능력이 뛰어나고, 집안 배경이 좋고, 물려받은 것도 많고, 사회적으로도 권력 있는 사람들과 인연이 많아 높은 자리에서 승승장구하는 사람들, 부러움을 받을 만한 사람들을 볼 수 있습니다. 아니면 최소한 운이 좋은 사람들도 우리 주변에는 있습니다. 남들처럼 땀을 많이 흘리지 않아도, 남들처럼 학교 다닐 때 열심히 공부를 하지 않아도, 또 사업을 한다고 투자를 많이 하지도 않아도, 어떻게 어떻게 한 것이 다 적중하여 과녁을 맞춘 사람들도 있습니다. 그런 사람들은 힘들게 사는 우리에게 "웬 고생을 그렇게 합니까? 나는 그렇게 힘들이지 않고도 하는 일들이 모두 잘됩니다." 하면서 자기의 성공을 자랑합니다. 그러나 사실은 그 사람이 운이 좋았던 것뿐입니다.

여기에 있는 우리들은 많은 땀을 흘려 일했고, 학교 다닐 때 공부도 많이 했습니다. 어떻게 하면 인생을 아름답고 슬기롭게 살 수 있을까 밤낮으로 고민도 많이 했습니다. 그러나 우리는 열매를 별로 얻지 못했습니다. 많은 노력을 했음에도 불구하고 그 결과가 신통치 않을 때, 그리고 이제는 농사를 다시 지으려고 새롭게 출발할 만큼 우리네 인생이 그리 길지도 않다는 것을 알게 되었을 때, 우리의 마음은 얼마나 답답합니까? 많은 노력을 했음에도 불구하고, 학교 다닐 때 열심히 밤잠을 설치면서 공부를 했음에도 불구하고, 지금에 와서 뒤돌아보면 별로 열매가 없었을 때, 또한 신앙생활을 열심히 해도 하느님께서 별로 축복해 주지 않는다고 생각되었을 때, 우리는 그 다음에 무슨 생각을 하게 됩니까?

그 다음에 뒤따르는 생각은, '나에게는 더 이상 미래가 없는 것이 아닌가' 하는 생각입니다. 열심히 일했으나 그 결과가 없을 때 자기를 포기하게 되지요. 아직 시간은 남아 있지만, 내일이 와도 뭔가 신통한 것이 없을 거라고 생각하게 됩니다. 자신에 대한 희망을 점차 포기하게 되고, 영리한 사람은 '욕심은 죄악'이라고 한 성경말씀이나 부처님의 말씀을 떠올리면서, 적당히 살아가는 자기의 모습을 현명한 것이며 철이 든 것이라고 위로하면서 사는 지혜를 배우기도 합니다.

어떤 사람은 마음으로는 열심히 땀흘려 일하고 싶었지만, 기회를 얻지 못하여 결실을 못 얻는 사람도 있습니다. 그런 사람들도 자신의 미래에 대하여 더 이상 기대나 희망을 걸지 못하는 것은 마찬가지입니다. 그 결과가 무엇입니까? 자기 자신을 증오하는 것입니다. 자기는 보잘것없는 사람이라고 생각하게 되지요.

그 반대는, 자기를 받아들이고 존중하는 것입니다. 자기가 잘났다고 생각하는 사람은 자기를 사랑합니다. 자기를 긍정합니다. 제가 만나본 사람들 중에는 무너진 자존심과 자긍심을 찾고, 자신을 사랑하는 능력을 회복시키는 것이 가장 시급한 문제인 사람들이 많이 있습니다. 안타까운 마음에, 예수님이 오셔서 그 문제를 해결해 주셨으면 좋겠다는 생각을 많이 했습니다.

저는 성경을 열심히 읽으면서, 때로는 이 성경 말씀이 우리에게 큰 힘을 주지 못할 수도 있다는 것을 압니다. "나는 포도나무요 너희는 가지니, 너희가 내 안에 붙어 있으면 많은 열매를 맺는다." 그렇게만 된다면 좋겠지만, 우리가 교회 안에 머물러 살아온 지가 이미 오래 되었으나 얻은 열매가 없다고 생각될 때, 예수님의 '포도나무 비유'가 큰 힘을 주거나 위로를 주지 못한다는 생각이 드는 것입니다.

세상에서의 우리의 삶은 그렇게 간단하지가 않습니다. 많은 노력을 하여 좋은 성적으로 일류대학을 졸업하고, 열심히 정직하게 살다가, 이제는 석양을 맞아 뒤돌아보니 아무것도 남은 것이 없다고 느꼈을 때 오는 것은 좌절감입니다. 그리고 그것이 우리에게 주는 치명적인 피해는, 우리를 사랑하고 있는 주변 사람들의 수고, 우리 각 개인이 가지고 있는 장점, 그런 것들의 가치에 대하여 눈이 먼다고 하는 것입니다.

약간의 우울증에 걸리고, 심리적 불안은 약을 먹으면 되겠지요. 정말로 자기 자신을 용납하고 사랑하지 못할 때나 자존심을 잃어버렸을 때 오는 무서운 피해는, 자신이 가지고 있는 것의 소중한 가치와 자기를 사랑하고, 위하여 기도하는 수많은 사람들의 가치와 고마움을 알아볼 능력을 상실한다는 사실입니다. 그리하여 자기 자신을 천하게 여기고 끝내는 사람들과 멀리하게 되고 자기를 감옥에 가두게 되지요.

이것이 우리 앞에 서 있는 위험한 가능성이라고 여겨지기 때문에, 어떻게 하면 여기서 탈출할 수 있을까를 많이 생각하게 됩니다.

신문이나 TV는 자주 보지 못하지만, 시간이 날 때마다 책방에 가 봅니다. 그리고 책방에 갈 때마다 놀라는 것은, 사람들이 참 열심히 산다는 것입니다. 가보면 늘 새로운 것들이 등장합니다. 제가 자주 가는 코너는 새로 나온 베스트셀러들, 특히 비소설 부분과 종교, 철학 코너, 그리고 자기관리 코너입니다.

이런 것들의 주제는, 종교적으로 말하면, 영성 문제라 할 수 있으며, 심리학적으로 말하면 자아 개발(self improvement), 자기 관리입니다. 이러한 코너는 20세기 말 서점가에 새로 등장한 코너들입니다. 동서양의 모든 지혜를 통하여, 인간들에게 무너진 자존심, 자긍심을 회복시켜 주려는 책들이 엄청나게 쏟아져 나오고 있습니다. 대충 제목만 보아도 알만한 이야기들입니다. 이것들을 정리해 보겠습니다.

자기를 용납할 수 없는 사람들, 자기를 멀리할 수밖에 없고 자기를 사랑할 수 없는 사람들이 탈출하여 자기를 사랑하는 비법으로서, 세속의 지혜가 우리에게 가르쳐주는 탈출구입니다.

그것은 첫째로, 자기만의 독특성(uniqueness)을 인정하는 것에서부터 출발합니다. 지혜로운 방법 같습니다. 세상만사가 다 똑같아 보이지만 저마다 타고난 운명, 특징, 재질, 시간, 위치가 다 따로 있습니다. 그 사람이 잘하는 것이 있고, 내가 잘하는 것이 있습니다. 하느님께서는 사람들 개개인을 매우 독특하게 만드셨습니다. 남들이 흉내낼 수 없는 독자적인 재주, 탁월한 능력이 우리 각자 어딘가에 숨어있다는 것입니다. 각자 자기의 독특성을 발견하고, 장점을 생각해 보고, 자기를 미워하는 사람보다는 인정해 주는 사람들과 사귀면서 자기를 재발견하면, 끝내는 자기를 되찾는다는 것이지요. 참 괜찮은 방법이긴 합니다.

그러나 나의 직장 상관이나 가족이 나를 인정해 주지 않을 때는 어떻게 하지요? 이혼을 한다고 능사는 아니며 직장을 그만둔다고 일이 해결되는 것이 아니지요. 그래서 무너진 자존심을 가지고 고민하고, 자기의 소중함을 잘 알지 못해서 답답하고, 자기 절망과 좌절에 빠진 오늘의 현대인들이 세속적인 지혜로 구원받는 것은 그렇게 쉽지 않을 것 같습니다.

그러나 한 번쯤 시도해 볼 만 합니다. 자신의 독특한 면, 그것을 다시 생각해 보고, 그것을 인정해 주는 사람들, 자기를 편안하게 해 주는 사람들 주변에서 확실하게 시간을 더 많이 보내면 됩니다.

이 세속적인 지혜 중에는 좀 어처구니없는 이야기도 있습니다. 이를테면, '햇볕을 더 많이 받아라.' '여성들은 가끔씩 거품목욕(bubble bath)을 하라.' 등입니다. 윤기를 잃은 피부를 물비누가 많이 풀린 거품 속에서 매끄러운 피부로 느끼며 목욕을 하면 기분이 좋아진다는 것입니다. 미국사람들의 책에는 별난 이야기가 다 있어요. 살아남으려고 참 무던히도 애를 쓴다는 생각이 듭니다.

둘째 방법은, 종교적인 탈출입니다. 자기를 사랑할 수 없는 사람들, 뭔가 공허한 사람들, 시간은 얼마 남지 않았는데 인생의 열매를 별로 거두지 못했다고 생각하는 사람들이 신앙으로 탈출하는 방법이 있습니다.

역시 출발점은 "uniqueness(독특성)"에서 출발할 수 있습니다. 하느님께서 왜 다른 사람을 더 많이 축복해 주셨느냐는 생각을 하고 있는 한, 아무리 하느님을 믿어도 자기 좌절과 자기 혐오, 자기 증오와 자기 기피로부터 해방될 수 없습니다.

'나'라는 존재는 오직 하나밖에 없다는 사실을 충분히 생각한 다음, 하느님과 직접 거래를 시작하는 것입니다. 이 종교적인 탈출구는 타인들을 보지 않는 것에 특징이 있습니다. 하느님과 일단 직통거래를 시작하고, 내가 하느님의 선택받은 사람이라고 하는 자각이 든 다음에는, 다른 모든 것에 대해서는 문을 닫아 버리는 것입니다. 내 가족, 내 이웃에게 문제가 생겼어도 "세상만사 모두 하느님의 뜻대로 될 것이니까 하느님만 바라보라. 그러면 모든 것들이 해결된다."는 말 이외는 할 것이 없게 됩니다. 저는 어제 바로 그런 사람을 만났습니다. 제가 만난 그의 가족은 많은 고통 속에 있었습니다. 그러나 그는, 하느님께서 그를 특별히 사랑하시기 때문에 일생동안 마음에 품고 있던 모든 문제가 해결되었다고 말을 합니다.

종교적으로 탈출하는 것은 약간은 자기 기만이고, 심각한 최면술이라고 할 수 있습니다. 그러나 그 약효는 마약처럼 대단합니다. 옆에 있는 동료가 사업이 망하고, 내 회사는 잘 되고 있다고 가정해 봅시다. 종교적으로 탈출한 사람은, 그 동료가 고민하고 자살하려는 심각한 순간에도 안타까워하지 않습니다. "하느님을 믿고 매달려라. 만사가 해결된다."는 말을 해 주는 것 외에는 다른 의무가 없다고 생각합니다. 하느님을 찬양하는 것만이 그가 할 수 있는 모든 것이 되고, 그것으로 구원받을 수 있는 사람은 행복하다는 것입니다만, 저는 그 방법이 안 되는 데 문제가 있습니다.

그래서 다른 방법은 없을까 생각합니다. 예수님이 오시면 제가 제일 먼저 달려가서 "예수님, 무슨 방법을 찾았습니까? 당신은 세상에 병든 사람을 고쳐 주느라 고생을 했고, 하느님을 예배해야 하는 11시 예배에 참석하지도 않고 다른 일 하다가, 하느님 잘 믿는 사람들에게 죽임을 당하셨는데, 절망에 처하여 자기를 증오하고 있는 이 사람들, 자기를 일으켜 세우기에는 심리적으로 객관적으로 나약한 이 사람들을 사랑하기 위한 무슨 좋은 방법을 가지고 계십니까?" 하고 물어 보겠습니다.

그러나 아직 예수님이 오시지 않아서 그 답변은 듣지 못했고, 남아 있는 다른 한 가지 선택으로 제3의 길이 있지 않을까 생각해 봅니다.

신을 믿지는 않지만, 이 세상에는 어떤 거대한 힘이 우리를 지배하고 있다는 사실은 인정할 수밖에 없기 때문에, 이 방법은 약간은 종교적입니다. 그러나 하느님께서 '나'를 특별히 여기신다고는 생각하지 않습니다. 이 세상이 하느님의 뜻대로 된다고 인정하지도 않습니다. 어쩌면 이 세상만사는 하느님과 거리가 있다고 생각합니다. 그런 의미에서는 세속적일지도 모르겠습니다.

제3의 방법은 이런 것입니다. 자기 자신에게서 철저하게 절망하고 자기의 한계와 유한성을 날마다 인식하면서, 자신의 한계뿐만이 아니라 이 세상이 얼마나 불공정하고 얼마나 부조리한가를 늘 의식하면서 살아갑니다. 따라서 "하느님이 계시다면 이리 나오십시오. 하느님인 당신이 세상을 이 모양으로밖에는 다스릴 수가 없다는 것입니까?"라고 항의할 준비를 언제나 하고 있습니다. 그래서 하느님과 싸우면서 살아갑니다.

그리고 자기 자신의 장점을 헤아려 보면서 "나는 이만하면 괜찮지. 사랑할 만한 하군." 하며 자신에게 최면을 걸기보다는, 주변을 돌아보면서 아직은 해야 할 일들, 자기가 줍지 않으면 그대로 길거리에 남아 있을 쓰레기를 생각하면서, 작은 일이지만 자기가 해야 할 일을, 더 많이 생각합니다. 자기의 장점을 헤아리는 어리석은 생각은 하지 않습니다. 그 주변에 해야 할 일들이 늘 그에게 보이기 때문입니다.

그는 자기 자신을 사랑할 수는 없습니다. 그가 뭔가를 사랑한다면, 주변에 해야 할 일들이 자기를 부르고 있는 그 '음성'을 사랑하는 것일 테지요. 그는 그것을 '운명'으로 보고, 신이 내린 형벌처럼 무거운 운명을 이를 악물고 열심히 해 나갑니다. 다른 선택사항이 없습니다. 그는 그 운명을 사랑해서가 아니라 대항할 수 없어서 그 짐을 지고 갑니다.

희랍신화에 시지푸스와 프로메티우스가 나옵니다. 신들의 특권인 불을 인간에게 주었다는 이유로 형벌을 받아서 프로메티우스는 영원한 고통을 당하도록 되었지요. 독수리가 낮에 와서 그의 간을 쪼아먹습니다. 그런데 밤이 되면 그 간이 다시 회복됩니다. 또 다시 쪼아먹습니다. 다시 회복됩니다. 혹은 시지푸스가 바위를 굴려 산꼭대기에 올려놓으면 곧 다시 산 밑으로 굴러 떨어집니다. 또 굴려 올려놓습니다. 또 떨어집니다. 그러나 시지푸스나 프로메티우스는 절망하지 않고 자기가 져야 할 형벌을 감당해 냅니다.

그런데 여기 희망이 있습니다. 밤새도록 야곱과 싸우다가 끝내는 지쳐버린 천사의 이야기입니다. 마지막에 해가 떠오르자 집으로 도망하는 천사는 야곱에게 "네가 나에게 무엇을 원하느냐?"고 항복을 하지요. 설사 신이 내린 형벌처럼 힘든 운명이라 할지라도, 그 운명을 끝까지 잘 감당해 내면, 천사와 씨름해서 이긴 야곱처럼, 하느님의 축복을 받을 수 있지 않겠어요? 저는 하느님이 저를 특별히 사랑해서가 아니라, 그가 저에게 원하시는 일이 마치 형벌과 같이 힘든 일이라고 해도, 끝까지 감당하면 하느님이 마침내 제 손을 들어줄 것이라고 생각합니다. 그 때는 다른 세상이 오지요.

자신의 장점을 헤아리면서 자기를 사랑하는 사람과 함께 지내거나, 하느님께서 자기를 특별히 선택했다고 생각하면서 그의 주변에 있는 부조리와 고통에 대해서 눈을 감아버리는, 이런 세속적인 방법이나 종교적인 방법은 부드럽고 쉬운 탈출구입니다.

그러나 그런 방법으로 자기를 속이며 구원받을 수 없는 사람에게는, 십자가에서 하느님과 더불어 투쟁했던 예수님처럼, 힘들고 어려운 또 다른 구원의 길이 있습니다.

불교에서는 그것을 '업보'라고 말합니다. 구약성서는 '신과 싸우는 사람들'이라고 합니다. 희랍 사람은 '시지푸스, 프로메티우스의 친구'라고 말합니다.

이와 같은 구원의 길을 가는 사람들은, 얻은 것이 없습니다. 성공도 없습니다. 그래서 고통을 당합니다. 자신의 한계를 절감합니다. 그러나 그는 "자존심"은 있습니다. 왜냐하면 운명의 신과 맞상대하기 때문입니다. 신들의 노리개가 아닙니다. 신들에게 도와달라고 애걸도 하지 않고, 그냥 자기에게 맡겨진 일을 다 합니다. 세상이 그를 비웃어도, 신이 도와주지 않아도, 그는 내일도 자기가 해야 할 일을 합니다. 한계 속에서 고달파하지만 "자존심"은 남아 있습니다.

그는 해야 할 많은 일들을 하기 위해서 결코 세속적인 방법이나 종교적인 방법으로 쉬운 탈출구를 찾아가지는 않습니다. "자존심"을 지킵니다.

금년 한 해 동안, 여러분들은 각자의 운명의 신과 맞상대하여, 마침내 운명의 신이 여러분에게 미소를 짓는, 신과 더불어 싸워 이기는, 승리의 삶이 경험되기를 바랍니다.

4

여전히 전능하신 하느님

시편 24편 땅과 그 안에 가득 찬 것이 모두 다 주님의 것, 온 우주와 그 안에 살고 있는 모든 것도 주님의 것이다. 분명히 주님께서 그 기초를 바다를 정복하여 세우셨고, 강을 정복하여 단단히 세우셨구나. 누가 주님의 산에 오를 수 있으며, 누가 그 거룩한 곳에 들어설 수 있느냐? 깨끗한 손과 해맑은 마음을 가진 사람, 헛된 우상에게 마음이 팔리지 않고, 거짓 맹세를 하지 않는 사람이다. 그런 사람은 주님께서 주시는 복을 받고, 그를 구원하시는 하나님께로부터 의롭다고 인정받을 사람이다. 그런 사람은 주님을 찾는 사람이요, 야곱의 하나님의 얼굴을 사모하는 사람이다.(셀라) 문들아, 너희 머리를 들어라. 영원한 문들아, 활짝 열려라. 영광의 왕께서 들어가신다. 영광의 왕이 뉘시냐? 힘이 세고 용맹하신 주님이시다. 전쟁의 용사이신 주님이시다. 문들아, 너희 머리를 들어라. 영원한 문들아, 활짝 열려라. 영광의 왕께서 들어가신다. 영광의 왕이 뉘시냐? 만군의 주님, 그분이야말로 영광의 왕이시다. (셀라)

시편 71:11-18 그들이 나를 두고 말하기를 "하나님도 그를 버렸다. 그를 건져 줄 사람이 없으니, 쫓아가서 사로잡자" 합니다. 하나님, 나에게서 멀리 떠나지 마십시오. 나의 하나님, 어서 속히 오셔서, 나를 도와주십시오. 나를 고발하는 자들이 부끄러움을 당하고, 흔적도 없이 사라지게 해주십시오. 나를 음해하는 자들이 모욕과 수치를 당하게 해주십시오. 나는 내 희망을 언제나 주님께만 두고 주님을 더욱 더 찬양하렵니다. 내가 비록 그 뜻을 다 헤아리지는 못하지만 주님의 의로우심을 내 입으로 전하렵니다. 주님께서 이루신 구원의 행적을 종일 알리렵니다. 주님, 내가 성전으로 들어가 주님의 능력을 찬양하렵니다. 주님께서 홀로 보여 주신, 주님의 의로우신 행적을 널리 알리렵니다. 하나님, 주님은 어릴 때부터 나를 가르치셨기에, 주님께서 보여 주신 그 놀라운 일들을 내가 지금까지 전하고 있습니다. 내가 이제 늙어서, 머리카락에 희끗희끗 인생의 서리가 내렸어도 하나님, 나를 버리지 마십시오. 주님께서 팔을 펴서 나타내 보이신 그 능력을 오고 오는 세대에 전하렵니다.

기독교인들이 주문처럼 외우는 것이 두 개가 있지요. 하나는 '주기도문'이고 다른 하나는 '사도신경'입니다. 많은 사람들이 '주기도문' 외우기를 꺼려하는데, 그 이유는 '주기도문' 가운데 다음과 같은 말이 있기 때문입니다. "우리가 우리에게 죄지은 자를 사하여준 것 같이 우리의 죄를 사하여 주옵시고" 하는 대목에서 아무도 자신 있게 '주기도문'을 암송할 수 없는 것입니다. 그래도 그런 생각을 하는 사람들은 조금은 양심 있는 사람들이라고 말할 수 있습니다.

그러나 '사도신경'을 암송하여 신앙고백하기를 거부하는 사람 또한 만만치 않게 많이 있습니다. 어쩌면 '사도신경'은 '주기도문'보다 더 심각하게 우리들에게 장애물이 될 수 있습니다.

그럼에도 불구하고 우리들은 한 달에 한 번씩 '사도신경'을 고백하고 있으며, 그래서 '사도신경'이 과연 이 시대에 우리들에게 어떤 뜻일까를 열심히 생각해 보는 것입니다. 이 시간에도 여전히 하느님에 대한 신앙고백을 생각하고 있고, 처음에 나오는 "전능하신 하느님"을 생각해 보려고 합니다.

하늘과 땅을 지으신 하느님을 고백했을 때, 그것을 고백한 사람들의 삶의 자리는 승리자의 자리가 아니라, 처참하게 패하여 마침내 할 수 없이 정든 곳에서 쫓겨난 유배자들의 고백이었다고 지난 주일에 이야기했습니다. 그렇다면 "전능하사"라는 말이 무엇을 의미하는지 생각할 수 있을 것 같습니다.

이제 "하느님이 전능하시다"라는 신앙고백이 어디서부터 출발했는지를 먼저 생각해 보겠습니다. "전능하신 하느님" - 과연 하느님은 마음만 먹으면 무엇이든지 할 수 있는 모든 힘의 근원이고, 그 모든 힘을 행사할 수 있을까요? .

먼저, 성경은 왜 "하느님이 전능하시다"고 말하고 있는지 생각해 보기로 하겠습니다. 오늘 본문인 시편에 그 힌트가 나와 있습니다. 전능하신 하느님, 영광의 왕입니다. 강하고 능한 하느님입니다. 전쟁에 나가면 늘 이기는, 전쟁에서 용맹을 떨친 하느님이라고 시편에 기록되어 있습니다.

이스라엘 백성은 출애굽 때에, 그들을 쫓아오던 강한 대군 이집트의 군사가 어처구니없이 홍해에서 수장되는 것을 보고, 하느님이 전쟁에 능한 영광의 왕이며 전능하신 왕이고 용맹을 떨치는 용사라고 고백하는 데에 주저함이 없었습니다.

저도 한때는 그런 용맹스러운 하느님을 믿고 힘있게 살았습니다. 세상 모든 것이 두렵지 않았고 제가 가는 길에는 언제나 승리와 영광이 있을 것을 의심치 않았습니다. 제가 시골에서 병역 징집을 받고 신체검사를 하러 가니까 강원도 사람들이 300명쯤 모였는데, 안경을 쓴 사람은 저밖에 없었고, 서울로 가서 공부하는 사람도 저밖에 없었습니다. 저는 300명 중에 뽑힌 사람이었다는 생각이 들었습니다.

그 이후로 저의 생활에는 많은 어려움이 있었지만, 그때마다 하느님께서 저를 구해 주셨습니다. 그래서 홍해를 건너게 했던 이스라엘의 하느님, 야곱의 하느님, 능하신 영광의 하느님, 전능자는 역시 나의 피난처요, 나의 수호신이라고 생각하면서 살았습니다.

미국에 와서 힘들게 공부하며 미국 사람들과 경쟁할 때도, 한국 사람의 체면을 지켜가며 부족함이 없이 공부를 마쳤습니다. 그래서 하느님은 옛날이나 지금이나 내 앞에 있는 홍해를 무사히 건너가게 해 주시는 전능한 하느님이라고 생각하면서 살았습니다.

이스라엘 백성은 그들이 홍해를 건너갔던 경험을 이렇게 시편 68편에서 고백하고 있습니다. "하느님 앞에서 땅이 흔들렸고 하늘도 폭우를 쏟아 내렸습니다." 이스라엘 백성의 왕, 여호와 하느님께서 나아갈 때 세상의 모든 왕들이 추풍낙엽처럼 떨어져 갔고, 그들은 그것을 시편 68편에서 "전능하신 자가 열왕을 그 중에서 흩으실 때에는 살몬에 눈이 날림 같다"고 기록하고 있습니다. 바람이 불 때 산 위에 있는 눈들이 휘날려서 부서지는 것처럼, 세상의 왕들은 이스라엘의 왕 야훼 앞에서 힘없이 부서지는 것을 그들은 보았습니다. 그들이 출애굽을 기억할 때 그들의 하느님은 그렇게 강한 하느님이었습니다.

저도 하느님은 그런 신이라고 생각하면서 살았었습니다. 그러나 시편을 조금 더 읽어내려 가면, 하느님이 그렇게 용맹스러운 하느님만은 아니라는 것을 알 수 있었습니다. 그래서 이스라엘 백성이 시편을 남겼다는 것을 알았습니다.

이스라엘 백성들은 전능하신 하느님과는 다른 하느님의 얼굴을 발견하게 됩니다. 이스라엘 백성들은 그들의 하느님이 어떤 점에서는 세상의 그 어떤 적도 물리칠 수 있는 무적의 신이지만, 또 어떤 면에서는 나약한 하느님이라는 것을 알게 되었습니다. 특별히 그들이 조국을 잃어버리고 예루살렘 성전을 잃어버리고 종교의 자유를 잃어버렸을 때, 그래서 자기들이 지은 집에서 살지 못하며, 자기들이 추수한 것을 먹지 못하게 되었을 때, 그들은 자기들을 지켜주시던 용맹스런 하느님이 이제는 나약한 하느님이라는 것을 알아차렸습니다.

시편 73편에, 그들이 전능하신 하느님이 아닌 모습으로 보게 된 것에 대한 암시가 나와 있습니다. "하느님은 마음이 정직한 사람과 마음이 정결한 사람에게 선을 베푸시는 분이건만, 나는 그 확신을 잃고 넘어질 뻔했구나. 그 믿음을 버리고 미끄러질 뻔했구나." 이것은 그가 절망하고 실망하여 하느님을 영영 잊어버릴 뻔하였다는 것입니다. 왜냐하면 그는 하느님을 따르고 선을 행하기 때문에 하느님께서 복을 주실 줄 알았는데 그렇지 않았기 때문입니다.

시편 73편에는 이런 내용들이 기록되어 있습니다: 내가 악인의 형통함을 보았고, 나쁜 사람들이 잘되는 것을 보았고, 거만한 사람들이 잘되는 것을 보았고, 나는 질투하였다. 그들은 다른 사람이 당하는 고난도 겪지 않고, 다른 사람이 받는 재앙도 그들에게는 없다. 그들은 끝날까지 부유하게 잘 살다가 고통 없이 잘 죽는다. 그러니 "내가 실족할 뻔하고 미끄러질 뻔하였다"는 고백은 이상한 것이 아닙니다.

"오만은 그들의 목걸이요, 폭력은 그들의 나들이 옷이다. 그들은 피둥피둥 살이 쪄서, 거만하게 눈을 치켜 뜨고 다니며, 마음에는 헛된 상상이 가득하며, 언제나 남을 비웃으며, 악의에 찬 말을 쏘아붙이고, 거만한 모습으로 폭언하기를 즐긴다. 입으로는 하늘을 비방하고, 혀로는 땅을 휩쓸고 다닌다. 하나님의 백성마저도 그들에게 홀려서, 물을 들이키듯, 그들이 하는 말을 그대로 받아들여, 덩달아 말한다. '하나님인들 어떻게 알 수 있으랴? 가장 높으신 분이라고 무엇이든 다 알 수가 있으랴?' 하고 말한다."라고 시편에 기록되어 있습니다.

악인들은 너무 많이 가져서 더 이상 마음으로 바라는 것이 없다고 합니다. 악행만을 저지르는 오만방자한 그들을 향하여, 힘없는 사람들은 "두고 보자!"고 하지만, 그러나 그 악인들은 평생 신세가 편하고 재산은 늘어만 가다가 끝내는 고통도 없이 잘 죽는데, 전능하신 하느님을 어떻게 계속 믿을 수가 있겠습니까?

그래서 시편 73:21에는 "나의 가슴이 쓰리고 심장이 찔린 듯이 아파도, 나는 우둔하여 아무것도 몰랐습니다. 나는 다만, 주님 앞에 있는 한 마리 짐승이었습니다."라고 했습니다. 도대체 이해할 수가 없어서 "내가 우둔하오니, 주님 앞에 한 마리의 짐승입니다"라고 고백하고 있습니다. "전능하신 하느님, 무슨 고장이 생겼습니까?"라고 말하고 싶은 것입니다. 그는 이 세상의 부조리를 보면서 전능하신 하느님을 믿었던 자기 자신이 한 마리의 짐승처럼 하느님의 일을 이해할 수 없는 곤경과 고민에 빠진 것입니다.

오늘 읽어드린 시편 71편에는 이 이야기가 시적으로 잘 나타나 있습니다. 전능하지 못하신 하느님을 시편 71:12절은 이렇게 기록했습니다. "하느님, 나에게서 멀리 떠나지 마십시오. 나의 하나님, 어서 속히 오셔서, 나를 도와주십시오. 나를 고발하는 자들이 부끄러움을 당하고, 흔적도 없이 사라지게 해주십시오. 나를 음해하는 자들이 모욕과 수치를 당하게 해주십시오."

그 다음 구절에 "나는 내 희망을 언제나 주님께만 두고 주님을 더욱더 찬양하렵니다."라고 했습니다만, 아마도 "무능한 하느님, 이제 그만 저버리고 싶지만, 다른 길이 없기 때문에 나는 언제나 당신께 희망을 두고, 당신밖에 찬양할 수 없어서 더욱더 당신을 찬미합니다."라고 말하고 싶었을지도 모릅니다.

이스라엘 백성이 믿었던 하느님, 순교자들이 믿었던 하느님, 그들은 그 하느님이 전능하신 하느님이라고 노래했습니다. 그러나 하느님은 이제 전능자가 아니라 능력이 모자라는 분이 되었습니다. 가까이 계신 하느님이 아니라 멀리 서서 우리를 바라보고만 계십니다. 그 하느님을 "졸고 계신 하느님, 낮잠을 주무시는 하느님, 팔이 짧아지신 하느님"이라고 말하기도 했습니다.

그런 하느님을 이제 많은 신앙인들이 버리고 도망칩니다. 그런데 하느님을 버리고 도망치다 생각해 보니 자기 자신이 허무하고, 앞길이 너무 혼돈스러워 다시 하느님께로 돌아갑니다. 이스라엘 백성은 다른 신들을 섬기려고 했지만 가능성이 없었습니다.

제 자신의 삶을 뒤돌아보면, 저의 하느님께서 멀리 서서 구경만 하셨다는 생각이 드는 순간들이 많이 있습니다. 제가 가장 힘들 때 하느님은 저를 돕지 않으셨습니다. 저의 아버님이 혼수상태에서 두 달여 고생을 하시는 동안, 아버님은 한마디 말씀도 못하시고 저에게 눈길 한번 주지 못하셨습니다. 아무 말이든 한마디라도 하시고, 눈길 한번이라도 주고 세상을 떠나시기를 바라는 마음이 제게는 간절했었습니다.

그때 저는 신학교에서 교수 노릇을 하면서, 어떤 건물의 지하실에서 조그만 교회를 시작했습니다. 냄새나는 지하실에서 교인 몇 명과 더불어 성경공부를 하고 있었는데, 그때 우리는 마가복음을 공부하고 있었습니다. 마가복음 속의 예수님은 그에게 다가오는 모든 사람들에게 신출귀몰하게도 기적을 행하셨습니다. 저는 계속해서 마가복음을 읽어 나가며, "그 옛날에 그렇게 많은 사람을 고쳐주셨던 나의 주님, 지금은 어디 계십니까?" 하며 속으로 탄원했습니다. 그러나 제가 배운 신학 때문에 아무도 원망하지 못하였습니다. 한편으로는 이렇게 열심히 하느님의 일을 하다보면 혹 하느님께서 저를 도와주실지도 모른다는 기대를 은근히 했을 겁니다.

그 두 달은 참으로 긴 시간이었습니다. 그렇지만 가족 일을 핑계로 하여 학교 일이나 교회 일을 등한시한 적은 한 번도 없었습니다. 끝내 아버님은 아무 말씀도 못하신 채로 세상을 떠나시고, 마가복음 공부도 끝났지요. 기적을 행하는 예수님은 저에게는 찾아오시지 않았습니다. 아니, 오셨지만 그분은 더 이상 기적의 의원은 아니셨습니다.

제가 종교재판을 받고 한국에서 떠날 때에도 저는 하느님께 기도했습니다. 하느님께서 저의 편을 들어주기를 원한 것은 아니었습니다. 미국에서 배운 이론에 의하면 하느님은 약자를 편들어준다는 것이었습니다. 남미의 해방신학을 하는 사람들은 하느님은 '편을 들어주는 하느님'이라고 합니다. 공정한 재판관이 아니라 억울한 사람의 편을 들어준다는 것입니다.

그러나 저는 하느님이 저의 편을 들어주기를 바라지는 않았습니다. 단지, 공정한 재판을 원했고 그 기회를 주신다면 그것으로 족하다고 생각했습니다. 사람은 완전할 수 없기 때문에 잘못을 저질렀다면 형벌을 받아야지요. 그래서 하느님께 단지 공정한 재판을 받도록 기회를 달라고 기도했습니다. 그러나 하느님은 역시 멀리 계셨습니다. 어디에서도 도움은 오지 않았습니다.

그래서 그때 저는 기독교도 하느님도 다 떠나서 마음대로 살아보리라, 내 힘으로 하느님과 싸워보면서 살겠다고 마음먹었습니다. 그때 저에게 남은 것은 아무것도 없었습니다. 시편에 나와 있는 대로 실족하여 넘어질 뻔하고, 절망과 혼돈만 있었습니다.

수없이 많은 가능성이 놓여 있었지만 그 가능성을 현실로 바꿀 만한 선택의 기준이 없어진 것이었습니다. 그냥 시간만 흘러갔지요.

그래서 저는 다시 하느님께로 돌아와서 하느님께 이렇게 고백합니다. "당신은 옛날처럼 전능하지는 못하지만, 그래도 나는 당신 밖에서는 희망을 찾을 길이 없습니다. 이제는 내 인생에서 당신과 내가 동업자가 되면 어떻겠습니까?" 시편 71편에 기록된 것처럼 "멀리 계신 하느님, 이제는 빨리 오소서" 하고 저는 기도합니다. 지금도.

저는 신학교에서 신학을 가르치거나 배우면서, 신학자들이 쓰는 말 중에 '신비(mystery)'라는 말이나 '포착불능(incomprehensiveness)'이라는 단어를 만날 때마다 빨간 줄을 긋고, "못된 사람들!"이라고 속으로 말합니다. 그럴만한 이유가 있습니다. 그들은 항상 하느님은 전능하시어 기적을 행하셨고, 수없이 많은 일들을 인류를 위해 행하셨기 때문에, 우리가 하느님을 모른다고 말할 수 없도록 하느님께서는 당신의 모습을 우리에게 확실히 보여 주셨다고 장황하게 떠들어댑니다. 그러다가 "왜 이 세상에는 이렇게 억울한 사람들이 많으냐?"는 질문만 나오면, 대개의 신학자들은 입을 모아, "인간이 어찌 하느님의 뜻을 헤아릴 수 있느냐? 우주의 크기를 알지도 못하는 인간들, 눈앞에 보이는 것도 다 깨닫지 못하는 그런 인간이 어찌 하느님의 오묘한 뜻을 측량하려고 하느냐? 하느님은 '신비'다, 하느님은 '이해할 수 없는' 하느님이다"라는 궤변을 늘어놓습니다. 그럴 때면 저는 혼자 말합니다. "당신들은 배부르고 성공했고, 그래서 평안하기만 한 사람들이오. 나도 한때는 그런 하느님을 믿었소. 그런데 이제 그런 거짓말은 그만하는 것이 좋지 않소? 차라리 시편 기자들처럼, 멀리 계신 하느님, 낮잠을 주무시는 하느님이라고 하든지, 자기 직분에 불충실한 하느님을 고발하는 욥처럼 신앙을 표현하는 것이 정직한 것 아니겠소?"

하느님을 막연히 "신비한 신"이라고 하는 것은 넌센스입니다. 하느님은 신비스러운, 인간이 이해할 수 없는 그런 하느님이 아닙니다. 물론 우리가 하느님의 뜻을 다 알 수 있다는 말은 아닙니다. 단지 부조리한 대목에서는 신의 '신비'를 운운하는 게으름이 타당하지 않다는 말입니다.

'전능'하신 하느님이라는 말은, 글자 그대로 '모든 것을 가능케 하시는' 하느님을 말하는 것은 아니라고 생각합니다. '전능하신' 하느님께서 이 세상을 이 모양으로 버려두시고, 우리가 가장 힘들었을 때 멀리서 계셨다면 그 하느님을 어찌 찬양할 수 있겠습니까?

하느님은 저를 돕고 싶으셨고, 이 세상을 좀 더 아름답게 만드시기를 원하시지만, 그러실 수 없었던 것입니다. 모든 일에 능하시지 않으신 겁니다. 그래서 저는 하느님과 더불어 이 세상을 더욱 아름답게 만들기 위하여 땀흘려 일할 수밖에 없습니다.

하느님은 우리에게 가까이 계시고, 이스라엘 백성의 역사와 예수 그리스도의 역사를 통하여 당신의 모습을 우리에게 보여 주셨습니다. 그러나 하느님은 마음대로 무엇인가를 하지 못하십니다.

창세기 서두에 보면 하느님께서 처음에 하느님 역할을 하실 때는 기분이 계속 좋으셨습니다. 그러나 창세기 6, 7장을 보면 하느님은 후회를 하십니다. 하느님이 하느님 역할을 하시는 데서 서툰 모습이 보입니다.

세상에서 살고 있는 인간들 중에 자기 한계를 모르는 인간들이, 혹시 자신을 전능하다고 생각하는 수는 있지만, 하느님은 당신이 결코 전능하다고 생각하시지 않습니다. 성경은 하느님을 모든 것에 능치 못할 일이 없다는 뜻에서 "전능하다"고 묘사하지는 않습니다.

그럼에도 불구하고 저는 "전능하신 하느님"을 고백합니다. 오늘 우리가 함께 "전능하신 하느님"을 고백해야 하는 이유가 있습니다. 그것은, 우리가 처한 험한 질곡에서 우리를 구해줄 분이 있다면, 그분은 이 세상에서 우리를 누르고 있는 어두운 세력들보다 더 강해야 하므로, 우리는 그 구원자를 향해 "전능자"라는 고백을 할 수밖에 없기 때문입니다. 우리를 짓누르고 있는 이 어둠의 세력이 강하고 크기 때문에, 이 사탄의 세력이 너무나 엄청나기 때문에, 우리를 구원할 수 있는 하느님은 역설적으로 크고 위대하고 용맹스럽고 전능한 하느님일 수밖에 없습니다.

세상에 모든 일을 다 할 수 있는 분이기 때문에 전능하신 것이 아닙니다. 우리를 구원할 수 있기 때문에, 우리에게 이 구렁텅이에서 벗어날 수 있다는 희망을 줄 수 있기 때문에, 그 하느님은 '전능하신 하느님'인 것입니다. 모든 것을 마음대로 처리할 수 있는 독재군주이기 때문이 아닙니다. 여전히 우리를 '사랑'하시고 우리에게 '희망'을 주셔서 우리를 구원하시는 하느님이시기에, 우리는 하느님을 여전히 '전능하시다'고 고백할 수 있습니다.

우리의 모든 문제를 지금은 다 해결하지 못하시지만, 언젠가는 우리에게 다가와 구원을 주실 것입니다. 그분만이 우리의 '희망'입니다. 그래서 하느님께만 희망을 두고 있는 사람은, 그 하느님이 아무리 나약할지라도 그 하느님을 향하여 전능하다고 고백할 수밖에 없습니다. 우리의 구원은 그 길밖에 없기 때문입니다.

이제 여러분의 생활 속에서, 전능하신 하느님을 고백했던 옛 신앙인들의 이야기가 여러분의 이야기가 될 수 있는 놀라운 경험을 하게 되기를 기도합니다.

5

하늘이요 땅입니다

시편 73:21-28. 나의 가슴이 쓰리고 심장이 찔린 듯이 아파도, 나는 우둔하여 아무 것도 몰랐습니다. 나는 다만, 주님 앞에 있는 한 마리 짐승이었습니다. 그러나 나는 늘 주님과 함께 있으므로, 주님께서 내 오른 손을 붙잡아 주십니다. 주님의 교훈으로 나를 인도해 주시고, 마침내 나를 주님의 영광에 참여시켜 주실 줄 믿습니다. 내가 주님과 함께 하니, 하늘로 가더라도, 내게 주님밖에 누가 더 있겠습니까? 땅에서라도, 내가 무엇을 더 바라겠습니까? 내 몸과 마음이 다 시들어가도, 하나님은 언제나 내 마음에 든든한 반석이시요, 내가 받을 몫의 전부이십니다. 주님을 멀리하는 사람은 망할 것입니다. 주님 앞에서 정절을 버리는 사람은, 주님께서 멸하실 것입니다. 하나님께 가까이 있는 것이 나에게 복이니, 내가 주 하나님을 나의 피난처로 삼고, 주님께서 이루신 모든 일들을 전파하렵니다.

마태복음 18:15-20. "네 형제가 (너에게) 죄를 짓거든, 가서, 단 둘이 있는 자리에서 그에게 충고하여라. 그가 너의 말을 들으면, 너는 그 형제를 얻은 것이다. 그러나 듣지 않거든, 한 두 사람을 더 데리고 가거라. 그가 하는 모든 말을, 두 세 증인의 입을 빌어서 확정지으려는 것이다. 그러나 그 형제가 그들의 말도 듣지 않거든, 교회에 말하여라. 교회의 말조차 듣지 않거든, 그를 이방 사람이나 세리와 같이 여겨라." "내가 진정으로 너희에게 말한다. 무엇이든지, 너희가 땅에서 매는 것은 하늘에서도 매일 것이요, 땅에서 푸는 것은 하늘에서도 풀릴 것이다. 내가 (진정으로) 거듭 너희에게 말한다. 땅에서 너희 가운데 두 사람이 합심하여 무슨 일이든지 구하면, 하늘에 계신 내 아버지께서 그들에게 이루어 주실 것이다. 두세 사람이 내 이름으로 모여 있는 자리, 거기에 내가 그들 가운데 있다."

우리는 지금 기독교인들이 오랫동안 고백해온 「사도신경」을 우리시대의 우리말로, 그리고 한국인의 정서에 맞는 말로 번역하여, 선조들의 신앙을 본받는 길을 차근차근 따라가 보려고 하고 있습니다. 그리고 아직도 "천지를 만드신 하느님을 내가 믿는다"라는 사도신경의 서두에 머물러 있습니다.

"천지를 만드신 하느님을 내가 믿는다"라는 고백을, 오늘 우리들이 알아들을 수 있게 다시 설명하고 그들의 신앙을 본받으려고 하는 이 시점에서 특별히 어려운 것은, 한국인들에게는 "신"이라는 단어가 있을 뿐이지 신을 사랑하는 생활습관이 별로 없었다는 것입니다. 그래서 천지를 창조한 하느님의 이야기를 우리들이 알아듣는 말로 번역하는 것은 여간 어려운 일이 아닙니다. 특별히 '천지창조'라는 개념은 우리 한국인들에게는 사실상 없다고 보아야 하며, 이 점이 우리들의 과제를 더욱 어렵게 합니다.

저는 시간이 날 때마다 서점에 들러, 사도신경을 오늘 우리시대의 말로 다시 생각할 수 있는 길잡이나 도움을 얻을 자료는 없을까 하여 책을 찾아봅니다. 그러다가 한국의 한 서점에서 『창세신화』라는 제목의 책을 발견하고는. 제목이 그럴듯하기에 얼른 사서 여기저기를 펼쳐 보았습니다.

그러나 제가 생각하는 것과는 달랐습니다. 한국인들의 창세신화

이야기 – 대체로 이것들은 원(怨)과 한(恨)에 시달리는 산 자나 죽은 자들의 혼을 달래고 해방시키려는 무당들의 노래 모음인데, 좀더 면밀한 연구는 어쩌면 한국 신학의 새로운 가능성을 열어 줄 수도 있을 것입니다 -- 속에는, 오늘날의 기독교들이 '사도신경'을 고백하고, 유대-기독교인들이 창세기 1장에서 '천지창조'를 고백하며, 또 요한계시록에서 '새 하늘과 새 땅'을 고백한 데서 볼 수 있는, 그런 창조신앙을 오늘 우리들의 말로 푸는 데 도움을 줄 만한 단서를 별로 얻지 못하였습니다.

한국인에게는 '사랑'이라는 말도, '신'이라는 말도 사실상 매우 낯선 말들이었습니다. 그래서 저는 늘 '신'과 '사랑'이라는 두 축을 중심으로 엮어지고 있는 기독교의 언어가 한국인들에게 얼마나 깊이 뿌리박힐 수 있을까 하는 의문을 갖고 있습니다. 그럼에도 불구하고 '천지창조'의 신을 고백한 유대 기독교인들의 이야기를 오늘 우리 시대의 말로 되새겨 보려고 합니다.

다음은 좀 지엽적(side story) 이야기입니다만, 한 달에 한 번씩 우리 교회가 사도신경을 고백하는 이유가 있다면, 그것은 바로 기독교인들의 행위의 핵심이라고 할 수 있는 예배 행위의 근본 이유와 상통하기 때문입니다. 한 달에 한 번씩 같은 신앙고백을, 그것도 이제는 죽은 언어처럼 보이는 사도신경의 이야기를 반복하는 이유가 여기에 있습니다. 일상에 쫓기는 바쁜 현대인인 우리들이 자칫하면 잊어버리기 쉬운 질문들, 생각하고 살아야 하는 과제들, 혹은 일상에 쫓기어 당연한 것으로 생각하고 넘어갈 수밖에 없는 이야기들, 그런 것들을 늘 같은 자리에서 같은 시간에 같은 모양으로 반복함으로써, 우리가 항상 기억하며 가슴에 담고 살아야 할 질문들과 고마운 유산들을 되새기는 것입니다. 이것이 기독교인들이 주일마다 드리는 예배의 한 기능입니다. 곧 잃어버린 우리들의 삶의 질문을 재점검해 보는 것이며, 이것은 일상의 건강을 점검하고, 수리하고, 보존하는 중요한 기능을 담당합니다. 모든 교회는 예배를 드립니다. 그런데 그 예배는 많은 동일한 것들을 "반복"합니다. 이 반복은 우리들의 삶 속에 꼭 있어야 되는 그것들이 제자리에 있는지를 점검해보기 위한 하나의 방편입니다. 주일마다 드리는 새로운 예배, 우리는 그 속에서 변함없는 옛 것을 만납니다.

이제 본래의 이야기로 돌아갑니다. "천지를 지으신 전능하신 하느님"을 고백한 옛 신앙인들은 과연 무슨 생각으로 그런 신앙고백을 남겼을까를 생각해 보겠습니다.

우선 우리가 마음에 새겨야 할 일은 "전능하사 천지를 지으신 하느님 아버지를 내가 믿는다"는 고백을 낳은 사람들은 기득권자들, 행복한 사람들, 사업에 성공을 거둔 사람들, 우리 시대말로 하면, 미국을 지배하고 있는 주류사회의 백인 같은 사람들이 결코 아니었다고 하는 사실입니다. 만약에 그런 사람들이 사도신경을 썼거나 창세기를 썼다면, "천지는 우리의 것입니다." "온 세상은 우리의 것입니다."라는 고백으로 이야기를 시작했을 겁니다. 아니면 "세상은 넓고 할 일은 많다"고 이야기를 시작했을 테지요.

그러나 창세기 1장에 있는 '천지창조' 이야기나, 요한계시록에 있는 '새 하늘과 새 땅'을 창조한 이야기나, 기원후 2세기에 만들어진 '사도신경' 이야기의 주인공들은 하나같이 행복한 사람들이 아니었습니다. 그것과는 정반대로 그들은 기원전 6세기에 조국을 잃어버리고, 자기네들이 하느님의 집이라 하여 소중하게 여기던 예루살렘 성전이 무너져 내리는 참담한 광경을 눈으로 보아야 했고, 그 후 낯설고 물설은 이역 땅에 강제로 끌려가서 유민생활, 난민생활을 해야 했던 사람들이었습니다.

낯선 자의 땅에서, 빼앗긴 하늘밑에서, 그들은 하느님께 신앙을 고백하였습니다: "하느님, 당신만이 우리에게는 하늘과 땅입니다. 하느님께서 우리에게 새 하늘과 새 땅을 만들어 주시지 않는다면 우리는 마음 편히 숨쉬며, 희망을 노래할 하늘과 땅이 없습니다." 이것이 "천지를 지으신 전능하신 하느님 아버지"의 본래적 맥락입니다. 사도신경과 창세기는 바로 이렇게 시작된 것입니다.

오늘날 많은 과학자들이 생각하듯이, 우주의 오묘한 질서와 생물세포 하나 하나의 정교하고 신비한 질서에 감탄하거나, 밤하늘의 아름다움과 계절의 질서정연한 순환, 혹은 우주의 무한한 광대함에 감탄하여, "이 아름답고 오묘한 세상을 누가 만들었을까?" 궁금하게 생각하다가 마침내 그 대답으로 창세기나 사도신경 고백의 서두가 만들어진 것이 결코 아닙니다. 이 우주의 기원과 생물들의 오묘한 질서에 대한 신비를 푸는 것은 과학자들의 업무이지, 성경에 나와 있는 신앙인들의 관심사는 전혀 아니었습니다.

한편, 신약성서의 요한계시록에 있는 "내가 새 하늘과 새 땅을 만든다"라고 선언하시는 하느님을 믿겠노라고 고백한 당시 교회의 신앙인들은, '머지않아 이 지구 은하계가 대파국을 맞이할 것'이라는 생각 때문에 '새 하늘과 새 땅'에다가 희망을 두었던 것이 아닙니다.

사도신경에 있는 "천지를 지으신 하느님"을 고백하는 이들이나, "새 하늘과 새 땅을 만드실 하느님"을 고백하는 이들은 언제나 모든 것을 잃어버린 사람들, 하느님 이외에는 그 어떤 것에도 희망을 둘 수 없는 사람들이었다는 점을 여러분은 꼭 기억하셔야 합니다.

오늘 우리가 함께 읽은 시편에도, "하늘로 가더라도 내게 주님밖에 누가 더 있겠습니까? 땅에서라도 (주님만 계셔 주시면) 내가 무엇을 더 바라겠습니까?"라고 노래하고 있습니다. "천지를 만드신 하느님 아버지를 내가 믿는다"고 고백한 본래 사람들은 바로 이런 이들이었습니다. 다시 말하거니와, 오늘날 많은 사람들이 생각하고 있는 주제, 곧 과학적으로 본 '우주의 시작'과 하느님의 '창조 작업'은 아무런 상관이 없는 이야기입니다. 창조 신앙을 처음 고백한 이들은 과학자들이 아니었습니다. 또 그들은 이 세상은 살기 좋은 하느님의 세상이라고 고백할 수 있었던 사람들도 아니었습니다.

오히려 그들은 이 세상은 사탄의 질서에 속하는 낯선 자들의 세상이며, 남의 땅, 남의 하늘인데, "내 하늘과 내 땅은 어디에 있느냐?"고 탄식하며 눈물짓는 사람들이었습니다. 그래서 그들은 하느님을 향하여 "주님께서 하늘과 땅을 만들어 주지 않으신다면, 우리에게는 아무것도 없습니다. 주님이 곧 우리의 하늘과 땅입니다. 우리에게 다른 하늘과 땅은 없습니다"라고 시적(詩的)인 고백을 남겼습니다. 바로 이런 희망 법, 삶의 방식이 오늘 우리들의 말로 하면 "전능하사 천지를 지으신 하느님 아버지를 내가 믿습니다"라는 고백입니다.

또 여기서 말하는 하느님, 곧 하늘과 땅을 만들어 주시는 하느님, 하늘과 땅을 늘 새롭게 만들어 주시는 그 하느님은, 우리의 일상을 지켜주시는 하느님입니다. 우리의 일상에는 많은 무의식적인 믿음이 있습니다. 저는 그것을 '바탕 믿음'이라고 명명해 봅니다. 우리의 무의식 속에는 수없이 많은 '바탕 믿음'들이 있습니다. 우리는 그 믿음을 빼앗기거나 잃어버린 다음에야 우리의 삶을 지탱해온 수없이 많은 '바탕 믿음'들이 우리에게 있었다는 것을 알게 됩니다. 우리가 캄캄한 밤에 층계를 내려가다가 발을 헛디뎠을 경우에, 우리의 믿음이 잘못되었다는 것을 확실히 알게 되지요. 왜냐하면 우리가 캄캄한 어둠 속에서 층계에 발을 내디딜 때는 사실은 무언가를 믿고 하는 행위이기 때문입니다.

그렇듯이 우리의 일상을 받쳐주고 있는 이 '바탕 믿음'이란, 우리 일상생활의 커다란 변화가 오고 균열이 와서, 지축이 흔들릴 때, "아! 지금까지 나에게 있었던 뭔가가 사라졌구나!" 하고 비로소 그의 존재(사실은 부재)를 알게 되는 것입니다. 그래서 '바탕 믿음'은 우리의 일상의 땅이라 할 수 있습니다. 그것이 우리를 받쳐주고 있기 때문입니다. 이런 '바탕 믿음'은 무신론자들에게 있습니다. 땅이 없이는 삶이 불가능합니다.

반면에, 삶을 이끌어 주는 '궁극적인 믿음'은 곧 일상의 하늘이라 할 수 있습니다. 그것이 날마다 우리가 고된 노동을 하고 그 힘든 사랑을 지속하는 이유를 제공하기 때문입니다. 성경이 말하는 '하늘과 땅'은 우리의 삶과 상관없이 존재하는 저 밖의 우주가 아니라, 우리의 삶의 세계의 하늘과 땅이라는 말입니다.

그렇다면 우리는 이제 이런 말을 할 수 있습니다. "하늘과 땅, 곧 우리들의 삶의 목표와 바탕이 되는 믿음이 사라져 버리는 가혹하고 참담한 경험을 적어도 한번 이상은 했다." 그렇습니다. 인생살이가 다 그렇지만, 특히 이역(異域)에서 살고 있는 사람들, 혹은 나이가 들거나 병이 들어 삶의 끝을 생각할 나이가 된 사람들은, 자신들의 궁극적인 삶의 목표며 표적이라고 생각하고, 그것을 향하여 줄달음질쳐 오던 희망이 덧없이 사라져버리는 순간을 경험했을 것입니다. 직장도 가게도 다 건재하지만, 더 이상 사랑의 수고를 해야 될 이유를 잃어버린 순간들을 살아오는 동안에 한두 번은 경험하신 분도 계실 것입니다.

그것은 하늘과 땅이 무너져 내리는 경험입니다. 바로 그런 경험을 한 사람들이 "전능하사 천지를 만드신 하느님을 내가 믿는다"는 고백을 남겼습니다.

그렇다면, 우리 한국인들이 이런 신앙고백을 실감할 수 있는 정서는 어디서 발견할 수 있을까요? 무당들의 한 풀이 이야기 노래 모음인 『한국의 창세 신화』보다는 한용운 님의 시에서 저는 그것을 발견해 봅니다. 한용운 님의 본명은 "한정옥," 호는 "만해"입니다. 1879년 충남 홍성에서 출생하였는데, 18살에 동학에 가담하였습니다. 조국의 새로운 희망을 꿈꾸며 18살에 동학에 가담하였으나 동학혁명이 무참하게 깨어졌을 때 그는 설악산 오세암으로 들어가 불교신자가 됩니다. 40세에 그는 조국의 광복을 희망하면서 1919년 3·1운동에 민족대표의 한 사람으로서 서명을 하게 됩니다. 그후 그는 나라를 사랑하면서, 수없이 많은 가슴 아픈 시를 읊조렸습니다. 그러다가 65세를 일기로 조국 광복을 보지 못한 채(44년) 이 세상을 떠났습니다.

그의 작품 중에는 우리 모두가 잘 아는 "님의 침묵"이라는 노래가 있습니다. 저는 여기서 그가 말하는 "님"이 바로 한국 사람들이 가장 친근하게 부를 수 있는 하느님의 이름이 아닐까 생각해 봅니다. 그 앞에 아무런 이름도 없이 그냥 "님"입니다. 여기서 물론 한용운 선생님의 "님"은 조국이었습니다. 조국이 갔습니다. 그래서 그는 "님의 침묵"을 노래합니다.

구약성경 시편은 하느님이 사라졌고, 그래서 하느님의 침묵과 하느님의 주무심을 이야기하고 있습니다. 비슷한 정서입니다. 다음은 그 "님의 침묵"과 다른 유사한 주제들의 시 몇 토막입니다.

"님은 갔습니다.
아아, 사랑하는 나의 님은 갔습니다.
푸른 산빛을 깨치고 단풍나무 숲을 향하여 난 작은 길을 걸어서
차마 떨치고 갔습니다.
황금의 꽃같이 굳고 빛나던 옛 맹세는 차디찬 티끌이 되어서
한숨의 미풍에 날아갔습니다."

하늘과 땅, 결코 무너져 내릴 것 같지 않지요. 그러나 어느 날 하늘과 땅은 무너져 내립니다.

"날카로운 첫 키스의 추억은 나의 운명의 지침을 돌려놓고 뒷걸음 쳐서 사라졌습니다."

첫 키스의 추억이 사라지듯이 하늘과 땅은 그렇게 사라집니다. 조국이 사라질 것은 아마 아무도 생각하지 못했을 겁니다.

"사랑은 깨치는 것인 줄 아는 까닭에,
걷잡을 수 없는 슬픔의 힘을 옮겨서
새 희망의 정수바기에 들어부었습니다."

슬픔의 힘을 이기려고 새로운 희망을 향하여 한용운 선생님은 애를 쓰고 있습니다.

"우리는 만날 때 떠날 것을 염려하는 것과 같이
떠날 때 다시 만날 것을 믿습니다."

신의 부재 속에서, 신의 사라짐 속에서, 신이 다시 떠오르기를 그는 기대하고 있습니다.

"아아 님은 갔지만 나는 님을 보내지 아니하였습니다."

우리가 살아오며 희망을 걸고 지탱해 오던 믿음과, 날마다의 수고의 명분이었던 사랑을 스스로 보낼 사람이 누가 있겠습니까? 그래서 "님은 갔지만 나는 님을 보내지 아니하였습니다"라고 노래하고 있습니다. 그러나, 그래서 "내게 있어" "님은 가지 않았습니다." 그리고 그 님은 도처에서 한용운 선생님을 괴롭히고 있습니다.

"당신은 보았습니다"라는 시가 있습니다. 신을 잃어버린 사람들이 신을 향하여 절규하는 그 정서와 상통하는 것이라고 생각하여 여러분에게 읽어 드립니다.

"당신이 가신 후로 나는 당신을 잊을 수가 없습니다.
까닭은 당신을 위하느니보다 나를 위함이 많습니다."

정직한 고백이지요.

"나는 갈고 심을 땅이 없으므로 추수가 없습니다."

이 대목에서 한용운 선생님은 자기가 생각한 것보다 더 심각하고 더 절실하게 하늘과 땅, 님의 사라짐을 잘 노래하고 있다고 저는 생각합니다. 님이 갔는데 왜 갑자기 갈고 심을 땅이 없고 추수가 없습니까? 하늘과 땅이 사라졌기 때문입니다. 일상의 노동의 명분이 사라졌습니다. 농사꾼이 더 이상 추수할 것이 없습니다. 그에게는 모든 삶의 명분이 사라진 것입니다.

"저녁거리가 없어서 조나 감자를 꾸러 이웃집에 갔더니" (강원도에서 살았거든요. 여기 나오는 주인은 일본 사람입니다.) "'거지는 인격이 없다. 인격이 없는 사람은 생명이 없다. 너를 도와주는 것은 죄악이다'라고 말하였습니다. 그 말을 듣고 쏟아지는 눈물 속에서 당신을 보았습니다."

가버린 님을 그는 아직도 보고 있습니다. 하늘과 땅이 무너진 경험을 한 사람들은 도처에서, 자신의 슬픈 눈물 속에서, 잃어버린 님, 잃어버린 신(神)을 보는 것 아니겠습니까?

"나는 집도 없고 다른 까닭을 겸하여 민적(民籍)이 없습니다." (국적이 없는 것이지요.) "민적이 없는 자는 인권이 없다. 인권이 없는 너에게 무슨 정조냐?' 하고 능욕하려는 장군이 있었습니다. 그를 항거한 뒤에 님에게 대한 격분이 스스로의 슬픔으로 화하려는 찰나에 당신을 보았습니다."

자신의 슬픔의 분노 속에서 한용운 선생님은 가버린 님을 계속해서 보고 있습니다. 저의 눈길을 더 끄는 것은, 일제 치하에서 그가 자유가 아닌 복종을 노래하고 있다고 하는 사실입니다. 정말로 종교적인 아름다운 시이기에 여러분에게 읽어 드립니다.

"복종, 남들은 자유를 사랑한다지만 나는 복종을 좋아하여요. 자유를 모르는 것은 아니지만 당신에게는 복종만 하고 싶어요. 복종하고 싶은데 복종하는 것은 아름다운 자유보다 더 달콤합니다. 그것이 나의 행복입니다. 그러나 당신이 내게 다른 사람(일본을 말하는 것이지요)을 복종하라면 그것만은 복종할 수 없습니다. 다른 사람에게 복종하라면 당신에게 복종할 수 없는 까닭입니다."

조국을 님처럼 사랑했고 사랑을 잃어버린 그 슬픔을 노래한 한용운 선생님의 (소극적으로 표현된) 시 속에서, 유대 기독교인들이 "전능하사 천지를 만드신 그 하느님 아버지를 오늘도 내가 믿습니다"라는 (적극적으로 표현된) 고백이 무엇을 의미하는지 저는 조금 느낄 수 있습니다.

여러분도 다시 한번 생각해 보시기 바랍니다. 무너진 땅, 무너진 하늘, 빼앗긴 하늘, 빼앗긴 땅, 그곳에서 그들은 "하느님, 우리에게 새 하늘과 땅을 주옵소서. 당신이 아니면 우리에게는 하늘과 땅이 없습니다. 우리가 의지할 바탕믿음도 없으며 희망을 두어야 할 하늘도 없습니다." 하고 고백합니다. 일상의 수고를 해야 될 사랑의 명분도 없습니다. 그래서 "당신만이 하늘과 땅이 되어 주옵소서"라고 노래하고 기도하고 있습니다. 때문에 저는 "전능하사 천지를 만드신 하느님 아버지를 내가 믿는다"라는 말을 "하느님은 나의 하늘이요, 땅입니다" 이렇게 바꾸어 고백해도 좋다는 생각이 듭니다.

하느님, 그분만 있다면 우리에게 희망은 계속될 수 있으며, 그분이 우리에게 있다면 우리는 계속 믿음을 가지고 사랑할 수 있습니다. 믿음을 가지고 노동을 계속할 수 있습니다.

그러나 그분이 없다면 우리의 하늘과 땅, 우리의 믿음과 우리의 희망은 명분이 없습니다. 근거가 없습니다. 흔들립니다. 오직 하느님에게만 희망을 둘 수밖에 없는 사람들, 그런 사람들이어야 우리가 한 달에 한 번씩 사도신경을 고백하는 이유를 짐작으로라도 느낄 수 있을 것입니다.

어쩌면 여러분은 이 세상의 하늘과 땅에서 너무나 편안하기 때문에, 사도신경에서 고백하는 "하느님만이 우리의 하늘이요, 우리의 땅"이라는 그 고백이 낯선 자의 죽은 언어로 들릴지도 모르겠습니다.

천지를 만들어 주시는 하느님, 그분이 우리의 님입니다. 그분이 우리의 하늘입니다. 그분이 우리의 땅입니다. 그분에게 우리가 "당신을 믿습니다"라고 고백할 수 있다면, 외로운 이역에서도, 절망만이 우리에게 남아있는 것 같은 순간에도, 우리는 믿음과 사랑과 희망을 계속 가질 수 있습니다.

믿음과 희망과 사랑의 일을 하기에 지친 여러분, 하느님께로 나오십시오. 하느님께 가까이 가서 내가 "하느님을 믿습니다"라고 노래하십시오. 하느님은 여러분에게 새 하늘과 새 땅을 만들어 주실 것입니다. 하느님께서 새 하늘과 새 땅을 만들어 주신다면 우리는 어떻게 되는 것입니까? 종교적인 신앙이 더 늘어나는 것입니까? 그것은 아닙니다. 우리가 일상생활 속에서 믿음과 사랑, 희망을 계속 이어나갈 수 있습니다. 그래서 저는 "전능하사 천지를 지으신 하느님을 내가 믿습니다"라는 고백이 오늘 우리 각자의 고백이 될 수 있기를 간절히 희망합니다. 이것은 하느님께서 우리에게 주시는 놀라운 은총이며, 믿음의 선조들이 우리에게 남겨준 귀중한 신앙의 유산이라고 생각합니다. 하느님께 나오십시오. 믿음, 희망, 사랑이 여러분의 삶을 가득 채울 수 있습니다.

6

우리가 믿음을 고백할 때, 우리는 무엇을 하는가(1)

출애굽기 20:1-7 이 모든 말씀은 하나님이 하신 말씀이다. "나는 너희를 이 집트 땅 종살이하던 집에서 이끌어 낸 주 너희의 하나님이다. 너희는 내 앞에서 다른 신들을 섬기지 못한다. 너희는 너희가 섬기려고 위로 하늘에 있는 것이나, 아래로 땅에 있는 것이나, 땅 아래 물 속에 있는 어떤 것이든지, 그 모양을 본떠서 우상을 만들지 못한다. 너희는 그것들에게 절하거나, 그것들을 섬기지 못한다. 나 주 너희의 하나님은 질투하는 하나님이다. 나를 미워하는 사람에게는, 그 죄값으로, 본인뿐만 아니라 삼사 대 자손에게까지 벌을 내린다. 그러나 나를 사랑하고 나의 계명을 지키는 사람에게는, 수천 대 자손에 이르기까지 한결같은 사랑을 베푼다. 너희는 주 너희 하나님의 이름을 함부로 부르지 못한다. 주는 자기의 이름을 함부로 부르는 자를 죄 없다고 하지 않는다.

요한복음 9:13-23 그들은 전에 눈먼 사람이던 그를 바리새파 사람들에게 데리고 갔다. 그런데 예수께서 진흙을 개어 그의 눈을 뜨게 하신 날이 안식일이었다. 바리새파 사람들은 또다시 그에게 어떻게 보게 되었는지를 물었다. 그는 "그분이 내 눈에 진흙을 바르신 다음에 내가 눈을 씻었더니, 이렇게 보게 되었습니다" 하고 대답하였다. 바리세파 사람들 가운데 더러는 말하기를 "안식일을 지키지 않는 것으로 보아서, 그는 하나님에게서 온 사람이 아니오" 하였고, 더러는 "죄가 있는 사람이 어떻게 그러한 표징을 행할 수 있겠소?" 하고 말하였다. 그래서 그들 사이에 의견이 갈라졌다. 그들은 눈멀었던 사람에게 다시 물었다. "그가 당신의 눈을 뜨게 하였는데, 당신은 그를 어떻게 생각하오?" 그가 대답하였다. "그분은 예언자입니다." 유대 사람들은, 그가 전에 눈먼 사람이었다가 보게 되었다는 사실을 믿지 않고, 마침내 그 부모를 불러다가 물었다. "이 사람이, 날 때부터 눈먼 사람이었다는 당신의 아들이오? 그런데, 지금은 어떻게 보게 되었소?" 부모가 대답하였다. "이 아이가 우리 아들이라는 것과, 날 때부터 눈먼 사람이었다는 것은 우리가 압니다. 그런데 우리는 그가 지금 어떻게 보게 되었는지도 모르고, 또 누가 그 눈을 뜨게 하였는지도 모릅니다. 다 큰 사람이니, 그에게 물어 보십시오. 그가 자기 일을 이야기할 것입니다." 그 부모는 유대 사람들이 무서워서 이렇게 말한 것이다. 예수를 그리스도라고 고백하는 사람은 누구든지 회당에서 내쫓기로, 유대 사람들이 이미 결의해 놓았기 때문이다. 그래서 그의 부모가, 그 아이가 다 컸으니 그에게 물어보라고 말한 것이다.

우리는 지금 계속해서 사도신경을 고백하는 우리들의 신앙을 점검하고 있습니다. 오늘은 첫 번째 고백의 제일 끝에 있는 말, "내가 믿습니다"라고 고백한 말의 의미가 무엇이며, 사도신경을 고백할 때 어떤 마음의 자세를 가져야 될 것인가를 함께 생각해 보려고 합니다.
　오늘 여러분이 함께 읽은 요한복음을 다시 한번 생각해 보시기 바랍니다. 나면서부터 소경이 된 아들을 둔 집에 예수님이 오셨고, 마침내 큰 경사가 났습니다. 천벌을 받은 것으로 알고 있던 아들이 예수님 덕에 눈을 뜨게 되었습니다. 그런데 바리새파 사람들이 그 가족에게 가서 "소문에 의하니까, 예수라는 사람이 와서 당신 아들을 고쳤다고 하는데, 그것도 안식일에 병을 고쳤다는데, 그게 사실이오?" 하고 물었습니다. 바리새파 사람들은 사실을 확인하고 싶어했습니다.

그들의 물음에 눈을 뜨게 된 장본인은 정직하게 대답해 주었습니다. 그런데 그 부모는 달랐습니다. '부모는 자식을 사랑한다'는 통념이 맞는 것인지 의심스러운 장면입니다. 요한복음 9장 20절을 보면, "이 아이가 우리 아들이라는 것과, 날 때부터 눈먼 사람이었다는 것은, 우리가 압니다. 그런데 우리는 그가 지금 어떻게 보게 되었는지도 모르고, 또 누가 그 눈을 뜨게 하였는지도 모릅니다. 다 큰 사람이니, 그에게 물어 보십시오. 그가 자기 일을 이야기 할 것입니다." 이것이 그 부모의 말입니다. 이렇게 말한 저들의 저의는 "우리도 살아야지요. 아들 때문에 우리가 구설수에 말려들 수는 없는 일이지요." 바로 그것이었습니다.

그 당시 유대인들은 예수를 그리스도라고 고백하는 사람들은 누구나 다 회당에서 내쫓기로 결의해 놓았기 때문이라고 본문은 말해 줍니다. 그 부모는 삶의 터전을 위협받는 것이 두려웠고, 그래서 자기 아들의 눈을 뜨게 해준 사람을 공개적으로 부정했습니다.

일반적으로 사람이 자신의 신앙을 공개적으로 고백한다는 것은 바로 위와 같은 위기 상황, 혼란 상황, 위협적인 상황에서만 의미가 있는 일입니다. 정상적인 한국인 가정에서는 "사랑해요"라는 말이 별로 필요치 않은 것과 유사합니다. 그러나 그런 가정에서도 일단 위기가 왔을 때는 서로가 상대의 사랑을 확인하게 되고, 그럴 때는 정직한 고백이 필요하게 되지요. 서로가 새삼스레 삶의 기본을 점검하게 됩니다.

본래부터 사도신경은 그 후의 다른 신앙고백들과는 다릅니다. 사도신경은 형식적으로 보면 "나"는 믿는다고 고백하고 있습니다. 기독교의 대부분의 신앙고백은 '우리'는 믿는다고 고백합니다. 사도신경만이 '내가' 고백하는 형식입니다. 따라서 사도신경을 고백할 때에 우리들은 일단 '홀로 하느님 앞에 서서, 각자 자신의 신앙'을 고백하는 것입니다.

사도신경은 성부 하느님, 성자 예수, 그리고 성령을 믿는다는, 세 번에 걸쳐 "나는 믿는다"는 신앙고백의 형식으로 이루어져 있습니다. 이것은 마태복음 제일 끝에 있는 "아버지와 아들과 성령의 이름으로 세례를 주라"는 예수님의 마지막 분부를 초대 교회가 실천하면서, 예수님을 믿기로 작정하는 사람에게 "하느님을 믿느냐, 예수님을 믿느냐, 성령을 믿느냐"의 세 가지 질문을 했고, 예수님을 믿기로 결심한 사람은 많은 사람들 앞에서 공개적으로 "나는 하느님, 예수님, 성령을 믿는다"고 고백을 해야만 회원으로 받아들여졌던 역사적 사실에서 유래합니다.

즉 사도신경은 본래 세례문답 예문이었습니다. 그래서 사도신경은 개개인에게 신앙을 물었고, "나는 믿는다"라는 고백문으로 되어 있습니다. 그런 면에서 이것은 교회가 공동적으로 함께 신앙을 고백하는 다른 고백들과는 아주 다른 특별한 예문입니다.

사도 바울 선생님은, 세례를 받고 신앙을 고백하는 것은, 이스라엘 백성이 홍해를 건널 때처럼 죽음의 위기에서 벗어나는 것, 또는 예수님과 더불어 십자가에서 옛 사람은 죽고, 부활한 예수님과 함께 하느님 안에서 새로 태어나는 중생이라는 말로도 표현했습니다.

따라서 사도신경을 고백한다는 것은 어느 모로나 세례와 연관지어서 생각해야 하고, "나는 믿는다"라고 고백할 때 그것은 삶과 죽음에 연관되는 매우 심각한 고백입니다.

하느님 앞에서 각자의 신앙을 고백한다는 의미에서는, 가톨릭에서

하고 있는 고백(고해) 성사와 사도신경은 일단 그 문맥을 같이한다고 할 수 있습니다. 즉 하느님께 드리는 자신의 신앙 고백입니다.

그러나 사도신경은 근본적으로 고백성사에서 말하는 "고백"과는 다릅니다. 이것은 하느님과 나 사이에 비밀스런 만남이 아니라, 사람들 앞에서 공개적으로 "내가 누구라는 것"을 천명하는 것이기 때문입니다.

이 점에서 사도신경의 고백은 그 성격이 '공중적(public)'입니다. 고해성사의 고백이 그 성격상 사적이요(private), 은밀한(secret) 것이라면, 사도신경은 개인적인 각자의 고백이지만, 공개적이요, 공중적입니다. 세례를 받음은 온 세상을 향하여 "나는 ……이다"라고 밝히는 일입니다. 이 점을 반드시 기억하셔야 합니다. 사도신경을 따라, 우리가 각자의 신앙을 고백한다는 것도 하느님 앞에서, 그리고 온 세상 앞에서, 각자 "내가 누구인지"를 밝히는 것입니다.

나아가, 사도신경 고백의 중요한 점은 '교회와의 연대성'입니다. 신앙을 고백하는 주체는 "나"라고 하지만, 사도신경을 따라 우리가 신앙을 고백할 때 그것은, 이미 앞서간 허다하게 많은, 기독교 2천년 역사에서 살았던 모든 신앙의 사람들과 "하나가 되어" 드리는 예배 행위의 일부입니다. 쉽게 말하면, 사도신경으로 신앙을 고백하는 것은 군대에 입대하는 것과 비슷합니다. 기존의 단체에 가입하는 입단식(세례)의 재확인이기 때문입니다.

그것은 '연대성'의 확인입니다. 나와 상관없이 존속해 온 역사적 공동체에 내가 가입해 있음을 재확인하는 것입니다. 이런 연대 의식 없이는 사도신경을 고백할 수 없으며, 세례를 받을 수가 없다고 보면 되겠습니다.

여러분이 세례를 받았다면, 좋든 싫든 동일한 고백을 한 무수한 다른 사람들과 더불어 살려는 마음의 준비가 되어 있어야 합니다.

어거스틴은 교회를 다니기는 했지만 그 당시 기준으로는 상당히 긴 기간동안 세례 받기를 두려워했고, 거부했습니다. 예수님은 좋고 하느님은 좋지만, 교회는 싫었던 것이지요. 아니, 교회는 좋지만, 세상에 나가서 내가 크리스천이라고 밝히는 것은 싫었던 것입니다.

사도신경을 따라 신앙을 고백하는 것은 하느님 앞에서 내가 누구라는 것을 밝히는 것뿐만 아니라, 세상에 나가서 "나는 교회의 사람들과 한패"라고 밝히는 것임을 기억해야 합니다.

따라서 여러분이 세례를 받았다면, 그리고 기독교인이라고 하는 것을 부끄러워하지 않는다면, 공공장소에서 음식을 먹을 때 잠깐이라도 기도하는 것을 주저하지 마십시오. "내가 기독교인이다"라고 밝히는 것은 하느님께 기도하는 행위 이전에, 세상 사람들 앞에서 "나는 예수꾼"이라고 밝히는 것입니다.

여러분은 자신이 신앙이 있다고 생각되든 아니든, 밖에 나가서 공개적으로 여러분의 신앙을 드러낼 수 있기를 바랍니다. 그렇게 살려고 하는 노력이 사도신경을 고백하는 모든 사람들에게 있어야 할 대전제입니다.

다시 말씀드립니다. 신앙인임을 고백하면서, 그것을 "나는 불가능한 것을 믿는다. 하느님께서는 안 되는 일도 되게 하신다. 나는 하느님의 초능력을 믿는다"고 공언하는 것으로 알고 있는 사람들이 많이 있습니다. 그럴 수도 있겠지요.

그러나 사도신경을 따라 "나는 믿는다"고 고백할 때, 그것이 개인적인 고백이지만, 2천년 역사 속에 살아온 허다하게 많은 기독교인들과, 앞으로 다가오는 역사 속에서 살아갈 수많은 기독교인들과 더불어, "내가 그들과 한패"라는 연대성을 공개적으로 천명하는 것이 그 기본임을 명심해야 합니다.

그런 의미에서 세례식을 우리 교인들 뿐 아니라 다른 많은 사람들이 보는 앞에서 하는 것이 바람직한 일일 거라는 생각이 듭니다. 세례를 받는 것은, 교회 안에서 우리들끼리 만이 아니라, 이미 신앙을 고백한 사람들과 더불어 살기로 결심하면서, 세상에 나가, 공개적으로 신앙을 고백하고 선언하는 것이기 때문입니다.

골방에서 하느님께 신앙을 고백하거나 교회 안에서, 믿는 사람들끼리 "내가 당신을 사랑합니다"라고 고백하는 것이 아닙니다. 요한복음 9장에서 볼 수 있듯이 예수님을 믿는다고 고백하는 행위는 위험한 상황에서 자신의 편을 확실하게 천명하는 행위입니다.

제가 좋아하는 철학자 중 한 사람인 찰스 핫숀은 침례교 목사님 아들인데, "지식인이라고 하는 것은 애매모호한 상황에서 자기 입장을 확실하게 밝히는 용기를 가진 사람"이라고 말했습니다.

그것은 신앙인에게도 해당되는 것이라고 말하고 싶습니다. '기적'을 믿는 것이나 '사후의 세계'를 믿는 것은, 신앙이라기보다는 인간의 원시적 소망입니다. 단지 바라는 것이지요. 저에게도 기적이 일어나서, 저의 미래에 대한 불확실성을 깨뜨리도록 하느님께서 확실한 계시를 내려주신다면 좋겠습니다.

그러나 기독교에서 말하는 믿음은 그런 것이 아닙니다. 믿음을 갖는다는 것은 "결단"입니다. 그리고 '결단한다'는 것은 단지 "내가 이렇게 하기로 마음먹었다"는 것이 아닙니다. 갈등과 혼란의 상황에서 "나는 이쪽 편을 선택했다"는 결정입니다. 그것도 대개는 소수자

(minority) 그룹에 속하는 결정입니다.

믿는 사람들은 이 세상에서 언제나 소수자 그룹에 속했습니다. 그래서 대개는 불리합니다. 그러나 그 불리할지도 모르는 편에 속하겠다고 공개적으로 천명하는 것이, 바로 우리가 지금 얘기하고 있는 사도신경 속의 고백 행위의 한 본질입니다.

또 다시 말합니다만, 사도신경은 "나는 믿는다"는 개인적인 고백으로 되어 있지만, 그 고백은 우리가 교회라고 하는 역사적 공동체와 연대했을 때만 가능한 '교회적'인, '공동체적'인 고백 행위입니다.

기독교인이라는 것을 부끄러워하는 사람들은 아직 교인이 아니라고 말해야 할 것입니다. 우리들 주변에 보면 하느님도 좋고, 예수님도 좋고, 성경에 있는 진리도 좋지만 교회는 싫다고 하면서, 주일 아침 11시에 TV를 통해 위대한(?) 복음전도자의 설교를 듣는 사람들도 있습니다. 그들은 기독교인이라고 할 수 없습니다. 왜냐하면 그들은 교회를 부끄러워하는 사람들이기 때문입니다.

요한복음 마지막장에 있는 예수님의 마지막 부분은 마태복음의 것과는 다르지만 일맥상통합니다. "베드로야, 네가 나를 사랑하느냐?" "예." "그러면 내가 남기고 가는 교회를 네가 사랑한다면 좋겠다." 베드로가 무슨 말인지 알아듣지 못한 것 같습니다. 예수님은 또 묻습니다. "베드로야, 네가 나를 사랑하느냐?" 베드로는 다시 확실하게 대답합니다. "예, 그렇습니다. 주님께서도 아십니다." 그런데 예수님은 또 다시 물어보십니다. 베드로는 화가 났습니다. "예수님, 그걸 모르세요. 아직도? 잘 아시면서 왜 자꾸 물어보십니까?" 예수님은 모릅니다. 믿을 수가 없습니다. 왜냐하면 베드로는 과거에 가룟 유다와 더불어 예수님을 배반했던 사람이거든요. 베드로의 대답을 들은 예수님은 말씀하십니다. "그렇다면 나는 잊어버려도 좋다. 내가 남기고 가는 교회를 사랑해 주면 좋겠다." 예수님은 반복해서 베드로에게 부탁하십니다.

여러분이 기독교인이고 싶습니까? 예수님을 구주로 고백하는 모든 사람들, 그들이 온전하든지, 불명예스럽게 살든지, 그 사람들과 더불어 "나는 그들과 한패다. 그들과 결속(solidarity) 되었다"는 마음의 자세를 기본적으로 간직해야 합니다. 이것이 예수님의 명령을 따라 세례를 받고, 사도신경의 신앙을 따라서 신앙을 고백하는 바른 자세입니다.

마지막으로, 그렇다면, 교회 안에서든 교회 밖에 강에서든 세례를 받는 것은, '정치적'인 행위라고 생각해 볼 수 있습니다. 저는 세례 받는 것이, 이스라엘이 홍해를 건넌 것이라든가, 예수님의 죽음과 부활을 전하는 말보다는, 아브라함이 고향을 떠나서 팔레스타인이라고 하는 새로운 땅에 정착하는 그 긴 여정의 압축이라는 말로 생각해 봅니다.

그래서 사도신경에서 "내가 하느님을, 예수님을, 성령을 믿는다"고 고백할 때, 그것은 미국에 이민 온 사람들이 해야 할 '시민권 선언'과 비슷하다고 말씀드리고 싶습니다. 아브라함이 고향을 떠나서 이민 생활을 하다가 팔레스타인에 정착하게 되지요. 그것은 무엇을 의미합니까? 국적을 바꾸는 것을 의미하지요. 국적을 바꾼다는 것은 새로운 법에 따라서 산다는 것을 의미합니다.

"예수를 믿는다"는 것도 비슷합니다. 누구든 예수님을 믿고 예수님을 믿는 사람들과 한패가 된다는 것은, 지금까지 살았던 그의 법, 그의 가문, 그의 아버지가 그에게 해준 교훈이 아니라, 이제는 하늘의 법, 교회의 법, 그리스도가 가르쳐준 법, 새로운 법에 따라서 살겠다고 하는 것입니다. 예수님을 믿지 않는 내 친지들과 다른 세상의 권세들에게, 새로운 법에 따라 살겠다는 것을 공개적으로 선언하는 정치적인 행위입니다. 따라서 사도신경을 따라 "나는 믿는다"고 고백하였을 때, 다른 나라의 시민이 되기 위해 선서하는 것처럼 매우 심각한 정치적인 행위라는 것을 기억하셔야 합니다.

여기 계신 여러분은 대부분 세례를 받으신 분들입니다. 아마 세례를 받을 때 아무 생각 없이 받으셨을 지도 모르겠군요. 저도 그렇게 받았습니다. 세례를 받지 않으니까, 주일학교 교사나 성가대원이 될 수 없다고 하고, 당회(감리교 교인 총회)에도 끼워주지 않더군요. 그래서 기분이 나빠지기에 뭔지는 모르겠지만 나도 받아야겠다고 생각을 했었습니다.

그런데 세례 문답 시간에는 목사님이 하는 질문이 도저히 납득이 되지 않아서, 순간적으로 세례를 받지 말아야겠다는 생각도 했었습니다. 그 목사님의 질문은 "예수님이 신이라는 것을 믿느냐?"는 것이었습니다. "아니오"라고 대답하면 안 될 것 같아서 한참 망설이다가 "믿습니다"라고 했습니다. 그랬더니 바로 목사님이 "예수님이 사람이라는 것을 믿느냐?"라고 묻는 거예요. 그래서 순간적으로 기독교 가르침 속에는 뭔가 이상한 것이 있다는 것을 알아차렸습니다.

어쩌면 바로 그 질문들이 저를 신학교로 보낸 원인 중 하나였을 겁니다. 이 질문들의 비밀은 뭘까 하는 것이 순간 매우 궁금했으니까요. 왜 이렇게 말이 되지 않는 것을 사람들에게 강요하는지 궁금했습니다. 좌우지간 이 물음에 긍정적인 대답을 하지 않으면 세례를 못 받을 것 같았고, 그 그룹에 낄 수가 없을 것 같았습니다. 저는 그 교회 사람들과 더불어 지내며, 크리스마스 때면 파티도 하고, 교회학교 아이들을 가르치고, 성가대도 같이 하는 것이 좋았습니다. 그렇게 함께 하는 것이 좋아서 그 순간 "예"라고 대답하고 세례를 받았습니다. 저는 당시 기독교의 신앙 고백과는 상관없이 다만 그 그룹에 끼고 싶어서 세례를 받은 것입니다.

여러분도 뒤돌아보면 왜 세례를 받아야 하는지 이유가 뚜렷하지도 않은 채, 목사님들이 세례를 받으라고 하니까 받으셨는지도 모르겠습니다. 그러나 어떤 절차, 어떤 연유로 여러분들이 세례를 받았든, 그 세례는 하느님 앞에서 행한 것입니다. 하느님 앞에서 자신이 누구인지를 밝히는 것이었습니다. 그리고 이 세상에 속한 시간과 공간을 초월한 모든 기독교인들을 형제로 사랑하겠다는 연대적인 사랑에 대한 확인이었습니다.

또 이 세상의 적대적인 세력들과 맞서 싸우면서, 그들의 위협 속에서도 소수자의 그룹인 신앙인들의 그룹과 나 자신이 하나가 되었다는 정치적인 선언을 한 것입니다.

이것은 쉬운 일이 아닙니다. 요한복음 9장에서, 예수님의 특혜를 받은 장님 아들을 두었던 부모처럼 비굴하게 슬금슬금 뒤로 빠질 수는 없습니다.

어떤 사람들은 사도신경에 나오는 신앙의 이야기가 신화적이라고 해서 오늘날 고백하기를 부끄러워하고 있습니다. 그러나 이것은 사도신경이 어떤 배경에서 나왔는지를 생각하지 못하는 데서 오는 성급한 결론이라고 생각합니다.

곰곰이 따져서 생각해보면 오늘도 사도신경을 고백하는 것은 자랑스러운 일입니다. 라틴 아메리카에서 조국의 해방을 위하여 죽어가는 수없이 많은 사람들, 해방의 전사들이 죽어가면서 마지막으로 남기는 것이 사도신경입니다. 그들은 사도신경을 고백하면서 죽어갑니다. 그들은 신앙을 고백하면서 살다가 죽어간 수없이 많은 사람들과 자랑스럽게도 자기가 한패가 되었다는 점에서 죽음도 두려워하지 않고 살아갑니다.

"나는 믿는다"는 것은 "내"가 결단하는 것이지만 혼자가 아닙니다. 신앙으로 살아가겠다는 수없이 많은 사람들과 더불어 그리스도의 뒤를 따라가는 것이지요. 우리 모두 자랑스러운 그리스도인이 되어야겠습니다.

7

우리가 믿음을 고백할 때, 우리는 무엇을 하는가(2)

시편 66편 온 땅아, 하나님께 환호하여라. 그 이름의 영광을 찬양하고 영화롭게 찬송하여라. 하나님께 말씀드려라. "주님께서 하신 일이 얼마나 놀라운지요? 주님의 크신 능력을 보고, 원수들도 주님께 복종합니다. 온 땅이 주님께 경배하며, 주님을 찬양하며, 주님의 이름을 찬양합니다" 하여라. (셀라) 오너라. 와서, 하나님께서 하신 일을 보아라. 사람들에게 하신 그 일이 놀랍다. 하나님이 바다를 육지로 바꾸셨으므로, 사람들은 걸어서 바다를 건넜다. 거기에서 우리는 주님께서 하신 일을 보고 기뻐하였다. 주님은 영원히, 능력으로 통치하는 분이시다. 두 눈으로 뭇 나라를 살피시니, 반역하는 무리조차 그 앞에서 자만하지 못한다. (셀라) 백성아, 우리의 하나님을 찬양하여라. 그분을 찬양하는 노랫소리, 크게 울려 퍼지게 하여라. 우리의 생명을 붙들어 주셔서, 우리가 실족하여 넘어지지 않게 살펴 주신다. 주님께서 우리를 시험하셔서, 은을 달구어 정련하듯 우리를 연단하셨습니다. 우리를 그물에 걸리게 하시고, 우리의 등에 무거운 짐을 지우시고, 사람들을 시켜서 우리의 머리를 짓밟게 하시니, 우리가 불 속으로, 우리가 물 속으로 뛰어들었습니다. 그러나 주님께서 우리를 마침내 건지셔서, 모든 것이 풍족한 곳으로 이끌어 주셨습니다. 내가 번제를 드리러 주님의 집으로 왔습니다. 이제 내가 주님께 서원제를 드립니다. 이 서원은, 내가 고난받고 있을 때에, 이 입술을 열어서, 이 입으로 주님께 아뢴 것입니다. 내가 숫양의 향기와 함께 살진 번제물을 가지고, 주님께로 나아옵니다. 숫염소와 함께 수소를 드립니다. (셀라) 하나님을 두려워하는 사람들아, 오너라. 그가 나에게 하신 일을 증언할 터이니, 다 와서 들어라. 나는 주님께 도와 달라고 내 입으로 부르짖었다. 내 혀로 주님을 찬양하였다. 내가 마음속으로 악한 생각을 품었더라면, 주님께서 나에게 응답하지 않으셨을 것이다. 그러나 하나님은 나에게 응답하여 주시고, 나의 기도 소리에 귀를 기울여 주셨다. 내 기도를 물리치지 않으시고, 한결같은 사랑을 나에게서 거두지 않으신 하나님, 찬양 받으십시오.

"우리가 믿음을 고백할 때 우리는 과연 무엇을 하는가?" 하는 것이 오늘도 이어집니다. 사도신경은 본래 오늘날 우리가 하듯이 예배 시간에 고백하는 것이 아니고, 세례문답에서 고백되었던 예문의 하나입니다. 그래서 지난 주일에는 세례 예문으로서의 사도신경이 본래의 어떤 의미를 가지고 하느님을 믿는다고 고백했는지를 말씀 드렸고, 그것은 국적을 바꾸는 것과 같이 신분을 바꾸는 정치적인 행위라고 말씀 드렸습니다. 지금은 그 두 번째 시간으로, 오늘 우리들처럼 사도신경을 예배 시간에 예배 행위의 일부로서 고백하는 경우, 우리는 무엇을 하고 있는 것인가를 생각해 보려고 합니다.

여러분이 보시는 바와 같이 우리 교회의 주보는 다음과 같은 네 부분으로 나뉘어져 있습니다. 대부분의 예배가 비슷한 리듬을 가지고 있는데, 처음에 우리는 하느님의 부르심을 받고 하느님 앞에 나가게 됩니다. 모든 예배는 거기서 시작이 됩니다. 하느님 앞에 나간 다음에, 하느님과 우리의 첫 대면은 하느님을 찬양하고 우리의 고백과 참회의 기도로 이루어집니다. 송영은 하느님에 대한 찬양이고 고백의 기도는 우리의 참회입니다.

그리고 하느님의 말씀을 듣고 그 말씀을 들은 다음, 하느님의 말씀에 감사하여 응답을 합니다. 그 응답의 중요한 상징적인 행위가 헌금입니다. 헌금 시간에는 단지 얼마의 돈을 드리는 것이 아니라, 우리들의 삶 전체가 하느님께로부터 왔다는 사실을 확인하고, 그것을 상징적으로 고백하는 행위입니다. 헌금을 적게 드렸든 많이 드렸든, 그것은 하느님께 대한 신앙의 고백으로서, 헌금으로 드리는 돈뿐만 아니라 여러분이 활용하는 나머지 돈도 하느님의 뜻에 합당하게 쓰기로 결심하고 이행할 때, 그 헌금은 의미를 지니게 됩니다.

하느님께 감사하고 끝나는 것이 아니라 이 세상에 나가서 하느님의 뜻대로 살겠다고 다짐하는 것이 마지막 순서입니다.

대부분의 예배는 이와 같이 오르락내리락 하는 리듬으로 구성되어 있습니다. 그 중에 우리는 한 달에 한 번씩 "전능하사 천지를 만드신 하느님 아버지를 내가 믿습니다"라는 신앙고백을 하는 것이지요.

말씀드렸던 대로, 본래 사도신경은 세례문답이었기 때문에, 다른 신앙고백들과는 달리 "나"는 믿는다고 되어 있습니다. 그럼에도 우리가 예배 시간에 이 고백을 사용하는 것은 이제 "나"가 아니라 "우리"가 되어 공동으로 신앙을 고백하는 것입니다.

사도신경이 예배순서로 보면 고백이지만, 내용으로 보면 그것은 하느님께 대한 지극한 찬양입니다. "천지를 지으신 전능자"라고 하느님을 부르고 있습니다. 그것은 사람에게는 할 수 없는 극단의 찬양입니다. 이 세상에 그 어떤 종교가 자기네들의 신을 가리켜서 "천지를 지은 전능자"라고 고백하는 경우가 있을까요.

사도신경은 매우 독특한 신앙입니다. 하느님께 대한 고백이요, 찬양입니다. 그런데, 사실 저는 하느님께 대한 이 신앙고백을 찬양이나 고백에 앞서, "집합적인 기도"라고 말씀드리고 싶습니다. 왜냐하면

"나는 믿는다"고 하지만 모두가 한 목소리로 "나는 믿는다"고 말할 때, 사실 그것은 찬양이기 이전에 탄식의 기도가 됩니다. 왜냐하면 사도신경을 고백하는 그 사람들의 그 당시 삶의 자리가, 사도신경 첫머리에 나오는 "전능하신" 하느님을 경험할 수 있는 자리가 결코 아니었기 때문입니다.

오늘 여러분에게 읽어 드린 시편 66편은 아마도 이스라엘 사람들이 바벨론 포로에서 해방되었거나 해방된 신앙을 가진 자리에서 고백한 것 같습니다. 그들은 첫머리에서 하느님이 그들을 이집트의 종살이에서 구출하여 홍해를 무사히 건너게 한 놀라운 사건을 회상합니다. 그리고 하느님께서 그들을 깊은 수렁에 넣었고 무거운 짐을 지게 했음도 회상합니다. 그리고 "내 기도를 물리치지 않으시고, 한결같은 사랑을 나에게서 거두지 않으신 하느님, 찬양받으십시오."로 끝납니다. 따라서 시편 66편을 고백한 자리는 그래도 넉넉한 희망의 축제의 자리였음을 알 수 있습니다.

그러나 사도신경은 그런 넉넉한 축제의 자리가 아니었습니다. 하느님을 믿는다고 고백하는 단 하나의 죄 때문에 로마 황제로부터 추방을 당하거나 사자에게 먹히어 죽임을 당해야 하는 자리에서 사도신경은 고백되었습니다. 따라서 사도신경은 겉으로 보기에는 "전능자" 하느님을 찬양하고 있지만 사실은 "전능했던 하느님, 지금은 주무십니까? 이제 잠에서 깨어나시면 좋겠습니다"라고, 주무시는 하느님을 일깨우는 "집합적인 탄식"으로 보아야 할 것입니다. 그러므로 사도신경의 시작이 찬양으로 보이지만 그것은 아우성입니다. 주무시는 하느님을 깨우는 아우성입니다.

예수님과 그 일행이 어느 날 캄캄한 밤에 배를 타고 갈릴리 호수

(바다)를 건너는 장면이 성경에 나옵니다. 예수님은 하루 종일 전도하시고 너무 피곤해서 풍랑이 일어나는 것도 모르고 배 밑에서 주무시고 계십니다. 바다, 특별히 갈릴리 바다에 대해서는 일가견이 있는 어부출신 제자들이 이런 것쯤은 해결할 수 있을 것이라고 생각하며 풍랑을 이기려고 애를 쓰지만, 제자들은 마침내 주무시고 계시는 예수님을 깨우게 됩니다. 뒤늦게 일어난 예수님께서 "풍랑아, 잔잔하라!"고 하시니, 배가 조용히 목적지에 도착할 수 있었다는 이야기입니다.

이 비유 속에서 예수님은 주무십니다. 예수님이 그 일행 속에 함께 계셨지만, 때로는 쉬고 계신다는 것입니다. 풍랑이 일어나 고생하고 있는 일행 속에서 예수님은 잠들어 계셨던 것처럼, 2세기의 기독교의 하느님은 주무시는 하느님이십니다. 적어도 처음 사도신경을 고백할 때는 그랬습니다. 저들은 하느님을 향하여 "옛날 조상들에게는 전능했던 하느님, 지금은 어디 계십니까? 일어나소서! 깨어나소서!" 하고 집합적으로 부르짖었다고 저는 믿습니다. 그래서 이 사도신경은 소중한 것입니다.

지금도 라틴 아메리카(남미)에서 조국의 해방을 위하여 억압과 고난을 받고 있는 동료들을 위하여 저항하다가 자본주의와 한패가 된 경찰들과 군인들에 의하여 처형당할 때, 남미의 해방 전사들이 마지막으로 읊는 것이 바로 사도신경이라는 말씀은 이미 드렸습니다.

옛날이나 지금이나 사도신경은 "전능하신 하느님"을 고백하는 것이 아니라 "전능하셨던 하느님, 지금은 어디에 계십니까? 우리가 죽어가고 있는데, 우리가 풍랑 속에 있는데, 당신은 주무십니까?" 하고 부르짖는 집합적인 기도입니다. 저는 이러한 사도신경을 매우 사랑합니다.

그 후에 만들어진 기독교 왕국의 신앙고백들이 로마 제국주의와 연합으로 인하여 그 본래적 신앙이 오염 당하였다면, 오늘날 교회의 신앙고백문들은 자본주의와 물질지상주의로 인하여 오염되어 있을 겁니다.

그러나 2세기 박해 시절에 나온 이 신앙고백은 기독교가 오염되기 이전, 기독교인들이 스스로 세상에서 제일 잘난 사람들이라고 자화자찬하기 이전, 곧 천진난만하고 순진했던 소수자 시절, 억압받는 시절에 나온 신앙고백이기 때문에, 이 신앙고백은 성경만큼이나 소중한 우리들의 유산이라고 생각합니다. 그래서 금년 한 해 동안에 이 사도신경에 나와 있는 말 하나 하나를 다시 생각해 보면서, 지난 2천 년 동안 이어온 우리들의 신앙의 현주소를 다시 찾아보려고 합니다.

"전능하사" 천지를 만드신 하느님은 지금 안 계십니다. 그래서 그들은 한 목소리로 소리를 높여 "전능하셨던 하느님, 다시 우리에게 다가오십시오!"라고 기도하는 것이지요.

그리고, 이 사도신경은 처음으로 하느님 앞에 나와, 자신의 신앙을 고백하는 고백일 뿐 아니라, 이미 하느님 앞에 나온 사람들이 예배 공동체에서 드리는 하느님을 향한 찬양입니다. 곧 애정 표현입니다.

여기 나오는 "찬양"이란 사람들 사이의 알기 쉬운 말로 하면 "칭찬"이지요. 그러나 성경에 있는 "전능하사 천지를 만드신 하느님을 내가 믿습니다"는 사람과 사람 사이에서 주고받을 수 있는 그런 애정 고백은 물론 아닙니다.

내일은 발렌타인 데이(Valentine Day)인데, 주머니가 빈약한 사람들은 사랑하는 사람들에게 선물을 보내느라고 아마도 힘든 시간을 보낼 것 같습니다. 그러나 그 날 덕분에 우리들은 어떤 식으로든 사랑하는 사람끼리 애정을 표현하게 됩니다.

그렇지만 전능자 하느님께 대한 애정 표현의 기본은 "내가 하느님을 사랑합니다"보다는 "내가 하느님을 믿습니다"가 훨씬 더 적절하다고 생각합니다. 하느님을 '전능하시어 천지를 지으신 분'이라고 고백한다는 것, 그 하느님이 지금은 주무시고 계심에도 불구하고 "나는 당신을 믿습니다." 하고 고백하는 것, 그것은 유행가 가사에 나오는 대로 "가까이 하기엔 너무나 먼 당신"에 대한 깊은 애정 표현입니다. 이것은 억울하고도 겸손한 애정 표현입니다. 감히 근접할 수 없고 느낄 수 없는 큰 존재 앞에 부끄러운 자신을 고백하는 것입니다.

많은 신앙인들이 남긴 아름다운 최후의 말들 중에 이런 것이 있습니다. "하느님이 나와 함께 계신다." 혹은 "임마누엘 - 그것보다 더 좋은 것은 없다." 경건한 철학자 칸트가 세상을 떠날 때도, 감리교를 시작한 존 웨슬리가 세상을 떠날 때도 이런 말을 남겼습니다. 아마 수없이 많은 사람들이 세상을 떠날 때쯤엔 철이 들고, 이 세상에서 가장 소중한 것은 결국 '하느님이 나를 향하여 웃고 계셨다'는 것, '하느님이 내 이름을 기억하고, 하느님이 나와 함께 계셔 주셨다'는 것보다 더 좋은 것은 없다는 생각에 이르게 되는 것 같습니다.

이 고백은 아주 힘든 것입니다. 왜냐하면 하느님은 우리와 다르기 때문에, 하느님이 우리와 함께 계신다 할지라도 그것이 마냥 편하고 좋은 것은 아니기 때문입니다.

또 하느님을 향하여 천지를 "지으신" 전능자라고 고백하는 것은 내가 '피조물'이라는 것이지요. 나는 아무 것도 아닌 나약한 존재라고 하는 것입니다. 사랑하는 사람이 애인에게 "당신은 나의 천사, 나의 수호신"이라고 말했다면, 그 사람은 애인에게 많은 것을 의지한다는 말로 이해할 수 있겠지요. 그런 것처럼 하느님을 향하여 '전능자', '천지를 지으신' 분이라고 말할 수 있는 것은 내가 전적으로 하느님에게 달려 있음을 고백하는 것이며, 나의 연약함과 죄 많음을 고백하는 것입니다.

오늘날, 자유주의자나 보수주의자를 막론하고 신앙인임을 자처하는 많은 사람들이 정말로 하느님을 믿는지 생각해 봅니다. 왜냐하면 자유주의자들은 이 세상에서 인간이 이룰 수 있는 최고의 경지가 곧 신의 경지라고 흔히들 생각합니다. 그리하여 예수는 도덕적으로 훌륭한 사람이고, 그래서 그는 신이 되었다고 생각합니다. 반면에 보수주의자는 신과 인간이 다르다는 것을 아는 듯하지만, 그들은 하느님이 우리를 향하여 오실 때 우리가 철저하게 회개하고 변화된 모습이 아니면 하느님의 은총을 감당할 수 없다는 사실을 모르고, 하느님이 우리의 모든 욕심을 정당화 시켜주는 꼭두각시 같은 줄로 착각합니다. 그래서 오늘날 믿는다고 말하는 많은 사람들이 진실로 하느님을 진지하게 생각하면서 살고 있는지를 자꾸 물어보게 되는 것입니다.

그리고 이런 생각을 쉽게 지워버리지 못하는 또 다른 이유가 있습니다. 여러분은 무엇을 기대하시며 천국에 가시기를 원하십니까? 스키를 좋아하시는 분들은 1년 365일 눈 덮인 산이 있었으면 좋겠다고 할 것이고, 보트 타기를 좋아하는 분은 산타모니카 앞 바다처럼 넓은 바다가 있기를 원하겠지요. 어떤 사람은 보석이 많이 있는 도시를 원할 것이고, 어떤 사람은 평화가 있는 전원을 원할 것입니다.

여러분 중에, 하늘나라에 가면 '하느님'을 만날 것이고, 그래서 나는 하늘나라에 가고 싶다고 말할 분이 계십니까? 특별히 한국인인 우리들에게는 하느님이 아주 낯선 존재입니다. 하느님이 우리에게 주는

'선물'은 생각해 볼 수 있지만 '하느님 자체'는 많이 낯선 존재이지요.

우리가 사도신경을 따라 "전능자 하느님"을 고백하면서, "당신은 능력이 있으니 저의 힘이 되어주십시오. 제가 필요로 할 때면 나타나셔서 도움을 주십시오"라는 생각을 한다면, 그것은 하느님을 들고 다닐 수 있고 이용할 수 있는 '빽'으로 생각하는 것과 마찬가지입니다. 이것은 하느님을 향하여 "당신은 나의 창조주입니다"라고 고백하는 것과는 너무나 다른 것입니다.

쉴라이엘마허의 말로 하면, "신앙이란 절대의존의 감정"이라고 합니다. 그가 감정이라고 한 것은 변덕스런 감정이 아니라 인간의 기본적인 느낌을 말하는 것입니다. 머리로는 인정하지 않는다고 할지라도, 가장 밑바닥에서 무의식과 만나는 그 지점에서 하느님을 향하여 "당신은 나의 절대자이시고, 나는 절대적으로 당신을 의존해서 살 수밖에 없습니다."라는 신앙고백이 나오는 것입니다. 다시 말하면 "당신이 나를 돕지 않으면 나는 살아갈 수 없습니다"라는 고백입니다.

그 다음에, 하느님과 우리의 만남의 이야기, 가까이 하기엔 너무나 먼 조물주와 우리의 만남, 사도신경에서 우리가 고백하고 확인하는 이 이야기는, 하느님이 우리들과는 능력이 다르고 뜻이 다른 높으신 분이라고 하는 것, 즉 우리는 피조물이고 하느님은 조물주라고 하는 사실을 확인하는 그것으로 끝나지 않습니다.

"나는 당신을 믿습니다"라고 고백할 때, 그것은 우리들의 삶의 자세가 "이 세상을 향하여 당신의 뜻대로 살겠습니다."라는 다짐이 그 안에 깃들어 있어야 합니다.

기독교와 불교의 많은 면이 서로 같다고 할지라도 단 하나 중요한 차이가 있다면, 기독교에서는 하느님과 우리가 다르다고 인식하는 것입니다. 내 안에도 하느님이 계시고 내 밖에도 하느님이 계시지만, 나의 근본과 하느님의 근본은 질적으로 다르다고 하는 사실을 크리스천은 양보하지 못합니다.

"전능하사 천지를 지으신 하느님을 믿는다"고 고백하는 사람은, 세상에 태어나서 자기 뜻대로 살려는 것이 아니라 그분의 뜻이 무엇인가를 때때로 생각해 보아야 합니다. 자기 자신의 마음이 기쁘고 즐겁고 행복하다고 느끼는 것이 전부라면, 그것은 크리스천이 아닙니다.

우리가 사도신경을 고백하는 것은 우리의 뜻이 아니라 당신의 뜻이 이루어지기를 바라며, 그 뜻에 헌신하는 우리가 되겠다는 거룩한 다짐과 기도가 함께 있습니다.

세상 사람들이 종교인들을 가리켜서 욕심이 많은 사람들이라고 합니다. 이 세상에서 먹을 만큼 재물이 있고 건강하게 살면 됐지, 죽은 후에 극락에 가고 천당까지 가려고 하는 사람들을 이해할 수 없다고 꾸지람하는 사람들이 있습니다. 기독교인들도 불교인들도 욕심이 너무 많다는 것이지요. 일해서 얻은 결과를 가지고 가족과 더불어 살면 됐지, 무엇을 그렇게 더 많이 바라느냐고 합니다. 어쩌면 종교인은 남들보다 더 욕심이 많은 사람들이지요. 그래서 그 욕심을 실현시킬 수 있는 초능력의 비밀 정보에 관심이 많을 수도 있겠지요.

그러나 '전능자 하느님'을 고백하는 사람들은 '전능자 하느님'의 뜻에 따라서 그들의 삶에 초점을 맞추려는 사람들입니다. 우리가 한 달에 한 번씩 하느님에 대한 신앙고백을 규칙적으로 반복하는 것은, 흐려졌거나 지워졌던 우리들의 삶의 초점을 다시 선명하게 살리려는 몸부림이라고 생각하면 좋겠습니다.

하느님 앞에 나와서 신앙을 고백한다고 하는 것은, 내 개인의 뜻과

의지가 아니라 나와는 다른 분 앞에서 서보는 것입니다. 불교에서는 자신을 거울 앞에 세워본다고 하지요. 기독교는 하느님의 법, 그리스도의 법 앞에서 내가 누구냐를 물어보는 길입니다.

8

우리를 닮은 사람을 만들자(1)

창세기 1:26-31 하나님이 말씀하시기를 "우리가 우리의 형상을 따라서, 우리의 모양대로 사람을 만들자. 그리고 그가, 바다의 고기와 공중의 새와 땅 위에 사는 온갖 들짐승과 땅 위를 기어다니는 모든 길짐승을 다스리게 하자" 하시고, 하나님이 당신의 형상대로 사람을 창조하셨으니, 곧 하나님의 형상대로 사람을 창조하셨다. 하나님이 그들을 남자와 여자로 창조하셨다. 하나님이 그들에게 복을 베푸셨다. 하나님이 그들에게 말씀하시기를 "생육하고 번성하여 땅에 충만하여라. 땅을 정복하여라. 바다의 고기와 공중의 새와 땅 위에서 살아 움직이는 모든 생물을 다스려라" 하셨다. 하나님이 말씀하시기를 "내가 온 땅 위에 있는 씨 맺는 모든 채소와 씨 있는 열매를 맺는 모든 나무를 너희에게 준다. 이것들이 너희의 먹거리가 될 것이다. 또 땅의 모든 짐승과 공중의 모든 새와 땅 위에 사는 모든 것, 곧 생명을 지닌 모든 것에게도 모든 푸른 풀을 먹거리로 준다" 하시니, 그대로 되었다. 하나님이 손수 만드신 모든 것을 보시니, 보시기에. 참 좋았다. 저녁이 되고 아침이 되니, 엿샛날이 지났다.

마태복음 7:1-12 "너희가 심판을 받지 않으려거든, 남을 심판하지 말아라. 너희가 남을 심판하는 그 심판으로 하나님께서 너희를 심판하실 것이요, 너희가 되질하여 주는 그 되로 너희에게 되어서 주실 것이다. 어찌하여 너는 남의 눈 속에 있는 티는 보면서, 네 눈 속에 있는 들보는 깨닫지 못하느냐?

네 눈 속에는 들보가 있는데, 어떻게 남에게 말하기를 '네 눈에서 티를 빼내 줄 테니 가만히 있거라' 할 수 있겠느냐? 위선자야, 먼저 네 눈에서 들보를 빼내어라. 그래야 네 눈이 잘 보여서, 남의 눈 속에 있는 티를 빼 줄 수 있을 것이다." "거룩한 것을 개에게 주지 말고, 너희의 진주를 돼지 앞에 던지지 말아라. 그들이 발로 그것을 짓밟고, 되돌아서서, 너희를 물어뜯을지도 모른다." "구하여라, 그리하면 하나님께서 너희에게 주실 것이다. 찾아라, 그리하면 너희가 찾을 것이다. 문을 두드려라, 그리하면 하나님께서 너희에게 열어 주실 것이다. 구하는 사람마다 얻을 것이요, 찾는 사람마다 찾을 것이요, 문을 두드리는 사람에게 열어 주실 것이다. 너희 가운데서 아들이 빵을 달라고 하는데 돌을 줄 사람이 어디에 있으며, 생선을 달라고 하는데 뱀을 줄 사람이 어디에 있겠느냐? 너희가 악해도 너희 자녀에게 좋은 것을 줄 줄 알거든, 하물며 하늘에 계신 너희 아버지께서, 구하는 사람에게 좋은 것을 주지 아니하시겠느냐?" "그러므로 너희는 무엇이든지, 남에게 대접을 받고자 하는 대로, 너희도 남을 대접하여라. 이것이 율법과 예언서의 본 뜻이다."

요한복음 9:35-41 바리새파 사람들이 그 사람을 내쫓았다는 말을 예수께서 들으시고, 그를 만나서 물으셨다. "네가 인자를 믿느냐?" 그가 대답하였다. "선생님, 그분이 어느 분입니까? 내가 그분을 믿겠습니다." 예수께서 그에게 말씀하셨다. "너는 이미 그를 보았다. 너와 말하고 있는 사람이 바로 그이다." 그는 "주님, 내가 믿습니다" 하고 말하고서, 예수께 엎드려 절하였다. 예수께서 또 말씀하셨다. "나는 이 세상을 심판하러 왔다. 못 보는 사람은 보게 하고, 보는 사람은 못 보게 하려는 것이다." 예수와 함께 있던 바리새파 사람들이 이 말씀을 듣고 나서 말하였다. "우리도 눈이 먼 사람이란 말이오?" 예수께서 그들에게 말씀하셨다. "너희가 눈이 먼 사람들이라면, 도리어 죄가 없을 것이다. 그러나 너희가 지금 본다고 말하니, 너희의 죄가 그대로 남아 있다."

계속해서 사도신경을 따라 우리의 신앙의 유산을 점검하고 있습니다. 오늘은 두 번째 부분인 예수 그리스도에 대한 이야기를 하는 순서이지만, 그 이전에 하느님과 우리와의 관계를 다시 한번 점검해 보고자 합니다.

이스라엘 백성들은 하느님께서 그들을 이집트의 종살이에서 구출해내신 것이 천지를 만든 것처럼 위대하고 놀라운 일이라고 하지만, 저는 하느님께서 하신 가장 위대한 일은 어떤 것보다도 사람을 만드신 일이라고 생각합니다.

창세기 1장 26절에 보면, (이 시대는 다신론 시대였습니다.) 하느님께서 신들을 불러서 "우리가 우리의 형상을 따라서, 우리의 모양대로 사람을 만들자."고 하셨습니다. 그래서 아주 특별한 존재, 신을 닮은 인간을 만들었습니다.

유대인들의 전설에 의하면, 인간을 만들기 위한 신들의 회의는 그렇게 간단하지가 않았답니다. 많은 신들이 야훼 하느님을 향하여 항의를 합니다. "동물을 만드는 것은 모르지만, 우리를 닮은 인간을 만드는 것은 대단히 위험한 일이니, 그것만은 하지 말아야 합니다" 하고 반대를 합니다. 그럼에도 불구하고 고집이 센 야훼 하느님은 신들의 회의를 무사히 마치고 즉시 인간을 만들었습니다. 신들은 회의석상에서 나와 곰곰이 생각해 봅니다. 그리고 불평이 가득한 채로 야훼 하느님께 다시 찾아갑니다. "회의에서는 통과되었지만 인간을 만드는 일을 중지하면 어떻겠습니까?" 야훼 하느님께서 대답하십니다. "허, 벌써 만들었는걸." 신들은 또 제의합니다. "그렇다면 여자는 만들지 마시지요." "그것도 이미 만들었어!"

하느님의 위대한 실수는 그때부터 시작되었고, 성경에 의하면 하느님은 후회를 많이 하셨으며, 마침내는 자기 아들을 내어주는 엄청난 일까지 벌어졌지요. 그리고 그 후 이 세상은 혼란 속에서 계속 헤매고 있습니다.

"하느님께서 인간을 만들되 당신의 모습, 즉 신의 모습을 닮은 인간을 만들었다"고 하는 이 놀라운 선언은 많은 사람들에게 영감을 주었습니다. 사도신경의 흐름을 따라, 하느님 이야기를 마치고 예수님의 이야기로 넘어가는 이 시점에서, 하느님이 하신 위대한 일, "우리를 닮은 인간을 만들자"고 한 신의 외침을 저는 오늘 우리들의 외침으로 다시 들어봅니다.

저는 이 교회와 더불어 많은 시간을 보냈습니다. 그 동안 많은 것을 생각하고 느끼면서 살았습니다. 제가 요즘 생각하고 있는 것은, 이 교회가 성장하기 위해서는 신의 외침처럼, 여기에 모인 사람들 하나하나가 신을 닮은 사람이 되어야겠다는 것입니다. 아니 우리가 꿈꾸는 사람이 오늘 이 시대에 있어야 되겠다는 생각을 합니다.

이 교회를 드나들며, 여러분은 아름다운 사람을 보셨습니까? 그것은 여러분의 모습입니다. 여러분의 마음에 걸리는 사람이 있습니까? 그것도 여러분의 모습입니다. 여러분이 자식을 낳고 그들을 사랑하지만, 만약 자식이 부모인 여러분을 전혀 닮지 않았다면 사랑하지 않을지도 모릅니다. 사람은 본래 타인을 이해하는 데 아주 인색하고 게으르기 때문에, 여러분이 그렇게 사랑하는 자식이라 할지라도, 여러분과 닮은 데가 하나도 없다면 그들을 사랑하기가 쉽지 않을 것입니다.

그런데 저는 여기 모인 우리들이 서로가 닮았다는 생각이 듭니다. 우리 중 누구에게서 보이는 약점이 바로 제 자신에게서 발견되곤 합니다. 그래서 이제 우리는 좀 철이 들어야겠다는 생각을 진지하게 해 봅니다. 그리고 이 교회가 미래를 향해 확실하게 전진하기 위해서 우리가 신을 닮은 사람들이 되어야 한다고 생각합니다.

가장 중요한 일은 우리가 신들의 외침을 반복하는 것입니다. 신들이 "우리를 닮은 인간을 만들자"고 외쳤듯이, 이제 우리는 모두 함께, 우리의 꿈, 이상, 소망을 구체화할 수 있는 "사람들"이 모이는 공동체를 만들자고 외칩시다. 아니 우리 자신들이 그런 사람이 되자는 말씀을 드리려는 것입니다.

요한복음에서 예수님은 "네가 거듭나지 않으면 영생을 얻지 못할 것이라"고 말씀하고 계십니다. "내가 어떻게 해야 거듭날 수 있습니까?" 참 어려운 질문입니다. 마태복음 7장 12절에 그 어려운 질문에 대한 대답이 있습니다. '거듭나는 것'은 남에게서 바라는 대로 남에게 해주는 것입니다. 이것은 율법과 예언서, 다시 말하면 구약성서의 정신이고, 예수님 자신의 핵심적인 진리요 가르침입니다.

여러분은 남에게서 무엇을 바랍니까? 돈을 얻으려고 교회에 오는 사람은 없을 것이고, 하느님의 이야기를 들으려고 교회에 오는 사람도 없을 것입니다. 설교는 여러분이 안방에서 **TV**를 통하여 들을 수 있습니다. 종교적인 이야기를 들으려고 먼 길을 오신 것은 아니라고 생각합니다. 그것도 안방에서 얼마든지 들으실 수 있으니까요.

여러분은 사람들을 만나러 여기 오셨을 것입니다. 사람들을 싫어하면서도 사람들을 찾아서 여기까지 오신 것은 이유가 있겠지요. 이 살벌하고 불안한 사회 속에서 여러분이 힘든 발걸음을 옮겨 여기까지 온 공통된 이유가 있다면, 그것은 여러분 자신이 '사람'이라고 하는 사실을 누군가로부터 인정받고 존경받고 싶기 때문 아닐까요? 사람들로부터의 인정과 존경을 무시할 수 있을 만큼 우리가 강하지 못하니까요.

자녀를 낳아서 사랑하고 그들로부터 뭔가를 기대하는 우리들은, 누군가를 사랑하고는, 그 사랑을 인정받고 싶고, 봉사를 하고도 그것을 인정받고 싶어합니다.

"인정(acceptance)"과 "존중(respect)" - 이것이 우리들에게 절실하게 필요합니다. 특별히 이민사회일수록 더욱 그렇고, 나이가 들어갈수록 더욱 그렇습니다.

그런데 예수님께서는 "네가 남에게서 기대하는 바로 그것을 남에게 주라"고 하십니다. 너무나 간결한 이야기입니다.

이 교회가 진정으로 질적인 성장을 하고 싶다면, 내가 발견하고 싶은 사람, 내가 만나고 싶은 사람의 모습을 나 스스로 지금 여기서 이룩하는 것이라고 믿습니다.

그런데 여러분은 어떤 사람을 만나고 싶습니까? 똑똑한 사람을 만나고 싶습니까? 그것은 여의도에 가시면 있을 것입니다. 돈 많은 사람을 만나고 싶습니까? 강남에 가시면 만나실 겁니다. 그러나 여러분은, 여러분을 편안하게 맞이해 주는 사람, 여러분이 가지고 있는 작은 장점도 인정해 주는 사람, 여러분의 반복되는 이야기를 들어주는 너그러운 사람, 그런 사람을 원하는 것 아닙니까? 우리 모두는 서로에게 그런 것을 원합니다. 하지만 그렇게 해줄 사람이 우리 가운데는 거의 없습니다.

많은 사람들이 우리교회를 찾아왔다가 우리 곁을 떠나갔습니다. 저는 그들을 생각해 봅니다. 오기는 왜 왔고 가기는 왜 갔을까. 그들은 올 때도, 갈 때도 한 가지 이유였을 겁니다. "인정", "존중" 그런 것을 구하러 왔었고, 결국 그것을 찾지 못하여 갔을 것입니다. 우리에게 오는 사람을 인정해 주고 존중해 주는 것이 쉬운 일 같지만 사실은 아주 오래 걸리고 힘든 일입니다.

　예수님이 태어났을 때부터 문명이 시작되었다고 가정을 해봅시다. 그 이전 천 년의 기록역사가 있지만 다 없는 것으로 가정하고, 예수님과 더불어 인류의 문명이 시작되었다고 가정해 봅시다. 그때부터 걸음마를 걷기 시작한 인류는 1,500년이 지나, 17세기가 되면서 비로소 탕자처럼 집을 나갑니다. 기존의 모든 정치적, 종교적 권위로부터 인간은 독립하기 시작하면서, 이제는 내 발로 서야 되겠다고 외치기 시작합니다. 그것이 "루터"와 "데카르트" 시대인 16, 17세기에 일어났던 일입니다.

　제가 보기에는 한국인들 대부분은 "루터" 이전의 사람들입니다. 중세기의 사람들, 신화적인 시대의 사람들입니다. 사회가 어지럽고 살기 힘들어지면 점을 쳐서 돈을 버는 사람들이 바**빠**진다고 하는 사실은, 한국인들 중에 상당수가 아직도 중세 시대에 살고 있다는 단적인 증거입니다.

　중세 시대에 사람들은 자신의 운명을 물었습니다. 왜냐하면 스스로의 운명을 개척해 나갈 수는 없기 때문에, 신들이 자기를 위하여 무엇을 계획하고 있는지, 자기가 귀족의 운명을 타고났는지, 천민의 운명을 타고났는지 알고 싶었던 거지요. 그것이 중세기적인 사고방식입니다. 교회에 나오고, 첨단 기술이 지배하는 21세기에 산다고 하지만, 사실은 정신적으로는 아직 중세 시대, 신화 시대에 살고 있는 것입니다. 저도 가끔은 제 운명을 알고 싶다고 생각될 때가 있습니다. 그러면서 어쩌면 인간은 영원히 중세 시대를 벗어나지 못할지도 모른다는 생각을 하기도 합니다. 미성년자들의 시대를 사는 거지요.

　그러나 루터 시대를 건너 17세기가 되면서, 인간은 스스로 소리쳤습니다. "나는 누구의 명령도 거부한다. 내 양심, 내 스스로의 판단이 살아 있고, 그래서 옳은 것과 진리를 향해서만 살겠다"고 자유를 외치며, "근대(modern)"라는 신(新) 문명이 시작됐습니다. 그것을 이름하여 근대주의라고 합니다.

근대라고 하는 것은 그렇게 시작되었습니다. 남의 말을 듣지 않습니다. 돌다리도 두드려 보고 지나가야 한다며 근대인들은 약삭빠르게 살아가고 있습니다. 우리 주변에도 전형적인 근대인들이 많이 있습니다. 남의 말을 믿기보다는, 내 스스로 판단하고 스스로 확인할 수 있을 때 비로소 믿겠다고 외치는 지성인들입니다. 그들은 힘들기는 하지만 자기 힘으로 살아가는 것이 옳고 보람있는 일이라고 생각합니다. 남의 말을 쉽게 믿지 않습니다. 스스로 확인하려고 애를 씁니다. 지식인들의 모습입니다. 책임이 있습니다. 그래서 남들에게 잘난 사람, 건방진 사람이라는 말을 듣지요. 그것이 근대인들의 특성입니다.

이 근대인들은 19세기와 20세기를 지나면서 조금씩, 조금씩 철이 들기 시작했습니다. 성경에 나오는 탕자가 집으로 돌아가야 했듯이 자기 능력의 한계를 느끼기 시작했습니다. 인간이, 300년 이상 자기 자신의 자유와 이성을 실험해 본 다음에, 비로소 자기의 이성과 능력, 판단에는 한계가 있다는 것을 알기 시작했던 거지요.

그때부터 사람들은 '역사의식'이라는 말을 쓰기 시작했습니다. 독일에서 처음 나온 말로, 19세기에 있었던 일입니다. 또 20세기 초에 두 번의 전쟁을 겪으면서 사람들은 인간의 이성과 판단에 한계를 조금씩 느끼기 시작했습니다.

우리 교회의 정신적인 위치는 20세기 초에 있습니다. 여러분과 저는 똑똑하고 잘난 척하지만 문제가 하나 있습니다. 자기 자신의 유한성, 한계성을 인정하는 데 게으르다는 공통점을 가지고 있습니다. 우리는 중세 시대, 신화 시대를 지나온 것을 자랑스럽게 생각합니다. 그러나 우리가 전진해야 할 또 하나의 과제가 남아 있습니다. 우리의 한계, 자신의 무지를 모르는 사람은 지식인이 아닙니다.

오늘날 X세대의 한 공통된 특징은, 그들이 부모들과 기성세대를 향하여 "당신들은 아무것도 모른다. 우리는 모든 것을 알고 있다."고 소리친다는 것입니다. 우리도 자기의 유한성을 잘 모르는 것 같습니다. 그래서 성경에 있는 대로 남을 비판하는 데는 부지런하지만 자신의 눈의 들보를 보는 데는 게을렀다는 생각이 듭니다. 요한복음 9장에 있는 대로 차라리 장님이었다면 죄가 없을 뻔했는데, 우리는 조금은 보기 때문에, 철저하게 사물을 바라볼 줄 아는 지성인이라고 착각해 왔습니다. 그러나 이제 제 자신의 모습과 우리 교인의 모습 하나 하나를 돌아봅니다.

우리는 상대방의 약점을 정확하게 말합니다. 그러나 상대방은 바로 우리가 지적하는 그 약점을 우리에게서 봅니다. 이것이 우리들의 한계입니다. 우리는 19살, 어쩌면 22살쯤 되었습니다. 이제는 철들 때가 되었죠.

"천지를 지으신 하느님을 믿습니다"라는 것은 사람들 사이에서의 유한성, 한계성을 철저하게 인정하고, 아는 것을 의미합니다.

혹시 오늘 아침에 부부싸움을 하신 분이 있습니까? 왜 싸우셨습니까? 사랑하지 않기 때문입니까? 아니지요. 사랑하지 않으면 싸우지도 않았을 것이고 벌써 헤어졌을지도 모릅니다. 사랑함에도 불구하고 우리가 여전히 싸우는 것은 사랑할 줄 모르기 때문이지요. "이해한 후에" 사랑하겠다는 오만을 버려야겠다는 생각을 했습니다. 사랑하는 것으로 족하지, 내 사랑하는 사람의 몸짓과 행동을 "다 이해한 후에" 그를 더 깊이 사랑하겠다면, 사랑하지 않겠다는 것과 같다는 결론을 저는 내렸습니다.

하느님이 인간을 지어놓고 후회하셨듯이 우리도 사람을 선택하고 후회할 때가 많이 있습니다. 우리가 사랑하는 그 사람은 인격을 가졌고 자기 마음대로 생각하고 판단합니다. 그리고 우리 자신도 무엇을 행동하고 판단할지를 잘 모를 때가 많이 있습니다.

원자탄이 터질 때 납으로 만든 "ㄷ"자 토굴 속에 들어가 있으면 원자탄의 방사능도 피할 수 있다고 합니다. 그런데 사람과 사람 사이에는 방사능을 막을 수 있는 "ㄷ"자 납 토굴보다 더 튼튼하고 강한 담이 있습니다.

여러분이 아무리 가족을 사랑한다고 생각할지라도, 여러분의 사랑하는 아내나 남편의 생각과 행동을 지금 모두 이해한 후에 사랑하고 용납하겠다면, 여러분은 지상에서 한 번도 아내나 남편을 사랑하지 못하게 될 것입니다.

만일 우리가 이런 오만한 생각을 여전히 품고 있다면 그것은 우리가 아직 근대라고 하는 시대에 살고 있음을 말해 줍니다. 자신의 유한성을 알지 못하는 사람이 감히 욕심을 부려 세상을 다 이해하려고 하는 것이지요. 우리는 사람도, 세상도 다 이해할 수 없습니다. 나 자신도 이해할 수 없는 약한 존재들입니다.

자신의 한계를 철저하게 알고 인정하는 사람이 남들에게 너그러울 수 있고 겸손할 수 있습니다. 저는 똑똑한 사람보다는 마음이 넉넉한 사람을 만나고 싶습니다. 누군가가 끊임없이 제 이야기를 들어주면서, 제가 실수했을 때는 무슨 이유가 있겠거니 하고 그냥 믿어주는 사람을 만나고 싶습니다. 그러면서도 저 자신은 그렇게 살고 있지 못하고, 또 그런 사람이 되려고 애쓰지도 않는 것 같습니다. 그래서 예수님께서 저를 보고 "위선자야 네 눈 속에 들보를 빼내어라. 그래야 형제의 눈 속에 티를 잘 볼 수 있지 않겠느냐?" 하고 꾸짖으십니다.

야훼 하느님이 말씀하셨습니다. "우리를 닮은 인간을 만들자." 오늘 저는 우리 교우님들께 말하고 싶습니다. "우리가 기대하는 사람, 우리가 만나기를 원하는 사람, 바로 그 사람이 되자. 우리의 형제들이 그런 사람이 되도록 협력하자." 저는 우리 교회가, "그 교회에 가면 내 이야기를 들어주는 사람이 있다. 내 이야기와 내 행동을 이해하는 사람이 있다"는 소문이 난 교회라면 좋겠습니다. 한 걸음 더 나아가, 이해할 수 없는 상황에서는 "우리를 이해하기 위하여 하염없이 기다려주는 사람들이 거기 있다"는 소문이 났으면 좋겠습니다.

그리고 또 있습니다. "그 교회에 가면, 누구나 인정(acceptance)과 존중(respect)을 보장(guarantee)받는다!" 아, 얼마나 보람 있는 공동체가 될 것입니까?

똑똑하고 잘난 사람들이 모였다는 소문은 좋지 않은 소문입니다. 사람들이 우리를 향하여 잘난 사람들이라고 말한다면, 그것은 상당히 심각한 비판이라고 생각해야 합니다. 우리는 자신의 한계를 제대로 알아야만 합니다.

만약, 우리가 누군가를 어쩔 수 없이 비판해야 된다면, 이렇게 하십시오: "내가 경험한 바에 의하면, 내가 들은 바에 의하면, 내가 아는 바에 의하면, 오늘 내가 보고 판단한 바에 의하면,"이라는 말을 반드시 하고, "이것은 이렇고, 저것은 저렇다"고 말하십시오. 여러분이 누군가를 굳이 비판해야 하고, 판단해야 된다면 단서를 붙이십시오. 여러분의 한계를 인정하고 말씀하셔야 합니다. 아침에 떠오르는 태양이 한낮의 태양보다 더 크게 보이지요. 그러나 실제로는 더 크지 않다는 것을 기억하셔야 합니다.

그리고 가급적이면 비난하지 마십시오. 이 세상을 끝까지 살아본 다음에서야 우리는 최종적인 판단을 내릴 수 있을 겁니다.

어떻게 하면 우리가 성장할 수 있겠습니까? 이 예배당 안에 많은 사람들이 모여드는 것을 말하는 것이 아닙니다. 사람들을 많이 모으려고 애쓰지 마십시오. 지금 여기 있는 우리가 서로 사랑하고, 먼저 거듭나는 노력을 하시기 바랍니다. 물론 저는 이 이야기를 제 자신에게 합니다. 지금까지 많은 점에서 저는 잘못 살았습니다. 그래서 이제는 성숙해 지려고 합니다. 많은 도움이 필요합니다.

사람! 아 얼마나 귀합니까? 내가 먼저, 내가 만나고 싶은 바로 그런 사람이 될 수 있다면, 얼마나 복된 일입니까? 바로 이곳에서 그런 복된 일이 일어나기를 기도합니다.

9

우리를 닮은 사람을 만들자(2)

창세기 3:8-9 그 남자와 그 아내는, 날이 저물고 바람이 서늘할 때에, 주 하나님이 동산을 거니시는 소리를 들었다. 남자와 그 아내는 주 하나님의 낯을 피하여서, 동산 나무 사이에 숨었다. 주 하나님이 그 남자를 부르시며 물으셨다. "네가 어디에 있느냐?"

마가복음 10:17-22 예수께서 길을 떠나시는데, 한 사람이 달려와서, 그 앞에 무릎을 꿇고 그에게 물었다. "선하신 선생님, 내가 영원한 생명을 얻으려면, 무엇을 해야 합니까?" 예수께서 그에게 말씀하셨다. "어찌하여 너는 나를 선하다고 하느냐? 하나님 한 분 밖에는 선한 분이 없다. 너는 계명을 알고 있을 것이다. '살인하지 말아라, 간음하지 말아라, 도둑질하지 말아라, 거짓으로 증언하지 말아라, 속여서 빼앗지 말아라, 네 부모를 공경하여라' 하지 않았느냐?" 그가 예수께 말하였다. "선생님, 나는 이 모든 것을 어려서부터 다 지켰습니다." 예수께서 그를 눈여겨보시고, 사랑스럽게 여기셨다. 그리고 그에게 말씀하셨다. "너에게는 한 가지 부족한 것이 있다. 가서, 네가 가진 것을 다 팔아서, 가난한 사람들에게 주어라. 그리하면, 네가 하늘에서 보화를 차지하게 될 것이다. 그리고 와서, 나를 따라라." 그러나 그는 이 말씀 때문에, 울상을 짓고, 근심하면서 떠나갔다. 그에게는 재산이 많았기 때문이다.

마가복음 10장 17절에서 22절에, 세상에서 열심히 살며 하느님의 법을 잘 지켰고, 자타가 공인할 만한 위치에 이른 어떤 부자의 이야기가 나옵니다. 예수께서 "눈여겨보시고, 사랑스럽게 여기셨던" 그는 이 세상에서 모든 것을 다 누려 보았고, 하느님의 계명을 다 지켰지만, 그 마음이 아직도 공허해서, 당대에 소문난 선생이신 예수님을 찾아갔습니다. "내가 어떻게 해야 마음의 공허를 이길 수 있겠습니까?" 예수님은 그를 면밀히 검토하고 시험하고 문답해 보고는 한 가지 부족한 것을 발견했습니다. 그 사람은 남에게 베풀 줄을 몰랐던 것입니다. 그래서 예수님은 "가서 네가 가진 것을 다 팔아 가난한 사람들에게 주어라. 그리하면 네가 하늘에서 보화를 차지하게 될 것이다. 그리고 와서 나를 따라라"고 하셨습니다. 가진 것을 다 팔아, 남에게 준다는 것은 그렇게 어려운 것이 아닙니다. 가져본 사람은 버릴 수도 있습니다. 그런데 성경에 보면 그는 재산이 많았기 때문에 예수님의 말씀을 듣고 근심하며 떠나갔다고 했습니다.

우리는 지금 사도신경을 따라 하느님의 말씀을 듣고 있는데, 천지창조의 주인공이신 "하느님" 이야기에서 "예수님"의 이야기로 넘어가려는 길목에 있습니다. 그런데 사도신경에는 없지만, 하느님께서 하신 많은 일들 중 가장 큰 일은, 단연코 "사람을 만드셨다"는 대목이라고 저는 생각합니다. 그래서 이 대목에서 우리가 아름다운 공동체를 만들기 위한 지혜를 얻고자 하여, 잠시 머물러 있습니다.

지난 주일에는, 우리 교회를 찾아오는 모든 이들이 이 곳에 오면, 그들의 과거 형편이 어땠고 현재 형편이 어떠하든지 간에 영접을 받으며, "사람으로서 인정받을 수 있음"이 보장되는 공동체가 될 수 있다면 정말 좋겠다는 이야기를 했습니다. 오늘 이 이야기는 그것의 연속입니다.

　우리가 이 땅에 태어나서, 사람이 사람처럼 대접받고, 진정한 사람 냄새가 나는 공동체를 만들어 우리 후손들에게 물려줄 수만 있다면, 더없이 소중한 일을 하는 것입니다. 그런데 우리 모두가 그런 일을 바라고 있음에도, 왜 그 일에 실패하고 있는 걸까요? 이것이 오늘 우리들의 질문인데, 마가복음 10장에서 이야기하는 '부자 청년의 비유'에서 저는 그 해답을 얻습니다.

　부자 청년은 참 열심히 살았고, 세상의 법을 잘 지켰으며, 하느님의 법도 잘 지켰습니다. 그러나 그는 마음에 공허함을 채울 수가 없었습니다. 그리고 그 이유를 알 수 없었습니다. 그래서 마침내 좋은 스승을 찾아가 그는 해답을 얻습니다. 그렇지만 그는 여전히 실패했습니다. 바로 이 대목이 우리들의 이야기라고 생각합니다. 열심히 살았고, 적절한 스승 예수님도 만났지만, 여전히 실패한 사람의 이야기를 말하는 것입니다.

　저는 지금까지는 이 실패한 부자 이야기가 저와는 아무 상관이 없다고 생각해 왔습니다. 저는 성경의 이 부자 청년의 이야기에서 감동을 받고 충격을 받아서 자기의 전 재산을 팔아 기독교 역사에 남을 만한 훌륭한 일을 한 여러 사람들의 이야기를 들었습니다. 그리고 그때마다 이 이야기는 저의 이야기는 아니라고 생각했었습니다. 저는 부자가 아니라고 생각했기 때문이었겠지요.

　그러나 요즈음에 와서는 이 이야기가 바로 저의 이야기도 될 수 있다는 생각이 듭니다. 그리고 나아가 이것은 모든 사람들의 이야기가 될 수도 있다고 생각합니다. 가진 것이 얼마가 되든지 간에, 사람들에게 있어서 '자기 자신', "나"라고 하는 것은 전 재산만큼이나 소중하기 때문입니다.

다시 생각해 봅시다. 이 "부자" 청년의 실패는 무엇입니까? 그는 세상의 모든 것을 갖추었음에도 불구하고 아직도 자신에게 뭔가 부족한 것이 있음을 알았다는 점에서, 그렇지 못한 대다수의 사람들과는 달리, 훌륭합니다. 예수님께서 "눈여겨보시니, 사랑스럽더라."라고 하신 말씀이 충분히 어울립니다.

그러나 그는 자신의 현재, 곧 자신이 현재 누리고 있는 것을 절대화한 나머지, 자기 자신에게는 아무런 변화도 필요 없다고 생각합니다. 그는 힘든 일도 잘 처리하고 잘 참아냅니다. 그러나 한 가지 그가 못하는 게 있습니다. 그 자신이 변해야 한다면, 그것은 못합니다. 바꿔 말하면, 현재의 형편에다 뭔가를 첨가하는 일이라면 그는 잘 해 냅니다. 그것을 위해서라면 밤도 새우고 돈도 씁니다. 그러나 현재의 여건 그 자체를 변경시키라고 하면, 그것만은 못합니다. "선생님, 저는 뭐든지 다 할 수 있습니다. 저의 행복을 위해서라면 아무리 힘든 일이라도 할 수 있습니다. 그러나 저 자신이 변해야 한다는 말만은 하지 말아 주세요."라고 말합니다. 그리고는 "근심하면서 떠나갑니다."

저는 여기서 제 자신의 일면을 발견합니다. 많은 계획을 세웁니다. 노력을 합니다. 그러나 저를 구원하기 위하여 자신을 변화시킬 수는 없습니다. 그것은 현재의 자신을 파괴하는 것이기 때문입니다. 제가 원하는 구원은, 현재의 저의 꿈을 실현하고 미완성을 완성케 하는 것입니다. 현재의 저를 더 크게, 더 튼튼하게 만드는 것입니다. 저의 생각, 저의 가치관, 저의 살아가는 방식, 저의 사랑하는 방식을 바꾸지는 않습니다. 그런 일이 벌어지면 그것은 이미 제 자신이 아니기 때문에, 그 과정을 통과한 구원이란 어불성설입니다. 그러니 어떻게 제가 그 길을 감히 갈 수 있겠습니까? 여러분은 어떻습니까? 현재의 자신의 가치관과 생활을 바꾸실 수 있습니까?

모든 사람들에게 그것은 어려운 일인 것 같습니다. 그래서 성경에 있는 어느 젊은 부자가 그랬고, 오늘 우리들도 주님께 왔다가 구원을 얻지 못한 채 돌아갑니다. "주님, 다른 모든 것을 하겠습니다. 그렇지만 제 자신이 변해야 한다는 말씀만은 하지 말아 주세요." 하고 성경에 있는 부자 청년처럼 말하면서 말입니다.

그런데 우리 주님은 바로 그 말, "너 자신의 기본 바탕이 변해야 한다"는 말씀을 하고 계십니다. 그리고 우리는 우리의 현재가, 사실은 불만스러우면서도, '너무나 아까워서' 슬퍼하며 돌아섭니다. 또한 우리는 곧잘 "나는 가진 게 없다"고 생각합니다. 그래서 성경에 있는 '부자 청년 이야기'가 남의 이야기라고 생각합니다. 그렇게 생각하면서 지금까지 편안히 살아왔습니다. 자기 편한 대로 생각하면서 자신의 한계를 몰랐습니다. 자신의 한계에 대해서 맹목이기 때문입니다.

우리가 만일 세상을 향하여, "우리와 닮은 사람을 만들자"고 소리치고 싶다면, 우리는 먼저 우리 자신의 유한성, 한계를 인정하는 법부터 배워야 합니다. 아니, 우리는 그런 것을 잘 못하는 죄인들임을 먼저 인정할 수 있어야 합니다. "나는 (의인이 아니라) 죄인을 부르러 왔다"는 예수님의 말씀처럼, 예수 앞에 나온 우리는 죄인들입니다. 그러나 여기 모인 우리는 자신이 죄인임을 아는 사람들입니다. 그렇지만 여전히 우리 자신의 "변화"를 무서워하는 겁 많은 죄인들입니다.

그래서 우리 모두 함께 이렇게 외치며 다짐하고 싶습니다. "우리가 기대하는 사람, 우리가 만나기를 원하는 사람, 바로 그 사람이 되기 위하여, 우리 각자가 먼저 변화됩시다! 우리의 기본 바탕을 바꾸는 일에 헌신합시다! 우리, 함께, 사람되는 길을 갑시다!"

　하느님께서, 하느님의 형상대로 지으신 사람이 되는 일에 실패하지 맙시다. 사람을 사람되게 하는 일, 그것은 본디 하느님의 과업이지만, 동시에 우리 자신들이 참여해야 하는 거룩한 직무(성무)이기도 합니다. 우리는 아직 사람이 아닙니다. 충분히는 아닙니다. 그러나 우리의 지금 처한 형편이 어떠하든지, 하느님께서 우리를 향하여 본래 꿈꾸셨던 그 아름다운 사람이 될 수 있습니다. 우리 자신의 기본 바탕을 바꿀 수만 있다면 가능합니다. 우리는 그렇게 되어야 합니다.

10

원수 사랑은 포기하고 …

레위기 19:16-19 이 사람 저 사람에게 남을 헐뜯는 말을 퍼뜨리고 다녀서는 안 된다. 너는 또 네 이웃의 생명을 위태롭게 하면서까지 이익을 보려 해서는 안 된다. 나는 주다. 너는 동족을 미워하는 마음을 품어서는 안 된다. 이웃이 잘못을 하면, 너는 반드시 그를 타일러야 한다. 그래야만 너는 그 잘못 때문에 질 책임을 벗을 수 있다. 한 백성끼리 앙심을 품거나 원수 갚는 일이 없도록 하여라. 다만 너는 너의 이웃을 네 몸처럼 사랑하여라. 나는 주다. 너희는 내가 세운 규례를 지켜라. 너는 가축 가운데서 서로 다른 종류끼리 교미시켜서는 안 된다. 밭에다가 서로 다른 두 종류의 씨앗을 함께 뿌려서는 안 된다. 서로 다른 두 가지의 재료를 섞어 짠 옷감으로 만든 옷을 입어서는 안 된다.

마태복음 5:43-48 "'네 이웃을 사랑하고, 네 원수를 미워하여라' 하고 말한 것을 너희는 들었다. 그러나 나는 너희에게 말한다. 너희 원수를 사랑하고, 너희를 박해하는 사람을 위하여 기도하여라. 그래야만 너희가 하늘에 계신 너희 아버지의 자녀가 될 것이다. 아버지께서는, 악한 사람에게나 선한 사람에게나 똑같이 해를 떠오르게 하시고, 의로운 사람에게나 불의한 사람에게나 똑같이 비를 내려주신다. 너희를 사랑하는 사람만 너희가 사랑하면, 무슨 상을 받겠느냐? 세리도 그만큼은 하지 않느냐? 또 너희가 너희 형제자매들에게만 인사를 하면서 지내면, 남보다 나을 것이 무엇이냐? 이방 사람들도 그만큼은 하지 않느냐? 그러므로 하늘에 계신 너희 아버지께서 완전하신 것 같이, 너희도 완전하여라."

갈라디아서 5:13-15 형제 자매 여러분, 하나님께서는 여러분을 부르셔서, 자유를 누리게 하셨습니다. 그러나 여러분은 그 자유를 육체의 욕망을 만족시키는 구실로 삼지 말고, 사랑으로 서로 섬기십시오. 모든 율법은 "네 이웃을 네 몸과 같이 사랑하여라" 하신 한 마디 말씀 속에 다 들어 있습니다. 그런데 여러분이 서로 물어뜯고 잡아먹고 하면, 피차 멸망하고 말 터이니, 조심하십시오.

우리는 지금까지 사도신경을 공부하면서, 어떻게 하면 우리 후손들에게 아름다운 신앙 공동체를 물려줄 수 있을까를 생각하고, 하느님을 믿는 사람들의 아름다운 공동체, 그것은 곧 인간적인 사람을 알아볼 수 있는 공동체라는 이야기를 했습니다.

이제 오늘은 그 끝으로, "사람이 되고 싶으냐? 되려면 완전한 사람이 되라."고 당부하신 예수님의 말씀을 생각해 보겠습니다. 우리가 완전한 사람이 되는 길을 생각해 보려는 것입니다.

구약성서에 나타난 위대한 인물 중 하나이며, 유대인들이 가장 존경하고 사랑하는 사람 중 한 사람이 바로 다윗입니다. 그러나 다윗도 정치를 그렇게 잘한 것은 아닙니다. 그가 정치를 얼마나 못했으면 나라를 물려받을 위치에 있는 황태자 압살롬이 장군을 꾀어서 부왕에 대항하는 반란을 일으켰겠습니까? 이 때문에 다윗은 한 때 궁궐에서 쫓겨나 피난 생활을 해야 했으며, 그 위기는 매우 심각했었습니다. 유능한 다윗의 부하 장수들이 다윗의 명을 받아 전쟁에 나갔지만, 그 싸움은 쉽지 않았습니다. 그러나 백전노장이 만용의 젊은 용사들보다 잘 싸웠는지, 마침내 다윗의 장수들이 아버지를 반역했던 압살롬을 처형했습니다. 다윗의 아들이 전쟁터에서 죽은 것입니다.

이 기쁜 소식을 다윗 왕에게 고했을 때, 승전의 소식을 알려 주는 장수에게 기쁜 표정은 보이지 않고 슬픈 얼굴로 골방으로 들어가 문을 잠그고 오랫동안 통곡을 했습니다. 성서에 의하면 다윗은 "내 아들 압살롬아, 내 아들아, 내 아들 압살롬아, 너 대신에 차라리 내가 죽을 것을……" 이렇게 탄식했습니다.

다윗을 위해 많은 사람들이 희생되었고, 다윗을 위해 목숨을 걸고 싸웠던 요압 장군이 다윗에게 말합니다(사무엘 하 19:6). "임금님께서는 어찌하여 임금님을 반역한 무리들은 사랑하시고, 임금님께 충성을 바친 부하들은 미워하시는 겁니까? 우리 지휘관들이나 부하들은 임금님께는 있으나마나 한 사람들입니까?"

이 요압 장군이 만난 임금님, 곧 반역자를 사랑하고 자기에게 충성을 다한 사람들을 미워하는 혼란에 빠진 (것처럼 보이는) 다윗, 자기를 추격하던 아들 압살롬이 죽었을 때, 기쁘기보다는 "차라리 내 아들이 살고 내가 죽었으면 좋겠다"고 탄식하는 어버이의 마음을 가진 다윗, 그러나 한 나라의 왕으로서는 혼돈스러웠던 정황, 그것은 다윗 개인의 문제가 아닙니다.

우리들 주변, 가정, 교회, 직장에서 우리는 많은 사람들이 바로 그런 혼돈에 처해 있는 것을 볼 수 있습니다. 곧 반역자를 사랑하고 충성스러운 자를 미워하는 혼돈된 정황 말입니다.

옛 희랍인들은 자기 시민들에게 폭넓은 교육을 시작했다고 전해집니다. 오늘 우리들에게 '교양 교육'이라고 알려진 교육이 바로 그들의 유산입니다. 희랍인들은 자기 시민들을 교양 있는 지식인으로 만들려고 했고, 그 교양을 *paideia*라고 했는데, 이것의 내용이 바로 여러분이 대학에서 '교양과목'이라고 하여 배운 것들입니다.

아마 다윗은 이 교양과목을 이수하지 못했든지, 지성인이 아니었던 것 같습니다. 희랍인이 생각했던 교양인이라는 것은, 컴퓨터를 잘하거나 어려운 수학 문제를 잘 풀거나 역사를 잘 아는 사람이 아닙니다. 자기 친구를 알아보고 그 친구에게 걸맞은 대접을 할 줄 아는 사람, 그리고 자기를 해치는 적에게 적절한 복수를 할 줄 아는 유능하고 현명한 사람입니다. 이런 사람이 희랍인이 생각했던 교양 있는 지식인이었습니다.

우리도 대부분은 "교양" 교육을 받았습니다. 그러나 오늘 우리들은 적이 누구인지, 반역자가 누구인지, 충성하는 사람이 누구인지, 친구가 누구인지를 잘 알지 못하고, 사정없이 총을 휘두르다가 우리의 우군, 친구들을 해치는 일을 저지르곤 합니다. 다윗이 그랬듯이 오늘 우리들도 종종 그렇습니다.

옛 희랍 사람들만이 친구를 선대하고 적에게 복수하는 것을 가르치려 했던 것은 아닙니다. 구약성서 나훔서 1장 2절에는 "주님은 질투하시며 원수를 갚으시는 하나님이시다. 주님은 원수를 갚으시고 진노하시되, 당신을 거스르는 자에게 원수를 갚으시며, 당신을 대적하는 자에게 진노하신다."고 적혀 있습니다. 모세는 출애굽기에서 "이는 이로 눈은 눈으로" 복수하는 법을 가르쳤습니다. 동일한 시기에, 희랍과 팔레스타인에서 '친구는 사랑하고 원수에게는 복수'하는 법을 가르쳤으며, 자기네들의 신이야말로 바로 그런 행위를 잘 알아서 하는 신이라고 가르쳤습니다. 시편과 이사야서와 예레미야서에도, 하느님은 복수하는 신이며, 하느님이 나타나서 우리를 대신하여 우리의 대적에게 복수해 주기를 여기저기에서 간구하고 있습니다. 어쩌면 이것이 인간의 정상적이고 일반적인 정서일는지 모릅니다.

그런데 교회에서는 무엇을 가르칩니까? 예수님께서는 "원수를 사랑하라. 친구를 사랑하는 것은 누구나 하는 것 아니냐? 원수를 사랑하라. 그래야 너희가 하느님의 자녀, 곧 온전한 사람이 되는 것 아니냐?"고 하십니다. 그러나 예수님의 설교는 오늘날의 많은 설교자들의 설교처럼 대부분 그냥 땅에 떨어지고 말았습니다.

예수님이 살아 계실 때에 그의 제자들은 치사하도록 서로 다투며 싸웠습니다. 오늘 읽어드린 갈라디아서에 보면, 바울 선생님이 초기에 목회했던 그 교회도 서로 다투었습니다. (전설에 의하면) 예수님의 제자 야고보 교회의 교인들도 그 교회를 찾아오는 사람들에게 외모를 보고 차별대우했습니다. 사도 바울이 목회했던 고린도교회도 심각하게 분열되어 싸웠습니다. 기독교 2000년 역사를 보면 아무것도 아닌 것 가지고 서로 죽이기까지 한 경우가 많았습니다.

오늘날의 우리 교회나 우리 가정도 다를 바 없습니다. 우리가 보고 있는 이 세상, 특별히 종교계는 희랍인들의 교양과는 많이 다른 모습들입니다. 희랍인들이 꿈꾸었던 교양은 친구를 알아보고 적에게 복수하는 것인데, 오늘 우리들은 다윗 왕처럼 우리를 사랑하는 사람에게 악으로 갚으며 우리를 반역하는 사람을 사랑하고 보호하려는 심각한 혼돈에 빠져 있습니다. 이 오래된 질병은, 앞에서도 말씀드렸듯이 예수께서 목회하시던 그의 제자들, 야고보가 목회 하던 교회, 바울이 목회하던 교회에서도 예외가 아니었습니다.

오늘 우리들이 아름다운 인간적인 공동체를 우리의 후손에게 물려주고자 한다면, 적어도 희랍인들이 꿈꾸었던 복수의 질서나 모세가 가르쳤던 복수의 질서를 배우든가, 아니면 예수님이 꿈꾸셨던 대로 원수까지도 사랑하여 감히 하느님의 자녀라 불림을 받는 "완전한 사람"의 경지에 이르거나 해야 할 것 같습니다.

그런데 여러분과 저는 희랍인의 교양을 제대로 배우지 못한 탓인지, 친구를 사랑하고 원수에게 복수하고 싶어도 그럴 능력이 없습니다. 모세는 "눈은 눈으로 이는 이로 갚으라"고 했고, 유대인을 괴롭히는 아랍인은 자기가 가한 피해의 3, 4배로 보복을 당합니다. 그러나 우리는 적들에게 복수할 능력이 없기에 어쩌지 못합니다. 그래서 적을 향하여 퍼부을 화살을 내 친구, 내 가족에게 겨누는 어리석은 혼돈을 자행합니다. 바로 장군 요압이 보았던 국왕, 다윗의 꼴입니다.

저는 여러분에게 예수님의 교훈을 따라 "완전한 사람"이 되라는 어리석은 부탁은 하지 않겠습니다. 최소한 우리가 적을 알아보고 친구를 알아보는 현명한 교양인 정도가 되면 어떨까, 아니면 모세의 종교를 믿는 그 옛날 히브리인들 정도라도 되면 어떨까를 생각해 봅니다.

그런데 문제는 우리는 복수할 능력이 없다는 것입니다. 그래서 불꽃이 되지 못한 뜨거운 열기는 생나무를 땔 때에 연기가 나듯이 그냥 자기 자신을 질식시키고 맙니다.

오늘날의 심리학자들은 "용서하라. 용서하지 못하면 그 증오심, 원한, 복수심이 마침내 네 자신을 괴롭히고 말 것이다. 용서할 수 없으면 잊어버려라. 그것이 곧 너를 구원하는 것이다."라고 말하는데, 아마 예수님도 거기에 동감하실지 모릅니다.

그렇지만 또 문제는 있습니다. 멀리 있는 적이라면 잊어버리고 무시하면 되지만, 평생을 가까이서 같이 살아야 하는 사람들, 즉 한 집에서 살아야 하는 가족이 적이라면, 혹은 자기 교회의 담임 목사님이 적이라면, 그 교회의 교인이 적이라면, 이 불행을 어떻게 극복할 수 있을까요?

할 수만 있으면 증오심을 자제하고 상대방을 못 본 체하고 사는 것이 세속적으로는 매우 현명하다고 할 수 있습니다. 그런데 이 세상에 살고 있는 많은 사람들은 그렇게 쉬운 여건 속에서 살지 못합니다. 미운 사람과 더불어 같이 살아야 하고, 한 식탁에 둘러앉아야 합니다. 한 직장에서 미운 사람과 일해야 하며, 한 교회에서 미운 사람과 신앙생활을 해야 합니다. 다시 말해, 우리들 중 많은 사람들이 자기 친구를 사랑하지도 못하고 자기 적에게 복수하지도 못하면서 살고 있다는 것입니다.

제 생각을 말씀드리면, 서로 사랑할 수 없는 경우라면 조용히 헤어지는 것이 좋겠습니다. 모세는 이혼할 때 증서를 주라고 말했지만, 예수님께서는 "결코 이혼하지 말라"고 하십니다. 그러나 2000년 전에 예수님은 결혼 생활을 해보지 못한 분이었습니다.

원수가 집안에 있습니까? 이혼하십시오. 의절하십시오. 그렇게 하고라도 편안히 여러분의 여생을 보내십시오. 담임 목사님이 여러분의 적입니까? 여러분의 교회의 어떤 교인이 여러분의 마음을 괴롭힙니까? 그 교회로부터 조용히 떠나십시오. 그것이 세속적으로 현명하게 사는 거라고 생각합니다. 미워하는 것은 자기 자신을 괴롭힐 뿐입니다. 여러분이 아무리 미워해도 여러분의 적은 괴로워하지도 않고 잘 살아 갑니다.

여러분이 현명한 사람이 되어서 날마다 만날 수밖에 없는, 적이 아닌 적을 미워하지 마십시오. 그렇게 할 수 없으면 차라리 헤어지십시오. 자식과도 부모와도 이별하십시오.

복수할 수도 없고, 미워하지 않을 수도 없고, 헤어질 수도 없습니까? 그러면 예수님이 말씀하신 대로 "완전한 사람"이 되는 길을 가볼 수밖에 없습니다.

지금은 사순절입니다. 이 기간 동안에는 예수님의 고난을 기억하며, 우리도 고난의 길에 동참하도록 교회는 가르치고 있습니다. 어떤 사람은 좋아하는 커피 또는 육류를 끊습니다. 그런데 이것은 자신의 건강을 위해 그렇게 하면서 공연히 주님의 이름을 핑계 대는 경우도 있을 것 같네요.

여러분이 정말로 우리 주님을 생각하면서 고난에 동참하고 싶다면, '인간이 되기 위한' 이 힘든 고난에 동참하십시오. 마태복음과 누가복음에 '원수를 사랑하라'는 말이 이렇게 되어 있습니다. "미워하는 자에게 선을 행하라. 너를 저주하는 자를 위하여 축복하라. 너를 괴롭히고 박해하고 함부로 대하는 이를 위해 기도하라." 그렇게 하면, 사람이 감히 "하느님처럼 완전해지는" 것입니다. "미운 자에게 애교를 떨고, 저주하는 자를 위해 노동하며, 박해하는 자를 위해 죽어 주라"는 말이 아닙니다.

예수님께서 부탁하신 것은 우리가 마음만 먹으면 할 수도 있는 일들입니다. 우리를 미워하는 자를 참고 선하게 대해 주고, 우리를 저주하는 자를 위해 축복을 빌어 주며, 우리를 괴롭히는 사람을 위해 하느님이 그를 축복해 주시기를 기도하며, 그가 변화되기를 기다리는 것은 마음먹으면 할 수도 있는 일들 아닙니까?

예수님의 판단에 의하면, '원수를 사랑하고' '완전한 사람'이 되려는 노력이 없이는 기독교인이 아닙니다. 예수님은 우리에게 말씀하십니다. "햇빛과 비를 악한 사람에게나 선한 사람에게 함께 내리시는 하느님의 마음을 닮는 자가 하느님의 자녀가 되는 것이고, 그것이 인간으로서 완전한 사람이 되는 것이다. 너희가 사람이 되고 싶으냐? 이왕 사람이 되려면 완전한 사람이 되라."

마음만 먹으면 할 수 있습니다. "하느님이 원하시기 때문"이라는 생각만 굳게 하면 할 수 있습니다. "내가 이렇게 하면 내 남편이나 내 자식이 변화될까?" 그런 기대를 가지고 하면 못합니다. "내가 이렇게 하면 하느님이 기뻐하실 것이다." 그 생각만 가지고 하면 할 수 있습니다. 예수님께서는 능력 많은 사람, 지혜롭고 머리 좋은 사람, 덕망이 높은 사람이 완전한 사람이라고 하지 않으십니다.

적어도 완전한 사람이 되려는 몸부림이 있는 교회, 그런 아름다운 인간 공동체가 이 교회가 될 수 있기를 바랍니다. 사순절, 이 거룩한 계절에 한 가지씩 거룩한 다짐이 있기를 바랍니다.

11

자유인에게 웬 "주님"

요한복음 15:11-17 내가 너희에게 이러한 말을 한 것은, 내 기쁨이 너희 안에 있게 하고, 또 너희의 기쁨이 넘치게 하려는 것이다. 내 계명은 이것이다. 내가 너희를 사랑한 것과 같이, 너희도 서로 사랑하여라. 사람이 자기 친구를 위하여 자기 목숨을 내놓는 것보다 더 큰 사랑은 없다. 내가 너희에게 명한 것을 너희가 행하면, 너희는 나의 친구이다. 이제부터는 내가 너희를 종이라고 부르지 않겠다. 종은 그의 주인이 무엇을 하는 지를 알지 못한다. 나는 너희를 친구라고 불렀다. 내가 아버지에게서 들은 모든 것을 너희에게 알려 주었기 때문이다. 너희가 나를 택한 것이 아니라, 내가 너희를 택하여 세운 것이다. 그것은 너희가 가서 열매를 맺어, 그 열매가 언제나 남아 있게 하려는 것이다. 그리하여 너희가 내 이름으로 아버지께 구하는 것은 무엇이든지 다 받게 하려는 것이다. 내가 너희에게 명하는 것은 이것이다. 너희는 서로 사랑하여라.

우리는 그 동안 사도신경을 따라 "하느님"에 대해서 생각을 해 보았는데, 오늘부터는 "예수님"에 대해 생각해 보려고 합니다.

사도신경은 2세기에 만들어졌기 때문에, 기독교의 혼란을 극복하기 위하여 예수님에 대한 특별히 긴 이야기의 신앙고백이 들어 있습니다. 본래는 "나는 하느님을 믿습니다," "나는 예수님을 믿습니다," "나는 성령을 믿습니다"라는 간단한 세례 문답이 시대와 필요에 따라서 달라졌고, 그것이 오늘 우리가 고백하는 사도신경이라고 말씀드렸습니다.

사도신경의 둘째 마디의 첫 머리에는 "그 외아들 우리 주 예수 그리스도"라고 되어 있는데, 오늘은 그 중에서도 가장 중심이 되는 개념인 "우리 주", 특별히 "주"에 대해서 생각해 보려고 합니다.

누구를 "주님"이라고 부른다는 것은 내가 상대방의 '종'이라는 것, '노예'라는 것입니다. 그렇다면 우리 기독교인들은 '노예'나 '종'이라는 것일까요? 우리가 진정 누구의 '종'이 아니라면, 누구를 가리켜서 "주님", "주인님"이라고 부르는 신앙고백의 행위는 시대착오일 수 있음을 알 수 있습니다.

우리가 정말 더 이상 누구의 간섭도 받지 않고 홀로 모든 것을 결정할 권리를 가지고 있다면, 그리고 우리가 자신의 삶의 발자취를 뒤돌아보면서 비록 많은 실패를 했지만 그것은 우리 자신의 뜻이었다는 것을 확인할 수 있다면, 우리는 어른이고 자유인입니다.

어른도 넘어지고 자유인도 넘어집니다. 그러나 오늘 우리들의 질문은 "내가 나 자신의 삶을 뒤돌아볼 때, 내 삶의 주인은 참으로 나 자신이었다"고 말할 수 있는가 하는 것입니다.

계몽주의 17세기를 넘어서면서, (서양) 사람들은 자기들에게 자유가 얼마나 소중한 것인가를 점차로 깨달아 알게 되었습니다. 그래서 그 중에 더러는 "자유가 아니면 죽음을 달라"고 외칠 만큼 자유인이 되고 싶어했습니다.

반면에, 동양의 불교인들은 처음부터 기독교인들이 말하는 "구원"

이라는 말 대신에 "자유(해탈)"라는 말을 사용했습니다. 즉 불교에서는 "구원"을 얻는 것과 "자유인"이 되는 것이 동일합니다. 그만큼 자유는 근대문명의 입장에서 보거나 불교에서 보거나 생명처럼 소중한 것입니다.

여러분은 아무 생각 없이 지금까지 사도신경을 고백해 왔을 지도 모릅니다. 저는 요즘 새삼스럽게 사도신경의 말 한마디 한마디를 다시 생각합니다. 그러다가 그토록 자유를 갈망하는 서양인들이나 우리의 조상들은, 유대인 예수님을 향해 "당신은 나의 주님입니다"라고 고백하는 것이 어떤 의미에서 진실한 것인지, 넌센스가 아닌지, 하는 생각도 하게 되었습니다.

"주(인)님"이라는 말은 상전을 가리키는 말인데, 지금은 상전과 종의 계급 개념이 없어진 지 이미 오래입니다. 또 우리 시대에는 권력이 제일 높은 사람이 옛날과는 달리 '(군)주-임금님'이 아니고 '대통령'이죠. 그런데 '대통령'이라는 미국 말은 행정의 수반이고, 행정부의 제일 높은 사람으로서, 단지 회의를 주재하는 '사회자'라는 뜻일 뿐입니다.

그러니 예수님을 가리켜, 우리 시대의 제일 높은 사람, 곧 우리 모임의 사회를 맡으신 '사회자', 혹은 '대통령'이라고 한다면 어떻겠습니까? 그것은 아닌 것 같네요. 4년만 지나면 그 자리에서 물러나야 하고, 어쩌면 그 후 검찰에 고발되어 감옥에 가게 될지도 모를 처지에 있는 직책이 바로 오늘날의 대통령이니까요. 그러니 우리가 예수님을 "대통령"이라고 부른다면, 그것은 처음 신앙고백한 사람들과는 전혀 다른 방향으로 나가게 됩니다. 그렇다고 해서 '군주'가 없는 우리 시대에, 예수님을 우리의 "군주"라고 부르는 것도 이상하고, 상전과 종의 계급이 없어진 지금 우리의 "주인님"이라고 부른다는 것도 이상할 것입니다.

그런 의미에서 여러분이 진정으로 자유인이고 성인(成人)이라면, 예수님을 굳이 "주님"이라고 고백할 필요는 없지 않을까요? 잘 생각해 봐야겠습니다.

저는 지금까지 제가 어른이고 자유인이라고 생각했습니다. 한껏 해야 예수님을 따르며 사는 기독교인이라고 생각했을 뿐입니다. 그러나 제 자신을 뒤돌아보면 저의 삶의 주인공이 제가 아니었음을 요즈음 들어서 더욱 절실하게 느낍니다.

이제는, 왜 초대교회가 예수님을 "주님"이라고 부르게 되었는지, 초대교회가 예수님을 "주님"이라고 불렀을 때, 그 시대에는 그것이 어떤 의미를 가지고 있었는지를 먼저 생각해 보겠습니다.

그 당시의 임금, 즉 주인님이었던 임금은 절대적인 명령권자였습니다. 생사여탈권을 가지고 있었습니다. 내가 누구의 노예나 종이라고 하는 것은 내가 그의 물건이라는 것을 의미하죠. 그가 내 목숨을 마음대로 처리할 수 있다는 것을 인정하는 것입니다.

유대인들은 하느님을 가리켜서 "주님"이라고 불렀습니다. 오늘 우리들은 하느님을 가리켜서 건방지게도 "야훼"라는 이름을 부르지만, 유대인들은 "야훼"라는 그 이름을 입에 오르내리지 못했습니다. 즉 그들은 하느님의 이름 Yahweh를 글자로 표기할 수는 있었지만 발음하지는 못했습니다. 유대인들은 그들의 하느님 이름자(자음, YHWH) 4자를 "신명4문자(神名四文字)"라고 한다 합니다. 이 YHWH(옛 번역은 '여호와')를 오늘 우리들처럼 "야훼"라고 감히 발음하지 않았다는 말입니다.

그러므로 사실상 지구상에는 아무도 하느님의 이름을 바로 발음할 사람이 없습니다. 훗날 학자들이 편의상, 유대인들이 하느님을 지칭한 "아도나이"(나의 주님)라는 말 속에 나오는 모음자를 결합하여, "야훼"라는 발음을 만들게 되었다 합니다. 따라서 본래 유대인들에게 "주님"은 예수님이 아니라 거룩하기 그지없는 하느님을 일컫는 말이었습니다.

그러므로 처음 기독교인들이 인간 예수님을 "주님"이라고 불렀을 때, 유대인들의 입장에서 본다면 매우 심각하고 중대한 범죄요, 스캔들이었으며 치욕이었습니다. 신도 아닌 초라한 인간에게 어찌 야훼 하느님께만 해당되는 "주님"이라는 호칭을 붙일 수 있었겠습니까?

처음 기독교인들은 유대인이었으니까, 아마도 뭔가 다른 의미에서 예수님을 "주님"이라고 부르기 시작했을 거라고 생각합니다. 그러나 어쨌든 그것은 종교적으로 보면 아주 위험한 반역 행위였습니다. 아마 매우 오랫동안 예수님을 믿는 사람들이 인간 예수님을 가리켜 "주님"이라고 부르고 있다는 사실을 유대인들은 알지 못했을 지도 모릅니다. 그러다가 예수님을 가리켜, 어떤 의미에서든, "주님"이라고 부르고 있다는 것을 알게 되었을 때, 동족 유대인들로부터 (유대인)기독교도들을 향한 심한 박해가 일어났을 것입니다.

기독교가 점차 퍼져서 희랍-로마 문화권으로 들어갔을 때도, 예수님을 "주님"이라 부른 것은 역시 위험한 일이었습니다. 희랍-로마 문화권에서는 궁극적인 "주님"이란 곧 로마 황제였으니까요. 때문에 모든 종교인들에게 황제 숭배를 요구했습니다. 그러나 유대인들과 기독교인들은 황제 숭배를 거절했습니다. 야훼 하느님, 혹은 예수님이 그들의 "주님"이었기 때문에, 로마 황제를 "주님"이라고 부르고 그에게 충성을 다할 수는 없었던 것입니다.

기독교인들을 로마 황제에게 고발하는 (남아 있는 기록상의) 최초의 고발장에 이렇게 씌어 있습니다: "폐하를 가리켜서 주님이라고 부르지 않고, 자기네들의 주님을 따로 섬기고 있는 이상한 집단이 있습니다. 황제 폐하, 이 사람들을 조사해 보아야 합니다."

그러므로 처음 기독교인들이 나사렛에서 태어난 예수라는 한 인간을 향해, 신에게만 붙일 수 있었던 거룩한 칭호인 "주님"이라고 호칭한 사실, 그리고 정치적으로 엄연히 절대군주인 로마 황제가 있음에도 불구하고 은밀하게 지하실에서 나사렛 예수를 가리켜 "주님"이라 불렀다는 사실은 정말로 심각한 종교적, 정치적 반역 행위였습니다. 즉 그들은 자기네 "주님", 예수님께 목숨을 걸었던 것입니다.

이제 다시 물어보겠습니다. 우리는 자신 이외의 누구, 또는 무엇에다 목숨을 걸고 있습니까? 바꾸어 말하면 누군가가, 무엇인가가 여러분의 목숨을 쥐고 있습니까?

우리가 어른이고, 자유인이지만, 그래도 누군가에게, 무엇인가에 목숨을 걸어야만 하고, 그래서 누군가에게 "당신은 나의 주님입니다"라고 고백한다면, 이것은 슬픈 일이고 수치가 되는 걸까요? 그렇게 생각된다면, 우리가 사도신경 암송을 그만두어야 하겠지요.

우리가 진정으로 자유인이라면, 더 이상 교회에 나올 필요도 없을 것입니다. 요한계시록에 보면, 하느님의 섭리에 따르면, 결국 이 지상에 교회가 (더 이상 필요 없기 때문에) 없어지는 것입니다. 천국에서는 병원이 필요 없고, 경찰서가 필요 없고, 감옥이 필요 없듯이, 교회도 필요 없어집니다. 우리가 진정 자유인이라면, 우리가 진정 우리 삶의 주인이라면 왜 "주님"이 필요하겠습니까?

만일 어떤 큰 회사의 사원과 작은 회사의 사장이 봉급이 똑같다면 여러분은 어떤 것을 선택하겠습니까? 아마도 절대다수의 사람들이 큰 회사의 사원보다는 작은 회사의 사장이 되고 싶어 할 것 같습니다. 작은 자유보다는 큰 자유가 더 가치 있으니까요. 풍족한 자유인의 삶을 누리기 위해서 그렇게 할 것입니다.

저는 예수님을 "주님"이라고 부르면서 살았던 지난 40여 년 동안, 과연 떳떳하고 정직하고 자유한 삶을 살았던가, 아니면, 다른 그 무엇이 아니라, 바로 내가 고백하는 그 "주님"의 종이었던가를 생각해 봅니다. 그런데 유감스럽게도, 그 속에서 내 인생의 진짜 주인은 나 자신도 아니고, 내가 입으로 "주님"이라고 고백하던 예수님도 아니었다는 사실 때문에 저는 슬프고 수치스럽습니다.

중요한 결정을 할 때마다, 슬퍼하거나 기뻐할 때마다, 제 삶을 뒤에서 계속 조정한 것은, 알고 보니, 제가 초등학교 때 배운 교과서의 가치 판단과 기준, 혹은 세상 사람들과 TV를 통하여 배웠거나, 자본주의에서 배운 가치 판단이었습니다. 그것들에 의해서 저는 제 삶을 저울질하고 있고, 슬퍼하거나 웃기도 한다는 사실을 발견했습니다. 교회 생활도 예외가 아니었습니다. 세상살이에서만 그렇게 세상 임금을 섬기고 산 것이 아니라, 교회 생활에서도 마찬가지였습니다.

많은 사람들이 목회자가 그가 담임하고 있는 교회를 마음대로 운영한다고 생각하지만, 만일 어떤 목회자가 그럴 수 있다면 그는 세상적으로 볼 때, 행복한 사람이라고 할 수 있겠죠.

그 동안 때때로 저는 예수님의 생각도 아니고 저 자신의 생각도 아닌, 그 무엇인가 다른 것의 명령에 의해서 교회를 운영해 왔다는 것이 저를 부끄럽고 놀라게 만들었습니다.

그 동안 저를 많이 흔들어 온 "주님"은 사실상 "자본주의"라고 하는 막강한 귀신이었다고 생각합니다. 또 어느 일본 사람이 한국 사람들을 가리켜 "눈치 문화"가 발달한 민족이라고 했듯이, 저는 남의 눈치를 섬기며 살아왔습니다. 저는 '자유인'도 아니고, 예수님을 주님으로 섬기는 진정한 '예수님의 종'도 아닙니다. 즉 저는, 자신이 홀로 판단하는 자유인도 아니고, 예수님의 명령을 좇는 기독교인도 아닌 것입니다. 세상의 눈치, 남의 눈치를 보고, 고객의 눈치를 봐야하는 상점 주인처럼 많은 경우 교인들의 눈치를 보면서 살아 왔던 자본주의의 한 포로인 것입니다.

성경에서 바울 선생님이 용감하게도 "내가 사람을 즐겁게 하랴, 하느님을 즐겁게 하랴"고 말하고 있습니다. 예수님께서 사랑하는 베드로에게 "네가 하느님의 일은 생각하지 않고 사람의 일만 걱정하는구나. 그러니 사탄이 아니고 무엇이냐? 물러가라!" 명령하고 계십니다.

그러나 저는 지난날들 동안 교인들이 생각하는 저와는 달리, 제 자신의 생각도 제 주님의 생각도 아닌, 이 시대의 자본주의의 명령인, '교회라는 한 공동체가 살아 남아야 된다'는 어처구니없는 대명제에 충성을 다했습니다. 그래서 저는 주님의 종이 아닙니다. 물론 자유인도 아닙니다.

우리가 초등학교 때부터 배운 것, 곧 자본주의가 우리에게 가르쳐 주는 것은 무엇입니까? 그것은 "이기는 사람만이 월계관을 쓴다"는 논리입니다. 낙오된 사람은 어떻게 되든지 관심이 없습니다. 마라톤 경주에서 우승한 사람에게는 트로피와 박수갈채가 주어지지만, 그 나머지 사람들은 어떻게 되었는지는 관심을 갖지 않습니다. 이렇게 치열한 경쟁을 쉽게 정당화해버리는 게 자본주의 생리요, 근대 문명의 근본입니다.

여러분은 무엇 때문에 슬퍼하십니까? 여러분이 추구한 것이 실패했다는 단순한 아픔 때문입니까? 아니면 여러분의 옆에 있는 사람들은 성공하는데 여러분만 실패했기 때문에 느껴지는 소외감으로 인해서 슬퍼합니까?

여러분이 기쁘고 즐거워 할 때는, 그것이 여러분이 심은 씨앗이 열매를 맺었기 때문입니까? 아니면 남들보다 더 훌륭한 열매를 맺었다는 비교에서 오는 승리감 때문에 기쁜 것입니까?

우리는 우리 스스로가 선택하지 않은 치열한 경쟁사회에 던져졌습니다. 그 경쟁에 이기는 사람만이 웃을 수 있으며, 그런 사람만이 숭배되는 세상에서 살고 있습니다. 이것은 기독교의 정신과는 너무나 많이 다른 생리입니다.

이 근대 문명 한가운데서, 저는 고전 시대의 성인, 예수님의 가르침과 삶을 생각하면서 한 가지 법칙을 깨닫습니다. "나는 아직 미성년자이고, 또 영원히 미성년자로 남을 것이다. 따라서 나는 자유를 원하지만, 내 삶의 주인이 내가 될 때는 오히려 자유인이 되지 못하고, 나사렛 예수 그리스도를 나의 '주님'으로 섬기며, 그 분의 본을 따라 살기로 작정할 때에, 역설적으로 나는 참으로 자유로운 나 자신이 된다."

한 인간으로서만이 아니라, 목회자로서도 마찬가지입니다. 만일 어떤 목회자가 자기가 봉사하는 교회 형편이 어떻게 되는지 관심을 갖지 않는다면, 또 교인들이 무엇을 아파하고 무엇을 희망하는지 모른다면, 그 목회자는 자기 직분에는 관심 없는 아주 무책임한 사람이겠지요. 목회자가 자기의 "주님"인 예수님의 심정, 예수님의 생각, 예수님의 뜻을, 사람들의 생각이나 뜻보다 더욱 받들지 않는다면, 그 목회자는 유능한 사업가일는지는 모르지만 소명의식은 없는 품꾼이라고 할 수 있습니다.

우리들의 교회에 크고 작은 혼란이 생기는 것은 그리스도 때문이 아닙니다. 우리의 신앙 때문이 아닙니다. 많은 경우 목회자가 사람들의 명령, 세상의 명령, 자본주의의 명령을 예수님의 명령과 타협하는 데서 오는 혼란의 부산물일 것입니다. 그래서 지난 동안 우리 교회에서 있었던 잡음들과 크고 작은 아픔들은, 목회자인 제가 주님으로 고백하는 예수 그리스도께 충성을 다하지 못하고, 사람들의 생각과 자본주의의 귀신과 비겁하게 타협하려고 한 부산물이라고 생각합니다.

목회자, 또는 기독교인이 자기 인생의 성공과 실패를 어떻게 판가름할 수 있겠습니까? 나사렛 예수 그리스도의 명령을 구김 없이 지키면서 살았다면, 혹은 적어도, 세속적으로 말해서, 자기 자신이 참으로 원하는 삶을 살았다면, 결과에 상관없이 그 사람은 성공한 것이 아니겠습니까? 결과가 아무리 화려하다고 할지라도 자기가 원하는 삶을 살지 않았거나, 자기가 사랑하고 존경하는 "주님"의 명령을 따라 산 것이 아니라면, 늙어서 추해지는 공허한 삶일 것입니다.

사람은 나이가 들면 신비주의자가 되든지 허무주의자가 된다고 합니다. 만일 둘 중 한 길을 가야 한다면, 저는 허무주의자보다는 신비주의자가 되고 싶습니다. 예수 그리스도로 인하여, 역설적으로, 진정한 자유인이 되고 싶습니다.

요한복음의 예수님이 우리에게 청하십니다. "나는 너희를 종이라고 생각하지 않는다. 너희들은 내 친구다. 친구라야 주인의 명령을 아는 것 아니냐?" 우리 주님의 명령을 이해하고 사랑하고 따르면 참된 자유를 누릴 수 있는 길이 있다는 것입니다.

요한복음의 예수님께서 우리 주님이시라면, 저는 사도신경을 "우리 주 예수 그리스도를 믿는다"가 아니라, "나의 친구 예수를 믿는다"로 바꾸어 고백해도 우리 주님은 용서하실 것 같습니다.

여러분의 삶의 주인은 누구입니까?

| 12 |

"우리 주님"을 내가 믿습니다

마태복음 16:13-20 예수께서 빌립보의 가이사랴 지방에 이르러서, 제자들에게 물으셨다. "사람들이 인자를 누구라고 하느냐?" 제자들이 대답하였다. "세례자 요한이라고 하는 사람들도 있고, 엘리야라고 하는 사람들도 있고, 예레미야나 예언자들 가운데에 한 분이라고 하는 사람들도 있습니다." 예수께서 그들에게 물으셨다. "그러면 너희는 나를 누구라고 하느냐?" 시몬 베드로가 대답하였다. "선생님은 살아 계신 하나님의 아들 그리스도십니다." 예수께서 그에게 말씀하셨다. "시몬 바요나야, 너는 복이 있다. 너에게 이것을 알려 주신 분은, 사람이 아니라, 하늘에 계신 나의 아버지시다. 나도 너에게 말한다. 너는 베드로다. 나는 이 반석 위에다가 내 교회를 세우겠다. 죽음의 문들이 그것을 이기지 못할 것이다. 내가 너에게 하늘 나라의 열쇠를 주겠다. 네가 무엇이든지 땅에서 매면 하늘에서도 매일 것이요, 땅에서 풀면 하늘에서도 풀릴 것이다." 그 때에 예수께서 제자들에게 엄명하시기를, 자기가 그리스도라는 것을 아무에게도 말하지 말라고 하셨다.

고린도후서 4:5 우리는 우리 자신을 전하는 것이 아니라, 예수 그리스도를 주님으로 선포합니다. 우리는 예수로 말미암아 우리 자신을 여러분의 종으로 내세웁니다.

고린도후서 13:13 주 예수 그리스도의 은혜와 하나님의 사랑과 성령의 사령이 여러분 모두와 함께 하기를 빕니다.

우선 기독교 상식 몇 가지부터 시작하겠습니다.

오늘 여러분과 함께 읽은 성경 본문에 이런 것이 있습니다. "선생님은 살아 계신 하느님의 아들 그리스도이십니다"(마태복음 16:16). 이것은 믿음의 책, 신약성서 안에 있는 많은 이야기 중에 기독교의 신앙고백을 가장 함축적으로 간결하게 고백한 대목입니다. 이것을 마태복음 제일 끝에 있는 구절과 대비하여 "Great Confession," 곧 "지상(至上) 고백"이라고 사람들이 말하고 있습니다.

또 마태복음 16장 18절, "나도 너에게 말한다. 너는 베드로다. 나는 이 반석 위에다가 내 교회를 세우겠다."는 가톨릭 교회의 주춧돌이라고도 할 수 있습니다. 이것은 가톨릭 교회가, 베드로가 초대 교황이라고 생각하면서, 예수님이 아니라 베드로가 천국 열쇠를 지키고 있다고 믿는 근거가 되는 유일한 성경 구절입니다.

저는 바울 선생님이 자신이 속한 것에 대하여 큰 자부심을 가졌었던 것을 참 부러워합니다. 우리는 우리가 속한 것, 즉 우리가 한국인이라는 것, 기독교인이라는 것 등에 대하여 자랑스럽게 생각하기가 어렵습니다.

상식 한 가지를 더 말씀드리겠습니다. 사도 바울 선생님의 여러 편지 중의 하나인 고린도후서 13장 13절을 옛날 번역대로 읽어보면, "주 예수 그리스도의 은혜와 하느님의 사랑과 성령의 교통하심이 너희 무리와 함께 있을지어다."입니다. 이것은 여러분이 예배 시간 제일 끝에 늘 들으시는 목사님들의 '축도'입니다.

성경에는 바울 선생님이 편지 마지막에 쓰신 고린도후서 13장 13

절 한 곳에만 삼위일체가 다 들어 있습니다. 그 나머지에는 '예수님의 은총과 하느님의 사랑'이라는 말만 있습니다. 그것을 보면 처음 교회의 일반적 관습은 "성령"이 예배의 대상이 아니었다고 말할 수 있겠습니다.

그러나 저는 고린도후서 13장 13절에 나타나 있는 신앙의 표현이 아주 아름답다고 봅니다. 예수 그리스도의 은총과 하느님의 사랑과 성령과의 교통하심 — 이것이 바울 선생님께서 사랑하는 교우들에게 늘 빌었던 축복의 말입니다.

기독교인이 이 세상에 살면서 누군가에게 축복을 해 주고 싶다면, 이 아름다운 축복을 주고받는 것이 좋을 것입니다. 즉 목사님들이 예배를 마치고 돌아가는 교인들에게 하는 이 축도가, 우리 예수님을 믿는 사람들이 이 세상에서 만나는 모든 사람들에게 해 줄 수 있는 가장 소중한 축복일 수 있다는 말입니다. 우리가 자녀들에게 해 주고 싶은 축복의 내용도 바로 이것입니다.

그리스도의 은총과 하느님의 사랑, 그리고 성령의 돌보심, 교류 - 이것이 모든 사람들에게 있기를 원하는 것이 바울 선생님의 마음이었습니다. 따라서 오늘날 교회가 이 축복 기도를 반복하는 것은 초대 교회에서 시작된, 특별히 바울 선생님에게서 시작된 아름다운 유산입니다.

이제 지난주에 이야기했던 주제, "주님"에 대하여 계속 하겠습니다. 사도신경은 각자 개인적인 신앙고백을 통하여 기독교인이 되는 세례의식에서 출발했기 때문에 "내가 믿사오며"라고 했지만, "나의 주"가 아니고 "우리 주"를 믿는다고 고백하고 있습니다. "나의 하느님"이 아니라 "우리 하느님"입니다.

제가 시골에서 교회에 다닐 때 이야기입니다. 교회에 열심히 다니는 며느리의 전도에 못 이겨서 교회에 나오게 된 시어머니께서 기도를 해야겠는데, 기도를 하지 못하고 쩔쩔 매십니다. 그 이유는 자기 며느리가 하느님을 "아버지"라고 부르니, 자기는 하느님을 뭐라고 불러야 하는지 갈피가 잡히지 않았던 것입니다. 그래서 결국은 "하느님 오라버니"라고 했습니다. 며느리가 하느님을 '아버지'라고 부른다면, 그 하느님은 자기와 같은 항렬이라고 시어머니는 생각한 것입니다. 당연한 사고입니다.

사도신경에 따르면 우리는 각자 자신의 하느님을 섬기는 것이 아니라, "우리 주(하느님)"를 섬깁니다. 이것은 중요한 점입니다. 그래서 모든 전도자, 특별히 모든 목회자는 "우리는 우리 자신을 전하는 것이 아니라, 예수 그리스도를 주님으로 선포합니다. 우리는 예수로 말미암아 우리 자신을 여러분의 종으로 내세웁니다."(고린도후서 4:5)라는 이 말씀에 있는 이 경고, 이 자부심, 이 확신을 반드시 마음에 지녀야 할 것입니다. 이것은 우리가 우리 자신의 메시지를 전하는 게 아니라, 우리의 주님이신 예수 그리스도의 메시지를 전하고, 우리는 그분의 종이라는 의식입니다.

모든 기독교인들, 모든 목회자들은 그 자신이 사람들의 환심을 사기 위하여 청중이 원하는 이야기를 하거나 자기의 자랑을 말하는 것이 아니라, 그리스도이신 예수님을 전한다는 사명감이 확실해야 합니다. 오늘날 기독교가 많은 사람들을 혼란시키며 그들에게 외면당하는 이유 중에 하나는, 목회자들이 유산으로 물려받은 그리스도를 전하는 것이 아니라 자기 집에서 비밀리에 만든 복음(private gospel)을 전하기 때문이라고 생각합니다. 더 나아가, 이것은 우리 시대 교회 안의 "예수 불가지론(Jesus Agnosticism)" 현상을 초래했습니다.

그러나 우리는 옛 선조들이 "물려 준 그 '주님'"을 믿습니다. 사도신경이 단순히 "나는 주 예수 그리스도를 믿는다"고 하지 않고, "나는 '우리' 주 예수 그리스도를 믿는다"고 고백했다는 것은 단순한 말놀이가 아니었을 겁니다. 그것은, 이미 믿어온 사람들이 있고, 물려받은 신앙이 있고, 내가 거기에 합세한다는 이야기입니다. 물려받은 주님의 소식을 전한다는 말입니다.

어쩌면 사도 바울 선생님은 자기의 조상들에게서 이런 의식을 배웠는지도 모릅니다. "아브라함의 하느님, 이삭의 하느님, 야곱의 하느님"이라고 히브리인들이 자기들의 하느님 이름을 불렀을 때, 아마 "물려받은 하느님을 우리가 믿는다"고 자연스레 생각했을 것입니다.

기독교인들은 새로 발견된 진리, 새로운 발명품을 쫓아가는 신사들이 아니고, 구태의연한 옛날이야기를 좋아하는 사람들입니다. 제가 초등학교 다닐 때, 졸업식에서 늘 부르는 졸업가에 있는 구절입니다: "물려받은 책으로 공부를 하며……" 눈물겨운 대목이었습니다. 지금은 그런 졸업가를 부르지 않겠지요? 제가 어렸을 때는 정말로 물려받은 책으로 공부를 했습니다. 초등학교 교과서는 싼값으로 보급되지만, 가난한 학생들에게는 더러 무상으로 정부가 배급하기도 했습니다. 그러나 당시 책은 귀했습니다. 새 교과서를 받으면 그것을 누군가에게 물려주어야 하기 때문에, 저마다 책 겉장을 싸야만 했습니다. 시골에서는 시멘트 부대가 비교적 튼튼한 책 포장지 역할을 했습니다. 그것도 구할 수 없는 사람은 신문지를 사용해서라도 책 겉장을 했는데, 이럴 경우에는 얼마 안 가서 낡아버렸습니다.

지금 뒤돌아보면 정말로 가난한 시절이었지만, 소중한 것을 물려받고 물려준다는 전통만은 좋은 것이라는 생각이 듭니다. 마음대로 만드는 것이 아니라 누군가가 만들어 놓은 것을 이어받는 것이지요.

그런 의미에서, 동서양을 막론하고 모든 종교는 근본적으로 보수적이라고 말할 수도 있습니다. 종교가 아무리 새로워졌다고 하고, 교회에서 부르는 노래가 아무리 새롭다고 해도, 그 종교, 그 교회가 가지고 있는 진리는 언제나 옛날이야기입니다.

철학자들은 옛 것으로부터 자유롭습니다. 소크라테스가 무어라고 말했든, 그것은 그리 중요하지 않습니다. 플라톤이 말한 것도 그리 중요하지 않습니다. 철학자는 "오늘 내가 이렇게 생각한다"는 것이 중요합니다.

그러나 신학을 공부하는 신학도는 그렇지 않습니다. 옛날 그 사람들, 바울 선생님, 베드로 선생님, 예수님이 무어라고 말했느냐를 꼭 물어야 됩니다. 그래서 철학도는 신학도에게 "참 답답하겠다"고 동정합니다. 그렇지만 생각해 보면, 받은 유산이 없고 의지할 유산이 없는 철학도는 정신적 유산에서 빈곤하여, 오히려 불쌍할 수도 있습니다.

종교인들은 근본적으로 보수적입니다. 과학자들은 자기 마음대로 새로운 발명품을 만들어 낼 수 있고, 상인들은 새로운 상품을 팔 수 있습니다. 그러나 종교인은 새로운 것을 고안해 내지 못합니다. 자기 마음대로 하지 못합니다. 특별히 그가 성직자라면, 그에게는 그럴 자유가 없습니다.

그런 점에서 저는 가톨릭 전통을 존중합니다. 가톨릭 책은 대개 그 서두에, 이것은 교황청의 검인을 받은 것이라거나 혹은 받지 않은 것이라는 표시가 나옵니다. 그리고 가톨릭 신학자들은, 자기의 의무가 신학을 새롭게 하는 것이 아니라 교황의 메시지를 해명하는 것일 뿐이라는 의식이 투철합니다.

제가 좋아하는 칼 라너라는 신학자가 바로 그 대표입니다. 많은 사람들이 칼 라너의 신학을 보고 "당신의 신학은 정말로 새롭다"고 말했을 때, 그는 "아니오"라고 답변했습니다. "나는 새로운 신학을 하는 것이 아니라 기독교가 지금까지 가르쳐온 가르침, 전통, 성서, 그 안에 있는 진리를 사람들에게 '보다 분명하게 표현해 주는' 역할을 할 뿐"이라고 똑똑히 말했습니다. 라너를 아는 많은 사람들은 그의 사상과 옛날 사람들의 사상이 다르기 때문에 교회의 진리와 신학이 달라졌다고 말했습니다. 그러나 라너는 "진리는 변하지 않는다"고 답변했습니다. "성서와 교황의 가르침, 교회의 가르침을 끊임없이 새롭게 해석하는 것은, 그것이 틀렸기 때문이 아니라, 그 안에 진실이 들어있기 때문"이라고 그는 변호했습니다.

우리 교회를 다녀간 사람들 중에는 바로 이 점을 이해하지 못하는 사람들이 있었습니다. 어떤 사람은 교회에서 목회자가 예배 끝에 축도하는 것, 또 어떤 사람은 성찬식을 하는 것, 그리고 어떤 사람은 성가대를 만들어 특별찬양을 하는 것을 못마땅해 하며 이 교회를 떠났습니다. 그들은 "목사가 신학을 새롭게 전개하는 것을 보니, 아마 그의 이야기는 새로운 것이고, 그가 가는 길은 새로운 길일 것이다."라는 기대를 했던 것 같습니다.

성직자는 철학자나 과학자나 상인이 아닙니다. 그는 온고지신(溫故知新), 옛것을 새롭게 해석할 권리와 의무를 가졌을 뿐 새로운 것을 만들어 낼 권리는 없습니다.

여러분이 주님을 믿는다면 그것은 늘 "우리 주님"입니다. 그렇다고 내 아들이나 며느리가 믿는 하느님을 믿는다는 말이 아닙니다. 우리의 선조들이 예로부터 믿어왔던 그 주님, "물려받은 주님"을 믿는 것입니다. 이 사실을 확실히 알지 않으면 여러분은 어느 교회에서나 실망을 하고 혼란을 겪을 것입니다. 오늘날 많은 목회자들이나 교인들이 혼란을 겪는 것은 이 정체성의 혼란(Identity Crisis)을 가져오기 때문입니다.

제가 어렸을 때 성묘를 하러 간 적이 있었습니다. 그런데 한 여인이 옆 묘지 앞에서 서럽게 울고 있었습니다. 어린 저는 물끄러미 바라보며 '아마 남편이 얼마 전에 세상을 떠났나보다'고 생각했습니다. 그런데 조금 있다가 다른 사람들이 그 묘지 앞에 왔습니다. 그리고 그 중 한 사람이 울고 있는 여인에게 묻는 것이었습니다. "여보세요, 여기서 뭐 하세요? 왜 우리 어머님 무덤 앞에서 울고 있습니까?" 그러자 여인은 울음을 멈추고 몇 발자국 옆으로 가더니, 다른 무덤 앞에서 또 대성통곡을 하며 울었습니다. 그 여인이 성묘를 하러 왔는지 그냥 카타르시스를 하러 왔는지는 모르겠습니다. 성묘가 고인에 대한 예의를 지키고 고인과 나누었던 사랑과 존경을 새롭게 하는 것이라면, 이 여인은 완전히 딴 짓을 하고 있는 것이며, 자기 기분에 도취되어 살고 있는 것입니다. 물론 카타르시스라는 입장에서 본다면 집에서 울건, 산에서 울건, 남의 묘지에서 울건, 상관이 없지만 말입니다.

어떤 목사님이 예수님의 십자가에 대한 설교를 했고, 한 여인이 많은 눈물을 흘렸습니다. 목사님은 '내 설교가 은혜스러워서 눈물을 흘리는구나. 오늘 내 설교는 성공이다' 하고 생각했습니다. 예배가 끝나고 물었습니다. "자매님, 왜 그렇게 우셨습니까?" "월남에서 죽은 내 아들과 당신은 너무나 닮았습니다."

사람들은 가끔씩 딴 짓을 합니다. 오늘날 교회가 "우리 주님"이 아니라 "목회자가 만들어 놓은 주님"을 팔고 있고, "우리 주님"이 아니라 "교인들이 원하는 주님"을 섬기고 있습니다. 그것은 참으로 유감스러운 일입니다. 목회자는 자기의 주님을 전할 권리가 없습니다. 교인들은 자신들이 만들어 놓은 주님, 자신들이 좋아해서 선택한 주님을 섬길 권리가 있을 수도 있겠지만, 교회에 들어와서는 그런 주님을 섬길 수 없습니다.

사도신경은 "우리" 주님을 고백하고 있고, 우리 교회도 계속하여 그 "우리 주님"을 고백할 것입니다. 우리는 새로운 진리를 전하거나 새로운 예수를 전하는 것이 아닙니다. 3000년 동안 믿어왔던 "우리 주님"을 우리도 믿는 것입니다. 교회가 새로워진다고 하여 옛 것을 버리는 것이 아니고, 옛날에 있던 그것이 색깔을 조금 달리하고, 언어의 모양을 조금 달리할 뿐, 옛 진리가 우리에게 있을 뿐입니다.

종교는 근본적으로 보수적인 진리를 믿는 사람들의 모임이지만, 이 옛 진리에서 우리는 해방을 경험하는 것입니다. '나의 주님', '당신의 주님'이 아닙니다. "우리 주님"입니다. "우리 주님"은 우리를 해방시키십니다. "우리 주님"과 더불어 구원받는 경험을 계속해서 이어나가시기 바랍니다.

13

"하느님의 외아들"을 믿습니다

요한복음 1:14 그 말씀은 육신이 되어 우리 가운데 사셨다. 우리는 그의 영광을 보았다. 그것은 아버지께서 주신, 외아들의 영광이었다. 그는 은혜와 진리가 충만하였다.

요한복음 3:16 하나님께서 세상을 이처럼 사랑하셔서 외아들을 주셨으니, 이는 그를 믿는 사람마다 멸망하지 않고 영생을 얻게 하려는 것이다.

히브리서 11:17 아브라함은 시험을 받을 때에, 믿음으로 이삭을 바쳤습니다. 더구나 약속을 받은 그가 그의 외아들을 기꺼이 바치려 했던 것입니다.

많은 사람들에게 걸림돌이 되고 있는 이야기, 그러나 또한 많은 기독교인들이 다른 종교인들은 무시해도 좋다는 생각을 품게 하는 구절이 바로 여기 있습니다. 사도신경과 성경에 나타나 있는, "우리는 '그의 외아들' 우리 주 예수 그리스도를 믿는다"는 고백입니다. 이 시간에는 그 구절이 우리들에게 어떤 의미를 줄 수 있는지 생각해 보려는 것입니다.

어떤 사람이 다음과 같은 뉴스를 전 세계에 급히 알리려고 인터넷에 올렸다고 가정해 보십시오. 아프리카의 어느 마을의 신문 기자가 이상한 광경을 보고 전 세계에 소식을 전하는 것입니다. "코끼리가 고양이를 낳았습니다."

여러분은 그 사실을 확인하기 위해서 아프리카로 급히 달려가시겠습니까? 아마도 그런 분은 없을 것 같네요. 이런 일은 신화적인 일이거나 아니면 특별한 기적이겠지요. 위와 같은 기사를 인테넷에서 읽고, 어떤 사람들은 "어쩌면 우리가 현장에 있었더라면 늑대가 낳은 도마뱀 새끼, 하마가 낳은 얼룩말 새끼를 만져볼 수도 있었을 텐데 ……" 하고 생각을 합니다.

마찬가지로 "내가 지금 태어나지 않고 2000년 전에 팔레스타인에서 태어났다면, 신의 아들이신 예수님을 직접 만나볼 수도 있었을 텐데 ……. 그분은 아마 한국말도 잘 하셨을 거야, 신이시니까!"라고 생각하는 사람들이 있을 것입니다.

우리가 예수님을 "하느님의 아들" 혹은 "하느님의 외아들"이라고 하는 것은 기적도 신화도 아닙니다. 그것은 '코끼리가 고양이를 낳았다'는 이야기와는 전혀 다른 종류의 "어법(語法)"입니다. 하기는 5세기까지도, "코끼리가 낳은 고양이는 엄마를 닮아서 코끼리 성분도 가졌고 아빠를 닮아서 고양이 성분도 가지고 있는 완벽한 코끼리-고양이가 아닌가?" 하는 식으로 기독교인들은 예수님의 본성에 대해서 논쟁하며 치열하게 싸웠다고 말할 수도 있겠군요. 왜냐하면 "예수님은 다른 모든 사람들처럼 하느님이 '만드신' '피조물'인가? 아니면 하느님이 직접 '낳은' 하나밖에 없는 '특별한 외아들'인가?" 즉 "예수님은 우리와 같은 피조물의 한 가족인가, 신의 가족인가?" 하는 것이 그들의 논쟁이었기 때문입니다.

그리고 예수님은 모든 사람들과는 달리 피조물이 아니고, 하느님이 직접 낳은 하나밖에 없는 외아들이라고 하는 것을 바른 "교리(dogma)"로 정하였습니다. 이것이 5세기 중반에 있었던 일입니다. 그 후 우리들도 아무 생각 없이 그저 예수님이 '하느님의 외아들'이라는 말을 믿게 되었습니다. 또 많은 기독교인들이 "다른 종교에도 구원이 있다"고 말하는 사람들을 향해, "너희는 성경과 사도신경에 있는 '외아들'을 부인하는 '이단자'다."라고 말할 근거를 얻게 되었습니다.

5세기에 결정된 교회의 언어인 "예수는 참 신이며, 참 사람이다"를 그대로 받아들인다면, 예수님은 우리가 이해할 수 없는 이상한 존재이든지, 아니면 교회는 거짓말을 하는 것이 됩니다. 그런데도 현대의 많은 기독교인들은 "2000년 전에는 그런 일이 사실로 있었을 거야! 지금은 우리가 확인할 수 없으니, 그냥 그렇게 믿지 뭐!"라고 생각하는 것 같습니다. 즉 자신들이 무엇을 믿는지도 모르고 믿으면서, 믿지 않는다고 말하는 사람들에게, (역시 무슨 뜻인지도 모르면서) "이단자"라고 정죄합니다. 참 안타까운 일입니다. 그러나 오늘 우리 시대의 사람들 중 아무도, '코끼리가 고양이를 낳았다'는 아프리카의 뉴스를 믿을 사람은 없습니다.

우리는 "'하느님의 외아들' 예수 그리스도를 믿는다"는 고백의 말을 예전처럼 오늘도 진지하게 반복합니다. 어떤 사람들에게는 우리의 행위가 몹시 이해하기 어렵겠지만, 이것은 우리들에게는 매우 진지한 신앙의 노선입니다. 예수님이 "신의 유일한 아들"이라는 말은, 그가 우리 인간과는 전혀 다른 하느님의 아들이므로, 마치 코끼리가 낳은 단 한 마리의 고양이처럼 이상한 존재라는 말이 결코 아닙니다. 이것은 우리가 경험할 수 없는 기이한 이야기가 아닙니다. 그리고 그 때에 그 자리에 있었던 그 사람에게만 일어난 일을 이야기 한 것이 아닙니다. 공연히 지어낸 말도 아닙니다.

이 세상에는 시대에 따라 특별한 집단들이 독특하게 사용하는 "관용어"라는 게 있습니다. 일상적인 말들이 그 뜻이 변하여 독특한 의미를 나타내는 경우를 두고 하는 말입니다. 예를 들면, 일상 영어에서는 "cool," "hot"이라는 두 단어는 온도의 높낮이를 말하며, 뜻은 반대입니다. 그러나 젊은이들의 영어에서는 두 단어가 곧잘 같은 의미로 사용됩니다. 또 한국 젊은이들에게서는 "죽인다"고 하면 엄청난 즐거움을 가리킵니다.

이렇게 시대에 따라 같은 말이라도 뜻을 달리 합니다. 또 예를 들어, "땅 부자"라는 말은, 이조 시대에는 틀림없이 그 사람의 신분이 높을 것입니다. 땅이 많은 사람이라면 분명히 귀족이고 양반일 테니까요. 낮은 신분의 사람이 부자일 수가 없었기 때문입니다. 오늘날 우리가 어떤 사람을 가리켜 "땅 부자"라고 하면, 뒷거래를 잘했거나 영리해서 한 밑천 잡은 사람을 뜻하는 경우가 많습니다. 그리고 사회주의, 공산국가에서는 땅 부자라고 하면 지주요, 타도의 대상을 가리킵니다. 인디언들에게 가서 "땅 부자"라는 말을 하면, 어처구니없어 그냥 웃어 버릴 겁니다. 하늘과 땅은 그 누구도 한 개인이 소유하는 것이 아니라고 생각하니까요.

우리나라에서는 '연세 드신 분'이라는 말은 경험이 많고 덕이 있는 분으로서 존경을 받으시는 분이라는 아름다운 의미를 지닌 말입니다. 그러나 지금은 더 이상 그렇지 못한 것 같습니다.

따라서 우리가 만일 "예수가 하느님의 외아들이냐, 아니냐" 하고 논쟁하던 옛 사람들의 말을 "예수가 신의 아들이라는 말이 생물학적으로 참이냐, 아니냐"로 알아듣고, 질문한다면, 그것은 우리가 옛 종교인들의 '관용어'를 오늘날의 무시간적인 과학적 언어로 취급하는 심각한 넌센스를 범하는 것입니다.

더 정확하게 말하면, 5세기에 만들어진 교회의 언어(예수=참 신, 참 사람)는 2세기의 사도신경에 나와 있는 언어와는 또 다른 말입니다. 예수님이 "참 신"이라는 말을, 5세기의 언어로 말하면 "그가 우리의 완전한 구원자이시고, 그와의 만남에서 이루어진 우리의 사랑의 경험은 완전하여, 우리의 신앙이 우리를 충분하고 완전한 구원에 이르게 하였다"는 신앙인들의 고백입니다.

따라서 "예수님이 하느님의 아들, 혹은 외아들"이라는 것을 믿느냐 안 믿느냐 하는 것은, 생물학적 뒷받침이 필요한 말과는 완전히 다른 범주, 다른 어법의 이야기입니다.

문제는 "예수님이 오늘 우리들에게도 충분하고도 완전한 구원을 줄 수 있느냐?" 하는 질문입니다. 예수 그리스도를 만나서 느끼는 여러분의 종교적인 경험이 여러분의 삶을 구원하고 해방시키기에 충분하다면, 여러분은 예수님이 "하느님의 아들", 나아가, "'외'아들"임을 믿는 것입니다. 그러나 그 문제에 대하여 아직 잘 모르겠다고 생각하신다면 여러분은 예수님을 아직 믿지 않는 것입니다. 두고 봐야 하니까요. 쉽게 말하면, "코끼리가 낳았다고 하는 이 고양이가 참으로 코끼리 새끼냐, 아니냐?"가 아니고, "왜 사람들은 고양이를 가리켜서 코끼리 새끼라고 말을 했을까?" 하는 것이 요점입니다.

이 질문의 차이를 아는 것이 오늘날 기독교 신앙인들의 지적인 정직성에 결정적으로 중요합니다.

이제, 오늘 본문의 쟁점인 "예수님이 어떻게 지금도 우리의 충분한 구원자가 될 수 있는가?"로 돌아갑니다. 저는 간단하게 이렇게 답변하고 싶습니다. "예수님이 생물학적으로 우리 인간들과는 전혀 달리 태어나셨기 때문에 우리의 구원자가 아니라, 그의 삶과 죽음이 우리 삶을 지켜주는 드높은 표준이요 척도며, 우리 삶을 능히 꾸려 주는 충분한 설계도이기 때문에, 생물학적으로 우리와 같은 인간이라 해도 여전히 예수님은 우리의 '충분하고도 완전한 구원자'이며, 우리가 아는 한 '유일한 구원자'입니다." 그래서 오늘 저도, 5세기의 기독교인들이 고백한 것과 같이 예수님은 "하느님의 외아들"이라고 합니다.

이렇게 본다면, 예수님을 하느님의 외아들로 알아보는 길은, 하나의 관념이나 개념을 통해서가 아닙니다. 예수님을 아직도 믿고 사랑하는 사람들, "교회"라는 공동체를 통한 생활 경험이 있기에, 예수 그리스도는 오늘 우리들에게도 '삶을 설계'해 줄 수 있는 진실하고도 유용한 설계도라고 믿어지는 것입니다. 따라서 '예수님을 믿는다'고 하는 것은 '교회라고 하는 공동체', '성령의 역사', '성령의 선물' 없이는 불가능합니다.

이렇게 생각해 보시면 좋겠습니다. 초등학교만 들어가도 '사랑'이라는 단어와 '행복'이라는 단어는 알게 됩니다. 그러나 가정이 없는 사람, 사랑을 한 번도 받아보지 못한 사람, 뭔가를 위해 노력하고 한 번도 그 열매를 얻지 못한 사람, 곧 따뜻한 사랑과 인생의 보람을 맛보지 못한 사람에게는 사랑이나 행복이란 단어가 단지 단어일 뿐 아무런 맛(의미)이 없을 것입니다.

교회라는 공동체에 성령의 열매가 살아 있지 않고, 교회에서 우리가 예수님이 살아 있는 진실한 힘을 느낄 수 없다면, 예수님의 이야기가 아무리 듣기에 좋은 것이라도 그것은 남의 이야기이고 죽은 관념

일 뿐입니다. 그러므로 오늘날 비록 교회들이 타락해 있는 경우가 많이 있지만, 교회를 통한 신앙 생활의 경험은 중요합니다.

'예수'가 아무리 좋은 이상이고 관념이라 하더라도, 비록 허물이 많지만 '교회'라는 구체적 공동체가 없으면, 생명을 주는 의미를 내지 못합니다. 이것은 '사랑'과 '행복'이라는 단어가, 홀로 사는 사람들과 땀흘려 일하면 아무런 노동의 대가를 얻지 못하는 사람들에게는 공허한 말뿐인 것과 같습니다.

다시 말씀드립니다만, 5세기의 사람들이 예수님이 하느님의 외아들이냐 아니냐 하는 것을 가지고 목숨을 걸고 싸웠다면, 그것은 과학적이고 생물학적인 증명을 위해 싸웠던 것은 아닙니다. 그들은 그 시대의 제한된 문법으로 자기들이 "완전히 구원받은" 사람이라는 점을 온 세상에 알리고 싶었을 뿐입니다. 그들이 자신들의 구원이 충분하고도 완전하다는 것을 말할 수 있는 간단한 그 시대의 단어는, 우리가 믿는 예수님은 "하느님의 독생자, 외아들이다"라고 말하는 것밖에 없었습니다.

현대인들의 문법에서 2=1+1입니다. 3은 1의 3 배입니다. 그러나 옛사람들의 문법으로는 하나(1)가 가장 큰 수였습니다. 제로(0)가 발견되기 이전이었고, 하나는 모든 수의 근원이었으며, 완전했습니다.

왜냐하면 하늘에는 인간의 이상(이데아)이 하나 있었고, 코끼리의 이상 또한 하나 있었으며, 나비의 이상도 하나가 있었습니다. 그리고 하늘에 있는 이데아는 완전하였습니다. 단지 지상에 있는 여러 개의 "복사본들"이 불완전하였습니다. 하나밖에 없는 하늘 이상을 본떠, 지상에는 수만 마리의 코끼리와 수십만의 사람들이 만들어졌습니다.

숫자의 종교적 의미는 여기서 나온 겁니다. 예수님이 "하나"밖에 없는 하느님의 아들이라는 말은, 다른 곳에 또 다른 하느님의 아들이 있다거나 없다는 말이 아닙니다. 우리가 받은 구원의 경험이 "충분하고 완전하여," 달리 한눈을 팔 필요가 없다는 말이었습니다. 그것이 너무나 완벽하기 때문에 둘도 필요가 없는 것이었죠. 오히려 둘을 경험했다면, 그 둘은 하나가 쪼개져서 만들어진 파편을 모은 것으로, 다시 합쳐도 이미 금이 가 있는 것입니다. 그러므로 셋이라는 것은 둘보다 더 불완전합니다. 하나를 가지고 셋으로 만들었기 때문입니다. 따라서 수의 개념은 옛 사람들과 오늘 우리들의 생각과는 전혀 다른 것이었습니다.

그러므로 예수님이 "하느님의 외(유일한)아들"이라는 말은, 과학적으로는 진실이 아닐지라도 거짓말이 아닙니다. 오늘 우리들에게도 여전히 살아 있는 진실입니다. 그래서 초라하고 작은 공동체라도 교회를 통하여 우리는 예수님이 여전히 "하느님의 외아들"이라 고백할 수 있습니다.

예수님이 소중하다면 그를 사랑하여 모인 사람들도 역시 소중합니다. 루터와 한스 큉은 "창부가 된 나의 어머니를 아직도 나는 사랑한다"고 자기의 교회를 가리켜서 말했습니다. 거기서 아직도 생명의 숨소리를 들을 수 있기 때문입니다.

교회, 우리들이 모여서 만드는 이 공동체가 없다면, '예수'는 단지 공허한 이데아일 뿐입니다. 어떤 사람들이 교실에서 들은 행복이라는 단어가 무엇을 의미하는지를 훗날 실생활 속에서 깨닫게 되는 것과 같은 이치입니다. '예수'라는 그분이 살아 있음을 우리는 교회 안에서, 교회를 통하여 경험합니다.

14

사람은 어디까지 자라는가

에베소서 4:13-16 그리하여 우리 모두가 하나님의 아들을 믿는 일과 아는 일에 하나가 되고, 온전한 사람이 되어, 그리스도의 충만하심의 경지에까지 다다르게 됩니다. 우리는 이 이상 더 어린아이로 있어서는 안 됩니다. 우리는 인간의 속임수나, 간교한 술수에 빠져서, 온갖 교훈의 풍조에 흔들리거나, 이리저리 밀려다니지 말아야 합니다. 우리는 사랑으로 진리를 말하고 살면서, 모든 면에서 자라나서, 머리가 되시는 그리스도에게까지 다다라야 합니다. 온 몸은 머리이신 그리스도께 속해 있으며, 몸에 갖추어져 있는 각 마디를 통하여 연결되고 결합됩니다. 각 지체가 그 맡은 분량대로 활동함을 따라 몸이 자라나며 사랑 안에서 몸이 건설됩니다.

사회적으로 꽤 능력 있는 한 사람이 예수님을 찾아왔습니다. "어떻게 하면 구원을 얻을 수 있을까요?" 예수님은 말씀하셨습니다. "다시 태어나는 것이 좋겠다." 그랬더니 그 사람은, "제 나이가 몇인데 다시 태어납니까?"라고 되물었고, 예수님은 "당신은 처음부터 다시 시작하지 않으면, 구원받을 희망이 없다"고 말씀하셨습니다.

우리 어른들이 어떻게 다시 태어날 수 있을까요? 기도를 많이 하면 잠시 다시 태어난 것처럼 살 수 있을지 모릅니다. 그러나 다 큰 사람들이 자신의 삶을 처음부터 다시 시작할 가능성은 거의 없지요. 그래서 저는 어떻게 하면 사람이 세월과 더불어 계속해서 조금씩 더 어른이 될 수 있을까를 자주 생각해 봅니다.

우리가 어렸을 때는 "빨리 커서 어른이 되면 좋겠다. 학교에 가서 공부하지 않아도 되고, 어른들께 꾸지람도 듣지 않아도 되고, 어른들의 허락 없이도 맘대로 놀러 나갈 수 있고, 영화관이나 커피 집에 가도 선생님에게 들킬 염려를 하지 않아도 되고, 얼마나 좋을까?" 하면서 어른 되기를 기다렸지요. 그런데 어른들은, 거꾸로, 학교에 다니면서 공부하는 젊은이들을 보고 "저 애들은 참 좋겠다"고 부러워하십니다.

어렸을 때 우리가 어른들을 몹시 부러워했었던 이유는, 어른들은 무엇이든지 자기가 결정하는 대로 할 자유를 누린다는 것 때문이었던 것 같습니다. 아마도 성장하고, 성숙한다는 것의 가장 귀한 특징이며 지표는 뭐니 뭐니 해도 독립, 자유일 것입니다.

어쩌다 영화관 앞에 가서, "미성년자 관람불가"라고 써놓은 것을 보면, "저 영화에는 무엇이 나올까?" 몹시 궁금하고, 조금은 약도 올랐죠. 그래서 어떤 아이들은 가발을 뒤집어쓰고 들어가 영화를 보고 와서는, 특권층에 속한 것처럼 영화 얘기를 늘어놓기도 합니다. 어른이 되고 보면 어른이 된다는 것이 그렇게 좋은 것이 아닌데, 아이들 때는 어른이 그렇게 좋아 보였습니다.

"독립"한다는 것, 그것은 분명히 성숙의 한 지표입니다. 아이들은 받기를 좋아하고 주는 것은 못하지요. 어른이 되면, 자기 문제를 자기가 해결해 나가야 하기 때문에 책임이 따르기는 하지만, 사는 재미를 비로소 느낄 수 있게 됩니다. 그런데 요즘 세상이 많이 변한 것 같습니다. 남성들이 길들여 놓은 사회에 여성들이 등장하면서 사고방식에 많은 변화가 생긴 것 같습니다.

저희들이 어렸을 때는, 사람이란 남의 신세를 지기보다는 스스로 자수성가하고 독립하여, 자기 문제를 스스로 해결해 나가는 것이 좋으며, 성장하여 능력이 있게 되면 자기보다 못한 사람들을 도와주어야 한다고 배웠습니다. 그래야 진정 성숙하고 유능하며, 그 사회에 필요한 사람이 되는 길이라고 배웠습니다. 즉 성숙의 첫째 지표는 독립이고, 둘째 지표는 남을 도와주는 문화였다는 말입니다.

그러나 지금은 시대가 달라져서, 성숙에 대한 지표도 달라지고 있습니다. 남에게 의존하다가 독립해서 남을 도와주는 것도 좋지만, 그것보다 더 성숙한다는 것은 주는 것도 알고 받는 것도 아는 것, 그래서 "상호배려"를 배우는 것이 인간에게 가장 성숙한 모습이라고, 특히 많은 여성들이 가르쳐 주고 있습니다.

남성들은 지금까지 자신들의 남성적인 기질을 우쭐대면서, 의존하는 것보다는 강한 것, 독립적인 것이 좋고, 받는 것보다는 베푸는 것이 아름다우며, 그것이 한 차원 위의 삶의 질서라고 가르쳐 왔었습니다. 그래서 우리는 아주 작은 것을 받을 때에도 고마워해야만 했습니다.

그런데 다행히도 여성들이 등장하면서 힘센 남자들에게 "우쭐대지 마라. 강한 것만이 강한 것이 아니고, 주는 것만이 아름다운 것이 아니다. 연약한 것, 받는 것 또한 위대한 것이다"라고 남성에게 길들여진 사람들에게 가르쳐 주기 시작했습니다.

그래서 저는 "낮엔 해처럼 밤엔 달처럼"이라는 복음성가를 좋아하는데, 그 가사는 옛날의 사고방식이어서, 미래에는 좀 바꾸어져야 되겠다는 생각을 하며 부릅니다. 그 복음송의 가사 내용은 "낮엔 해처럼 밤엔 달처럼, 욕심도 없이 세상을 비추며 살 수는 없을까. 온전히 남을 위해 산다면 얼마나 좋을까" 하는 것입니다. 참 건방진 이야기라는 생각이 듭니다. 이것은 옛날 남성문화의 문화적 잔재요, 또한 강대국민들이 약소국민들에게 구제품을 나누어주면서, 남에게 베푸는 것은 아름다운 것이고, 너희들처럼 받는 것은 치사한 것이고, 가치 떨어지는 삶을 사는 것이라고 세뇌를 시켰던 제국주의의 서글픈 유산이라고 생각됩니다. 이 복음송은 바로 그런 시대적 배경에서 나온 노래니까요.

그런데도 전 이 노래를 좋아합니다. "욕심 없이" 살 수 있다면 참 좋겠고, 세상에 빛이 되고 소금이 될 수 있으면 참 좋겠다는 마음이 깔려 있기 때문에 그 노래는 참 은혜롭습니다.

그러나 그 속에 독소 조항이 있음도 알 수 있습니다. "그러나 나는 주는 것보다 받는 것 더욱 좋아하니"라는 구절이 그것입니다. '남을 위해 살고 싶은데, 나는 남에게서 받고 사니, 얼마나 수치스러운가?' 이것은 남성우월주의와 제국주의 찬양에서 나온 슬픈 착각입니다.

성경도 물론 그런 시대의 산물입니다. 그래서 자유, 독립까지만 성장하려고 마음먹었던 것 같습니다.

제가 2년쯤 전에 이야기했던 『화요일은 모리 교수와 함께』라는 책의 이야기를 다시 들려 드리겠습니다. 죽음을 눈앞에 두고 몸을 움직일 수 없는 대학 교수 모리가, 오랜만에 찾아온 사랑하는 제자에게 휠체어에 앉아서 마지막으로 인생에 대한 아름다운 강의를 했습니다. 그것이 『화요일은 모리 교수와 함께』라는 아름다운 수필집으로 나왔습니다. 맑은 정신으로 자신의 생을 마감하면서, 장성한 사랑하는 제자에게, 그리고 사람들에게 모리 교수가 가르쳐 주고 싶은 것은 이것입니다:

나도 유능한 대학 교수 시절에는 베푸는 것, 강한 것, 승리자가 되는 것이 아름다운 것이고 한 단계 위라고 생각했다. 그러나 이제 내 힘으로 내 몸 하나도 꼼짝달싹할 수 없게 되었다. 화장실도 나 혼자의 힘으로 갈 수 없어졌다. 나는 처음에 이제 내 인생은 끝났고, 더 이상은 살 만한 가치가 없다는 생각이 들었다. 그런데 생각을 바꾸었다. 내가 어린아이 시절에 남의 도움을 받고 자랐듯이, 이제 생의 종말을 보내면서 다시 어린아이로 살아가는구나. 남에게 의지하고 남의 도움을 받는 것을 유치하고 치사하고 비굴하게 생각할 것이 아니라, 고상하고 점잖게, 품위 있고 떳떳하게 받을 수도 있지 않는가!

오래 전에 읽은 모리 교수의 이야기를 저는 요즈음에 와서 자주 생각합니다. 우리 교회에 나오는 여러분과 제 자신이 좀 성숙해지기를 원합니다. 그런데 '낮엔 해처럼 밤엔 달처럼' 남에게 베풀고 남을 위해서만 사는 것이 성숙해지는 길일까요? 저도 그렇게 살았었어요. 저도 잘 나가는(?) 사람들 중 하나였었기 때문에, 남에게 받기보다는 주면서 살았죠. 그러나 익숙한 곳을 떠나 타국에 왔을 때는 모르는 것이 너무 많아서 타인의 도움을 받지 않고는 생활을 할 수가 없었습니다.

그래서 생각했습니다. '크고 작은 도움을 받아야만 살 수 있는 상황에서 하루 속히 벗어나, 내 힘으로, 옛날처럼 남에게 베풀면서 살 수는 없을까? 그러면, 교회에 십일조도 많이 내고, 속으론 은근히 자랑하면서도, 겉으론 겸손하게 살 수 있을 텐데……'

그러나 이제 알았습니다. 그럴 날은 다시 돌아오지 않습니다. 한평생 독립적으로 잘 살 수 있는 사람들이 많지 않을 것입니다. 그리고 한 번 지나가면 그런 시절이 다시 오기 전에 나이가 들어 흰머리가 가득해지는 경우가 많을 겁니다.

그런데도 지금까지의 우리 통념은 나이 들어 어른이 되면, 남에게 베푸는 길로 가야만 하는 것으로 여겼습니다.

독일 신학자 중에 슐라이엘마허(Friedrich Schleiermacher)라는, 흔히 "자유주의 신학의 아버지"라 불리는 사람이 있습니다. 그의 글 속에는 "감정"의 중요성에 대한 얘기들이 많이 나옵니다. 그것은 그가 일찍이 실패할 수밖에 없는 사랑에서 배운 교훈이 아니었을까 생각해 봅니다.

근대 신학의 아버지 슐라이엘마허는 "나는 전적으로 당신의 것입니다"라는 감정을 느끼는 상태가 바로 신앙의 경지에 이른 것이라고 이해했습니다. 절대의존의 감정, 그것은 진정 사랑을 아는 사람만이 편안하게 느낄 수 있고 고백할 수 있는 인간 경험일 것입니다.

저는 젊은 시절, 슐라이엘마허는 '유치하다. 어떻게 신앙을 연애 감정과 비교할 수 있는가?'라고 생각했습니다. 우리는 교실에서, '신앙은 하느님과 대화하는 고상한 것'이라고 배웠거든요. "대화하는 것," 얼마나 멋진 겁니까? 그런데 근대 신학의 아버지라고 하는 슐라이엘마허는 신앙이란 그렇게 건방지고 어른스러운 게 아니고, "내가 하느님에게 전적으로 의존하고 있다"는 것을 머리로가 아니라 가슴으로 느끼는 것이라고 고백합니다.

여기서 말하는 "감정"이란 영어로 말하면 'gut'같은 것입니다. 승복하는 것을 말합니다. 사랑에 실패한 한 남자의 고백일 것 같습니다. "당신이 내 목숨이고, 나는 전적으로 당신께 의존해 있습니다"라고 슐라이마허가 한 여인에게 고백했으나 그녀는 떠났습니다. 그 후, 그는 자신의 경험을 다시 생각해 보았을 것이고, 그 사랑에서 그는 자신의 신학적 작업의 밑바탕을 찾았던 것입니다.

그러나 슐라이엘마허는 그 다음 장에서는, 신앙이란 "절대 의존"이라는 말을 쓰지 않고, "세계와 내가 완전히 일치되어 있음을 아는 것"이라 했습니다. 이것을 보면 그의 종교적인 이해 밑바닥에는 '사랑'의 이야기가 있는 게 확실합니다. 생각해 보십시오. 어떻게 자신이 절대적으로 의존하고 있는 그 존재와 감히 "하나"가 될 수 있습니까? 사랑의 경험이 아니고는 이런 말을 할 수 없을 것입니다.

생각해 봅니다. 성장 — 독립하는 것만이 성장인가? 그리고 베푸는 것은 과연 독립하는 것보다도 한 계단 더 위인가? 사람이 나이 들면 독립할 수도 없고, 더 이상 베풀 것도 없는데, 그러면 퇴보하는 것인가? 그렇다면 성장은 나이 50세에 끝나는가?

생각할수록 문제가 아닐 수 없습니다. 남에게서 받을 때에도, 구제품 받듯이 유치하고 비굴하게 받는 것이 아니라, 떳떳하고 자랑스럽게, 최소한 고맙게 받을 수 있는 아름다운 길은 없을까? 사람의 성장은 계속될 수 없는가? 늙어서, 도로 아이가 되어 죽는 대부분의 사람들은 구원에서 더 멀어진 채로 죽는가?

진정 많은 여성신학자들이 말하는 것처럼 "주는 것"과 "받는 것"이 아니라, "주고받는 것", 호환성, 상호성을 배우는 것을 기쁘고 고맙게 할 수 있는 단계에 이르고자 한다면, 슐라이엘마허의 "신앙" 이해를 한 번쯤은 진지하게 생각해 볼 필요가 있다고 생각합니다. "내 삶의 전체, 즉 내가 남에게 베푸는 것도 혼자 사는 것도, 모두가 하느님으로부터, 부모님으로부터, 사회로부터 이미 받은 것에 근거해 있다. 그러므로 내 삶은 전적으로, 철저하게 타자에게 의존되어 있다." 이런 자각이 필요하다는 말입니다.

"절대 의존," 아니 "근본적 상호의존"의 질서 의식이 우리 안에 깊게 자리할 때, 비로소 우리가 겸손하게 타자를 향하여 순전한 마음으로 베풀 수 있을 것입니다. 그리고 마침내 베푸는 단계를 지나서도 계속 성장할 수 있을 것입니다. 그래서 우리가 누군가로부터, 경제적이고 정치적인 것을 포함한 모든 면에서 도움을 받아야 하는 상황에 처했을 때에도, 비굴하지 않고 떳떳하게, 그리고 고맙게, "나는 여전히 인간이다"라고 말할 수 있을 것입니다.

해방된 여성들이 등장하기 이전, 오랫동안의 가부장적인 시대에는 타인을 위해 사는 것이 가장 아름다운 것이며 최고의 성숙은 바로 타인을 위해 사는 것이라고 여겼기 때문에, 예수 그리스도란 바로 "타자를 위한 존재"(Bonhoeffer의 사상)의 전형이었다고 사람들에게 가르쳤었습니다. 그렇게 정의한다면, 사람이 나이를 먹고 늙는다는 것은 서럽고 억울하고, 가치 소멸의 단계로 접어드는 예비 죽음이라는 생각 외에 다른 여지를 갖지 못합니다.

그러나 인간은 태어나면서부터 근본적으로, 신에게, 부모에게, 그리고 그 사회에 의존하여 삶을 시작합니다. 이렇듯 생명이라는 그 자체는 주는 것과 받는 것이 적절하게 어우러져, 긴장관계 속에서, 그리고 상호연관 속에서만 이어져 갈 수 있음을 알 수 있습니다. 근본적으로 우리는 주고받으면서 삶을 살아온 것이 사실입니다. 어떤 때는 더 많이 주고, 어떤 때는 더 많이 받는 차이는 있지만, 삶은 신진대사이고, 주는 것과 받는 것의 연속이요, 공존입니다.

그렇다면 이제 우리는, 겸손한 마음으로, 베풀 수 있을 때에 아낌없이 베풀고, 베풀 수 없을 때에는 기쁜 마음, 감사한 마음으로 받는 법을 배워야 할 것입니다. 우리에게 사랑을 베푸는 사람들을 기꺼이, 속맘으로 인정해 줄 줄 알아야 합니다. 그래야 우리가 아름다운 공동체를 형성할 수 있습니다. 그런 공동체의 성숙한 일원이 될 수 있습니다.

베풀 줄 모르는 덜 된 사람들도 많지만, 주는 것만 알고 받을 줄 모르는 못난 사람들도 역시 많이 있는데, 그들은 받는 것은 그저 창피한 일이라고만 여깁니다. 우리는 그런 사람들이 주는 도움은 받으면 안 됩니다. 그들은 도움을 받는 우리들을 깔보고 무시할 테니까요.

도움을 받을 줄 아는 사람에게서 도움을 받아야 하겠지요. 주는 것만 열심히 하는 분들은 이제 받는 것도 잘 하십시오. 많이 주기보다 잘 받는 것이 훨씬 더 어렵습니다. 지금까지 가부장적 문화, 제국주의적 문화, 지배와 우월성의 문화 속에서 살아온 우리들은, 기회와 명분이 있으면 그리 어렵지 않게 주는 것을 이행할 수 있습니다. 그러나 주는 것보다 받는 것이 훨씬 더 어렵습니다.

우리가 근본적으로, 처음부터, 하느님과 부모님으로부터 귀한 생명과 많은 보살핌과 지혜들을 받음으로써 우리 생을 시작했음을 기억해야 합니다. "낮엔 해처럼 밤엔 달처럼, 욕심 없이 살며, 남을 위해서 나를 온전히 내어주는 것"도 귀한 삶이지만, 그것만 귀한 삶이 아닙니다. 생명이라는 것은 처음부터 그렇게 존재하는 것이 아니라 받으며 존재하니까요. 이런 점을 생각한다면, 우리는 나이 들어서도, 계속해서, 성장할 수 있습니다.

우리가 수족을 제대로 쓰지 못하게 되고, 자신이 먹고 배설하는 일을 스스로 할 수 없는 지경에 이르렀을지라도, 맑은 정신만 가지고 있다면 계속해서 성장해 갈 수 있습니다. 그래서 마침내 우리는 '그리스도의 완성된 분량'에까지 이른다고 성경은 말하고 있는 것 같습니다.

어거스틴(St. Augustine)은 예수 그리스도의 성육신 혹은 신성(神性)을 두고, "하느님의 은총을 특별히 많이 받은 사람"이라고 정의했습니다. 얼마나 깊은 이해입니까? 옳은 표현입니다.

베푸는 노력을 많이 하십시오. 그러나 한편 부끄럽지 않고, 겸손하고, 감사한 마음으로 받는 것도 배우십시오. 그리스도께서도 각별한 신의 은총을 받은 덕으로 특별한 사람의 역할을 하실 수 있었습니다.

혹시 여러분이 지금까지 살아오는 중에 남을 많이 비판했습니까? 이제 남에게서 비판을 많이 받으십시오. 여러분을 사랑하지 않는 사람은 여러분을 비판하지 않을 것입니다. 저는 옛날에 비판을 많이 하고 살았는데, 이제 목회자가 되었으니, 비판을 받을 차례가 되었습니다. 대학 교수의 특권은 비판하며 사는 것입니다. 그러나 목회자가 되면 상황이 완전히 달라집니다. 그것을 배우라고 하느님께서 저에게 이런 기회를 주시는 것 같습니다. 사랑이라는 핑계로 남을 많이 비판했었습니다. 이제는 성도들이나 지나가는 사람들이 사랑이라는 이름으로 저를 비판할 때, 그것도 잘 받아야 합니다. 물론 잘 못하고 있습니다만, 적어도 그것을 배워야 한다는 것만은 알고 있습니다.

잘 주는 것, 잘 받는 것, 그것은 둘 다 어려운 일입니다. 그러나 그것을 잘할 때, 이북말로 호상간에 사랑이 무르익을 때, 그 때에 성숙합니다. 독립하는 것, 베푸는 것만이 성숙이 아님을 기억하시기 바랍니다. 우리는 누군가의 도움이 필요하고 사랑이 필요해서 이 공동체에 왔습니다. 우리는 서로 의존해서 살 겁니다. 상호의존은 부끄러운 것이 아니라 생명의 가장 완성된, 성숙한 경지라고 생각합니다.

15

물음, 과제가 중요하다

창세기 3:8-13 그 남자와 그 아내는, 날이 저물고 바람이 서늘할 때에, 주 하나님이 동산을 거니시는 소리를 들었다. 남자와 그 아내는 주 하나님의 낯을 피하여서, 동산 나무 사이에 숨었다. 주 하나님이 그 남자를 부르시며 물으셨다. "네가 어디에 있느냐?" 그가 대답하였다. "하나님께서 동산을 거니시는 소리를 제가 들었습니다. 저는 벗은 몸인 것이 두려워서 숨었습니다." 하나님이 물으셨다. "네가 벗은 몸이라고, 누가 일러주더냐? 내가 너더러 먹지 말라고 한 그 나무의 열매를, 네가 먹었느냐?" 그 남자는 핑계를 대었다. "하나님께서 저와 함께 살라고 짝지어 주신 여자, 그 여자가 그 나무의 열매를 저에게 주기에, 제가 그것을 먹었습니다." 주 하나님이 그 여자에게 물으셨다. "너는 어쩌다가 이런 일을 저질렀느냐?" 여자도 핑계를 대었다. "뱀이 저를 꾀어서 먹었습니다."

마태복음 16:24-28 그 때에 예수께서는 제자들에게 말씀하셨다. "누구든지 나를 따라오려거든, 자기를 부인하고, 제 십자가를 지고, 나를 따라 오너라. 누구든지 자기 목숨을 구하고자 하는 사람은 잃을 것이요, 나 때문에 자기 목숨을 잃는 사람은 찾을 것이다. 사람이 온 세상을 얻고도 제 목숨을 잃으면, 무슨 이득이 있겠느냐? 또 사람이 제 목숨을 되찾는 대가로 무엇을 내놓겠느냐? 인자가 자기 아버지의 영광에 싸여, 자기 천사들을 거느리고 올 터인데, 그 때에 그는 각 사람에게, 그 행실대로 갚아 줄 것이다. 내가 진정으로 너희에게 말한다. 여기에 서 있는 사람들 가운데는, 죽음을 맛보지 않고 살아서, 인자가 자기 왕권을 차지하고 오는 것을 볼 사람들도 있다."

우리가 금년 한해 동안 사도신경의 순서를 따라 기독교 신앙을 다시 생각해 보자고 출발했는데, 아직 예수님에 관한 대목에 머물러 있습니다.

그런데 그것보다 더 근본적인 질문이 저의 마음속을 떠나지 않고 있습니다. 날마다 새로운 기술이 우리들을 엄습해 오고 있는 상황이고, 인간이 생명의 신비까지 풀어낼 수 있는 놀라운 위치에 있는 지금입니다. 그런데 아직도 3천 년이나 5천 년 전쯤에 행해지던 민간요법의 하나라고 할 수 있는, "신을 믿는" 행위를 우리가 고백하고 있다는 것이, 왠지 심각한 해명을 필요로 한다는 생각이 들기 때문입니다.

모든 일을 잘해 내는 사람들이 일요일만 되면 한 곳에 모여, 무엇인가 옛스런 것을 행한다는 것을 우리 자녀들이 보면, 좀 미심쩍다고 생각할 것 같기도 합니다. 우리가 온갖 문명이 다 발달한 오늘날, 여전히 옛 사람들이 믿어오던 신을 믿는다는 행위를 어떻게 해명해야 좋을까요?

옛날 사람들은 자연의 무서운 변화와 혼돈 속에서 커다란 공포를 경험했고, 자기들이 알지는 못하지만 '분노한 초자연적 힘'을 진정시켜야만 했습니다. 그래서 원시 종교가 출발했을 겁니다. 현대의 실존주의는, 저 밖에 있는 무서운 자연의 공포가 아니라, 근대의 과학으로도 정복할 수 없는 내면적인 불안과 공허, 죽음에 이르는 병 등, 실존적인 불안에 대하여 신이 해답을 준다고 믿습니다.

옛날이든 현대의 경우든, 인간은 신이 절대자이며 영원하고 초월적이기 때문에, 인간의 실존적 공허와 불안, 죽음에 이르는 병, 공포 등에 대해서 "대답/해답"을 준다고 믿습니다.

2차 대전 때, 나치스의 히틀러 때문에 미국으로 망명한 실존주의 신학자 틸리히(Paul Tillich)는 "인간이 질문이라면, 그리스도와 하느님은 그 대답"이라고, "질문과 대답"이라는 도식으로 자신의 신학을 전개했습니다. 이것은 그가 종교에 심취한 인간의 일반적인 마음을 잘 파악한 것이라고 봅니다. 제가 대학생 때에는 그의 신학 방식이 매우 매혹적이었습니다. 하느님은 나의 실존적인 불안과 공허에 대하여 영원하고 확실한 대답을 줄 수 있는 유일한 분이라고 생각하고, 그의 책을 즐겨 읽었습니다.

제가 조금 철이 들었을 때, 서울을 비롯하여 전 세계를 오순절 신학이 휩쓸었습니다. 모양은 다르지만 그 신학도 도식에 있어서는 틸리히의 그것과 같습니다. 사람이 교회나 산에서 간절히 "기도"하면, 신은 사람의 그 기도에 "응답"한다는 것입니다.

최근에 들어와서는, 미국 하버드대학 의과대학을 중심으로 하여 "기도는 사람의 병을 고친다"는 새로운 (과학적?) 신비주의가 등장하고 있는데, 세계적 시사주간지들이 종종 관심을 쏟습니다. 그 도식은 어떤 것일까요? 옷은 비록 갈아입었지만, 속사정은 같습니다.

원시인들이 자연의 공포에 대한 해답을 얻기 위하여 놀라운 힘을 가진, 알지 못하는 신에게 제사를 드렸다면, 실존주의자들이 인간 내면의 공허와 불안에 대한 해답을 찾았다 할 수 있으며, 속으로는 허약하나 겉으로는 약은 사람들이 자신의 야망을 보다 쉽게 달성하기 위하여 신의 비법을 두고 흥정하는 오순절 신학이나, 그 도식은 다 같습니다. "신은 인간의 질문에 대한 해답이다!"

"우리들이 힘들 때 신이 우리를 도와주며, 우리의 길이 막혔을 때 그 길을 뚫어주고, 홍해 앞에 이르렀을 때 그 바다도 열어주었다." 전통적인 종교는 우리에게 이렇게 가르쳐 주고 있습니다.

그러나 제 짧은 인생의 경험에 의하면 신은 대답을 주지 않습니다. 제가 개인적으로 힘들고 답답할 때나 제 가족이 심한 고통 중에 있을 때, 성심껏 기도했지만 신은 응답하지 않았고, 특혜를 베풀지 않았습니다.

하느님은 하느님을 믿는 사람들에게만 더 큰 떡을 주는 편협한 존재가 아닙니다. 불자들의 말을 빌면, 그러한 존재는 "분별지(分別智, discrimination)"에 얽매인 존재라 할 수 있습니다. 대중 기독교인들은 자기들의 신이 이것과 저것을 차별하는 '분별지의 존재'라고 믿으면서, 신이 자기편이라는 것에 대해서 우쭐대기도 합니다.

그러나 신은 한결같이 존재할 뿐입니다. 다시 말하면 선한 사람이나 악한 사람에게 비와 햇볕을 골고루 내려주십니다. 따라서 가끔씩 제가 특별히 운 좋은 일을 겪는 것은 신이 저를 특별히 사랑했기 때문이라고 생각하지 않습니다. 그것은 신의 위신을 떨어뜨리는 일이지요. 제가 차별적 신을 믿는다는 말이니까요. 신을 참으로 아는 사람이 간직할 생각은 아니지요.

한편, 고상한 신학자들이 계속해서 말하고 있는 바처럼, "인간이 범접할 수 없는 저 밖"에 신이 존재하는지는 모르지만, 그런 신은 존재하더라도 우리와 아무 상관이 없습니다. 한 마디로 말하면, 신의 객관적인 존재 따위는, 신학교 교실이라면 몰라도, 예배당에서 거론할 문제가 못됩니다.

그럼에도 불구하고 계속해서 신의 얘기를 해야 하는 저 자신의 모습을 누군가에게 해명을 해야만 될 것 같습니다. 신을 경배하는 사람에게 신이 특별한 호의를 베푼다고 믿지도 않고, 신이 저 밖에서 저의 일거수일투족을 지켜보면서, 원격조정 장치로 저의 운명을 조종한다고 믿지도 않고, 자연의 무서운 횡포에 대하여 무릎 꿇지도 않고, 내면적인 허무와 죽음에 대한 공포를 해결해 주는 해답이라고 믿지도 않으면서, 왜 제가 '신 이야기'를 계속해야 되는지를, 제 자신에게 종종 물어봅니다.

어쩌면 이에 대한 가장 정직한 대답은 살아가기 위한 수단이라고 해야 할지도 모릅니다. 지난 동안, 제가 한 일이라고는 '신 이야기'를 하는 것뿐이었고, 그것으로 밥을 먹고 살아 왔으니까요. 그런데 "신 이야기"(신학이라는 말의 본래 뜻)는 그렇게 간단히 밥과 바꿀 수 있는 성질의 문제가 아니라는 생각이 듭니다.

"살아남기" — 많은 사람들에게 그것은 절실합니다. 치명적으로 절실합니다(1970년대에 유행하였던 상황윤리란 사실 '살아남기' 윤리였습니다). 지금 우리 주변에는 다만 살아남는 문제조차 원만히 해결하지 못한 사람들이 많이 있습니다. 점점 더 심각하게 그 숫자가 늘어날 것 같아서 안타깝습니다.

생존이 심각하던 저의 지난날들을 회상해 봅니다. 그 기간에 저는 충분히 진지하게 생각할 겨를도 없이, 지금까지 믿어오던 신 이야기를 계속해야만 했었습니다. 그러다가 가끔씩은 제 자신에게 일어난 변화는 무엇이었나를 뒤돌아보곤 했습니다. 그리고 신의 문제보다도 생존 문제를 더 심각하게 생각하며 사는 동안, 사람은 쉽게 "속물"이 된다는 두려움을 발견하였습니다.

먹고, 입고, 자고, 자식 키우는 것 등의 일들을 외면할 수 있는 사람은 이 세상에 아무도 없습니다. 특별히 생존의 문제는 아주 심각합니다. 언젠가 안데스 산맥에서 비행기 추락 사고를 당한 사람들이 죽은 동료들의 살을 먹고 살아 남았을 때, 가톨릭 교회가 그것은 생존 때문에 생긴 문제이기에 범죄가 아니라 하여, 특별 사면했다는 역사적인 이야기를 해드린 적이 있습니다. 정상적인 상황에서는 사람을 먹는 것은 문명인으로서 용서받을 수 없는 큰 죄이지만, 심각한 상황에서는 사람이 사람을 먹고라도 살아남을 수가 있다는 것입니다.

그러나 생존 문제가 아무리 중요하다고 할지라도, 거기에만 매달려 살다보면, 그보다 훨씬 더 소중한 자신의 영혼을 잃어버린다는 생각은 버릴 수 없습니다.

제가 초등학교 때 읽은 책 중에는 개미 손님을 태우고 시냇물을 따라 흘러가는 종이배 이야기가 있습니다. 저는 그 종이배가 제 자신의 모습이라는 생각을 해 보는 때가 있습니다. 개미가 타고 있지만, 그것은 저에게는 아무런 의미가 없습니다. 저는 종이배이기 때문에, 냇물이 흘러가는 대로 그냥 갈 뿐입니다. 즉 저에게는 특별한 의지가 전혀 없는 것입니다. 그러나 이것을 구경하고 있는 사람은 종이배가 용케도 개미를 태우고 아래로 아래로 흘러가, 마침내 강과 바다로 가게 되며, 이것은 어떤 목적을 가지고 열심히 움직이는 것이라 생각하여, 멋진 이야기 하나를 만들어 냅니다.

우리가 생존에만 몰두하면서 살다 보면, 마치 개미 손님을 태우고 냇물을 따라 생각 없이, 정처 없이 떠가는 종이배처럼, 사람도 그저 하나의 '속물'에 불과하게 된다는 것을 알았습니다.

이것을 뒤집어 말하면, 우리가 속물이 되지 않으려면, 영혼 깊이 박혀 있는 자신만의 질문, 자신만의 과제를 되찾아야 한다는 이야기입니다. 젊은 시절부터 우리 영혼 깊은 곳에서 "이것은 내가 해야될 일이다"라고 생각하며, 품고 가꾸어 왔던 질문인 "영혼의 질문"이 누구에게나 다 있습니다.

그것은 우리 자신보다 더 위대하기 때문에, "역사"가 우리에게 주는 질문이요, 도전해오는 과제라고 할 수 있습니다. 종교적으로 말하면, 그것이 바로 신의 음성인 것입니다. "내가 이 순간, 이 역사 속에서, 이곳에 태어났기 때문에 나만이 해야 될 일이 있다"고 젊은 시절에는 거의 누구나 생각합니다. 또한, "아무도 하지 않는 저 일을 누군가는 해야 하는 일인데 ……" 하고 생각하다가 어느 날 불현듯 "내가 그 일을 해야 되겠다"고 결단하며 달려가기 시작합니다.

많은 경우 인생의 젊음은 그런 시절입니다. 여러분의 젊음도 그러했을 것이라고 생각합니다. 그런데 이제는 나이가 들고 힘이 없기 때문에, 젊은 날 이 세상, 이 우주, 신, 역사, 조국으로부터 들었던 영혼의 부름, 영혼의 질문, 영혼의 숙제를 이제는 다 잊고 사는지도 모릅니다. 그렇다면, 그게 바로 우리가 "속물"이 되었다는 증거가 아닐까요.

제가 젊은 날 가졌던 저의 꿈은 저 혼자 해결하기에는 너무나 힘든 것이었습니다. 그래서 누군가의 도움을 받아야 했는데, 제 주변에서는 아무도 그 일에 관심이 없었습니다. 저 혼자 가슴에 안고 고통스러워하며 몸부림치다가 끝내는 제가 할 일이 아닌가 싶어 팽개치고는, 그저 먹고사는 일에 연연하며 살았습니다. 하나의 종이배가 된 겁니다. 그러나 세월은 자꾸 가는데도 제가 젊은 날 누군가 해 주기를 기대하며 팽개쳤던 일을 위해 나서는 사람이 아직도 없습니다. 그래서 다시 신을 생각하며 고민해 봅니다. 신이 저에게 맡긴 사명을 다시 부둥켜안고 씨름하며 살아야 하는 것이 아닌가를 생각해 봅니다.

그래서 오늘의 성경 본문을 읽어드렸습니다. 타락한 아담에게 하느님이 나타났습니다. 그에게 옷을 입혀 주지도 않았고, 그를 에덴 동산에 머물게 하지도 않았습니다. 그에게 좋은 것을 가르쳐 주지도 않았습니다. 신은 그에게 한 가지 질문을 던졌을 뿐입니다:

"너, 어디 있느냐?"

이것은 아마, "너는 누구이기에 감히 나, 신의 명령을 거역하느냐?" 하는 질문이었을 것입니다. 신학자 틸리히의 사상 도식이 위대하기는 하지만, 오순절의 신학이 때로는 우리들에게 속 시원한 해답을 주기는 하지만, 제가 경험한 신은 저에게 해답을 잘 주지 않으십니다. 제가 갖고 있는 질문에 대한 대답은 저 자신만이 할 수 있는 경우가 많습니다. 다른 사람이 대신해 줄 수도 없습니다.

여러분은 젊은 날부터 지금까지 가슴속에 품고 있었던 한 질문이 있습니까? 숙제가 있습니까? 영혼 깊은 곳에서 아직도 여러분을 향하여 아우성치는 도전이 있습니까? 아니면 "네가 태어나 이 세상에서 해야 될 일은 이것이다"라고 말해 주는 음성이 있습니까? 조국 혹은 이 시대가 여러분에게 들려주는 음성이 있습니까? 그렇다면 하느님은 여러분에게 살아 계십니다. 그러나 여러분이 그러한 것들을 도무지 알아차릴 수조차 없다면 여러분은 신과는 아무런 상관이 없이 살고 있는 것입니다.

"아담아, 네가 어디에 있느냐?"고 타락한 인간, 고통받고 있는 인간에게 하느님이 찾아와서 물었듯이, 예수 그리스도께서 "목숨을 무엇과 바꿀 수 있겠느냐?"고 말씀하시면서 우리에게 질문을 던졌듯이,

여러분의 영혼이 하나의 질문 앞에 서 있습니다. 그 질문 속에서 저는 신을 발견하게 됩니다.

여러분의 하느님은 여러분에게 무엇을 말씀하십니까? 오늘 여러분이 이 거룩한 곳에 와서 기도하면 하느님이 여러분의 기도를 들어주실 거라고 생각하고 오셨습니까? 하느님이 우리에게 해답이기를 원합니다만, 하느님은 한 번도 제 질문에 해답이 되지 못했습니다.

그러나 제가 해결하기 어렵고, 감당하기 어렵고, 피하고 싶고, 외면하고 싶고, 잊어버리고 싶은 질문을 하느님은 시시때때로 상기시켜 주셨습니다. 사랑하는 사람을 통하여, 혹은 적들을 통하여, 지나가는 자동차의 경적 소리를 통하여, 역사책을 통하여, 혹은 산 위에서 부는 바람을 통하여, 하느님은 끊임없이 이렇게 저렇게 저에게 말씀해왔습니다.

그러나 저는 사는 것에 급급하여, 애써 하느님의 명령을 외면하면서 살았습니다. 그래도 살아 왔고, 적어도 잘 살아지는 것처럼 보였습니다. 그러나 그것은 '속물'로서의 삶이었습니다. 개미 손님을 태우고 정처 없이 강을 따라 내려가는 종이배처럼, 그것은 살았다고 하지만 그 안에 혼이 있는 삶은 아니었습니다.

그런 저에게 지금도 하느님은 제가 해결하기 힘든 그 질문을 상기시켜 주시고, 그래서 저는 '신의 이야기'를 계속하며, 또 다시 그 질문을 부둥켜안고 살아야 할 것 같습니다.

하느님께서 우리에게 무엇을 해 주십니까? 하느님은 끊임없이 우리가 풀어야 하는 숙제를 내주는 초등학교 선생님과 같다는 생각을 합니다. 우리가 해결해야 하고 우리가 풀어야 하는 이 숙제는 우리 자신이 살면서, 삶을 통하여 풀어야 합니다. 혹시 우리가 이 질문에 대하여 해답을 다 하지 못한다면, 사랑하는 후배들에게 그 숙제를 넘겨 줄 수 있을는지는 모르지만, 하느님이 우리에게 해답을 대신해 주지는 않으실 겁니다.

여러분의 하느님은 여러분에게 무엇이라고 말씀하십니까?

16

예루살렘 가는 길

요한복음 7:6-14 예수께서 그들에게 말씀하셨다. "내 때는 아직 오지 않았다. 그러나 너희의 때는 언제나 마련되어 있다. 세상이 너희를 미워할 수 없다. 그러나 세상은 나를 미워한다. 그것은, 내가 세상을 보고서, 그 하는 일들이 악하다고 증언하기 때문이다. 너희는 명절을 지키러 올라가거라. 나는 아직 내 때가 차지 않았으므로, 이번 명절에는 올라가지 않겠다." 이렇게 그들에게 말씀하시고, 예수께서는 갈릴리에 그냥 머물러 계셨다. 그러나 예수의 형제들이 명절을 지키러 올라간 뒤에, 예수께서도 아무도 모르게 올라가셨다. 명절에 유대 사람들이 예수를 찾으면서 물었다. "그 사람이 어디에 있소?" 무리 가운데서는 예수를 두고 말들이 많았다. 더러는 그를 좋은 사람이라고 말하고, 더러는 무리를 미혹하는 사람이라고 말하였다. 그러나 유대 사람들이 무서워서, 예수에 대하여 드러내 놓고 말하는 사람은 아무도 없었다. 명절이 중간에 접어들었을 즈음에, 예수께서 성전에 올라가서 가르치셨다.

요한복음 12:12-19 다음날에는 명절을 지키러 온 많은 무리가, 예수께서 예루살렘에 들어오신 다는 말을 듣고, 종려나무 가지를 꺾어 들고, 그분을 맞으러 나가서 "호산나! 주님의 이름으로 오시는 이에게 복이 있기를! 이스라엘의 왕에게 복이 있기를!" 하고 외쳤다. 예수께서 어린 나귀를 보시고, 그 위에 올라타셨다. 그것은 이렇게 기록한 성경 말씀과 같았다. "시온의 딸아, 두려워하지 말아라. 보아라, 네 임금이 어린 나귀를 타고 오신다." 제자들은 처음에는 이 말씀을 깨닫지 못하였으나, 예수께서 영광을 받으신 뒤에야, 이것이 예수를 두고 기록한 것이며, 또 사람들도 그에게 그렇게 대하였다는 것을 회상하였다. 또 예수께서 무덤에서 나사로를 불러내어 죽은 사람들 가운데서 살리실 때에 함께 있던 사람들이, 그 일어난 일을 증언하였다. 이렇게 무리가 예수를 맞으러 나온 것은, 예수가 이런 표징을 행하셨다는 말을 들었기 때문이다. 그래서 바리새파 사람들이 서로 말하였다. "이제 다 틀렸소. 보시오. 온 세상이 그를 따라갔소."

기독교는 수난주일과 종려주일을 번갈아 가면서 지킵니다. 다음 주일이 부활주일이고, 오늘은 교회에 따라서 종려주일 혹은 고난주일로 지킵니다.

기독교가 남긴 전설에 의하면, 월요일에 예수님께서 예루살렘에 입성하셨습니다. 그리고 목요일에는 최후의 식사를 하시고, 그날 밤에 체포되셨습니다. 금요일에는 재판을 받으시고 처형을 당하셨습니다. 예수님께서는 토요일, 곧 안식일에는 무덤에서 편히 쉬시고, 일요일 새벽에 부활하셨습니다. 그래서 세상의 일요일이 교회의 "주님의 날"(주일)이 되었습니다. 그 후 기독교는 천지창조의 쉼을 기억하는 토요일, 곧 안식일 대신, 주님의 승리의 부활을 기념하는 일요일을 주님의 날을 지키기로 관습을 바꾼 것입니다.

예수님께서 월요일에 입성하시고 목요일에 최후의 만찬을 하고 금요일에 처형당하시고 일요일 아침에 부활하셨다는, 이와 같은 시간표는 어디까지나 전설입니다.

성경을 자세히 읽어보면, 예수님께서 목요일에 처형되셨다는 것과, 금요일에 처형되셨다는 두 가지 이야기가 있습니다. 성경 기록자

(신학자)들은 그들의 필요에 따라서 예수님의 처형 날짜를 바꾸었습니다. 옛날에는 픽션과 논픽션 사이에 구분이 별로 없었습니다. 여러분이 어린 시절에 들었던 동화에서는 사실과 공상 사이의 구분이 별로 없었던 것과 비슷합니다.

어쨌든 우리가 아는 바에 따르면, 금요일에 예수님은 끔찍한 고통을 당하시며 처형되었습니다. 이 죽음은 얼마나 끔찍했든지 그의 친족들, 제자들, 어느 누구도 이해하지 못했고, 결국 모두가 그 곁을 떠나갔다고 했습니다. 그러나 세월이 얼마 흐른 후, 그들은 되돌아왔습니다.

픽션과 논픽션의 구분이 없었던 시대에 살았던 그들은 예수님의 처참한 십자가라는 그림 위에 그들이 원하는 색깔의 붓으로 새로운 그림을 그리기 시작했습니다. 오늘 읽은 요한복음 12장에 있는 "호산나, 다윗의 자손이여, 찬미 받으소서!" 하는 이 화려한 입성 장면은, 많은 세월이 흘러가고 성서가 기록될 당시에, 예수님 돌아가시던 그 때를 회상하면서, 자신들이 '그렇게 했었더라면 좋았을 것'이라는 뒤늦은 후회를 표현한 그림이라고 할 수 있습니다.

이렇게 한 이유는, 그들이 구약성서를 읽어보았을 때, 이런 일이 일어났어야만 예수님이 메시아로서 자격을 갖춘다고 생각했기 때문입니다. 그들은 열왕기 하 10장에 있는 이야기, 스가랴서 9장에 있는 이야기, 두 에피소드를 합쳐서, 그것을 소재로 외로운 십자가의 예수님 앞과 뒤에 화려한 그림을 그렸습니다. '예수님의 십자가'가 식사의 본식이라면 '종려주일'은 전식(前食) 같은 것이고, '부활절'은 후식(後食) 같은 것이라고도 할 수 있습니다.

따라서 주일에 시작되는 예루살렘 입성과 예수님의 금요일 처형,

그리고 다음 주일의 부활, 이 사건은 결코 분리해서 생각할 수 없는 하나의 사건입니다. 그렇게 생각할 수 있는 이유는 바로 성경 자체에 나타나 있습니다.

오늘 우리가 읽은 요한복음서는 교회가 많이 아끼며 인용하고 있는 공관복음서와는 크게 달리, 예수께서 여러 차례 예루살렘을 방문한 사실을 기록하고 있습니다. 마태, 마가, 누가라는 세 개의 공관복음서는 예수님이 한 번 예루살렘에 올라가셨다가 그 길로 죽음을 당하셨다고 기록하고 있는가 하면, 요한복음은 예수님께서 예루살렘을 여러 차례 공략한 것으로 되어 있는데, 그 때마다 조금씩 조금씩 위기가 점증하다가 마지막에 처형됐다고 기록하고 있습니다.

그런데 요한복음은 유난히 예수님의 예루살렘 방문을 자세히 기록하고 있습니다. 유월절에 예수님께서 세 번이나 민족 해방절을 지키려 예루살렘에 올라가셨고, 그 이외에 다른 명절에도 올라가셨다고 기록하고 있습니다. 요한복음 7장에는 예수님이 10월쯤에 예루살렘을 방문하셨다고 기록하고 있고, 누가복음 10장에는 하누카, 곧 성탄절쯤에 다시 예루살렘을 방문하셨다는 기록이 나옵니다.

오늘은 예루살렘 방문을 유난히 자세하게 기록하고 있는 요한복음 중의 한 대목에 관심의 초점을 두고 싶습니다.

우선, 공관복음서는 단 한 번의 예루살렘 방문으로 예수님의 생애가 끝났다고 보지만, 요한복음은 예수님의 점진적인 예루살렘 공략을 기록하고 있기 때문에 그것이 훨씬 현실적이라고 생각이 되기 때문입니다. 요한복음과 공관복음이 다 같이 최후의 예루살렘의 입성, 즉 종려주일의 기사를 화려하게 그리고 있지만, 그것은 구약성서를 본떠서 만든 먼 훗날의 상상이고, 오늘 요한복음 7장에 있는 것이 실제 사건에 매우 가까운 것이라는 생각이 듭니다.

요한복음 7장을 여러분 자세히 보시기 바랍니다. 예수님이 한창 목회하고 계실 때 유대인의 명절이 돌아왔습니다. 유대인은 성인 남자면 1년에 세 번 예루살렘을 방문해야 하는 종교적인 의무가 있습니다. 기독교도의 순례도 거기서부터 시작된 것입니다.

예수님도 당연히 올라가야만 했습니다. 그런데 예수님이 이번에 올라가면 죽음을 면치 못할 거라는 소문이 들렸습니다. 가족, 형제, 제자들이 말렸을 겁니다. 요한복음에는 예수님의 형제들이 말합니다. "유대로 가셔서 거기 있는 제자들도 당신이 하는 일을 보게 하고, 당신을 세상에 드러내십시오." 그것은 아마도 "유대인의 성인 남성이면 예루살렘에 올라가야 하는 명절인데, 그러나 위험합니다. 어떻게 하시겠습니까?"라는 말이 아니었을까 생각합니다. 성경에 의하면 초막절인데 그게 아마 유월절이었을 겁니다.

그들의 물음에, 예수님은 "너희는 명절을 지키러 올라가라. 나는 아직 내 때가 차지 않았으므로, 이번 명절에는 올라가지 않겠다."고 말합니다. 그리고 예수님은 갈릴리의 고향에 남았다고 기록되어 있습니다. 그리고 몇 시간, 또는 몇 날이 지났는지는 모릅니다. 그 동안에 예수님은 많은 생각을 하셨을 것입니다. '하느님을 믿자고 설교하며 나선 내가 죽음이 두려워서 갈릴리에 앉아 있을 수가 있겠는가.' 가족들, 형제들, 친구들, 제자들이 다 예루살렘으로 올라간 텅빈 갈릴리에서 예수님은 자신의 나약한 모습을 보면서 생각에 잠기셨습니다. '내가 이렇게 비겁할 수밖에 없는가? 왜 내가 여기 혼자 남아 있어야 되는가?'

"예루살렘"이라는 도시의 이름은 아이러니 하게도 "평화의 도시"

입니다. 그러나 평화의 도시인 예루살렘은 예수님에게는 죽음의 도시였고 죽음의 길이었습니다. 그래서 예수님은 평화의 도시가 아닌 죽음의 계곡으로 선뜻 갈 수 없어서 갈릴리에 혼자 남으신 것 같습니다.

이것은 예수님의 명예에 도움이 되는 기록이 아니라는 점에서 믿을 만한 기록이라고 생각합니다. 예수님의 제자들이 예수님을 위대하게 만들고 싶었다면 이 부분은 생략해도 좋았을 겁니다. 그러나 그 기록이 남아 있는 것을 보면, 이것은 예수님의 실제 행동과 매우 근사한 진실을 담고 있는 한 토막이라고 생각해도 좋을 듯합니다.

누군들 자신의 수명을 단축하고 싶습니까? 예수님은 한참 망설이고 고민하다가 끝내는 양심의 소리에 굴복하고 맙니다. '하늘의 음성'에 굴복한 것입니다. '시대의 요청' 앞에 예수님은 자기의 몸을 내맡깁니다. 어쩔 수 없는 순간이었습니다. 많고 많은 할 일을 다 하지 못하고 짧은 인생을 마감하는 예수님 자신을 생각하면 실패라고 할 수 있지만, 하늘의 입장에서 보면 그것은 승리였습니다.

먼 훗날 예수님의 제자들이 예수님의 예루살렘을 향한 죽음의 행진을 승리라고 기록한 것은, 예수님의 승리가 아니라 '하늘의 승리'였고, 그를 부르는 '시대 혼의 승리'였기 때문이라고 생각합니다.

십자가에서의 처참한 죽음 자체가 결코 승리일 수는 없지만, 예수님의 '양심의 승리'이며, '시대 혼의 승리', '하늘 음성의 승리'였고 '삼위일체적인, 공동적인 승리'라고 말할 수 있습니다.

종려주일을 맞이하여, 오늘 우리들의 삶 속에도 '양심의 승리', 우리를 향한 '하느님의 음성의 승리', 우리를 향한 '시대적 혼의 요청의 승리', 그런 승리가 일어날 수는 없을까 해서 여러분에게 이 말씀을 드리는 것입니다.

예수님께서도 그 길을 가시는 것을 망설이셨습니다. 그래서 안 가겠다고 하셨습니다. 그러나 예수님은 끝내 하늘의 명령, "천명(天命)"에 복종하셨습니다. 많은 사람들은 예수님이 신의 아들이기 때문에, 그가 하느님의 명령을 이행하는 것은 쉬운 일이었고, 배우가 각본에 따라 움직이듯이 하느님의 각본에 따라 움직이셨을 거라고 생각합니다. 그러나 성경에 의하면 그렇지 않습니다. 예수님은 이 하늘의 명령을 확실하게 거부했었습니다. "이번 명절에는 올라가지 않겠다."

아마 먼 훗날, 예수님의 심정을 마태복음 21장 28절에 기록했을지도 모릅니다. 마태복음 21장 28절에서 31절에 있는 '두 아들의 비유'의 내용은 이렇습니다. 부잣집에 두 아들이 있었습니다. 큰아들에게 "오늘은 포도원에 가서 일을 하라"고 아버지가 말했습니다. 그러나 큰아들은 바빠서 못한다고 거절했습니다. 그래서 아버지는 작은아들에게 "포도원에 나가서 일을 하라"고 했습니다. 작은아들은 "예" 하고 대답했습니다. 그런데 저녁이 되어서 아버지가 보니, 작은아들은 다른 데 가서 놀고 있고, 큰아들은 포도밭에서 일을 하고 돌아왔습니다.

이 비유를 말씀하신 후 예수님은 묻습니다. "너희들이 보기에는 이 둘 가운데 누가 아버지의 뜻을 행하였느냐?" 해답은 너무나 뻔합니다. 아버지 앞에서는 "아니오"라고 말했지만 결국 포도원에 가서 일한 맏아들이 아버지의 명령을 이행한 거라고 이구동성으로 대답을 했습니다.

아마 그 큰아들이 예수님 자신 아니었을까요? 마태복음 21장에 있는 이 비유는 예수님께서 예루살렘 근처에서 하신 설교입니다. 예수님 자신의 이야기가 반영된 것인지도 모릅니다.

여러분은 요즘 이른 새벽에 눈을 뜨면서 무슨 생각을 하십니까?

그리고 어제 밤 늦도록 잠 못 이루고 있을 때에는 무슨 생각을 하셨습니까? 여러분이 오늘 새벽 일찍 일어났을 때 마음속에 품은 생각과, 어제 밤늦게까지 품었던 생각이 일치한다면, 여러분은 적어도 자신이 누구이며 무엇을 하고 있는지를 아는 사람일 것입니다. 그러나 어제 밤에 무슨 걱정을 했는지 다 잊어버리고 오늘 아침에 새로운 걱정을 한다면 여러분은 조금은 가볍게, 무게 중심이 없이 사는 사람이라고 말할 수 있겠지요.

대부분의 사람은 아침 일찍 생각하는 것과 밤늦게까지 생각하는 것이 같지 않을까요? 그것이 그 사람의 "혼"이라고 할 수 있습니다. 그래서 제가 관상쟁이는 아니지만, 여러분이 이른 새벽에 일어나서, 그리고 밤에 잠들기 전에 무엇을 생각하며 무엇을 고민하고 있는지를 저에게 알려주신다면, 여러분이 누구인지, 여러분의 운명이 어떻게 될지 말해 드릴 수 있습니다.

저는 오래 전부터 아침에 눈을 뜨고, 그리고 잠자기 직전에 늘 이런 생각을 합니다. 첫째는 '오늘 우리 시대, 이 자본주의 사회 속에서 주님의 뒤를 따라 간다는 것이 과연 가능한 삶인가?' 둘째로는 '그 길이 가능하다면, 그 길을 가는 사람에게 그것은 충분히 보람 있는 삶인가? 헛수고는 아닌가?' 셋째는 '그 길을 가다가 굶어죽을 일은 없을까? 많지도 않은 가족이 먹고사는 데 얼마만큼 지장이 되는 일일까?' 오랫동안 생각해 보았습니다.

그리고 이제는 "나는 예루살렘에 안 간다"고 공개적으로 발표하셨던 예수님처럼 저도 지금 말하고 싶습니다. "그 길은 가능하지도 않으며, 그 길을 가는 사람에게 별로 보람도 없으며, 그 길을 가다보면 가족이 먹고사는 데 큰 지장이 있을 것이다." 그러나 아직도 이 말에 마침표를 찍을까 말까 또 생각 중입니다.

　예수님도 겟세마네 동산에서 자신이 져야 될 운명의 십자가를 포기하고 싶으셨습니다. 예수님은 명절에 예루살렘에 올라가자고 하는 형제들의 요청을 거부하셨습니다. 죽음의 길을 가야만 하는 우리 주님은 많이 망설이셨습니다. 그리고 공개적으로 이 길을 가지 않겠다고 하셨습니다.

　그러나 끝내 예수님은 가셨습니다. 그의 제자들은 예수님이 예루살렘으로 올라갔다는 것 자체가 승리였다고 훗날 아름답게 기록하고 있습니다. 가족들이 다 버리고 간 길, 동료들과 제자들이 다 버리고 간 그 길을 하늘의 음성을 따라 예수님은 가셨습니다. 가고 싶어서가 아니라, 갈 수밖에 없었기 때문에 가셨습니다. 즐거운 마음으로 갈 수는 없는 길이었습니다. 그 길은 너무 힘든 길이기 때문입니다. 그러나 예수님 자신의 '양심'이 '하늘의 음성'을 외면할 수 없었기 때문에 가셨습니다.

　평화라는 이름의 도시인 예루살렘으로 가는 길은 평화의 길이 아니었고 죽음의 길이었지만, 종려주일에 호산나는 계속됩니다. 그 길은 승리의 길이었다고 성경은 기록했습니다. 훗날 그의 제자들이 예수님의 운명을 승리라고 기억하는 것은 옳은 일입니다.

　가끔씩 저는 저의 장례식에 추도사를 누가 해줄까 생각해 봅니다. 누구에게 추도사를 부탁하면 제가 죽어서 편할지를 생각해 보는 거죠. 예수님을 위한 추도사의 한 대목이 "호산나, 다윗의 자손"이라고 생각합니다. 예수님이 돌아가신 다음, 그 훗날 그의 제자들이 "그 때 우리는 도망갔지만, 다른 많은 사람들이 예수님의 예루살렘 입성을 환영했고, 그것은 승리였다네!" 하고 기억했습니다.

저의 장례식에서 어떤 친구가 "홍정수는 하늘의 명령에 대해서 '예, 일하겠습니다' 했지만 사실은 포도원으로 가지 않고 딴 짓을 한 배신자다"라고 말하지 않을까 걱정이 됩니다. 그러나 누군가가 저의 장례식에서 "홍정수는 예루살렘에 안 간다고 말했다. 그런데 몰래 혼자서 갔다. 요한복음 7장에 있는 대로 명절 한 중간에 예루살렘에 나타났고, 그리고 하늘이 원하는 대로 자기의 뜻을 전하다 죽었다."라고 말해 줄 수 있다면 저는 정말 복된 사람이 아닐까요?

그래서 종려주일을 다시 생각해 봅니다. 어렵고 치사하게 사는 삶도 있지만 힘들고 아름답게 사는 삶도 있습니다. 예수님이 예루살렘으로 향한 그 '죽음의 길'을 어떤 사람들은 '승리의 길'로 기억했습니다. 여러분은 삶의 끝에서, 여러분의 삶이 어떻게 회상되기를 원하십니까? 그것은 여러분의 선택에 달려 있습니다.

17

그들의 주님, 우리들의 주님

시편 34:11-22 젊은이들아, 와서 내 말을 들어라. 주님을 경외하는 길을 너희에게 가르쳐 주겠다. 인생을 즐겁게 지내고자 하는 사람, 그 사람은 누구냐? 좋은 일을 보면서 오래 살고 싶은 사람, 그 사람은 또 누구냐? 네 혀로 악한 말을 하지 말며, 네 입술로 거짓말을 하지 말아라. 악한 일은 피하고, 선한 일만 하여라. 평화를 찾기까지, 있는 힘을 다하여라. 주님의 눈은 의로운 사람을 살피시며, 주님의 귀는 그들이 부르짖는 소리를 들으신다. 주님의 얼굴은 악한 일을 하는 자를 노려보시며, 그들에 대한 기억을 이 땅에서 지워 버리신다. 의인이 부르짖으면 주님께서 반드시 들어주시고, 그 모든 재난에서 반드시 건져 주신다. 주님은, 마음 상한 사람에게 가까이 계시고, 낙심한 사람을 구원해 주신다. 의로운 사람에게는 고난이 많지만, 주님께서는 그 모든 고난에서 그를 건져 주신다. 뼈마디 하나하나 모두 지켜 주시니, 어느 것 하나도 부러지지 않는다. 악인은 그 악함 때문에 끝내 죽음을 맞고, 의인을 미워하는 사람은, 반드시 마땅한 벌을 받을 것이다. 주님은 주님의 종들의 목숨을 건져 주시니, 그를 피난처로 삼는 사람은, 정죄를 받지 않을 것이다.

마태복음 20:1-7 "하늘 나라는 자기 포도원에서 일할 일꾼을 고용하려고 이른 아침에 집을 나선 어떤 포도원 주인과 같다. 그는 품삯을 하루에 한 데나리온으로 일꾼들과 합의하고, 그들을 자기 포도원으로 보냈다. 그리고서 아홉 시쯤에 나가서 보니, 사람들이 장터에 빈둥거리며 서 있었다. 그는 그들에게 말하기를 '여러분도 포도원에 가서 일을 하시오. 적당한 품삯을 주겠소' 하였다. 그래서 그들이 일을 하러 떠났다. 주인이 다시 열두 시와 오후 세 시쯤에 나가서 그렇게 하였다. 오후 다섯 시쯤에 주인이 또 나가보니, 아직도 빈둥거리고 있는 사람들이 있어서, 그들에게 '왜 당신들은 온종일 이렇게 하는 일 없이 빈둥거리고 있소?' 하고 물었다. 그들이 그에게 대답하기를 '아무도 우리에게 일을 시켜주지 않아서, 이러고 있습니다' 하였다. 그래서 그는 '당신들도 포도원에 가서 일을 하시오' 하고 말하였다.

    기독교인의 중요한 상식이라고 말할 수 있는 이야기 한 토막을 먼저 드리겠습니다. 이것은 유대-기독교 전통의 일부분이라고 말할 수도 있습니다. 유대-기독교 전통의 사람들은 그들의 하느님을 고백할 때 "우리의 하느님," "나의 하느님"이라는 말과 더불어, "아브라함의 하느님," "이삭의 하느님," "야곱의 하느님," "이스라엘의 하느님," "우리 조상들의 하느님"으로 고백해 왔습니다. 이것은 유대-기독교인들이 어쩌면 (자연이 아니라) '역사' 속에서 만난 하느님을 고백해 왔으며, 이 역사 속에서 자기들이 그날 그날을 살아갈 삶의 지혜를 배우기 때문이라고 할 수 있습니다.
    늘 변함 없는 자연 법칙, 늘 변함 없는 수학 공식 같은 원리, 불변하는 진리를 예배하는 종교가 아니고, 부단히 변하는 역사와 부단히 변하는 인간들의 상황 속에 구체적으로 개입하시는 하느님의 말씀, 그래서 종종 서로 모순되고 이전과는 달라 보이는 하느님의 말씀을 유대-기독교인들이 찾았고, 만났고, 예배해 온 것입니다.
    왜 하느님을 "아브라함의 하느님," "이삭의 하느님," "야곱의 하느님"이라고 부르면서, 정작 구약성서에서 중요한 인물인 "모세의 하느님"이라고는 부르지 않는지 참 궁금합니다. (학자들은 아브라함, 이삭, 야곱이 이스라엘 민족을 구성하는 대표적인 세 부족으로 봅니다). 어쩌면 모세의 하느님은 일부 소수의 하느님이었거나, 모세는 워낙 예외적인 인물이었기 때문에 후대 사람들의 상황과는 거리가 멀다고 생각되어서 그런지도 모르겠습니다.

아무튼 성경의 사람들은 하느님을 늘 "우리 선조들에게 ……을 행하신 하느님, 또는 약속하신 하느님"으로 고백하고 있습니다. 이 관습은 "우리는 오늘, 우리가 다급하여, 임의로 만들어내는 신을 예배하는 것이 아니다."라는 말도 될 것이라고 저는 생각합니다.

그러나 성경의 사람들이 늘 역사의 하느님을 고백해 왔기 때문에, 그들의 신앙 고백 뒤에는 언제나 그들이 지닌 오늘의 아픔에 대한 불평이 후렴처럼 들립니다. 영원불변하는 하느님을 섬긴다면 이런 문제는 없습니다. 동일한 하느님 얘기가 그 옛날에도 적용되었고 지금도 적용되기 때문입니다. 표준 상태에서는 물이 항상 100도에서 끓듯이, 옛날이나 지금이나 변함없는 하느님의 진리와 지혜를 이야기한다면, 상황이 달라진다고 하느님의 말씀의 내용이 달라질 수 없을 것입니다.

한편, 유대-기독교인들은 늘 옛날 선조들이 만났던 하느님, 또 그 하느님의 지혜를 예배, 찬양하기 때문에, 현대인들은 가끔씩 불편을 느끼게 됩니다. 그래서 역사를 보면, 성급한 사람들이 아예 처음부터 "오늘의 하느님," "오늘, 우리들의 하느님" 이야기를 만들어 버리는 수가 종종 있습니다. 유대-기독교 신앙의 역사 속에 숨어 있는 이와 같은 "근본적 난점과 위험" 때문에 교회라는 곳에는 으레 목사라는 "전통 해석자"가 존재합니다.

목사란 마치 토목 공사하는 사람과 비슷합니다. 이것을 학자들은

"해석학적 작업"이라 하는데, 쉽게 말하면, 죽은 사람들의 이야기, 옛 날 사람들의 이야기와 오늘 우리들의 아픔과 소망 이야기가 서로 상통하는 것임을 증거하는 일을 합니다.

과거와 현재의, 시간과 공간적 차이를 연결하는 커다란 다리를 놓는 작업이 예배와 설교를 통하여 일어나는 것입니다. 그리고 우리는 성경 속에 있는 과거의 이야기가, 그들의 이야기가 아니고 오늘 우리들의 이야기라고 알아듣고 고백하게 됩니다. 그런데 이런 '다리 놓기 작업'은 여간 어려운 일이 아닙니다.

오늘 우리들의 옛 이야기는, 사도신경에 있는 신앙 고백의 한 토막, "본디오 빌라도에게 고난을 당하신 예수님을 우리 주 예수 그리스도"로 믿는다는 것입니다. 즉 2세기의 사람들이 본디오 빌라도에게 고난을 받으신 예수님을 구주로 믿는다고 고백했는데, 오늘 우리도 사도신경을 고백하면서, 그들이 믿었던 주님을 믿는다고 고백합니다.

이것은 "고난당하는 자의 모습으로" 2세기의 사람들을 구원하셨던 그 예수님이, 오늘 21세기의 우리들에게도 구세주라는 말입니다. 어떻게 그럴 수 있을까요? 2세기 사람들의 '예수'와 오늘 우리들의 '예수', 왜, 어떻게 동일할 수 있을까요? 이것을 해명하는 일은 실로 어려운 신학적 토목 공사입니다.

2세기의 로마 기독교 공동체의 상황은 독특했습니다. 전설적으로는 3년이고, 어쩌면 실제로는 1년밖에 안 되는 예수님의 목회 기간, 소위 예수님의 "공생애" 동안에 일어난 많은 사건들과 많은 설교들을 그들(2세기의 사도신경 공동체)은 다 지워 버렸습니다. 예수님이 하신 "이웃을 사랑하고 원수를 사랑하라"는 아름다운 설교도 예수님의 주요 재산 목록에서 지워버렸다는 말입니다.

그리고 다만 하나, "예수님이 본디오 빌라도에게 고난을 당하셨다"는 대목만 그들은 기록했습니다. 이것을 지금 바로 우리가 계승하고자 합니다. '그들의 주님'이 바로 오늘 '우리들의 주님'이라고 고백하려 합니다. 기독교인의 길은 그렇습니다. 과거의 선조들이 만났던 신, 그들이 만났던 구세주를 계속하여 믿는 길입니다.

반면에, 오늘날의 많은 기독교인들의 가슴속에는 "예수님"이라고 하면, 신약성경 속의 예수님보다는, 5세기의 예수님을 가리키는 수가 많습니다. 5세기의 사람들은 예수님을 "참 신"이자 동시에 "참 인간"이라고 고백했습니다. 오늘 우리들에게는 사람을 가리켜, "참 신, 참 인간"이라고 하는 게 아주 형이상학적이고 어려운 말처럼 들리겠지요. 그러나 모진 박해가 끝나고, 기독교가 마침내 자기들을 핍박하던 제국과의 관계가 잘 정착된 5세기의 기독교인들은, 예수님이 바로 "참 신이고 참 인간이기 때문에" 자기네들의 메시아라고 믿고 고백했습니다. 즉 인간의 문제를 해결할 자는 당연히 인간이어야 하며, 그러나 반면에, 인간의 문제는 너무 중대하기 때문에 신이 아니면 안 된다는 대전제가 그들의 마음속에 있었던 것입니다.

2세기의 사람들은 인간의 메시아 됨의 조건으로서 그런 것이 필요하다는 생각을 전혀 할 줄 몰랐습니다. 상상조차 못한 일이지요. 물론 오늘날의 사람들도 5세기의 기독교인들 식으로 생각하지는 않습니다.

제가 신학교 교수 시절에 신학교 지원자들, 신학생들, 또 목사님들로부터 신앙 고백서를 받아보았습니다. 그런데 아무도 5세기 식으로 예수님에 대한 자신의 신앙을 고백하지는 않았습니다. 그들은 자신이 왜 예수님을 믿는지를 대답하는 과정에서, 예수님이 "참 하느님이고 참 인간이기 때문에", 그의 구세주라고 쓴 사람은 단 한 사람도 만나지 못했습니다.

그럼에도 불구하고, 누군가가 예수님은 '참 신'이 "아니고," '참 하느님'이 "아니다"라는 말, 혹은 그 비슷한 말을 하면, 즉각 달려들어, "당신은 이단자!"라고 항의하려는 기독교인들이 많이 있습니다. 그것은 자기들에게도 이미 '죽은 언어'임에도 불구하고, 이제 그 언어 그만 사용하자고 하면, "이단자" 운운하는 기독교인들의 허약성을 어떻게 이해해야 할까요?

5세기의 신앙고백, "예수님은 참 신이고 참 인간이다"라는 멋지고 아름다운 고백은 우리들 모두에게는 사실상 죽은 단어에 불과하게 되었습니다.

그래서 저는 5세기의 신앙고백(칼케돈 신조)보다는 2세기의 신앙고백, 곧 "본디오 빌라도에게 고난을 당하셨을 뿐만 아니라, 매맞고 죽으신 예수님"을 고백하는 사도신경으로 우리들의 신앙을 고백하기를 즐겨합니다.

물론 이 사도신경에 대하여 많은 사람들이 불편을 느낀다는 것은 잘 알고 있습니다. 여러분은 다른 의미에서 불만이 있으시겠지만, 저는 사도신경 속에 예수님에 관한 많은 수식어가 등장함에도 불구하고, 예수님의 교훈과 생애에 대해서는 침묵하고 있다는 점에서 불만이 큽니다. 사도신경의 이런 약점은 현대 기독교가 "예수 불가지론"(Jesus agnosticism) 현상을 빚어내고 있는 데 큰 몫을 하고 있습니다.

많은 현대 신학자들은 성경 속에서 "역사의 예수"를 찾으려는 건 어리석은 작업이라고 합니다. 역사의 자료는 늘 모호하며, 또 확실한 것이라고 할지라도 본성상 상대적 진리일 수밖에 없기 때문이라는 겁니다. 역사의 매 순간은 각기 독특하지요 그런 반면, 대중 기독교인들(pop Christians)은 5세기의 형이상학적, 신화적 신앙고백이 이미 충분하기 때문에, '역사적 예수'의 생애나 예수님이 실제로 가르쳐준 교훈에는 별로 관심이 없습니다. 그들은 신화의 틀 속에 있는 예수를 멀리서 손뼉치며 찬양하나, 그를 "알고, 따르지는" 못합니다. 그가 누구인지 모르기 때문입니다.

그래서 저는 현대의 신학자들이나 대중 기독교인들을 생각하며, 기독교의 미래를 염려합니다. '예수님의 삶과 교훈'에 대한 오늘날 기독교의 무지를 극복하는 것은 기독교 미래를 위하여 반드시 해결해야 하는 중대 과제입니다.

그런 의미에서, 사도신경을 오늘 우리들이 아무 비판 없이 그대로 따라가는 것에는 한계가 있습니다. 사도신경은 예수님에 대해서 "본디오 빌라도에게 고난을 당하고, 정말로 죽은 예수, 그 사람을 나의 그리스도로 믿는다"라고 말합니다. "죽은 것 같은 그 사람이 아니고, 정말로 죽은 그 사람이 나의 메시아라고 믿는다"는 것입니다. 왜 2세기의 사람들이 이런 신앙고백을 했는지 생각하면서, 우리도 그 고난 받고 돌아가신 예수님에게서 어떤 위로와 힘을 얻을 수 있을까를 찾아보려고 합니다.

"고난과 고통을 당하고, 그리고 죽었다"는 것은 좋은 일이 결코 아닙니다. 고난과 고통은 동서고금 누구에게 물어보든지 좋은 것이 아닙니다. 의학적으로 보면 그것은 질병의 징후입니다. 건강한 사람에게는 고통, 고난이 따르지 않습니다. 유대-기독교적으로 보면 고통, 고난은 죄의 부산물입니다. 의인은 고난을 당하지 않습니다. 오늘 시편에 보면 의인이 간혹 고난을 당하기는 하지만 의인은 고난을 당하더라도 하느님으로부터 속히 구원을 받기 때문에 오래 고난 당하지 않습니다.

성경의 기록에 의하면, 예수님이 사흘 만에 부활하셨다는 고백은 사실 시편에서 비롯된 이야기입니다. 의인은 고난을 당하지 않지만, 혹 고난을 당하더라도 사흘 이상 당하지는 않는다고 하는 것이 시편, 혹은 시편을 쓴 유대인들의 일반적인 신앙이었습니다.

불교인들이 볼 때는, 고통이나 고난은 인간의 집착이나 부질없는 욕심의 산물입니다. 마음을 철저하게 비우면, 육신의 아픔을 겪어도, 억울한 죽음을 당해도, 사실은 죽음과 삶이 일치하는 것이요 차이가 없는 것이기 때문에, 우리 마음에 평화를 찾을 수 있다는 것이 불교의 신념입니다. 그러므로 동서고금의 철학이나 현대의학으로 보더라도 고통과 고난은 좋은 것이 아닙니다. 그것은 일시적인 것이고 극복되어야 하는 것입니다.

그러나 2세기에 신앙을 고백한 우리들의 선조들은, 예수님에 관하여 유독 한 가지를 말하고 있습니다. "그는 고난을 받았고, 죽어서 땅 속에 깊이 묻혔다."

이것은 기독교 초기의 이야기와는 너무나 다릅니다. 사도 바울 선생님은 고난받는 메시아가 '스캔들'(걸림돌)이라고 생각했습니다. 바울 선생님은 메시아가 고난을 받고, 나무에 달려 죽어야 한다는 것은 설명하기 어려운 걸림돌이라는 생각 때문에, 그것을 설명하느라고 많은 신학적인, 철학적인 반성을 합니다.

바울 선생님의 생각과는 달리, 2세기 교회와, 그 후에 기독교인들은 예수님이 십자가에 못박혀 돌아가셨다는 것이 아무런 걸림돌도 되지 않습니다. 그들은 그것에 대해 오묘한 신학적인 설명을 붙이려고 하지도 않습니다. 예수님은 객관적으로 본디오 빌라도라는 한 로마의 하수인에 의해서 처형당했고 죽었다는 사실을 사도신경은 조금도 수치로 여기지 않고 있습니다. 오히려 그들은 그 사실을 숨기지 않았습니다.

그러나 2세기 사람들의 상황이, 바울 선생님의 상황과, 5세기의 상황과, 또 오늘 우리들의 상황과는 다릅니다. 1세기의 사람인 바울 선생님은, 로마야말로 하느님이 주신 위대하고 아름다운 질서라고 생각하면서, 로마의 평화를 통하여 기독교 전도가 가능해졌으며, 로마의 모든 황제들은 하느님의 섭리 아래 있다고 믿을 수 있었습니다. 그러나 세월이 지나 로마 황제가 기독교인들을 악착같이 쫓아와 지하에 숨은 사람들까지 찾아내 마침내 사자의 밥으로 만드는 상황에 처한 2세기의 기독교인들은, 바울 선생님과 생각이 달랐습니다.

사도신경에서 "본디오 빌라도"는 로마를 상징하는데, 로마의 세력은 사탄의 세력이었고, 그 세력 앞에 살아남을 기독교인은 아무도 없었습니다. 하느님도 그 사탄의 세력 앞에서 죽어가고 있는 사람들에게 침묵을 지키십니다. 사흘 만에 찾아와서 의인의 고난을 치료해 주겠다는 구약성서의 약속은, 2세기 기독교인들에게는 더 이상 믿을 현실이 아니었습니다.

이 상황에서 그들은 전통적 믿음을 버릴 수도 있었지만, 믿음을 계속 지켰습니다. 본디오 빌라도에게 고난을 받고 마침내 이 세상을 떠난 예수님에게서 희망과 위로를 발견할 수 있었기 때문이었습니다. '본디오 빌라도,' 그 이름은 이 세상의 정치적, 군사적, 제도적, 법률적, 폭력의 상징이었고, 그 막강한 폭력의 희생자가 된 "예수"에게서, 그들은 그 아무것도 막을 수 없는 큰 위로와 희망을 발견할 수 있었습니다.

2세기의 기독교인들은 캄캄하게 어두운 시간을 살았으며, 목숨의 위협을 받지 않고는 예수님을 믿을 수 없었던 사람들입니다. 그들에게, "예수"는 모든 것을 해결할 수 있는 '600만불의 사나이'가 아니었고, 혼자서 일망타진하는 '람보'도 아니었습니다. 그들에게 "예수"는 '유대인들의 메시아'도 아니었습니다.

그들은 고난받고 죽은 그 "예수"를 수치스럽게 생각하지 않고, 오히려 본디오 빌라도에 의하여 처형당한 그 "예수"에게서 희망을 발견했습니다. 죽어가면서 끝까지 자기의 인간성을 지킨 그 예수님에게서 위로와 희망을 발견했습니다. 고난 속에서도 인간의 존엄성, 품위, 자존심을 끝까지 지키신 예수님에게서 그들은 "임마누엘, 하느님이 우리와 함께 계신다"는 역설적인 진실을 발견했던 것입니다.

어떤 이유에서든지, 예수님의 생애와 교훈 속에서, 오늘날 여러분이 겪고 있는 고통과 고난을 이어주는 "하나됨"을 경험할 수 있는 어떤 것이 있다면, 여러분은 "복된" 크리스천일 것입니다. 그러나 예수님의 생애와 그의 교훈 속에서, 여러분의 삶 속에 있는 고통과 희망이 '하나됨'을 느낄 수 없다면 여러분은 아직 크리스천이 아니거나, 행복한 크리스천이 아니라고 할 수 있습니다.

예수는 '참 인간이고 참 신이었기 때문에' 예수의 본성 속에서 희망을 발견했던 5세기의 매우 철학적인 기독교인들, 저는 그 사람들이 저의 (신앙 상) 조상이라고 말하기가 어렵습니다.

그러나 이것은 가능합니다. 이스라엘 후손들이 하느님을 "아브라함의 하느님", "이삭의 하느님", "야곱의 하느님"이라고 불렀듯이, 고난 속에서 자기네들이 예수님과 하나가 되고, 고난 속에서 하느님이 우리와 함께 계시다는 역설적인 고백을 했던 2세기의 크리스천들인 사도신경을 고백한 사람들의 하느님, 곧 본디오 빌라도에 의하여 고

문당하고 처형당한 예수님을 다시 살리신 그들의 하느님을, 제가 저의 하느님으로 고백할 수는 있습니다.

그러나 저의 생각에는 여기도 아직 또 다른 문제 하나가 남아 있습니다. 한국 역사 속에서 본다면, 1980년대까지는 그런 대로 "고난"이라는 것, "억울한 죽음"이라는 것이 의미가 있었던 것 같습니다. 그러나 21세기를 살고 있는 지금 우리들에게 "본디오 빌라도에게 고난 받고 죽으신 예수님"의 이야기는 너무나 '낯선 이야기'가 아닌가 하는 걱정입니다. 그래서 저는 오늘 이 시대의 우리들이 어떻게 사도신경을 우리의 이야기가 되도록 고쳐 읽을 수 있을까 생각하면서, 여러분에게 다른 성경구절을 읽어드립니다.

마태복음 20장에 있는 매우 아름다운 이야기입니다. 어느 포도원 주인이 있는데, 아마 포도 따는 계절이었는지, 자기의 농장에서 일할 사람을 구하고 있습니다. 아침부터 일꾼들을 불러다가 일을 시킵니다. 그런데 이 농장 주인은 일거리가 많았든지, 아니면 자비심이 많아서였든지, 오후 늦게까지 사람들을 불러다가 일을 시키고 품삯을 주었다는 이야기입니다.

여기서 제가 관심 있는 것은 오후 5시에 가서 한 시간 동안 일하고 하루의 품삯을 받았다고 하는, '오후 5시의 인생'입니다.

본디오 빌라도에게 "고난을 받으신" 예수님만 믿으라고 하면, 혹시 사람들이 "남의 예수"라고 말하지 않을까 걱정됩니다. 왜냐하면 지금 우리는 아주 잘 살지는 못하지만, 그렇다고 우리를 '고난 당하는' 사람이라고 말할 것까지는 없기 때문입니다. 따라서 잔인하게 고통을 당하고 처형당한 예수님을 믿으라 한다면, 그것은 복음이 아니라 "꺼림칙한 소식"이 될 것 같습니다.

그래서 다른 예수님을 생각해 봅니다. 오후 5시까지 고용 당하지 못하고 아무런 할 일이 없는 사람들, 그러나 하루의 품삯을 벌지 못한 채 그대로 자기 가정으로 돌아갈 수도 없는 사람들, 사람 구실을 다 못했기 때문에 떳떳하게 자기의 가족, 친구들과 환담하며 쉴 수 있는 자격도 없는 사람들, 그런 '오후 5시의 인생'을 구원해 주신 예수님, 이 예수님이 오늘 제가 고백할 수 있는 아름다운 예수님, 마음씨 좋은 포도원 주인 같은 예수님이라고 생각합니다.

지금까지 수없이 많은 세월을 낭비하고 이제는 일할 수 있는 시간이 한 시간 밖에 남지 않은 노후의 인생이라 할지라도, 예수님을 만나고 예수님을 알게 되면, 그가 지금까지 낭비한 모든 세월을 보상할 만한 일거리를 발견할 수 있을 것이라고 생각되기 때문입니다.

저는 인생에서 시간을 낭비하는 것보다 더 큰 죄는 없다고 봅니다. 그러나 지금까지 시간을 낭비했고, 그리고 이제 여러분의 인생에 한 시간만이 남았다 할지라도, 예수님을 진정으로 안다면, 여러분이 지금까지 잃어버린 모든 시간을 회복할 수 있는 아름다운 일거리를 예수님으로부터 받고, 그 일을 열심히 할 때, 떳떳한 가정의 일원이 되며, 친구들과 함께 인간답게 살아가는 새로운 기회를 얻을 수 있다고 생각합니다.

따라서 "본디오 빌라도에게 고난을 받으신 2세기의 예수님," 그 예수님은 이제, 하루 해가 한 시간밖에 남지 않은 시각에도 아직 하루 품삯을 벌지 못한 사람, 내일을 위한 일용 양식을 아직도 준비하지 못한 가장에게, 자신과 가정을 구원할 기회를 주시는 "인정 많은 고용주이신 예수님"이 됩니다. 그리고 그 예수님은 옛날처럼 오늘도 우리들에게 희망과 위로를 주십니다.

물론 이 예수님 소식이 모든 사람들에게 복음이 되지는 못합니다. 이 예수님 소식은 '일거리를 얻지 못한 이들'에게 큰 기쁜 소식이 됩니다.

여러분의 예수님은 어떤 예수님입니까? 2세기의 예수님과 어떤 관계에 있습니까?

18

십자가는 고난이 아니라 말이었다

마가복음 8:31-37 그리고 예수께서는, 인자가 반드시 많은 고난을 받고, 장로들과 대제사장들과 율법학자들에게 배척을 받아, 죽임을 당하고 나서, 사흘 후에 살아나야 한다는 것을 그들에게 가르치기 시작하셨다. 예수께서 드러내 놓고 이 말씀을 하시니, 베드로가 예수를 바짝 잡아당기고, 그에게 항의하였다. 그러나 예수께서는 돌아서서, 제자들을 보시고, 베드로를 꾸짖어 말씀하셨다. "사탄아, 내 뒤로 물러가라. 너는 하나님의 일을 생각하지 않고, 사람의 일만 생각하는구나!" 그리고 예수께서 제자들과 함께 무리를 불러 놓고 그들에게 말씀하셨다. "나를 따라오려고 하는 사람은, 자기를 부인하고, 자기 십자가를 지고, 나를 따라오너라. 누구든지 제 목숨을 구하고자 하는 사람은 잃을 것이요, 누구든지 나와 복음을 위하여 제 목숨을 잃는 사람은 구할 것이다. 사람이 온 세상을 얻고도 제 목숨을 잃으면, 무슨 이득이 있겠느냐? 사람이 제 목숨을 되찾는 대가로 무엇을 내놓겠느냐?

오늘 여러분과 함께 나눌 이야기의 주제는 "예수님의 '고난'이 사람을 구원하는가?"입니다.

만약에 예수님의 자기 희생적인 고난이 사람을 구한다면, 자신을 희생물로 바친 예수님의 아버지, 곧 우리의 하느님은 어떤 분이실까요? 만약에 예수님이 문자 그대로, 아브라함이 이삭을 하느님께 제물로 바쳤듯이, 자신을 하느님께 희생 제물로 바친 것이 아니라면, 왜 기독교인들은 오랫동안 마치 예수님을 인류가 하느님을 향하여 바친 희생제물인 것처럼 말해 왔을까요? 만약에 예수님의 "고난"이 우리를 구원하는 것이 아니라면, 그래도 예수님은 여전히 우리의 구원자인가요? 그리고 예수님의 "고난"이 의미가 있다면, 그 "고난"의 의미는 어디서 찾을 수 있을까요? 그런 것이 이 시간 함께 생각해 볼 이야기의 주제들입니다.

많은 기독교인들은 예수님이 십자가에 달려 돌아가셨다는 그 사실을 매우 소중하게 생각하는데, 그 이유는 그로 인하여 인류의 죄가 용서되었다고 생각하기 때문입니다.

만일 우리가 이러한 신앙의 표현을 '시적인 상상력'에 의한 언어로 이해하거나 '신화적' 언어로 이해한다면 옳은 말이지만, 문자 그대로 받아들인다면 곤란합니다. 실제로 죄 없는 한 사람이 십자가에 달려 죽은 덕분에 인류가 죄를 용서받게 되었다고 믿는다면, 그것은 '인신(人身) 희생제사'라고 하는 원시적인 믿음일 뿐입니다.

여러분은 자녀를 키워 보셨습니다. 성경에 보면 아브라함에게 하느님이 나타나서 100세에 낳은 아들을 바치라고 명령하시고, 아브라함은 사흘 동안 고민하다가 끝내는 그것을 결행합니다. 그가 간 사흘이라는 기간은 인간이 변덕을 부려서 마음을 바꾸기에 충분한 시간이 될 것 같습니다. 사흘 길을 간 다음 아브라함은 자기 아들을 장작더미 위에 올려놓고 하느님께 제물로 바치려 했습니다. 그런데 공식적인 인신희생제가 구약에서는 하느님 자신의 방해 때문에 실패했습니다.

그러나 신약에서는, 모양은 조금 다르지만, 예수님은 자기 자신을 제물로 바치는 데 성공했습니다. 예수님은 자신을 십자가 위에 올려 놓고 제물이 되었습니다. 그리고 사람들은 그 덕분에 죄가 용서되었 습니다.

자녀를 둔 여러분은 아들을 바치는 아브라함의 마음, 그리고 그런 잔인한 주문을 하는 아브라함의 하느님에 대하여 어떤 생각을 하셨습 니까? 또 예수님의 자기-희생을 받아들이는 그 하느님은 어떤 분일까 요?

많은 기독교인들은 자신들이 무엇을 믿는지 생각해 보지도 않고 '믿는다'고 말하는 게 아닐까 하는 생각이 듭니다. 왜 하느님은 인류 의 죄를 그냥 용서할 수 없었을까요? 왜 꼭 그의 독생자를 죽여야만 했을까요? 이 모든 일들이 사실이라면, 자식을 죽인 죄는 어떻게 용서 받나요? 기막힌 폭력이요, 야만적 살생 아닙니까?

역사상 지구에서 사람 죽이기를 서슴지 않는 가장 잔인한 종교인 들이 바로 기독교인들입니다. 그것이 우연이 아닐지도 모르겠다는 생 각이 듭니다. 사람을 죽여 놓고, 그것이 거룩한 일이라고 말하는 것은 뭔가 이상하지 않습니까? 예수님은 자기 자신을 희생 제물로 바쳤고, 하느님은 그 희생제물을 받으시고, 만족하셔서 "더 이상의 희생제물 은 필요 없다. 이제 모든 인간의 죄는 용서되었다."고 하늘에서 선언 하셨다면, 그 하느님은 인간의 생명을 귀하게 여기는 하느님이 아니 라는 생각이 들지 않습니까?

요즘 어떤 여성신학자는 이런 일을 염두에 두고, 기독교는 "어린 이 학대"(child abuse)의 온상이라고 합니다. 어떤 명분이든 하느님이 자 기 자식을 살해한 것이고, 자식 살해는 어떤 명분으로도 용서받을 수 없는 일이라고 그 여성신학자는 고발합니다.

그러나 이런 '인신 희생제사' 사건에 대한 기독교인의 언어들은, 처음 기독교인들, 곧 유대인들이 "예수님은 우리의 구원자"라는 말을 설명하려는 여러 방법들 중의 하나였으며, 시적이고 신화적인 표현, 곧 상징적인 표현입니다. 초대 기독교인들이 예수님의 고난은 자신들을 위한 희생제사였다고 말하기는 했지만, 그것은 문자적 표현이 결코 아닙니다.

특별히 사순절 기간에는 우리가 예수님의 고난을 깊이 생각해 보는 절기입니다. 그래서 우리들의 편안한 생활을 줄이고, 그분의 고난에 조금이라도 동참하려 합니다. 어떤 사람들은 부부생활을 중지하고, 또 어떤 사람들은 커피나 술, 담배 등, 좋아하는 음식을 끊기도 합니다.

그러나 이런 행위들은 일종의 마조히즘적(자학) 행위가 될 수도 있습니다. 만약에 여러분이 금식을 하거나 커피, 고기 따위를 안 먹는 대신에, 그 절약된 돈을 이웃을 위하여 선하게 쓴다면, 그것은 감히 "그리스도의 고난에 동참하는 행위"라 해도 좋겠습니다. 그러나 여러분이 즐기던 어떤 것을 중지함으로써 고난을 좀 받는다고 하여, 그것으로 그리스도의 십자가에 가까이 다가간다고 생각한다면, 여러분의 행위는 자기 학대에 불과합니다.

모든 고난이 사람을 거룩하게 하지는 않습니다. 사람을 거룩하게 하는 것이 '고난'과 '기도'라고 말들 하지만, 모든 기도나 모든 고난이 사람을 거룩하게 만들지는 않습니다. 예수님의 고난도 그것이 '고난'이라는 이유 때문에, '희생제물'이었다는 이유 때문에 사람들을 구원하는 힘이 있다면, 그의 하느님은 넌센스의 주인공이 되어버립니다.

그러면 왜 기독교인들은 이런 원시적인, 그래서 현대인들이 이해할 수 없는 신화적인 말을 해야만 했을까요?

사람들은 대개 자기가 겪은 고난의 의미를 찾아보려 합니다. 우리들도 우리 민족의 고난, 혹은 사랑하는 가족이나 동료, 스승이 당한 억울한 고난에 대해서 어떤 긍정적 의미를 찾아보려 합니다. 그 노력은 집요합니다. 현재까지도 고난을 당하고 있는 사람들은 그 고난의 의미를 앞질러 알고 싶어합니다. 왜 그러냐고 묻는다면 대답은 없습니다. 그렇지만 자기 자신이나 자기가 사랑하는 이들이 겪는 고난의 의미, 혹은 최소한 고난의 명분이라도 알고 싶어합니다.

유대인들은 이사야서 53장 5절에 이런 말을 남겼습니다. "그러나 그가 찔린 것은 우리의 허물 때문이고, 그가 상처를 받은 것은 우리의 악함 때문이다. 그가 징계를 받음으로써 우리가 평화를 누리고, 그가 매를 맞음으로써 우리의 병이 나았다."

여기서 말하는 "그"는 500년 혹은 600년 후에 탄생하신 예수님과는 아무런 상관이 없습니다. "그"는 "이스라엘 백성"을 말하는 것입니다. 후대의 이스라엘 백성들이 옛 선조들의 고난을 되새기고 회상하면서 "우리 선조들이 찔리고 상처를 받은 것은, 우리에게 평화를 주고 우리의 병을 낫게 하기 위한 거룩한 희생적 고난"이었다고 민족의 고난을 해석한 것입니다.

예수님의 제자들 역시 그토록 훌륭하고 선한 예수님이 왜 그런 비참한 죽음을 당해야만 했는지 자기 자신들에게 설명해야만 했고, 남들에게도 해명해야 했습니다. 그 과정에서 유대인들에게 쉽게 이해되는 '희생제사'라는 원시적이고 시적인 신화를 생각해 낸 것입니다. 그것은 고난의 의미를 알고 싶어하는 인간들의 몸짓이었습니다.

여러분의 고난도 마찬가지입니다. 그동안 살면서 겪었던 크고 작은 고난들이 오늘의 우리를 낳았고, 오늘의 우리 가정을 낳았다고 생각할 수 있습니다. 그래서 "일제 시대의 독립 투사들의 고난이 오늘 우리들에게 자유와 해방을 가져 왔다," "6·25 때 참전한 세계 우방국가의 젊은 넋들이 오늘 우리들에게 자유를 가져다주었다"고 말합니다.

그들의 희생은 본인들을 위해서가 아니라 후대에 오는 사람들에게 득을 주기 위한 거룩한 행위였다고 하는 점에서, "우리를 대신해서 희생을 당했다"고 말할 수 있겠지요. 전쟁 용사들을 기념할 때, 우리는 곧잘 이 패러다임을 사용하게 됩니다. 앞서간 희생자들의 덕을 본 후세 사람들이 하는 얘기입니다.

예수님이 십자가에 돌아가셨다는 그 사실 때문에 후세에 사는 우리가 덕 본 것이 있을까요?

제가 미국 유학 시절에 그 신학교 교수 한 분이 통일교로 넘어간 것을 알았습니다. 그에게 이유를 물었을 때, 그는 자신이 예수님 때문에 덕 본 것이 없다는 것이었습니다. 예수님이 와서 세상이 달라졌다고 들어 왔고 또 가르쳐 왔지만, 곰곰이 생각해 보니 세상은 하나도 달라지지 않았다는 것을 알았다고 합니다. 그런데 통일교의 문선명 씨가 "거룩한 결혼을 하시고, 가급적이면 국제결혼을 해서 피를 섞으십시오. 그래서 인종의 장벽을 무너뜨리는 것만이 지구를 구하고 지구의 평화를 가져오는 확실한 방식입니다."라고 역설했을 때 그는 감동을 받았고, 그래서 통일교로 넘어간 것입니다.

그 신학 교수의 이야기대로 예수님이 십자가에 달려 죽으셨다는 사실이 세상에 어떤 변화를 가져온 것 같지도 않고, 우리가 무슨 덕을 본 것 같지도 않다고 생각하지 않으십니까? 독립투사들의 희생이나 월남 참전 용사들의 희생은 우리들에게 눈에 보이는 득을 주었지만 말입니다. 그래서 예수님의 고난 덕분에 우리가 구원을 받았다는 것은 문자적으로는 의미가 없다고 말할 수 있습니다.

그렇다면 예수님은 구원자가 아닐까요? 과연 예수님의 고난은 의미가 없고 그의 죽음은 헛된 것일까요? 만약에 그렇게 생각한다면 오늘 우리가 이 자리에 결코 남아 있지 않을 것입니다.

저는 학생들에게 신학을 가르칠 때, 꼭 물어보는 것이 있습니다. "부처님의 최후를 아는가?" 대부분의 신학생들은 모르지요. 그리고 그들에게 또 묻습니다. "예수님이 부처님처럼 여든 살까지 오래 장수하다가 편안하게 돌아가셨다면, 예수님은 당신의 구원자가 될 수 없는가? 예수님께서 교통사고로 죽었거나 허리케인에 밀려서 바다에 빠져 돌아가셨다면, 예수님은 당신의 메시아일 수 없는가?"

이 이야기를 하는 이유는, 기독교인들은 예수라는 상품을 사고 파는 장사꾼에 불과할 뿐, 그 상품의 내용이 무엇인지 알고 사용하는 사람들은 아니라고 말하고 싶기 때문입니다.

예수님이 왜 우리의 메시아입니까? 예수님의 고난과 죽음이 왜 우리에게 소중합니까? 많은 기독교인들이, 예수님은 피를 흘리며 돌아가셨고, '피흘림'이 없이는 '죄사함'이 없다고 합니다. 그러면 그가 피를 흘리지 않고 돌아가셨다면 우리의 구세주가 아니란 말이 되겠지요? 정말 한심한 사고방식 아닙니까?

제가 특별히 십자가에 대해서 생각을 하게 된 것은, 어느 날 불교학자의 글을 읽은 후부터였습니다. 그 불교학자는 기독교인들이 원시적이고 야만적이고 카니발을 즐기는 사람들이라고 합니다. 성찬식을 할 때 "내 피다. 먹어라. 내 살이다. 받아먹어라." 그리고 뭐 우물우물

하고 나서 구원받았다고 하니, 기독교는 원시적이고 야만적인 카니발을 하는 종교라는 것입니다.

저는 그 후로 이 불교인의 입장, 다시 말하면 기독교 밖에 있는 사람들의 입장에서 기독교를 다시 생각해 보는 일을 철저히 하려고 애를 썼습니다. 그래서 예수의 고난이 우리를 구원했다고 하는 대목이야말로 철저히 다시 생각해야 할 문제라는 것을 알았습니다.

예수께서 십자가에 달려 돌아가실 때에 두 개의 다른 십자가가 있었다고 했습니다. 예수님이 열 네 살 때쯤 되었을 때에 아마도 갈릴리 자기 고향 앞 바다에 세워진 2000개의 십자가를 그가 목격했을 거라고 역사가 요세푸스는 기록하고 있습니다. 수없이 많은 십자가가 그 시대에 있었습니다. 고통으로 따지면 예수의 죽음은 참으로 다행한 죽음이라 할 수 있을 것입니다. 성경에 의하면 예수님은 단지 3시간만 십자가에 달려 있었다고 했으니까요. 보통 십자가에 못을 박힌 후 죽기까지는 며칠이 걸린다고 합니다. 십자가에 박은 손과 발의 못 자국으로 피와 물이 다 빠진 후에야 죽게 되기 때문입니다. 그러니까 예수님은 다행이었죠.

제가 고등학교에 다닐 때, 어느 부흥사 목사님이 예수님이 지신 십자가의 무게가 얼마고, 예수님이 십자가를 지고 간 거리가 얼마고, 그래서 몇 번을 넘어졌고, 넘어질 때마다 피와 땀이 흘렸다고 얘기할 때, 저는 예수님이 십자가를 지고 갈 때의 모습이 정말 끔찍하고 무섭게 머리에 그려졌습니다.

그러나 나이가 먹으며 세상을 살아보니, 그것은 그렇게 큰 고통이 아니라는 생각이 들었습니다. 무서운 병에 걸려 긴 시간을 병마와 싸워야 하는 사람의 고통은 더 클 것입니다. 제가 며칠 전에 만난 어떤 노 목사님은, 지난 10년 동안 침대에서 꼼짝하지 못하고 살아야 되는 자기 부인을 돌보며 사셨다고 합니다. 그 목사님은 가끔씩은 원망을 한다고 하십니다. 언제 돌아가실지 모르는 부인을 앞으로도 계속해서 돌보아야 하기 때문에, 은퇴 연령이 되기 전에 교회를 일찍 은퇴하시려는 그 목사님이나 10년 동안 누워서만 살아야 하는 그 부인은, 3시간 동안 십자가에서 고난받으신 예수님의 고난보다 훨씬 더 잔인한 고통을 당하는 것입니다.

고통이 심각하기 때문에 사람을 거룩하게 하는 것은 아닙니다. 예수님이 고통받고 피를 흘리셨기 때문에 우리를 구원하신 것은 아닙니다. 예수님이 부처님처럼 오래 사셨거나, 병이 들어 돌아가셨거나, 교통사고로 돌아가셨거나, 예수님이 우리의 구세주가 되시는 것과는 상관이 없습니다.

예수님의 '십자가'는 그것이 십자가이기 때문에 우리를 구원하는 것이 아니라, 십자가를 지려고 했던 그의 '삶', 십자가 속에 담긴 예수님의 '행동의 의지', 그 '메시지' 때문에 그의 십자가가 다른 사람들의 십자가와 구별되는 것입니다. 그의 "죽음"이 구별시키는 것이 아니라 그의 "삶"이 다른 십자가와 구별되게 하는 것입니다.

여러분이 예수님의 "고난"에 동참하기 위하여 뭔가 절제하고 싶습니까? 고난을 받기 위해서 하지는 마십시오. 그것은 어리석은 일입니다. 그러나 여러분이 누구를 돕기 위하여 절제한다면 그것은 우리 주님께서 기뻐하실 일입니다.

예수님의 십자가 '고난', 그것은 단지 고난이 아닙니다. 그것은 예수님이 설교를 하신 사건입니다. 예수님이 뭔가 말하려고 했던 '언어사건'인 것입니다. 거기에는 메시지가 있습니다. 그 메시지 때문에 그의 죽음은 다른 모든 죽음과 다릅니다.

찬송가에 예수님의 십자가를 보면 그가 나를 용서한다는 메시지를 듣는다는 구절이 나옵니다. 많은 사람들을 분열시키는 인간의 장벽을 극복하고, 서로 용서할 수 있는 새 삶을 열어주시려 애를 쓰시다가, 그것이 말로는 사람들에게 전달되지 않자, 하나의 드라마, 행동으로 보여준 것이 곧 예수님의 "십자가 사건"이라고 저는 이해합니다. 그 이외의 다른 방법으로는 예수님의 십자가가 저와 아무 연관이 없습니다.

예수님의 십자가, 거기서 여러분은 예수님이 받으신 아픈 고통을 생각하십니까? 그 고통을 바로 이해하고 싶다면, 예수님을 그런 죽음으로 몰고 간 그의 생(生)을 되새겨 보십시오.

이 사순절 기간에 아무것도 특별히 할 일이 없습니까? 복음서를 읽으면서 예수님의 생애를 살펴보십시오. 예수님의 고난의 의미는 십자가 모양의 통나무 위가 아니라, 고난의 십자가를 져야만 했던 그의 생애 속에 그려져 있습니다. 그의 삶과 분리된 십자가는 마술입니다. 학자들은 이런 이해를 '에피소드(episode)식' 이해라고 말합니다.

오늘날의 기독교가 많은 영리한 청년들에게 그 구원하는 힘을 잃어버린 것은, '십자가'를 읽는 법을 우리가 올바로 가르치지 못하기 때문이라고 생각합니다.

어떤 사람은 예수의 고난에 동참한다고 하면서 일생을 나무 위에서 살다가 갔습니다. 그를 '주상성자', 곧 '나무 위의 성자'라고 부릅니다. 그러나 어쩌면 그 사람은 인생을 낭비한 죄를 지었을지도 모릅니다.

다시 한 번 말씀드립니다만, 예수님의 십자가가 특별한 것은 십자가를 지려는 "예수님의 삶" 때문입니다.

　십자가를 생각하십니까? 거기서 예수님의 전 생애가 함축된 한 마디 메시지를 들어보십시오. 원하신다면 여러분도 들으실 수 있습니다. 그 메시지를 들으시고, 그것을 따르면, 구원을 받습니다.

　자기가 바라는 대로 믿는 사람이 아니고, 예수님의 십자가에서 한 음성을 듣고, 그 음성을 따르는 사람에게 구원이 임할 것입니다. 이것이 기독교입니다.

19

범법자 예수

시편 31:1-16 주님, 내가 주님께 피하오니, 내가 결코 부끄러움을 당하지 않게 하여 주십시오. 주님의 구원의 능력으로 나를 건져 주십시오. 나에게 귀를 기울이시고, 속히 건지시어, 내가 피하여 숨을 수 있는 바위, 나를 구원하실 견고한 요새가 되어 주십시오. 주님은 진정 나의 바위, 나의 요새이시니, 주님의 이름을 위하여 나를 인도해 주시고 이끌어 주십시오. 그들이 몰래 쳐 놓은 그물에서 나를 건져내어 주십시오. 주님은 나의 피난처입니다. 주님의 손에 나의 생명을 맡깁니다. 진리의 하나님이신 주님, 나를 속량하여 주실 줄 믿습니다. 썩어 없어질 우상을 믿고 사는 사람들을 주님께서는 미워하시니, 나는 오직 주님만 의지합니다. 주님의 한결 같은 그 사랑을 생각할 때마다 나는 기쁘고 즐겁습니다. 주님은 나의 고난을 돌아보시며, 내 영혼의 아픔을 알고 계십니다. 주님은 나를 원수의 손에 넘기지 않으시고, 내 발을 평탄한 곳에 세워 주셨습니다. 주님, 나를 긍휼히 여겨 주십시오. 나는 고통을 받고 있습니다. 울다 지쳐, 내 눈이 시력조차 잃었습니다. 내 몸과 마음도 활력을 잃고 말았습니다. 나는 슬픔으로 힘이 소진되었습니다. 햇수가 탄식 속에서 흘러갔습니다. 근력은 고통 속에서 말라 버렸고, 뼈마저 녹아버렸습니다. 나를 대적하는 자들이 한결같이 나를 비난합니다. 이웃 사람들도 나를 혐오하고, 친구들마저도 나를 끔찍한 것 보듯 합니다. 거리에서 만나는 이마다 나를 피하여 지나갑니다. 내가 죽은 사람이라도 된 것처럼, 나는 사람들의 기억 속에서 잊혀졌으며, 깨진 그릇과 같이 되었습니다. 많은 사람이 나를 비난하는 소리가 들려옵니다. 사방에서 협박하는 소리도 들립니다. 나를 대적하는 사람들이 함께 모여, 내 생명을 빼앗으려고 음모를 꾸밉니다. 누가 뭐라고 해도 나는 주님만 의지하며, 주님이 나의 하나님이라고 말할 것입니다. 내 앞날은 주님의 손에 달렸으니, 내 원수에게서, 내 원수와 나를 박해하는 자들의 손에서, 나를 건져 주십시오. 주님의 환한 얼굴로 주님의 종을 비추어 주십시오. 주님의 한결같은 사랑으로 나를 구원하여 주십시오.

마가복음 15:6-15 그런데 빌라도는 명절 때마다 사람들이 요구하는 죄수 하나를 놓아주곤 하였다. 그런데 폭동 때에 살인을 한 폭도들과 함께 바라바라고 하는 사람이 갇혀 있었다. 그래서 무리가 올라가서, 자기들에게 해주던 관례대로 해 달라고, 빌라도에게 청하였다. 빌라도가 말하였다. "여러분은 내가 그 유대인의 왕을 여러분에게 놓아주기를 바라는 거요?" 그는 대제사장들이 예수를 시기하여 넘겨주었음을 알았던 것이다. 그러나 대제사장들은 무리를 선동하여, 차라리 바라바를 놓아 달라고 청하게 하였다. 빌라도는 다시 그들에게 말하였다. "그러면, 당신들은 유대인의 왕이라고 하는 그 사람을 나더러 어떻게 하라는 거요?" 그들이 다시 소리를 질렀다. "십자가에 못박으시오!" 빌라도가 그들에게 말하였다. "정말 이 사람이 무슨 나쁜 일을 하였소?" 그들은 더욱 크게 소리를 질렀다. "십자가에 못박으시오!" 그리하여 빌라도는 무리를 만족시켜 주려고, 바라바는 놓아주고, 예수는 채찍질한 다음에 십자가에 처형당하게 넘겨주었다.

옛날이나 지금이나 우리들 주변에 종교는 많이 있으며, 살아가는 길도 여러 갈래입니다. 그래서 우리는 가끔씩 인생의 갈림길에 서게 되고, 그럴 때마다 어느 길을 선택할까 고민을 하게 되지요. 그런데 왜 하필이면 지배 계층, 지배 문화가 범죄자로 처형한 "예수"를 가리켜서 "나의 구주"라고 고백하는 이상한 일이 옛날에도 있었고 지금도 있는지, 여러분은 혹시 생각해 보셨는지요?

오늘날 많은 사람들이, 한 평생을 잘 살아온 고상한 인격의 소유자들, 예들 들면 부처님이나 공자님, 혹은 간디 같은 성인들이 아니라, 왜 피 흘리고 고통스럽게 죽어간 한 유대 청년 예수를 '나의 구주'라고 고백할까요? 그리고 그 많은 성인들 가운데 하필 이렇게 비극적으로 죽은 예수를 자신의 메시아라고 고백하는 사람들은, 과연 자신이 무엇을 고백하고 있는지 알고 있을까요? 저는 그것이 몹시 궁금합니다.

오늘은 사도신경에 있는 "십자가에 못박혀 죽으시고"라는 대목을 생각해 봅니다. 지난 주일에는 '고난'에 대해서 말씀드렸는데, 오늘은 예수께서 단지 고난을 받으셨을 뿐만 아니라, 십자가에 못박혀 죽으셨다는 사실을 사도신경이 명기하고 있다는 점에서 은혜를 받고자 합니다.

지금은 "십자가"가 생명과 승리를 나타내는 매우 아름다운 상징이 되었습니다. 종교적 힘의 상징이 되었지요. 드라큐라를 쫓아내는 데는 (영화를 보면) 뭐니뭐니해도 가장 강력한 것이 예수님이 지셨던 십자가입니다. 목사님들을 비롯한 기독교인들이 십자가를 뱃지로 달고 다니거나 목걸이로 사용합니다. 자동차 안에도 걸고 다닙니다. 사탄이 범하지 말라는 뜻에서 그렇게 하겠지요.

이렇듯 오늘날에는 "십자가"가 많은 사람들의 사랑을 받게 되었지만, 사도신경이 십자가에 달린 예수님을 고백할 당시, 곧 2세기에는 십자가가 여전히 정치범의 형틀을 상징했습니다. 반역자에게 내려지는 극형의 상징이었습니다. 따라서 역사를 보면, 313년 이전의 기독교는 십자가를 믿음의 상징, 승리의 상징이라고 생각해 본적이 없습니다. 십자가는 큰 위협이요, 공포의 상징이었습니다.

여러분, 일생에 단 한 번이라도 도망 다녀 본적이 있습니까? 지명수배를 당한 적이 있으세요? 잡힐까봐 겁이 나서 숨어 다니며 살아본 적이 있는지요? "눈물 젖은 빵을 먹어 보지 않은 사람은 인생을 논하지 말라"는 옛말이 있습니다만, 저는 이 말을 바꾸어, "홀로 남아서 도망 다니며 죽음에 대한 위협을 경험해 보지 않은 사람은 기독교에 대해서 논하지 말라"고 말해야 한다고 생각합니다.

2세기의 기독교인들은 예수님의 생애에서 "본디오 빌라도에게 고난을 받으시고 십자가에 처형당하신" 것을 기억하고, 예수님이 정치적인 범법자로서 죽임을 당한 것도 기억하고 있습니다. 그런 예수님과 한패가 된다는 것은 수치요, 공포였으며, 엄청난 위협이었습니다. 때문에 수치와 공포와 위협을 조금이라도 경험해 보지 않고는, '예수쟁이'가 되기 어려울 것입니다.

실제의 삶에서 그런 경험이 없으셨던 분들이라도, 꿈속에서 그런 경험을 하신 적은 있을 것입니다. 누구든지 자라면서 깜짝 놀라는 꿈을 많이 꾼다고 합니다. 높은 데서 떨어지거나, 누군가가 쫓아오는데 발이 떨어지지 않아서 도망을 가지 못하고 애를 쓰다가 식은땀을 흘리며 꿈에서 깨어난 경험은 여러분도 가지고 있을 것입니다. 어쩌면 그런 꿈들에 대한 경험 때문에, 여러분이 2세기의 기독교인들이 어떤 심정으로 십자가에 달린 예수님 이야기를 했을지 조금은 이해할 수 있을지도 모르겠습니다.

여러분은 자동차를 운전하고 가다가 경찰에게 걸려 딱지를 떼면서, 조금은 억울하고 기분 나빴던 때가 있었을 거예요. 그것으로 인하여 국가 권력이라고 하는 막강한 힘이 여러분에게 무엇을 느끼게 해주는지를 조금은 느낄 수 있었겠죠. 경찰 한 사람쯤이야 힘센 사람이 주먹질 한 번 하면 쓰러지겠지만, 그의 뒤에는 막강한 제도의 힘이 뒷받침하고 있지요. 이 때문에 경찰이 여러분의 차를 세우고 긴 얘기를 늘어놓으면서 딱지를 뗄 때, 여러분은 억울해도 굴복해야만 합니다. 그것이 나쁘게는 "폭력," 중립적으로는 "권력," 좋게는 "공권력"이라고 말하는 힘입니다. 아마 많은 다른 경우에도 여러분이 그런 힘을 느끼셨던 경우가 있었을 겁니다.

여든이 넘은 분이 병상에서 죽음을 앞두고 계셨습니다. 저는 그분에게, "요즘은 무슨 꿈을 꾸십니까?" 하고 물었습니다. 혹시 하느님이 오라고 하는 꿈을 꾸는 분이 있을까 하여, 병상에 있는 노인들에게 가면 묻습니다. 임종을 앞둔 분들이 천사가 오르락내리락하는 꿈을 꾸었다고 하는 전설처럼 아름다운 이야기가 많이 있습니다. 그런데 막상 저는 그런 이야기를 듣기가 쉽지 않았습니다.

평생 신앙생활을 하시다가 돌아가실 날이 얼마 남지 않은 80이 넘은 그 노인은 제 물음에 이런 대답을 하셨습니다. 그분은 늘 꾸는 꿈이 두 개가 있다고 하셨습니다. 하나는, 자기가 평생 한 직장(신학교)에서 일했기 때문에 직장에 가서 일하는 꿈이고, 다른 하나는 그가 청년 시절, 일제를 전복시키려는 청년단에 가입했다는 원치 않는 누명을 쓰고 옥살이를 하며, 고문을 당한 적이 있는데, 그 꿈을 여전히 꾼다고 했습니다.

여러분은 고문을 당하고 그 아픈 기억 때문에 악몽을 꾼 적이 있습니까? 그렇게 쫓겨다니는 사람들이 "사도신경"이라는 신앙 고백을 우리들에게 물려주었습니다. 그런 사람들이 오늘 여러분에게 읽어드린 시편 31편을 남겼습니다. "하느님, 동서남북을 보아도 나를 지지해 주는 사람이 없습니다. 내 고향에 가도 나를 아는 사람들이 오히려 나를 피합니다. 그들은 모여서 내 목숨을 노리고자 음모를 꾸밉니다. 하느님, 당신밖에 피할 길이 없습니다."

이렇게 고난 속에 있는 사람들이 예수님을 고백했고, 예수님의 고난을 기억하면서 "우리의 주님은 십자가에 달리신 예수님"이라는 한 마디의 말로 자신들의 신앙을 요약하고 있습니다.

오늘 우리들은 "예수께서 십자가에 달려 돌아가셨다"고 말했을 때, 그것은 곧 정치적 범법 사건이었다는 사실을 기억하지 못합니다. 그러나 2세기의 사람들은 십자가에 처형당했다는 것이 무엇을 의미하는지, 가르쳐 주지 않아도 잘 알고 있었습니다. 그럼에도 불구하고, 한때 정치범이었던 사람을 "구원자"라 부르고 "메시아"라고 고백하는 2세기 사람들의 신앙을 어떻게 오늘 우리가 계승할 수 있을까요?

대중을 선동하고 체제를 전면 거부한 몰지각한 사람, 대세에 저항하면서 어리석은 일을 하다가 홀로 세상을 떠난 사람, 그 사람을 왜 2세기의 사람들은 "나의 메시아"로 기억했을까요?

"인류의 스승이 되시고, 모범이 되신 예수 그리스도," 이것이 1930년에 한국 감리교가 신앙을 고백했을 때 예수님을 기억한 말입니다. 1930년에 나온 이 신앙고백은 한국 사람이 한 것은 물론 아닙니다. 일제 시대에 미국 선교사가 한국 사람들에게 가르쳐준 것이지요.

미국 사람들은 일본에 대하여 저항운동을 하고 있는 한국 사람들이 사도신경을 고백할까봐 두려웠는지도 모릅니다. 십자가에 못박혀 죽으신 예수를 믿는다고 1930년에 한국 기독교인들이 고백했다면, 그것은 "정치적인 반역자를 자랑스럽게 생각한다"는 말로 들렸을 겁니다. 일본의 지령이었는지, 미국 감리교 본부의 지령이었는지 알 수는 없지만, 당시 한국 감리교를 지도하고 있던 선교사들은 한국 감리교인들에게 "스승이 되시고 모범이 되신 예수 그리스도"를 믿는다는 고백을 가르쳐 주었습니다.

이것은 하나의 정치적 음모라 할 수 있는 사건입니다. 물론 사도신경이 고백하고 있는 '위험한 예수'를 믿는다는 말은, 1930년 일제 치하에 있었던 한국의 크리스천들에게 공개적으로는 불가능할 만큼 위험한 일이었을 것입니다.

2세기의 기독교인들은 로마에서 실제로 정치적인 위협을 날마다 받으면서 살았고, 그 가족들이 희생된 사람들이었기에, 예수님이 정치적인 범법자라는 사실을 기억하는 사람들이었습니다. 그래서 2세기에 살았던 우리들의 선배들은, 어떤 신앙고백을 할지를 똑똑히 알고 있었습니다.

그러나 1930년에 한국의 감리교인들은 그렇지 못했습니다. "스승이 되시고 모범이 되시는 예수"라는 말은, 정치 권력자들이 볼 때, "당국이 자치 통제하라면 하고, 당국이 용모 단정히 하라면 그렇게 하고, 로마 황제나 일본 천황에게 무릎을 꿇고 절을 하라고 하면 그렇게 한다"는 것을 의미합니다. "스승이 되시고 모범이 되시는 예수"를 믿으면 권력자들로부터 고난을 당할 일이 없지요.

2세기의 기독교인들은 어떤 신앙을 고백해야 하는지를 잊지 않았습니다. 그들의 일상생활 속에서 겪는 수치와 공포, 위협은 참으로 큰 것이었지만, 그들은 그런 것들에게 지지 않았습니다. 십자가에 처형당한 예수님에게서, 그들은 자신들이 날마다 겪는 수치와 공포, 협박, 따돌림 같은 것들에 대한 깊은 연대감과 깊은 공감대를 발견하고, 예수님이야말로 우리의 "구주", 우리의 "구세주"가 될 수 있다고, 용기 있게 말했습니다.

예수님을 믿다가 가장 힘든 것은, 예수님을 선택한 것이 과연 옳은 선택인가 하는 회의가 생길 때일 것입니다. 2세기에 로마 지하 묘지에 숨어서 예수님을 믿었던 우리 신앙의 선배들도, 수치와 공포를 무릅쓰고 이방인인 예수님을 따른다는 것이 과연 옳은 선택인가 하는 회의를 느낄 때가 있었을 겁니다. 그러나 현재 그들이 겪는 치욕보다 더 심한 치욕을 예수님이 겪었다는 것을 생각하며 용기를 가졌을 것입니다.

사람들 중에는 "소크라테스는 겁내지 않고 죽음을 맞이했는데, 왜 예수는 겟세마네 동산에서 그렇게 두려워 떨었느냐?"고 빈정대는 사람들이 있습니다. 그런 사람들에게 우리가 해 줄 말은 하나밖에 없습니다. "예수님은 '용기'가 없었던 것이 아니다. 예수님이 발휘했던 '용기'는, 인간이 마치 술이나 마약을 먹어서 현실감각이 없어졌기 때문에 아무런 두려움이 없는 상태가 된 것이 아니다. 오히려 현실에 대한 두려움을 확실히 감지하고 있었기 때문에, 그 자신의 힘없음을 잘 알고 있었기 때문에, 시편에 있는 대로 적들은 힘이 강하다는 것을 알고 있었기 때문에, 자신의 힘없음과 적들의 강함 사이에서 오는 두려움을 무시할 수 없었지만, 그 두려움 때문에 자기의 길을 바꾸지 않고, 두려움을 넘어 자신의 길을 가는 것, 그것이 예수님이 취했던 아름다운 '용기'다."

그 당시 기독교인들도 두려움에 떨었습니다. 제가 어렸을 때 교회학교 선생님에게서 들은 얘기입니다. 이북에서 있었던 일인데, 예수를 믿지 않는다고 하면 살려주겠다고 하는 공산당원 앞에서 어른들은 모두 "나는 예수를 믿지 않는다"고 말했지만, 한 아이가 예수님의 사진을 붙들고 울면서 "난 예수님을 사랑해요"라고 했답니다. 그때 공산당은 어른들을 죽이고 그 어린아이를 살려주었다 합니다. 저는 지금도 "나는 그 아이와 같을 수 있을까?"를 가끔씩 생각해 봅니다.

이제 제가 여러분에게 고백할 수 있는 것은, 그것은 생각으로 되는 게 아니라는 것입니다. "나는 그 자리에 섰을 때 그런 용기를 발휘할 수 있다"고 생각하는 사람은 현실 감각이 없습니다. 사람으로서는 할 수 없는 일이요, 참으로 두려운 일입니다. 예수님도 두려워했던 일입니다. 예수님은 십자가에 달려 죽어야 하는 일을 앞에 두고, 그 고통의 잔이 물러가기를 바랐습니다. 2세기의 기독교인들도 그랬습니다. 그들이 남긴 기도문에는 "당신이 십자가를 질 수밖에 없듯이, 제가 사자의 밥이 되는 저 자리에 섰을 때, 당신을 모른다고 말하지 않게 해주십시오"라고 했습니다.

용기란 무엇입니까? 두려움, 수치, 고독을 모르는 것이 아닙니다. 그것을 넘는 것이지요. 그래서 어떤 미국의 한 설교자는 "공포, 수치, 치욕, 절망은 기독교인들에게서 '막다른 골목(dead end)'이 아니라 '장애물(huddle)'일 뿐이다."라고 했습니다. 그것은 우리 앞을 완전히 가로막는 장벽이 아니라, 뛰어넘을 수 있는 것이라는 말이지요.

2세기의 기독교인들은, 로마 황제가 그들을 죽일 수 있고, 그 죽음에 대한 위협과 공포가 그들을 가족으로부터 떼어놓을 수도 있지만, 그들의 치욕과 고독은 하나의 장애물일뿐 마지막 장벽은 아니라고 고백했을 것입니다. 그들은 이 고통, 고독에서 구해 주기를 바라면서 예수님과 더불어 용기를 냈을 겁니다.

소련에서 일하는 한 선교사가 쓴 전기를 보았습니다. 공산당이 무너지기 전에는 당국의 감시가 너무 심해서 기독교인들이 많지 않았다고 합니다. 요즘은 미국 사람들이 나눠주는 빵을 얻어먹기 위해서 많이 온다고 합니다. 그런가 하면 자유 진영에서는, 예수를 믿을 수 있는 자유가 너무 많아서, 예수를 믿는다고는 하지만 사실은 많은 사람들이 요행을 바라거나, 게을러졌거나, 안일에 빠져 있다는 겁니다. 그래서 이 시대는 겉으로는 사탄이 판정승하고 있다는 거지요. 참 신자를 찾기가 정말 힘들다고 그는 기록하고 있습니다.

2세기의 기독교인들은 '예수 믿는 것'이 무엇인지 알았습니다. 힘들고 어려운 일이지만 할 만한 가치가 있는 일이라고 생각했습니다. 자기들 앞에 있는 벽을 무시할 수는 없었습니다. 그러나 벽에 부딪혀 죽어 가면서도 그들은 자신을 거부하지 않았습니다. 반란자들이 되었습니다. 그러나 그들은 그것을 수치로 여기지 않았습니다. 2세기 크리스천들은 그런 '용기'를 가지고 예수님에게서 '연대감'을 느끼고, '공감대'를 느꼈다고 생각합니다.

그러면 오늘 이 평화시절에 살고 있는 우리들은, 2세기의 기독교인들이 가졌던 신앙을 계승하기 위하여 어떻게 살면 좋을까요? 저는 한 가지밖에 없다는 생각이 듭니다. 이제는 안정된 공동체를 형성한 우리 안에서, 우리를 전면적으로 거부하는 사람들, 우리와 함께 있고자 하지만 우리와는 생각이 전혀 다른 사람들, 우리 곁을 떠나지는 않지만 우리에게 전혀 다른 느낌을 주는 이방인 같은 사람들, 그 사람들을 우리의 귀빈(VIP)으로 받아들이는 것이, 2세기 기독교인들의 신앙을 이어 가는 것이라고 생각합니다.

2세기에 이단자였던 사람이 다음 세기에 메시아가 될 수 있다는 역사의 진리를 우리가 계승한다면, 우리를 잘 알고 우리를 사랑한다고 말하면서 우리 가까이 있는 사람이, 사실은 우리와 전적으로 다른 생각을 가지고 우리를 괴롭히며 맹렬하게 공격해 오는 바로 그 사람을, 우리의 귀빈으로 받아들이는 것입니다. 그래서 그들을, 권태와 안일의 잠, 자기도취의 잠으로부터 우리를 깨워 주는 귀한 존재로 여기는 것이 2세기 신앙인들을 계승하는 길이라고 생각합니다.

예수님의 십자가가 남의 십자가가 아니고 우리의 십자가가 되는 길은 이것밖에 없겠다는 생각이 듭니다.

예수님이 기득권자, 세상의 질서, 세상의 지배 문화에 도전하셨는데, 이런 일이 가치 있고, 이런 일을 하는 것이 오늘도 희망 있는 진리라고 믿어지면, 바로 그 똑같은 논리를 우리 자신에게 적용해 보면 좋겠습니다. 우리가 옳고 확실하다고 생각하는 것에 대하여, 전면적으로 맹렬하게 거부하는 사람이 있을 경우, 비록 그가 우리를 거부하는 이유를 이해하기는 너무 힘들더라도, 그 사람에게 다가가서 그를 귀하게 여기며 그의 말을 들으려고 하는, 전적으로 열린 삶을 살려는 것이 오늘 우리 공동체가 짊어져야 할 십자가라면 어떨까요?

오늘 우리가 그 시대의 정치범을 메시아로 고백하는 다른 길이 있다면, 무엇일까요?

20

죽음을 몸소 겪으신 우리 주님

시편 115:17-18 죽은 사람은 주님을 찬양하지 못한다. 침묵의 세계로 내려간 사람은 어느 누구도 주님을 찬양하지 못한다. 그러나 우리는 이제부터 영원까지 주님을 찬양할 것이다. 할렐루야.

베드로전서 3:18-22 그리스도께서도 죄를 사하시려고 단 한 번 죽으셨습니다. 곧 의인이 불의한 사람을 위하여 죽으신 것입니다. 그것은 그가 육으로는 죽임을 당하시고 영으로는 살리심을 받으셔서 여러분을 하나님 앞으로 인도하시려는 것입니다. 그는 영으로, 옥에 있는 영들에게도 가셔서 선포하셨습니다. 그 영들은, 옛적에 노아가 방주를 지을 동안에, 곧 하나님께서 아직 참고 기다리실 때에, 순종하지 않던 자들을 말하는 것입니다. 그 방주에 들어가 물에서 구원받은 사람은 겨우 여덟 사람밖에 없었습니다. 그 물은 지금 여러분을 구원하는 세례를 미리 보여준 것입니다. 세례는 육체의 더러움을 씻어내는 것이 아니라, 예수 그리스도의 부활을 힘입어서 선한 양심이 하나님께 응답하는 것입니다. 그리스도께서는 하늘로 가셔서 하나님의 오른 쪽에 계시니, 천사들과 권세들과 능력들이 그에게 복종하고 있습니다.

마태복음 10:26-31 "그러므로 너희는 그들을 두려워하지 말아라. 덮어 둔 것이라고 해도 벗겨지지 않을 것이 없고, 숨긴 것이라 해도 알려지지 않을 것이 없다. 내가 너희에게 어두운 데서 말하는 것을 너희는 밝은 데서 말하여라. 너희가 귓속말로 듣는 것을, 지붕 위에서 외쳐라. 그리고 몸은 죽일지라도 영혼은 죽이지 못하는 이를 두려워하지 말고, 영혼도 몸도 둘 다 지옥에 던져서 멸망시킬 수 있는 분을 두려워하여라. 참새 두 마리가 한 냥에 팔리지 않느냐? 그러나 그 가운데서 하나라도 너희 아버지께서 허락하지 않으시면, 땅에 떨어지지 않을 것이다. 아버지께서는 너희의 머리카락까지도 다 세어 놓고 계신다. 그러니 두려워하지 말아라. 너희는 많은 참새보다 더 귀하다."

오늘은 사도신경의 순서에 따라서 예수님이 죽으신 다음 이야기를 함께 생각해 보겠습니다. 여러분이 사도신경을 눈여겨 읽어본 적이 있으셨다면, 사도신경 중에 매우 흥미 있는 표현들이 있다는 것을 발견하셨을 것입니다.

예수님이 십자가에 못박혀 죽으시고, 그 다음, 장사하고(무덤에 묻히시고), 그리고 또 한 구절이 있는데, 여러분이 가지고 있는 사도신경에는 없는 구절입니다. 루터란의 사도신경, 가톨릭의 사도신경, 성공회의 사도신경 등, 전통을 중요시하는 대부분 교회의 사도신경과 장로교회의 사도신경에는 "예수님께서 묻히신 지 사흘만에 부활하셨다"가 아니고, "묻히시고, '음부(陰府)에 내려가셨다가', 그 후 사흘만에 부활하셨다"고 되어 있습니다.

장로교회의 시조 칼빈은 "예수께서 죽으신 다음에, 파묻히시고, 그 다음에 음부에 내려가시지 않으셨다면 우리의 구원이 완성될 수 없었다"고 그의 『기독교 강요』에 기록했습니다. 그러므로 저는, 명백한 신학적 이유가 없는 한, 칼빈을 따라야 마땅한 한국 장로교인들이 사도신경을 고백하면서 왜 예수께서 묻히신 후 "음부에 내려가셨다"는 구절을 생략한 채 고백하고 있는지 알 수가 없습니다.

그런가 하면, 개신교들 중에서는 비교적 뒤늦게 태어난 감리교회는 처음부터 "예수께서 파묻히시고 (음부 하강 없이) 사흘만에 부활하셨다"고 했습니다. "음부에 내려가시고"는 위험한, 신화적인 구절이기 때문에 존 웨슬리(감리교 시조)가 처음부터 삭제하였습니다.

한국 교회는 일찍부터 기독교서회를 통하여 「찬송가」를 펴냈는데, 이 때 찬송가 뒤에다 주기도문, 십계명, 그리고 사도신경을 첨부해 두었습니다. 그런데 유감스럽게도, **90%** 이상의 교세를 장악하고 있는 장로교회가 아닌 감리교회 식으로 출판이 되었고, 지금도 계속해서 그렇게 출판되고 있습니다. 반면에, 현재 '미국 감리교'의 찬송가 뒤에는 사도신경이 두 가지로 나옵니다. "요약형" 사도신경과 "에큐메니칼 혹은 전통적" 사도신경, 두 가지입니다.

오늘은 바로 이 문제의 대목인, "예수님께서 묻히시고, '음부에 내려가셨다'"를 중점적으로 생각해 보려 합니다. 역사적으로 보면, '음부에 내려가셨다'는 대목은 5세기 후에 삽입되었다 합니다. 사도신경의 초기판에는 들어가 있지 않던 부분입니다(존 웨슬리가 이 대목을 삭제한 이유 둘 중의 하나가 바로 여기에 있습니다). 그러면 과연 이 대목은 무슨 이야기 거리를 담고 있을까요?

우선 결론부터 말씀드리면, 2세기의 사도신경을 고백한 사람들, 박해의 위협을 날마다 받으며 살던 그 사람들에게는, 나중에 부활하게 된 그 예수님이 정말로 죽음을 당하였는지, 아니면 단지 그렇게 보였을 뿐인지, 하는 것이 대단히 중요한 이슈였습니다.

그래서 교회는 예수님의 죽음을 말하면서, '본디오 빌라도'라는 실명의 처형자를 사용하여, 예수님이 "고난을 받으셨다," 고난을 받으셨을 뿐 아니라 "죽으셨다"고 했습니다. 그러나 죽었다고 해서 다 죽는

게 아니지요. 더러는 죽었다가 되살아난 사람들이 있지 않습니까? 그래서 교회는 예수님은 "장사되었다 - 묻히셨다"고 말했습니다.

그러나 땅에 묻힌 사람이라 하여 다 확실하게 죽는 것은 아니라고 생각했던 것 같습니다. 한국에서 묘지를 바꾸기 위해서 관을 열어보면, 그 관 뚜껑에 손톱자국이 나 있는 경우가 있다는 이야기를 들었습니다. 죽었다가 깨어난 사람들이 있다는 이야기지요. 한국의 3일장, 혹은 5일장은, 죽은 사람이 다시 살아날 기회를 주려는 것입니다.

이렇게 죽었던 사람이 다시 깨어나는 경우는 한국 사람의 체험에만 있었던 게 아니었나 봅니다. 순교를 각오해야 했던 로마 치하의 기독교인들에게 교회는 할 수 있으면, 예수께서 정말로, 진짜로, 죽었다고 말해야만 했습니다. 그렇지 않으면 예수님의 고난도, 승리의 부활도, 모두 가짜가 될 판이었습니다. 그래서 교회는 "고난 당하시고, 죽으시고, 묻히시고", 그리고 "음부에까지 내려가셨다"는 덧붙임이 필요했습니다.

매장(埋葬), 그것은 눈에 보이는 종점입니다. 그러나 음부(陰府), 그것은 사람의 눈에 보이지 않는 종착역입니다. 예수께서 그 종착역에, 잠시가 아니라 며칠을 계시다가, 드디어 사흘만에 다시 살아나셨다는 것입니다. 그래야 예수님의 "죽음", 그리고 "부활"이 비로소 진짜가 되는 것입니다.

오늘 우리들은 대충 믿으며 살지만, 2세기에서 5세기에 이르는 동안의 기독교인들은, 그들의 구주이신 예수님이 정말 죽었느냐, 아니면 단지 그렇게 보였을 뿐인가(가현설, 假現說) 하는 문제가 상당히 심각했습니다. 그래서 예수님께서 무덤에 묻히시고 음부에 내려가신 지 사흘만에 부활하셨다는 이야기를 반드시 해야만 하는 상황이었습니다.

밖으로는 황제 숭배라는 정치 권력이 압박을 가했고, 내부적으로는 "우리가 알지도 못하는 유대인 예수를 믿기 위하여 우리의 목숨까지 바쳐야 할 이유가 과연 있겠느냐"고 주장하면서, 영리한 사변으로 질문하는 사람, 혹은 비겁하게 살기를 원하는 사람들이 교회 안에 있었습니다.

이런 내부의 도전자들을 의식해서, 성경은 여기저기에, 예수님에 대한 믿음을 배신한 사람은 구원을 받을 수 없다고 말합니다. 히브리서와 요한서신, 그리고 요한계시록이 바로 그 대표적인 작품들입니다. "예수를 믿되, 우리가 죽을 것까지는 없다. 황제 숭배를 하자!"는 사랑하는 친구들의 도전은 참으로 극복하기 어려운 일이었습니다. 마치 일제치하 때에 있었던 신사참배 갈등과 같습니다.

신사참배 때도, 교육 사업을 하는 장로교 지도자들과 감리교 지도자들이 "우리가 학교 문을 닫으면 조국 해방이 늦어지지 않겠느냐?"면서, 적당히 타협하면서 교육을 계속해 나가자고 서로 굳게 다짐했습니다. 그리고 감리교 지도자들은 그 결정을 좋게 생각하여 신사참배를 했습니다. 그런데 장로교 지도자들은 돌아가 다시 생각해 보니 그것이 아니라는 생각이 들어, 약속을 깨고, 신사참배를 거부했습니다. 그래서 결국 장로교에서는 순교자들이 많이 나왔습니다. 어느 것이 잘한 것일까요?

어려운 시기에는 참으로 영리한 사람들도 생겨나고, 비겁한 사람들도 나타납니다. 앞날을 위한 교육을 목표로 신사참배에 동참해야 되는 사람들이 일제 시대에 있었던 것처럼, 2세기의 기독교인들도 철학적이고 매우 영리한 이유로 황제 숭배에 동참해야 한다는 사람들이 있었습니다.

바로 "영지주의자"라고 하는 사람들로서, 특별한 지식을 추구하는 사람들이었습니다. 이 사람들은 육체로 하는 모든 일은 종교적인 가치가 없다고 믿는 사람들입니다. 오직 영혼만이 영원한 것이고, 영혼으로 하는 것만이 거룩한 것이라고 하며, 영원한 하느님과의 교제에 참여하는 것은 육체가 아니고 '정신적인 영혼'이라고 주장합니다. 그래서 로마 황제에게 마음이 없이, 육체로만 절하는 것은 아무 의미가 없다는 것입니다. 그러니까 로마 황제에게 절을 해도 괜찮다는 거죠. 그리고 어차피 버리고 떠나갈 이 세상에서는, '어떻게 사는 것'이 중요한 것이 아니라, '마음으로 하느님을 어떻게 믿느냐' 하는 내면의 문제, 정신적인 문제가 중요하다고 그들은 생각했습니다. 그들은 매우 합리적이고 영리한 생각을 가지고 황제 숭배에 동참하여 살아남자고 주장했습니다.

영리한 사람들은 당당하게 황제 숭배를 해야 한다고 주장했습니다. 그리고 일부 비겁한 사람들은 그런 말도 못하고 슬슬 도망갔습니다. 그 사이에서 사도신경을 고백한 사람들이 생겨난 거지요. "황제 숭배는 안 된다. 왜냐하면 예수님이 미련하게 죽으셨다. 우리도 미련하게 죽자. 그래야 우리도 부활한다!"

오늘 우리가 생각하고 있는 구절은 바로 그런 배경에서 나왔습니다. "예수님은 설죽은 것이 아니라, 완전히 죽으셨고, 사흘씩이나 묻혀 있었다. 그리고 종점인 음부에까지 내려가셨다. 따라서 예수를 믿으려면 철저히 믿어야 한다. 철저히 믿는다는 것은 끝까지 믿는 것이고, 끝까지 믿는다는 것은 때로는 죽음의 선을 넘어야 된다"는 이야기를, 그 시대의 신화적인, 시적인 말로 했습니다. "예수님께서 고난받고, 처형당하시고, 땅에 묻히시고, 그의 육신만이 아니라 영혼까지 (죽어) 음부에 내려가셨다"는 표현입니다.

  사도신경을 고백하는 우리는 진정으로 예수님의 죽음을 믿습니까? 우리 스스로에게 물어봐야 하겠습니다.

21

"부활"이 약속하는 것

요한복음 12:24 내가 진정으로 진정으로 너희에게 말한다. 밀알 하나가 땅에 떨어져서 죽지 않으면 한 알 그대로 있고, 죽으면 열매를 많이 맺는다.

디모데전서 6:11-16 하나님의 사람이여, 그대는 이 악한 것들을 피하십시오. 의와 경건과 믿음과 사랑과 인내와 온유를 좇으십시오. 믿음의 선한 싸움을 싸우십시오. 영생을 얻으십시오. 하나님께서는 영생을 얻게 하시려고 그대를 부르셨고, 또 그대는 많은 증인들 앞에서 **훌륭하게** 신앙을 고백하였습니다. 나는 만물에게 생명을 주시는 하나님 앞과, 본디오 빌라도에게 **훌륭하게** 증언하신 그리스도 예수 앞에서, 그대에게 명령합니다. 그대는 우리 주 예수 그리스도께서 나타나실 때까지 그 계명을 지켜서, 흠도 없고, 책망 받을 것도 없는 사람이 되십시오. 정한 때가 오면, 하나님께서 주님의 나타나심을 보여 주실 것입니다. 하나님은 찬양 받으실 분이시요, 오직 한 분이신 **통치자이시요, 만왕의 왕이시요, 만주의 주이십니다.** 오직 그분만이 죽지 않으시고, 사람이 가까이 할 수 없는 빛 속에 계시고, 사람으로서는 본 일도 없고, 또 볼 수도 없는 분이십니다. 그분에게 존귀와 영원한 주권이 있기를 빕니다. 아멘.

오늘은 부활절입니다.

요즈음엔 사람들의 수명이 많이 길어졌지요. 정말로 '실컷' 살다가 세상을 떠나게 되었습니다. 예수님 시대의 팔레스타인 근처에 있던 무덤을 파본 고고학자들의 보고에 의하면, 그 시대의 사람들의 평균 연령이 19살이라고 합니다. 태어난 지 100일이 못되어 죽은 아이들이 너무 많았기 때문이라고 생각하면 되겠습니다. 그렇게 본다면 예수님은 (요즘의 연구에 의하면) 37살까지 사셨으니, 장수했다고 말할 수 있겠네요. 그리고 65세로 세상을 떠났다고 전해지는 바울 선생님은 진실로 장수의 큰 복을 받은 사람이라고 볼 수 있습니다.

오늘날 우리들의 평균 수명이 몇 살인지는 모르겠습니다만, 이 가운데는 혹시 평균 수명보다 오래 사신 분들도 계실지 모르겠습니다. 그런 분들은 남은 인생을 보너스로 사신다고 생각하시고, 감사하며 편안하게 사셔야 하겠지요.

저는 요즈음 은퇴 후를 생각해 보고는 합니다. 그러는 중에 나는 동양인이지만 어느새 직선적인 사고방식을 많이 배웠다는 느낌이 듭니다. 산다는 것의 의미는 "변화"에 있다는 집요한 생각 때문입니다. 더구나 '긍정적인 변화', '플러스의 변화'가 삶에 의미를 준다고 생각하기 때문에, 아무런 변화가 없는 것은 삶에 아무런 이유를 주지 못한다고 판단해 버리는 경향성을 발견하고 놀랍니다. 그래서 시간은 많이 갔는데, 아무런 긍정적인 변화나 발전 없이, 단지 제자리걸음을 했고 흰 머리카락만 늘어났다고 생각될 때면, 어떻게 삶의 의미를 정립해야 하는지를 질문하게 됩니다. 그 때쯤 되면, 제가 살기 위하여 다른 생명들을 끊임없이 죽이고(섭생), 지구를 더럽히는 일(배설)을 계속해야 될 이유가 있을까요? 그럴 때는 삶의 보람이나 의미가 어디서 온다고 정의해야 될까요?

어떤 설계나 희망 없이 삶을 지속하면서, 아무런 긍정적인 변화가 없이도, 하느님을 찬양하며 기쁘게 지낼 수 있으려면 지금쯤 뭔가를 준비해야 될 것 같습니다. 그런데 무엇을 준비할 수 있을까요? 더 이상의 긍정적이고 외형적인 변화가 없는 시간에는, 전적으로 '내면의 성숙' 혹은 '영적인 성숙'이라는 말을 쓰면서, 제 삶의 또 다른 변화를 추구할 것인지, 아니면 존재하는 것만으로도 삶은 충분히 의미가 있는 것이라는 새로운 역설을 펼 것인지 생각해 봅니다. 사람들은 은퇴 이후 삶을 위해 돈을 먼저 생각하겠지만, 돈은 저하고는 인연이 멀다는 것을 저는 알고 있습니다.

제 주변에 많은 사람들이 "내 수명이 얼마나 될까?" "어떻게 하면 오래오래 잘 살 수 있을까?" "어떻게 하면 건강하게 오래 살 수 있을까?" 그리고 한 걸음 더 나가서 "죽은 다음에는 어떤 일이 벌어질까? 내가 천국에 갈까?" 등등 참 많은 일들을 궁금해합니다. 저는 이런 사람들이 부럽습니다. 삶에 대하여 그토록 강인한 애정을 가지고 있는 사람들은 천부적으로 신과 가까운 사람들인 것 같기 때문입니다.

그런데 어느 해 『타임즈』지 기사에 의하면, 사람이 살려고 하는 것은 무슨 고상한 목표가 있거나 종교적인 거룩한 소명감 때문이 아니고, 우리의 몸을 구성하고 있는 수억 개의 작은 단세포들의 맹목적인 약동 때문에, 사람들은 원초적인 리모트 컨트롤을 받으면서 그냥 살려고 애를 쓰는 것이라고 합니다. 그 말이 맞는 것도 같습니다. 어떤 사람들의 세포는 유난히 왕성하기 때문에 마지막 순간까지 생애에 강인한 애정과 집착을 가지고 살지도 모릅니다.

정말 오래 살기를 원하시는 분들은, 다만 건강만을 돌보는 것이 아니라 오래 사는 비결을 가르쳐 주는 장수 학교에 다니십시오. 비타민이나 노화방지 약을 복용한다든가, 웃음을 배우고 호흡을 배운다든가 등의 여러 가지 오래 사는 방법이 있습니다. 돈이 있으시면 클로닝(복제)을 할 수 있도록 세포를 냉동실에 보관해 놓고, 죽은 후, 100년이나 200년 후에 다시 깨어나서 지금의 모습 그대로 세상을 즐겁게 살 수도 있을 것입니다.

그러나 그런 것을 원하지 않는 분들은 지금이라도 멋있고 유익한 사업을 시작하십시오. 그러면 여러분이 세상을 떠난 다음에 후배들이 여러분의 동상을 세워줄 겁니다. 영원히 사는 방법입니다.

또 다른 방법도 있습니다. 지금 자라나고 있는 자녀들에게, 만약 자녀가 없으시면 이제라도 아이를 하나 낳아서, 여러분이 못다 이룬 소중한 꿈을 그들이 대신 이룰 수 있도록 잘 키우는 것입니다. 여러분이 젊어서 아직 철모르고 아이를 낳았을 때는, 여러분과 여러분의 아이들이 같이 컸을 것 같습니다. 그러면 이제 성숙한 나이에 아이를 낳고 좋은 부모가 되어 그 아이를 잘 키우면 괜찮은 일일 것입니다.

저를 만나기 위해서 일본에서 일부러 온, 70세에 아이를 낳았다는 77세의 한 재일 교포를 만난 기억이 지금도 생생합니다. 그 노인은 70에 얻은 아이를 데리고 저를 만나러 서울에 왔습니다. 보신탕과 소주를 드시면서, 그 어린 아들을 보면서, 인생이 너무 즐거워 눈물을 흘리며 당신의 일생을 이야기하시고 김삿갓처럼 사라졌습니다. 저는 가끔씩 그 노인 생각을 합니다. 자신이 못다 이룬 꿈을 증손자처럼 어린 그 아들이 이루어 줄 거라는 환상 때문에, 그는 마치 마약을 먹은 사람만큼이나 마냥 즐거운 모습이었습니다.

아니면 종교를 가지십시오. 요즘 많은 미국 청년들이 부처님보다는 인도의 원래 종교 사상인 '윤회 사상'에 많은 흥미를 느끼고 있습니다. 밤늦게 라디오를 들으면 "나는 '윤회 사상' 때문에 희망을 가지고 산다"고 간증하는 사람이 있습니다. 어쩌면 한 번 죽고, 한 번 부활하는 행운을 얻기가 너무 힘들겠지만, 여러 번 죽었다가 여러 번 산다면, 그 중 적어도 한 번쯤은 행운을 얻을 수도 있는 윤회 사상이, 힘들게 살아가는 미국의 청년들에게는 복음일지도 모릅니다.

현재 살면서 지은 죄업(업보, 카르마)을 다 못 갚았기 때문에 죽으면 어떤 짐승으로 태어날 테지만, 그 생에서 제 역할을 잘하면서 업보를 다 갚으면, 그 다음에 멋있고 잘 사는 훌륭한 사람으로 태어날 수도 있는 것이 윤회 사상이라고 생각한다면, 분명히 그것을 믿는 이들에게 희망을 주겠지요.

어쩌면 기독교의 '부활 사상'도 많은 사람들에게 윤회 사상이나 인간 복제의 기능을 하고 있다고도 볼 수 있을 것입니다. 고생하는 사람들에게 영원하고 행복한 새 삶에 이르는 비밀통로 역할입니다.

그런데 과연 기독교의 부활 신앙이 그런 것을 약속할까요? 우리의 수명, 사후 세계에서의 '영원한 삶'을 약속할까요? 절대다수의 대중 기독교인들은 '부활'은 바로 그런 것이라고 믿고 있습니다. 그렇게 배웠기 때문입니다. 그런 사람들에게는 예수님의 부활이 생명에 대한 인간의 원초적이며 궁극적인 욕망에 대한 가장 객관적이고 가장 확실한, 유일한 역사적 답변입니다. 모든 기적들 중 가장 크고, 가장 멋진 기적입니다. 그들은 고린도후서 15장에 있는 말씀을 인용하면서, "부활이 없다면 기독교의 믿음이 헛 것"이라고 큰 소리로 외칩니다. 그리고 부활이야말로 자기들의 수명과 사후세계의 행복에 관한 질문에 확실한 대답이라고 믿습니다. 전 세계의 다른 어느 종교도 부활을 주장하지 않는다는 의미에서, 기독교야말로 종교 중에서 가장 위대하다고 기독교인들은 믿습니다.

저도 어려서는 그렇게 배웠었기 때문에, 한 때는 그런 줄 알고 믿었습니다. 그런데 성경을 읽어볼수록 부활은 그런 것과는 아무 상관이 없는 것을 알 수 있었습니다. 기독교 역사를 보면, 소수의 사람들만이 예수님이 전하는 이야기를 바로 알아들었던 것 같습니다.

예수님이나 사도 바울 선생님이 '부활'이라는 단어를 통하여 우리에게 약속하려고 했던 것은, "죽었다가 또 산다는 것입니까?" "죽은 다음에는 천국이 있습니까?"라는 질문과는 아무 상관이 없습니다. 여러분이 혹시 제 것과 다른 성경을 가지고 계시다면 모르지만, 제가 가지고 있는 이 성경에서 '부활'이 우리에게 약속한 것은, 수명에 대한 무한한 애정, 혹은 집착을 부채질하는 '인간 복제' 이야기와는 전혀 다릅니다.

요한복음 12장 24절 보다 더 확실한 부활에 대한 해석은 없다고 저는 믿습니다. 마태, 마가, 누가 복음에서 예수님은 부활에 대해서 충분히 이야기를 했습니다. 아브라함과 이삭과 야곱처럼, 믿음대로 사는 사람은 하느님 안에서 영원히 살아 있는 것이고, 바로 그들은 이미 부활한 것이라고 예수님은 역설하십니다. 그것을 더 알아듣기 쉽게 요한복음 12장 24절은 말합니다. "밀알 하나가 땅에 떨어져서 죽지 않으면 한 알 그대로 있고, 죽으면 열매를 많이 맺는다. 자기의 목숨을 사랑하는 사람은 잃을 것이요, 이 세상에서 자기의 목숨을 미워하는 사람은, 영생에 이르도록 그 목숨을 보존할 것이다."

예수님은 우리에게 잘 죽으라고 하십니다. 그러면 그 죽음이 헛되지 않아, 언젠가는 30배 60배 100배의 열매를 맺을 것이라고 하십니다. 인생도 땅에 떨어지는 밀알 하나와 같다는 말씀 아닐까요. 저는 이것보다 더 확실한 부활 메시지는 없다고 봅니다. 이것은 설명하지 않아도 모든 사람들이 알 수 있는 이야기입니다.

부활은 "어떻게 살 거냐" 하는 이야기입니다. "우리 인생을 어떻게 마감할거냐" 하는 이야기입니다. 우리가 죽은 후에 어떤 일이 일어나고, 지옥과 천국이 있느냐 하는 야기들과는 상관이 없습니다. "우리들이 살아 있는 동안에 삶을 어떻게 엮어나갈 것이냐? 어떤 죽음을 맞이해야 인간이 옳게 사는 것이냐?" 하는 질문에 대하여 요한복음 12장 24절은 명쾌하게 말해 주고 있고, 이것이 우리에게 주는 '부활'의 약속입니다. "땅에 떨어져 죽어라, 그리하면 영원한 열매를 맺을 것이다."

독일의 경건주의 도덕 철학자 칸트(1724-1804)는, "이 세상에서 잘 살았는데 도움을 받지 못하는 사람은 너무 억울하다. 그래서 하느님은 그런 이들을 위해 내세를 만들었다"고 믿었습니다. 칸트는 아마 자기 자신이 아주 잘 살았다고 믿었던 것 같아요. 칸트쯤 된다면 여러분이 사후세계를 믿어도 좋습니다. 그러나 여러분이 살면서 행한 수고들이, 이 세상에서 그 보상을 다 받지 못할 만큼 크고 훌륭한가요? 지금 살아있는 것으로 하느님께 감사하며, 아직도 하느님의 은혜에 보답할 길이 멀다면, 언제 우리의 사후 세계까지를 염려하겠어요?

정말로 여러분이 '부활'에 대해서 관심이 있다면, 남은 생애 동안 한 알의 밀알처럼 땅에 떨어져 썩는 삶을 사십시오. 그것이 성경에 기록된 이야기입니다.

"부활"은 "정의의 심판"이기도 합니다. 이 땅에서 짓밟힌 '하느님의 정의'가 언젠가는 이 땅에서 되살아난다는 이야기입니다. 한 알의 밀알이 땅에 떨어져서 죽었습니다. 아무것도 맺지 못하는 것처럼 그 형체가 사라졌습니다. 그러나 겨울을 지낸 다음 봄이 돌아와, 언 땅을 뚫고 새싹이 솟아오릅니다. 이처럼 옳게 썩어진 생명의 피와 땀과 눈물들은 시간이 지난 다음, 언젠가는 꼭 귀한 열매를 맺을 거라는 이야기입니다. 자신을 희생하며 심어 놓은 정의가 거대한 악의 세력을 젖히고 언젠가는 이 땅에서 다시 살아난다는 것입니다.

여러분이 '부활'을 믿습니까? 남은 생애동안 자신과 자신의 가족만을 위해서 사는 다른 동물들과 같은 삶을 조금은 넘어서십시오. 우리의 국가, 이웃, 사회, 정의 등을 위해 아무것도 희생하지 않으며 살면, 부활이 없습니다. 부활이란, 이 땅에서 썩어 없어지는 고귀한 희생은, 결코 헛되게 사라지는 것이 아니고, 언젠가 때가 되면 몇 갑절의 열매로 돌아온다는 이야기이기 때문입니다.

그러나 '부활'을 믿으셔야 합니다. 예수님 한 사람이 죽고, 그에게 감동을 받은 수없이 많은 신앙의 식구들이 태어난 것처럼, 한 사람이 죽어서 그의 죽음이 헛되지 않고 열매를 맺는다는 '부활' 이야기를 믿으십시오. 열매를 맺기까지 시간이 얼마나 걸리는지는 아무도 모릅니다. 그러나 그것은 저 세상, 내세에서 맺는 열매는 아닙니다. 언젠가는 이 땅에서 고귀한 열매를 맺을 겁니다.

바울 선생님은 그것을 가리켜서 "선한 싸움을 싸운다"고 했습니다. 선한 싸움을 싸우는 자는 썩지 않는 영원한 열매를 얻습니다.

'부활'의 믿음은, 이제 나만 홀로 남았다고 지쳐서 포기해 버렸던 선한 싸움을 다시 시작하는 것, 곧 고귀한 희생을 다시 계속하는 것입니다. 요한복음 12장 24절이 가르쳐준 '부활'의 이야기가 여러분의 믿음이 되기를 바랍니다. 그래서 여러분의 남은 생애가 보람 있는 귀한 삶이 되기를 기도합니다.

22

진인사대천명(盡人事待天命)

시편 51:1-12 하나님, 주님의 한결같은 사랑으로 내게 자비를 베풀어 주십시오. 주님의 크신 긍휼을 베푸시어 내 반역죄를 없애 주십시오. 내 죄악을 말끔히 씻어 주시고. 내 죄를 깨끗이 없애 주십시오. 나의 반역을 내가 잘 알고 있으며, 내가 지은 죄가 언제나 나를 고발합니다. 주님께만, 오직 주님께만, 나는 죄를 지었습니다. 주님의 눈앞에서, 내가 악한 짓을 저질렀으니, 주님의 판결은 옳으시며 주님의 심판은 정당합니다. 실로, 나는 죄 중에 태어났고, 어머니의 태속에 있을 때부터 죄인이었습니다. 마음속의 진실을 기뻐하시는 주님, 제 마음 깊은 곳에 주님의 지혜를 가르쳐 주셨습니다. 우슬초로 나를 정결케 해주십시오. 내가 깨끗하게 될 것입니다. 나를 씻어 주십시오. 내가 눈보다 더 희게 될 것입니다. 기쁨과 즐거움의 소리를 들려주십시오. 주님께서 꺾으신 뼈들도, 기뻐하며 춤출 것입니다. 주님의 눈을 내 죄에서 돌리시고, 내 모든 죄악을 없애 주십시오. 아, 하나님, 내 속에 깨끗한 마음을 창조하여 주시고 내 속을 견고한 심령으로 새롭게 하여 주십시오. 주님 앞에서 나를 쫓아내지 마시며, 주님의 성령을 나에게서 거두어 가지 말아 주십시오. 주님께서 베푸시는 구원의 기쁨을 내게 회복시켜 주시고, 내가 지탱할 수 있도록 내게 자발적인 마음을 주십시오.

에베소서 4:1-16 그러므로 주님 안에서 갇힌 몸이 된 내가 여러분에게 권합니다. 여러분은 부르심을 받았으니, 그 부르심에 합당하게 살아가십시오.

겸손함과 온유함으로 깍듯이 대하십시오. 오래 참음으로써 사랑으로 서로 용납하십시오. 성령이 여러분을 평화의 띠로 묶어서, 하나가 되게 해 주신 것을 힘써 지키십시오. 그리스도의 몸도 하나요, 성령도 하나입니다. 이와 같이 여러분도 부르심을 받았을 때에 그 부르심의 목표인 소망도 하나였습니다. 주님도 한 분이시오, 믿음도 하나요, 세례도 하나요, 하나님도 한 분이십니다. 하나님은 모든 것의 아버지시요, 모든 것 위에 계시고 모든 것을 통하여 계시고 모든 것 안에 계시는 분이십니다. 그러나 하나님께서는 우리 각 사람에게, 그리스도께서 나누어주시는 선물의 분량을 따라서, 은혜를 주셨습니다. 그러므로 성경에 이르시기를 "그분은 높은 곳으로 올라가셔서, 포로를 사로잡으시고, 사람들에게 선물을 나누어 주셨다" 합니다. 그런데 그분이 올라가셨다고 하는 것은 먼저 그분이 땅의 낮은 곳으로 내려오셨다는 것을 말하는 것이 아니고 무엇이겠습니까? 내려오셨던 그분은 만물을 충만하게 하시려고, 하늘의 가장 높은 데로 올라가신 바로 그분이십니다. 그분이 어떤 사람은 사도로, 어떤 사람은 예언자로, 어떤 사람은 복음 전도자로, 또 어떤 사람은 목사와 교사로 삼으셨습니다. 그것은 성도들을 준비시켜서, 봉사의 일을 하게 하고, 그리스도의 몸을 세우게 하려고 하는 것입니다. 그리하여 우리 모두가 하나님의 아들을 믿는 일과 아는 일에 하나가 되고, 온전한 사람이 되어서, 그리스도의 충만하심의 경지에까지 다다르게 됩니다. 우리는 이 이상 더 어린아이로 있어서는 안 됩니다. 우리는 인간의 속임수나, 간교한 술수에 빠져서, 온갖 교훈의 풍조에 흔들리거나, 이리저리 밀려다니지 말아야 합니다. 우리는 사랑으로 진리를 말하고 살면서, 모든 면에서 자라나서, 머리가 되는 그리스도에게까지 다다라야 합니다. 온 몸은 머리이신 그리스도께 속해 있으며, 몸에 갖추어져 있는 각 마디를 통하여 연결되고 결합됩니다. 각 지체가 그 맡은 분량대로 활동함을 따라 몸이 자라나며 사랑 안에서 몸이 건설됩니다.

요한복음 6:49-51 너희의 조상은 광야에서 만나를 먹었어도 죽었다. 그러나 하늘에서 내려오는 빵은 이러하니, 누구든지 그것을 먹으면 죽지 않는다. 나는 하늘에서 내려온 살아 있는 빵이다. 이 빵을 먹는 사람은 누구나 영원히 살 것이다. 내가 줄 빵은 나의 살이다. 그것은 세상에 생명을 준다.

사도신경 중의 둘째 마당, 곧 예수님 이야기의 마지막 부분을 이야기하려고 합니다: "산 자들과 죽은 자들을 심판하러 다시 오신다."

이것은 2세기의 기독교인들에게는 또 하나의 매우 절실한 고백이었습니다. 이것을 기독교에서는 '종말론적 믿음', '종말론적 소망'이라 합니다.

그들은 예수님께서 머지않아, 살아 있는 모든 사람들만이 아니라 이미 죽은 모든 사람들 — 사실은 여기에 더 큰 강조점이 있습니다 — 을 심판하러 다시 오심을 믿는다고 선언하고 있습니다. 그 때가 되면, 지금은 순교를 당할지도 모르는 위험한 처지에 있는 그들에게, 하늘의 면류관, 영원한 영광의 면류관이 주어질 것이라고 굳게 믿는다는 이야기입니다. 그런 믿음이 실제로 그들에게 없었더라면 (거의) 아무도 그런 죽음의 길을 가지 못하였겠지요.

믿음은 이렇듯 무서운 힘입니다. 이 세상의 가장 강한 힘도 그것을 쉽게 꺾지 못합니다. 그런데 오늘 우리가 그 믿음을 계승할 것인지, 그들의 이루어지지 않은 "믿음"을 "헛 믿음"으로 여기고 다른 길을 갈 것인지, 곰곰이 생각해 보고, 결단하려 합니다.

우리가 먼저 기억할 일 한 가지는, 멋진 장래를 생각하며 죽음을 각오하는 믿음을 지키는 것이, 그들에게도 그리 쉬운 일은 아니었다는 점입니다. 그 공동체 안에서 그들과 함께 있으면서 다른 생각을 하는 사람들도 있었습니다. 순교의 길로 가는 믿음은 자기 기만이요, 오류라고 생각하는 사람들입니다. 예나 지금이나 철저히 믿는 사람들일수록 "우리의 믿음이 헛된 꿈은 아닐까?" 하는 걱정, 혹은 자기 성찰을 하게 되는 겁니다.

거의 2천 년이 지난 지금 돌아보면, 죽어가는 그들이 기다리던 그 화려하고 장대한 역사의 종장은 아직도 요원합니다. 철학적으로 혹은 물리학적으로 보면, 그런 일(살아 있는 자들은 물론이요 이미 죽은 자들까지도 육체로 되살아나, 일시에 신의 심판을 받게 되는 형식의 개벽(開闢))이 발생할 가능성은 없습니다.

그렇다면 그들의 믿음은 헛것이며, 우리는 그들의 믿음을 계승할 이유가 전혀 없지 않을까요? 그러나 있다면, 그들의 믿음을 우리가 계승한다 할 때, 우리는 과연 무엇을 계승하는 것일까요?

먼저 종말론적 믿음을 계승하려 했던 신앙인들의 고뇌의 일면을 잠시 생각해 보겠습니다.

사도신경의 주인공들, 곧 2세기의 기독교인들이 이 문제로 고민하던 첫 사람들은 아닙니다. 히브리 성경 시대 말기부터 이와 같은 문제가 이미 발생했습니다. "하느님은 계시지 않는다," "하느님은 주무신다," "하느님의 팔이 짧아졌다" 등의 표현들이 바로 이것을 가리킵니다(참조 왕상8:57; 사45:15; 시42; 44; 민11:23; 사50:2; 53:1 등).

초기 기독교인들의 정서도 마찬가지였습니다. 고린도전서 15장에는 '헛 믿음'이란 주제가 등장합니다. 물론 '헛 믿음'이란 단어가 그대로 나오지는 않습니다. 사도 바울의 말을 직접 들어보시지요.

"그리스도께서 죽은 사람 가운데서 살아나셨다고 우리가 전파하는데, 어찌하여 여러분 가운데 더러는 죽은 사람의 부활이 없다고 말합니까? 죽은 사람의 부활이 없다면, 그리스도께서도 살아나지 못하셨을 것입니다. 그리스도께서 살아나지 않으셨다면, 우리의 선포도 헛되고, 여러분의 믿음도 헛될 것입니다. 우리는 또한 하나님을 거짓되이 증언하는 자로 판명될 것입니다. 그것은, 죽은 사람이 살아나는 일이 정말로 없다면, 하나님께서 그리스도를 살리지 않으셨을 터인데도, 하나님께서 그리스도를 살리셨다고, 하나님에 대하여 우리가 증언했기 때문입니다. 죽은 사람이 살아나는 일이 없다면, 그리스도께서 살아나신 일도 없었을 것입니다. 그리스도께서 살아나지 않으셨다면, 여러분의 믿음은 헛된 것이 되고, 여러분은 아직도 죄 가운데 있을 것입니다. 그리고 그리스도 안에서 잠든 사람들도 멸망했을 것입니다. 그리스도 안에서 우리가 바라는 것이 이 세상에만 해당되는 것이라면, 우리는 모든 사람 가운데서 가장 불쌍한 사람일 것입니다."(고후 15:12-19 표준새번역 개정판)

이것을 보면, 바울 사도는 뭔가를 알고 있었습니다. 다른 사람들이 기독교인들을 가리켜 하는 말들을 그는 진지하게 생각하고 있었습니다. 곧 기독교인들은 "가장 불쌍한 사람들"이라는 말이 되는 겁니다.

교회에 다니는 여러분을 가리켜서 사람들은 무엇이라고 말하고 있습니까? 그리스도께서 부활하셨으니, 우리의 영혼도 훗날 언젠가 육체를 지니고 부활하게 될 것을 믿는 것이 기독교인들의 믿음의 기본이라면, 사람들은 기독교인인 우리에게 뭐라고 할까요?

그들의 말이 문제가 아니라 우리 자신의 속맘은 어떻습니까? 만일 그런 부활이 문자적으로 또 사실적으로 영영 발생하지 않는다면, 과거에 그렇게 믿었던 사람들이나, 지금 그것을 믿고 고통당하며 순교하는 기독교인들은, 세상 사람들 가운데서 가장 불쌍한 사람이 되는 겁니까? 이제 우리는 옛 사람들과는 달리 생각하니, 그들의 종말론적 믿음도 버려야 합니까? 우리는 달리 믿으니, 2세기에 (혹은 일제 시대에) 자신들의 순박한 믿음을 지키기 위하여 순교했던 신앙인들을 "불쌍한 사람들"이라고 해야 할까요?

후기 유대교와 기독교 초기에 발생한 "종말론적 믿음", 곧 현재의 억울한 고통을 감수하는 일은, 신앙의 사람이 할 수 있는 가장 숭고한 행위인데, 그 이유는 머지않아 하느님(혹은 예수님)께서 갚아주시기 때문이라는 믿음은 이젠 지나간 옛 이야기, 헛된 망상인가요?

313년, 로마의 황제 콘스탄티누스가 기독교를 로마 제국의 유일한 공식 종교로 선포하자, 치욕의 십자가 종교가 갑자기 영광의 면류관 종교로 둔갑해 버렸습니다. 그 후 약 1600년 동안, 우리 기독교인들은 (주축 세력을 기준으로 본다면) 종말론적 믿음을 잃어버리고 말았습니다. 천국에 대한 소망은 교회의 사람, 착한 교인이 되는 노력으로 대치되었습니다. 교회가 곧 "노아의 방주"였기 때문입니다.

그러다가 20세기 초에 기독교인들이, 우여곡절 끝에 잃어버렸던 유산을 되찾게 되었습니다. 요하네스 바이스와 슈바이처 덕분이었습니다. 유럽 대륙에서 신학, 의학, 음악을 공부하고는, 마침내 아프리카로 들어간 신학자이며 성자(聖者)인 슈바이처 박사, 우리 모두가 그의 이름을 익히 들은 바 있습니다. 그는 20세기 초에 "예수님은 자기 시대에 천지개벽이 일어날 것을 굳게 믿었다"는 중대한 논문을 발표하였습니다. 그리고 그 자신은 아프리카 숲 속으로 들어갔습니다. 1906년경의 일입니다. 이 사건은 "기독교 종말론의 재발견"이라는 역사적 시발의 하나입니다.

그러면 우리도 묻게 됩니다. "예수님도 헛된 (종말론) 믿음을 가지고 있었다는 것인가?" "예수님도 속았다는 말인가?" 예수님이 "내가 진정으로 너희에게 말한다. 여기에 서 있는 사람들 가운데는, 죽음을 맛보지 않고 살아서, 인자(人子, 문맥상으로 보면 예수 자신)가 자기 왕권을 차지하고 오는 것을 볼 사람들도 있다."(마태 16:28)고 말씀하셨다는 기록도 남아 있으니까요.

슈바이처 박사는, 예수님의 종말론을 "철저한 (묵시문학적) 종말론"이었다고 결론짓고, 신학 수업을 마감했습니다. 그렇다면, 예수님의 이 위대한 실수, '헛 믿음'을 우리는 어떻게 처리하고 어떻게 해명해야 할까요? 아직도 남아 있는 중대한 신학적 질문입니다.

기독교 역사의 20세기를 마감하면서, 미국의 「예수 세미나」에 속한 대부분의 신약학자들은, 예수님은 자기 당대에 (혹은 언젠가) 지구의 종말과 천지개벽을 통한 지상 천국이 이루어질 것이라는 꿈을 꾼 적이 "없다!"고 정리하였습니다. 예수님은 '종말론적인 묵시문학가'가 아니라, '지혜문학의 한 교사', 곧 처세술을 가르치던 교사였다는 겁니다. 예수님 자신은 종말을 믿거나 가르친 적이 없는데, 후대의 교회가 그런 헛된 믿음을 전했다는 얘기지요.

이런 주장은 물론 많은 기독교인들에게 심각한 걸림돌이 되고 있습니다. 그러나 적어도 「예수 세미나」에게는 "헛 믿음"의 문제란 게 존재하지 않습니다. 그들은 문제를 '해결'하기보다는 '해소'시켜 버렸기 때문입니다(저는 개인적으로 이 입장을 반대합니다). 이런 이해는 "헛 믿음"이라는 쟁점을, 잘사는 나라, 미국의 사람들이 너무 쉽게 넘어가고 있음을 간접적으로 입증해 줍니다. 그러나 남의 나라에서 들어온 종교를 믿으며, 힘들게 삶을 살아가고 있는 우리들로서는, 이 문제를 그렇게 쉽게 넘어갈 수 없을 것 같습니다.

이제는 한국인들의 일반 정서를 생각해 보겠습니다.

옛말에 "콩 심은 데 콩 나고, 팥 심은 데 팥 난다," 사필귀정(事必歸正), 인과응보(因果應報) 등이 있습니다. 당장은 결과를 보지 못하지만, 옳은 일을 하다보면 언젠가는 그에 따르는 당연한 결과로 보상을 얻는다는, 생활 믿음을 표현하는 말들입니다. 하늘을 두려워하며 정직하게 살다보면, 자신의 말년이나 자손 대에 가서는, 마침내 하늘이 감읍(感泣)하여, 마땅한 복을 받는다고 믿었던 것입니다. 고진감래(苦盡甘來), "고생 끝에 낙이 온다"는 말도 같은 믿음의 표현입니다. 기다리던 보상이 3대 혹은 4대 후에 오는 수도 있기 때문입니다. 참으로 훌륭한 믿음들입니다.

그런데 우리나라 근세의 역사를 보면, 콩 심은 데 콩 나지도 않고, 팥 심은 데 팥 나지가 않습니다. 구습의 정치인들이 줄서기주의에 바쁘게 살며, 은퇴한 대통령들이 감옥살이를 해야 하는 모습들을 보며 자라났기 때문인지, 젊은이들이 "한탕주의," "요령주의"에 눈을 팔고 있습니다. 사필귀정이나 인과응보를 믿으면서, 하늘을 두려워하며 정직하게 사는 사람들을 이제는 찾아보기 힘든 세상이 되었습니다.

우리는 물을 수밖에 없습니다. 엄청나게 달라진 시대에 살고 있는 우리가, 여전히 옛날 어른들이 믿어왔던 믿음들을 지킬 것인가? 사필귀정을 믿으며, 역사의 심판을 기다리며, 묵묵히 고독한 옳은 길을 갈 것인가? 유감스럽게도 많은 영리한 젊은이들은 이미 옛 사람들과 생각이 다르지요.

그러나 세상 질서가 엉망이라 하더라도, 언젠가는 이 땅에 공평한 (하느님의) 정의 사회가 도래하리라는 믿음을 애써 지키려 하는 사람들은 항상 있어왔으며, 앞으로도 계속 있을 것입니다. 물론 지금 우리 시대에는 내일을 기다리면서 오늘 한 그루의 "의의 나무"를 심는 사람들을 찾아보기가 매우 힘듭니다. 예수님은 이미 이런 날이 올 것을 오래 전에 예언하셨습니다. "내가 너희에게 말한다. 하느님께서는 얼른 그들(하느님께 부르짖는 성도들)의 권리를 찾아 주실 것이다. 그러나

인자가 올 때에, 세상에서 믿음을 찾아볼 수 있겠느냐?"(누가복음 18:8)

그런데 많은 기독교인들이, 과거에도 오늘날에도, 그 말의 "도구"와 그 말의 "속뜻"을 구분하지 못하고 있는 것 같습니다. 이 구분은 매우 중대한 것입니다. 많은 근본주의자들이 성경이나 교리 이해 때문에 크게 허우적거리는 것도 사실은 바로 이것 때문입니다. 바울 사도가 말하는 "불쌍한 사람들"이라는 주제도 바로 이런 혼동 때문에 발생한 것입니다.

불쌍한 사람들은 '언젠가는 이 고생 끝에 큰 낙이 오려니', '적어도 저 세상에 가서는 좋은 수가 생기려니' 하고 기대하며, (억지로) 참고 살아가는 사람들입니다. 어쩌면, 사도 바울이나 2-3세기의 기독교 순교자들, 또 일제 시대에 신사참배를 거부하고 옥살이를 한 사람들이 그렇게 살았을 지도 모르지요. 즉 말의 '깊은 속뜻'과 '표면적 도구'를 구분해 보려 하지 못하였다면 그렇습니다. 만일 그들이 정말로 그것을 구분할 줄 몰랐다면, 그들은 계산착오자들이요 사업에 실패한 사람들입니다. 내일의 더 큰 기쁨이 있을 줄 알고, 그것 "때문에" 오늘을 인내하면서 살았다면 그렇다는 말입니다.

저는, 앞날에 주어질 보상을 계산하여, 그것 "때문에" 고통을 견디며 살아가는 사람들은 불쌍하다는 생각이 듭니다. 그렇다고 눈앞의 실리에 눈먼 영리한 속인들이 더 복되다는 말은 결코 아닙니다.

우리가 매월 사도신경을 반복하여 고백하는 이유는, '순교자들의 믿음'을 진지하게 계승하고자 함입니다. 그래서 말의 "속뜻"과 "도구"를 구분하고자 하였습니다.

저의 생각으로는, 우리가 만일 말의 속뜻과 도구를 구분하지 않는다면, 오늘날 옛 종말론적 믿음을 계승할 수가 없습니다. 그것은 더 이상 콩 심은 데 콩이 나지 않기 때문이 아닙니다. "역사의 심판"이란 게 존재하지 않기 때문입니다. 이미 죽은 무수한 악인들이 되살아나서, 역사의 심판을 받을 것을 기대하기 "때문에", 애써서 신의를 지킨다면, 우리는 정말로 불쌍한 사람들이 될 것입니다. 유사 이래 그런 일은 일어나지 않았습니다. 앞으로 그럴 가능성도 없습니다. (전문적인 말로 하면, "종말론"이란 애초부터 그런 기대의 이야기가 전혀 아니었습니다.)

만일, 사도신경을 처음으로 고백한 2세기의 사람들이 말의 속뜻과 도구를 혼동하고 있었다면, 그래서 그들이 "헛 것"을 믿었다면, 그것은 그들의 잘못이지요. 적어도 어느 면에서는 "불쌍한 사람들"이라고 할 수도 있겠지요.

그러나 저는 그들이 "전적으로" 그렇다고는 생각지 않습니다. 사도 바울, 2세기 순교자들, 그리고 일제 시대의 순교자들이, 말의 (깊은) '속뜻'과 (표면에 있는) '도구'를 혼동하여, 잘못된 기대와 잘못된 계산으로 일찍 죽어갔다고 할지라도, 저는 여전히 그들의 믿음을 계승하고자 합니다.

가끔씩 천둥이 치면, 하늘이 요란한 소리를 내고 벼락이 내리치며, 폭우가 땅으로 곤두박질칩니다. 이것은 어쩌면, 살아있는 동안에 이루어지지 않는다면 적어도 죽은 다음에 하늘나라에서는 화려한 보상이 있을 것으로 믿고, 목숨까지 바치며 교회만을 섬겨오던 사람들의 집단 데모가 발발하는 것인지도 모릅니다. "아니, 아무것도 없잖소! 우리가 지금껏 헛 믿었단 말이요?"라고 하며 그들이 아우성을 치는 것인지도 모르지요.

어쩌면 사도 바울 선생님은 늘 그 데모의 주동자 역을 맡을 것 같군요. 억울하게 죽은 수많은 군집이 그를 뒤따르겠지요. 로마 황제에게 죽임을 당한 이들만이 아니라, 한강변의 절두산에서 죽어간 한국 가톨릭 신자 103명, 1980년대에 한국 군사정권 아래 죽어간 417명의 젊은이들도 같이 있겠지요. 그리고 공관복음서의 예수님은 늘 피할 수 없는 공격 대상이 될 것 같네요. "종말론은 처음부터 없었다!"라는 「예수 세미나」의 예수님이 아니라면 말입니다.

이제는 우리가 말없는 예수님을 대변하여, '종말론적 희망'을 이 지상에서 옹호할 차례입니다.

첫째, 말의 '속뜻'과 '도구'는 구분되어야 한다고 말씀드렸습니다. 그 둘을 혼동하여 동일하게 본다면, 예수님, 사도 바울, 그리고 그 전후의 많은 순교자들은 불쌍한 사람들이 되고, 더 나아가 남을 미혹한 나쁜 사람들이 됩니다. 그리고 그들의 말을 듣고, 화려한 미래(=불확실한 것)를 위하여 현재의 각종 혜택(=확실한 것)을 희생하는 도박사 같은 대중 기독교인들은 어리석은 사람들이 됩니다. 참으로 불쌍한 사람들이 됩니다.

둘째, 그럼에도 불구하고, 그 둘의 혼동에서 오는 '속임/속음'은 보통 사람들에게 아주 특별한 삶을 살게 해 주었습니다. 폭우가 쏟아지는 캄캄한 밤에도 목표 지점을 향하여 정확하게 길을 걸을 수 있는 힘을 그들에게 주었습니다. 그들은 덕분에 모두 존엄하게 살고, 존엄하게 죽어갔습니다. 그 사실 때문에 그들을 죽인 모든 힘센 자들이, 속으로는 그들을 오히려 두려워했습니다.

그리고 충분한 시간이 흘렀을 때, 세상은 그들(살해당한 자들)의 말을 들어주게 되었고, 그들(한때 죄인들)이 옳다고 손을 들어주는 기이한 일들이 벌어졌습니다. 역사는 이 사실을 우리에게 증언해 주고 있습니다. 요란스런 천지개벽은 아니지만, 세상은 다시 열리기 시작했습니다. 물론 고난 속에서 죽은 사람들이 직접, 개인적으로 부활하지는 못하였습니다. 단 한 사람도.

그러나 힘들기는 하지만, 그렇게 살고, 그렇게 죽는 게 "헛일"은 아니었습니다. 세상이 달라졌기 때문이 아니라, 그들 자신이 그렇게 살다 갔기 때문에, 그들은 "이미 자신들을 구원"한 거라고 보아야 합니다. 한계상황에서 사람이 자신의 존엄성을 그들보다 더 잘 지킬 수는 없으니까요. 저는 그렇게 믿습니다. 그래서 저는 오늘도 그들의 어리석어 보이는 믿음, 불쌍해 보이는 믿음을 할 수만 있으면 계승하고 싶습니다.

쉽게 말하면 이런 것입니다. 옳은 길이라고 생각하며 살다가, 우리가 막다른 골목에 도달했다고 가정합시다. 이 지점에서, "안 되면 되게 하자"는 많은 사람들은, 각종 편법, 연줄, 기도, 종교를 이용하려 듭니다. 그러나 어떤 사람들은 마냥 '때'를 기다립니다. 돌아가지도 포기하지도 않습니다. 아픔을 당하며 견딥니다. 다른 길은 아예 모릅니다. 다른 길은 인간의 길이 아니기 때문입니다.

이것을, 한문으로 말하면, 진인사대천명(盡人事待天命)이라 할 수 있습니다. 사도신경에 있는 말의 도구들, "예수 그리스도께서 하늘에 올라가셨고, 언젠가는 산 자와 죽은 자를 심판하러 오실 것"이라는 신화적 그림을, 중국 문자라는 다른 도구를 사용하여 표현하면, "진인사대천명"이 될 것입니다. '때'를 기다리며 포기하지 않고 인간으로서의 옳은 길을 계속해서 가는, 바로 그 길만이 환난 시절에 사람의 품위와 존엄성을 보호해 줍니다. 그 길을 버리는 것은 우리가 살아 있으되 이미 죽은 것이며, 그 길을 버리고는 살아 있으나 지옥이요 치욕입니다.

진인사(盡人事), 곧 인간으로서는 할 일을 다 했습니다. 그 후, 사필귀정(事必歸正)의 사건이 일어나지 않더라도, 대천명(待天命), 곧 하늘의 뜻, 하늘의 시간을 받들며, 그 자리에서 기다리는 겁니다. 여기서 "때를 기다림"은 한가한 행위, '시간 죽이기'가 아닙니다. 지금까지 해오던 일을 '계속하기', 그렇게 하다가 매맞아 죽임을 당함도 감수하기를 의미합니다.

여러분은 어떻게 살아왔습니까? 자녀들에게 무엇이라고 가르치십니까? 우리가 안 되는 일을 당했을 때, 그것을 우리 힘으로 되게 할 수만 있다면, 얼마나 좋을까요? 그러나 유감스럽게도 우리에겐 그런 힘이 없습니다. 그렇다고 포기하고, 돌아갈 수도 없습니다.

아직은 사필귀정이 이루어지지 않았습니다. 아직은 인과응보를 보지 못하였습니다. 아직은 이 세상이 엉망진창입니다. 그런데 우린 "하늘의 정의"를 포기할 수가 없습니다. "하늘의 뜻"을 기다려야 합니다. 이 믿음 때문에 우리는 자손 대대로 떳떳한 삶을 살 수 있습니다.

그러므로 만일 전통적인 분류 방식대로, 우리들의 삶 방식을 "목적론적인 것"(자아 실현, 내가 세운 목표 지향적 삶, - 아리스토텔레스)과 "의무론적인 것"(위로부터의 명령을 받드는 것, - 칸트)으로 나눌 수 있다면, 저는 후자인 의무론적인 것을 택할 수밖에 없습니다. 목표의 가치는 우리가 목표점에 도달한 후 비로소 생기는 게 아닙니다. 그 목표가 있어서 내가 삶을 값지게 꾸려나갈 수 있다는 바로 거기에 있습니다(과정철학에서는 이것을 '유혹'이라 합니다).

기독교 역사 속의 많은 순교자들이 비록 시대적인 한계 때문에 '종말의 도래', '종말의 방식'을 잘못 계산하는 심각한 오류를 범했다 할지라도, 그들은 그 믿음 때문에 의롭게, 인간답게 살 수가 있었습니다. 구원을 받았습니다. 즉 꿈의 실현을 보지 못한 믿음이지만, 그들의 믿음은 충분히 가치 있는, 고귀한 믿음이었습니다.

우리의 믿음, 우리의 희망이 실현되느냐 않느냐는 중요한 게 아니라고 저는 생각합니다. 중요한 것은 우리가 믿는 믿음, 우리가 희망하는 희망이, 실제로 지금 여기서, 우리의 삶에 어떤 열매를 맺어주는가 하는 것입니다. 영원히 오지 않을 것을 기다린다 하여, 우리가 불쌍한 사람이 되는 법은 결단코 없습니다.

여러분의 믿음은 지금 여러분의 삶을 어떻게 만들고 있습니까?

23

낯선 땅에서 "성령을 믿습니다"

시편 51:10-13 아, 하나님, 내 속에 깨끗한 마음을 창조하여 주시고 내 속을 견고한 심령으로 새롭게 하여 주십시오. 주님 앞에서 나를 쫓아내지 마시며, 주님의 성령을 나에게서 거두어 가지 말아 주십시오. 주님께서 베푸시는 구원의 기쁨을 내게 회복시켜 주시고, 내가 지탱 할 수 있도록 내게 자발적인 마음을 주십시오. 반역하는 죄인들에게 내가 주님의 길을 가르치게 하여 주십시오. 죄인들이 주님께로 돌아올 것입니다.

요한1서 4:1-6 사랑하는 여러분, 어느 영이든지 다 믿지 말고, 그 영들이 하나님에게서 났는가를 시험하여 보십시오. 거짓 예언자가 세상에 많이 나타났기 때문입니다. 여러분은 하나님의 영을 이것으로 알 수 있습니다. 곧 예수 그리스도께서 육신을 입고 오셨음을 시인하는 영은 다 하나님에게서 난 영입니다. 그러나 예수를 시인하지 않는 영은 다 하나님에게서 나지 않은 영입니다. 그것은 그리스도의 적대자의 영입니다. 여러분은 그 영이 올 것이라는 말을 들었습니다. 그런데 그 영이 세상에 벌써 와 있습니다. 자녀 된 이 여러분, 여러분은 하나님에게서 난 사람들이며, 여러분은 그 거짓 예언자들을 이겼습니다. 여러분 안에 계신 분이 세상에 있는 자보다 크시기 때문입니다. 그들은 세상에서 났습니다. 그런 까닭에 그들은 세상에 속한 것을 말하고, 세상은 그들의 말을 듣습니다. 우리는 하나님에게서 났습니다. 하나님을 아는 사람은 우리의 말을 듣고, 하나님에게서 나지 아니한 사람은 우리의 말을 듣지 아니합니다. 이것으로 우리는 진리의 영과 미혹의 영을 알아봅니다.

요한복음 14:15-18 "너희가 나를 사랑하면, 내 계명을 지킬 것이다. 내가 아버지께 구하겠다. 그리하면 아버지께서 다른 보혜사를 너희에게 보내셔서, 영원히 너희와 함께 계시게 하실 것이다. 그는 진리의 영이시다. 세상은 그를 보지도 못하고 알지고 못하므로, 그를 맞아들일 수가 없다. 그러나 너희는 그를 안다. 그것은, 그가 너희와 함께 계시고, 또 너희 안에 계실 것이기 때문이다. 나는 너희를 고아처럼 버려 두지 아니하고, 너희에게 다시 오겠다.

사도신경은 크게 세 부분으로 나뉘어 있는데, 그 마지막 부분인 "성령을 믿습니다"란 대목을 생각해 보겠습니다. "성령을 믿습니다"란 이 말을 극단적으로 줄여서 오늘 우리들이 알아듣기 쉬운 말로 하면, "하느님, 감사합니다"란 말과 동의어라고 생각하시면 좋겠습니다.

오늘 우리가 사용하는 "영"이란 말의 배경에는 두 다른 흐름이 있습니다. 하나는 희랍인들의 사유 관습이요, 다른 하나는 히브리인들의 관습입니다.

먼저 희랍인들의 관습을 살펴봅니다. 희랍인들은 "이 세상 만물은 아무것도 스스로는 움직일 수 없다"는 가정에서부터 출발하였습니다. 왜냐하면 만물은 언젠가는 그 하던 운동을 멈추고 정지하게 되어 있기 때문입니다. 그래서 이 움직일 수 없는 물체들이 어떻게 하여 운동을 하는지를 설명해야 했습니다. 결론은, 운동하는 모든 물체 안에는 필경 그 안에 "귀신"이 들어 있어서 그렇다는 것입니다. 여기서 말하는 "귀신"이 바로 "영" 또는 "영혼"입니다. 다시 말하면, 오늘날 우리들의 시계 속에 있는 작은 '건전지'가 그들에게는 "귀신"이었던 것입니다. 사람의 눈에는 보이지 않는 뭔가가 운동하는 물체들 속에 숨어 있기에, 때가 되면 정지할 수밖에 없는 물체들이 움직인다고 생각했으니, 다른 대답이 있었겠습니까?

일부에서는, 움직이는 다른 모든 동물들보다 인간은 더 고상하다고 생각하여, 운동하는 물체들 속에 일반으로 있는 "영"보다는 한 차원 높은 "혼"이 사람들에만 있다고 생각하기도 하였습니다(여기서 "영", "혼"이라는 단어의 뜻 차이는 중요하지 않습니다. 고정된 것이 아닙니다).

그것과는 달리 히브리인들은 전혀 다른 시각에서 "영"이나 "혼"이라는 말을 사용하였습니다. 그들은 하느님은 지극히 높고 높은 곳에 계시기 때문에 낮고 천한 인간이 하느님을 직접 만날 수는 없다고 생각했습니다. 그런데 하느님과 인간 사이에 엄청난 거리의 공간을 뚫고, 지구에서도 인간은 가끔씩 하느님을 만나는 경험을 한다고 그들은 믿었습니다. 그러나 그것을 설명하기는 곤란했습니다. 높은 곳에 계신 위대하고 거룩한 하느님과 낮은 곳에 있는 천한 인간이 직접 만나는 것은 상상하기조차 불가능했기 때문입니다.

그래서 히브리 사람들은 하느님과 인간 사이를 연결해 주는 존재, 중간매개자에게 "천사"(외부에 존재)라든가 "영"(내부에 존재)이라는 이름을 붙였습니다. 이것은 그들이 "영"이라는 말을 사용하게 된 근본 이유가, 우리에게 익숙한 다른 말로 하면, "하느님이 우리와 함께 계시다"는 경험이었음을 말해 줍니다. 그런데 그들로서는 "하느님께서 친히 우리와 함께 계시다"는 말을 하기보다는, 천사나 하느님의 "영"이 우리와 함께 계시다는 말을 하는 게 더 편했던 겁니다.

물론 후대에 와서는, 이 세상에는 "하느님의 영"만 있는 게 아니라

"사탄의 영"도 함께 있다는 것을, 유감스럽게도, 알게 되었습니다. 그래서 요한복음에는 "진리의 영," "거짓의 영"이란 말이 등장하고, 바울 문서에는 "거룩한 영"(더러운 영이라는 말과 대칭)이란 말이 등장합니다. 복음서에는 "더러운 영"이란 말도 등장하지요.

그런데 역사를 연구해 보면, "거룩한 영," "더러운 영," "진리의 영," "거짓의 영," 이런 말들은 히브리인들의 본래 말이 아니라, 그들이 페르샤 문화에서 배운 낯선 말입니다.

이렇게 보면, "영"이라는 단어는, 일반적으로 그것이 성스러움이든, 운동이든, 질적으로 다르거나 혹은 차원이 다른 존재나 영역과의 만남을 상징하는 말임을 알 수 있습니다. 따라서 "영"이라는 말을 사용할 때 우리는, 인간이 통제할 수 없는 어떤 초월적인 힘을 말하고 있음을 알아야 합니다. 이런 이치는 "거짓의 영"이거나 "진리의 영"이거나 마찬가지입니다. 그 통제할 수 없는 막강한 신비의 힘이 긍정적으로 경험된 경우, 사람들은 "거룩한 영," 혹은 "진리의 영"이라는 말을 사용하며, 그 힘이 부정적으로 경험되었을 때는 "더러운 영," "악마의 영," "미혹의 영," "거짓의 영"이라고 합니다.

그렇다면, 주님을 죽인 살인적인 세력, 악마적인 힘, 믿는 자들 서로를 이간질하고 미혹하는 "거짓의 영"이 활개치고 있는 2세기에, 기독교인들이 어떻게 "나는 하느님의 거룩한 영, '성령'을 믿습니다"라고 고백할 수 있었을까요? 오늘 우리들의 질문은 곧 그것입니다.

그런데 2세기의 사람들을 이해할 수 있게 해주는 놀라운 사건이 얼마 전 라틴 아메리카에서 일어났습니다. 가톨릭 신부의 중요한 임무 한 가지는 성찬식에서 떡을 떼는 것입니다. 그리고 성찬의 떡을 뗄 때는 누구든지 "하느님, 감사합니다"라는 말을 해야 합니다. 그래서 성찬식을 기독교인들은 "유카리스트(eucharist, 감사하기)"라고 합니다.

그런데 사랑하는 교우 하나가 보이지 않습니다. 알고 보니 지난밤, 미국 자본주의로부터 고통 당하는 자기의 친구들을 구출하려고 해방 전선에 나갔다가 그만 불행한 죽음을 당했던 것입니다. 이 소식을 들은 그 신부는 다음날에도 미사(그 중심이 바로 "유카리스트"임)를 집전해야만 했습니다. 신부는 고민에 빠졌습니다. "나의 형제, 나의 가족들이 불의와 싸우기 위하여 전선에 나갔다가 무참하게 죽어 가는데, 이 거대한 악마적 힘은 조금도 변함이 없고, 나는 그 한가운데서 주일마다 '하느님, 감사합니다'라고 노래를 부르며 미사를 집전하는 신부 노릇을 계속 해야만 하는가? 저항할 수 없고 통제할 수 없는 이 거대한 악마적 힘 앞에서 우리가 어떻게 하느님을 찬양할 수 있을까?"

이런 고뇌를 하는 신부의 질문은, 사도신경을 물려준 선배 기독교인들의 질문과 일맥상통한다고 생각합니다. 그 이름이 토레스(Torres)인 이 신부는 마침내 자기가 사랑하던 교우를 따라 게릴라전에 참전했습니다. 잡아보지도 못한 총을 들고 나가 싸우다가, 그 신부는 결국 죽고 말았습니다.

토레스 신부는 불의가 난무하는 세상 한 가운데서 "하느님, 감사합니다"라는 말을 읊조릴 수가 없었던 겁니다. 그는 죽었고, 그의 무덤에서는 얼마 후에 새로운 꽃이 피어났습니다. 사람들은 가난한 사람을 편드는 하느님을 선언하기 시작했습니다. 어쩌면 바로 이것이 "부활"일 것입니다.

'정의의 하느님'이란 팔짱을 끼고 앉아서, 피고와 원고의 변론을 듣는 중립자가 아니라, 불의의 현실 한가운데로 뛰어들어가, 눌림 받는 약자 편을 드는 하느님이란 것을 그들은 알게 되었습니다. 1970년대에 등장한 이 새로운 사상을 세상 사람들은 "해방신학", 곧 교회의 신학, 개인 구원의 신학이 아니라, 사회 구원의 신학, 억압받는 자들의 해방을 선포하는 출애굽의 신학이라고 이름을 붙였습니다. 토레스 신부의 무덤에서 피어난 부활의 이름입니다.

어떤 사람들은, 우리를 괴롭히고 있는 갖가지 죽음과 비극을 가리켜, "변장하고 찾아온 하느님의 천사," "변장하고 찾아온 하느님의 축복"이라고 믿습니다. 그들은 현실의 어두움에 애써 눈을 감습니다. 그리고 곧 다가올 저 세상에서 누릴 화려한 영광을 생각하며, 자기도취적이고도 감상적인 삶을 삽니다.

저는 금년 여름에도 신학 공부를 하러 한국에서 온 많은 신학생들, 목사님들이 제출한 과제물에서 이런 내용들을 보았습니다. 그리고 저는 그 앞에서 많은 생각을 했습니다. 자기도취적인 춤을 추는 것도 결코 쉬운 일이 아닙니다. 죽음의 세력이 난무하는 세상에서, 자신이 암에 걸려 죽어가고 있으면서도, 자기도취에 빠져 노래를 부른다는 것은 결코 쉬운 일이 아닙니다. 그것은 실로 대단한 영웅적 용기입니다.

많은 신학자들과는 달리 칼 마르크스는 종교의 이런 위대한 힘을 알았습니다. 그는 신학을 공부한 사상가였기 때문에, 이러한 종교의 위대한 힘을 "아편"이라고 이름 붙였습니다. 마술적인, 주술적인, 신화적인 종교가 가지고 있는 엄청난 나르시시즘적 힘을 현대의 신학자들과는 달리 마르크스는 잘 알고 있었던 겁니다.

전쟁터에서 다리를 잃은 부상병에게 누가 감히 노래를 가르칠 수 있겠습니까? 고통이 심하여 죽어가고 있는 병사에게 누가 노래를 부르게 할 수 있겠습니까? 저는 위생병으로 있으면서 병사들에게 아편을 주었을 때 어떤 일이 일어나는지를 목격한 적이 있습니다. 그들은 고통이 심하지만, 다 잊은 듯 노래를 부를 수 있게 됩니다. 이 놀라운 힘을 가진 "아편"이 없으면, 견딜 수 없는 고통을 그냥 지니고 있어야 합니다.

고통받는 이에게 아편은 필요합니다. 그래서 많은 종교인들이 하느님의 "성령"을 아편처럼 체험하는 것에 대하여 비판할 생각은 없습니다. 그렇게 해서라도 비극에 눈을 감고 노래를 부르며 춤을 출 수 있다면, 마취 속에서 커다란 고통을 겪어내는 수술 환자처럼 고마운 일이기도 합니다.

그런데 토레스 신부처럼, 아무리 강도 높은 몰핀 주사를 맞아도, 이 세상에서 자기를 괴롭혀 오는 무서운 악마적인 힘, 불의의 힘, 부조리한 힘을 잊어버릴 수 없는 사람들이 세상에는 더러 있다는 데 문제가 있습니다. 많은 사람들은 아편을 맞고 고통을 견디지만, 어떤 사람들은 아편 주사를 맞고도 춤을 추거나 노래를 부를 수가 없습니다. 라틴 아메리카의 많은 의로운 사람들은 억압된 자본주의를 타도하기 위하여 해방 전선에 뛰어들었고, 약 10년 동안 싸웠습니다. 그들은 불의한 세력이 자기들을 뒤덮고 있는 동안에는 진정으로 하느님께 감사할 수 없다고 믿었기 때문에, 수없이 많은 사람들이 숲속에서 시체가 되어 사라졌습니다.

적의(敵意) 가득한 낯선 자들의 땅에서, 신을 찬양하는 노래를 부르는 것은 쉬운 일이 아니었습니다. 맨 정신으로 고통을 당하겠다고 아편 맞기를 거부하는 환자들에게, 노래를 부르게 하는 것은 쉬운 일이 아니었습니다.

그런데 기적이 일어났습니다. 해방 전선에서 피땀 흘리고 싸운 지 10년만에 그들은 새로운 경험을 하였습니다. 아픔을 겪는 많은 사람들, 힘없이 당해야 하는 많은 사람들, 겉으로 보기에는 운명과 타협하고 체념하면서 살아가며 속으로 신음하는 많은 사람들, 그들 중에서 다윗과 골리앗의 싸움처럼, 턱없이 거대한 힘 앞에 자신의 몸을 내던지는 동지들이 있음을 발견하였습니다. 또 어떤 사람들은 숨어서 기도합니다. 형태는 다르지만 많은 사람들이 악마적인 힘 앞에서 그냥 침묵하는 게 아니라, 고통당하며, 고통과 싸우고 있다는 사실을 그들은 알아냈습니다.

그리고 불의와 싸우는 고통의 연대감 속에서 그들이 생각하지 않았던 새로운 힘을 발견했습니다. 그들을 지배하고 도와주며 감싸주는 새로운 힘이 있음을 알아냈습니다. 그들은 그것을 "성령"이라고 이름하였습니다. 자기네들이 통제할 수 없는 긍정적인 희망, 힘을 발견했기 때문입니다.

이 땅에서 자본주의는 물러가지 않았고, 경제적인 평등이 아직 도래하지 않았지만, 불평등과 그 참을 수 없는 고통과 아픔에 대하여, 은근히 혹은 노골적으로 저항하고 있는 수없이 많은 동지들을 발견하면서, 그들은 새로운 희망을 볼 수 있었던 것입니다. 그 새로운 희망, 새로운 힘을 이름하여 "성령"이라 했습니다. 이것은 1980년대의 일입니다. 사회적 불의가 만연한 한가운데서도 그들은 이제 노래를 부를 수 있게 되었고, 이것이 토레스 신부의 무덤에서 다시 피어난 아름다운 꽃입니다. 그들은 "우리들의 방식으로 우리들의 우물의 물을 마시며 우리들의 노래를 부르게 되었다"고, 세상을 향하여 자신 있게 외쳤습니다.

라틴 아메리카에서 아직 자본주의는 물러나지 않았습니다. 미국과 전 세계의 기독교인들은 아직도 자본주의를 좇아가고 있습니다. 그러나 자본주의의 불의한 횡포에 저항하는 라틴 아메리카의 사람들에게서 전 세계 기독교 교인들은 아주 많은 것을 배우고, 이제는 깊은 참회의 시간에 들어갔습니다. 자본주의를 두둔하면서, 그것을 하느님의 축복과 동일시하던 옛 생각에서 기독교인들은 서서히 벗어나고 있습니다. 아직도 이 지구상의 자본주의는 많은 사람들을 괴롭히고 있습니다. 그러나 라틴 아메리카에서 싸웠던 수많은 해방 용사들의 덕분으로, 자본주의는 매우 위험하다는 것, 뭔가 심각하게 잘못된 점이 있는 체제라는 것을 이 지구상의 기독교인들이 알게 되었습니다.

어떻게 보면, 죽은 해방 전사들이 아직도 살아 돌아오지 않았기 때문에, 그들의 죽음이 헛것이라 할 수도 있겠지요. 그러나 그들의 죽음은 헛되지 않았습니다. 그들은 이 땅에서 고통당하는 많은 사람에게 새로운 희망을 주었습니다. 고난과 불의, 감히 맞설 수 없는 악마적인 힘 한가운데서도, 힘을 모아 함께 싸우면 인간답게 살 수 있다는 비밀스런 법을, 그들은 체험으로 발견했습니다. 유대-기독교 전통 속에 감추어져 있던 아름다운 전통, 고난 한가운데서 인간답게 사는 법을 우리는 라틴 아메리카의 형제들 덕분에 되찾게 되었습니다.

사도신경은 바로 이들의 상황과 같은 데서 나왔습니다. 불의한 세상, 악마의 힘이 지배하는 한가운데서도, 우리는 "성령을 믿습니다"라고 고백할 수 있다는 선언입니다. 물론 쉬운 건 아니었습니다. 그들이 "성령을 믿습니다"라고 고백하기에 앞서, 악마적 힘 앞에 먼저 쓰러져 간 그들의 주님, "본디오 빌라도에게 고난을 받으시고, 매장" 당할 수밖에 없었던 예수님의 이야기를 앞세운 것은 바로 그 때문입니다.

그리고 또 사도신경은 "성령을 믿습니다"라고 고백한 바로 다음에, 곁에 함께 있는 동지들, 곧 "교회를 믿습니다"란 말을 했습니다.

"성령을 믿습니다" 란 말 앞에 "주님의 고난"이 있으며, "성령을 믿습니다"란 말 바로 뒤에 "교회"라는 '동지애'의 고백이 있습니다. 이것이 2세기 기독교인들의 문법입니다. 기독교 고전의 문법입니다.

"성령을 믿습니다"라고 우리가 고백할 때, 그 말 앞에 "고난당하신 주님을 믿습니다"란 말이 따라온다면, 그리고 "성령을 믿습니다"라고 고백할 때, 우리 옆에서 우리와 함께 고난에 동참하는 "사랑하는 동지들"이 있음을 인정할 수 있다면, 비로소 우리는 기독교인으로서 "성령을 믿습니다"란 말을 바로(문법에 맞게) 사용하게 되는 겁니다.

그러나 불행하게도 오늘날의 (특히 한국의) 기독교인들 중에는 2세기의 이 "고전 문법"을 배우지 못한 사람들이 너무 많습니다. 저는 직업상 기독교인들의 신앙고백을 읽어볼 기회가 많았습니다. 그런데 많은 경우, 그가 평신도이든지 성직자이든 상관없이, 개인적인 희로애락(喜怒哀樂) 때문에 주님을 고백하기도 하고 주님을 잃어버리기도 합니다. 물질적인 부요 때문에 성령을 체험하기도 하고 물질적인 상실, 사업의 실패 때문에 하느님을 잊어버리기도 합니다. 이를 보면서, 기독교인이면 누구나 사도신경에 나타나 있는 기독교인들의 고전 문법을 새롭게, 성실하게 배울 필요가 있다고 느꼈습니다. 너무나 종교적이고(예수와 상관없이) 너무나 개인적인, 한국인들이 말하는 바 "성령을 믿습니다"란 말을, 2세기의 고전 문법으로 바꾸어 고백하는 일은 과연 언제쯤 가능해질까요?

1976년 미 ABC TV에서 "The Boy in the Plastic Bubble"이라는 영화(John Travolta 주연)를 방영했습니다. 소년은 갑자기 중병에 걸렸습니다. 에이즈에 걸린 것이지요. 모든 면역기능이 사라졌습니다. 하나의 세균도 그를 치명적으로 죽일 수 있습니다. 완전히 무균(無菌) 처리된 풍선 속에서 소년은 살아갑니다. 그가 좋아하는 장난감도, 그가 읽고 싶은 책도, 그가 입고 싶은 옷도, 완전히 무균 상태인 풍선 안에 들어와야만 이 아이가 가지고 즐길 수 있습니다. 외부에 있는 부모와 사랑하는 사람들과도 접촉이 불가능해졌습니다. 이 소년은 잠시 동안만 풍선 속에 머무르면 되는 줄 알았었는데 평생토록 그렇게 살아야만 했습니다. 그러나 완전하게 무균 상태인 풍선도 소년을 지켜 주지 못했습니다. 어느 날 소년은 자기가 서서히 병이 심해가고 있음을 알았습니다. 간호사를 불러서 말했습니다. "나에게 마지막 소원이 있습니다. 풍선 밖으로 나가서 내가 사랑하는 아버지의 손을 잡고 싶습니다." 소년은 세상에 나가서 고난을 감수하면서 사랑하다가 죽기로 결심했습니다. 소년의 소원은 이루어졌고 그는 죽었습니다.

여러분은 무균 상태에서 영원히 살고 싶습니까? 그래도 고난은 있고, 죽음은 있습니다. 살고 싶으시면, 진짜 세상(real world)으로 나오십시오! 거기에는 세균이 득실거립니다. 곁에 있는 사람들이 여러분에게 상처를 줍니다.

그러나 바로 세균이 득실거리고 악마적 힘이 판치는 속에서 고통당하고 상처 입은 사람들이 "성령을 믿습니다"라고 고백했습니다. 앞서가신 주님, 또 같은 고난에 동참하는 사랑하는 동지들이 있었기 때문입니다. 진짜 세상(real world), 거기에는 세균이 득시글거립니다. 그러나 이 곳에는 '고난'만 있는 게 아니라, '사랑'도 있습니다. '사탄의 힘'도 있지만 '성령'도 함께 계십니다. "나는 성령을 믿습니다"라는 아름다운 2세기의 고백이 여러분의 문법이 되기를 바랍니다.

24

교회를 거룩하게 하는 것

창세기 2:1-3 하나님은 하늘과 땅과 그 가운데 있는 모든 것을 다 이루셨다. 하나님은 하시던 일을 엿샛날까지 다 마치시고, 이렛날에는 하시던 모든 일에서 손을 떼고 쉬셨다. 이렛날에 하나님이 창조하시던 모든 일에서 손을 떼고 쉬셨으므로, 하나님은 그 날을 복되게 하시고 거룩하게 하셨다.

골로새서 1:24-28 이제 나는 여러분을 위하여 고난을 받는 것을 기쁘게 여기고 있으며, 그리스도의 남은 고난을 그분의 몸 곧 교회를 위하여 내 육신으로 채워가고 있습니다. 나는 하나님께서 여러분을 위하여 하나님의 말씀을 남김없이 전파하게 하시려고 내게 맡기신 사명을 따라, 교회의 일꾼이 되었습니다. 이 비밀은 영원 전부터 모든 세대에게 감추어져 있었는데, 지금은 그 성도들에게 드러났습니다. 하나님께서는 이방 사람 가운데 나타난 이 비밀의 영광이 얼마나 풍성한지를 성도들에게 알리려고 하셨습니다. 이 비밀은 여러분 안에 계신 그리스도요, 곧 영광의 소망입니다. 우리는 이 그리스도를 전합니다. 우리는 모든 사람을 그리스도 안에서 온전한 사람으로 세우기 위하여 모든 사람에게 권하며, 지혜를 다하여 모든 사람을 가르칩니다.

요한복음 17:14-19 나는 그들에게 아버지의 말씀을 주었는데, 세상은 그들을 미워하였습니다. 그것은, 내가 세상에 속하여 있지 않은 것과 같이, 그들도 세상에 속하여 있지 않기 때문입니다. 내가 아버지께 비는 것은, 그들을 세상에서 데려 가시는 것이 아니라. 악한 자에게서 그들을 지켜 주시는 것입니다. 내가 세상에 속하지 않은 것과 같이, 그들도 세상에 속하지 않았습니다. 진리로 그들을 거룩하게 하여 주십시오. 아버지의 말씀은 진리입니다. 아버지께서 나를 세상에 보내신 것과 같이, 나도 그들을 세상으로 보냈습니다. 그리고 내가 그들을 위하여 나를 거룩하게 하는 것은, 그들도 진리로 거룩하게 하려는 것입니다."

"역사"만큼 무섭고 확실한 교사는 없는 것 같습니다. 이 역사라고 하는 교사를 통하여 젊은이들은 꾸준히 많은 것을 배웁니다. 역사를 통해 계속해서 배울 수 있는 사람들은 나이에 상관없이 젊은이들이라고 불러도 좋을 것입니다. 나이가 들면 ― 나이가 젊더라도 그 마음이 녹슬면 ― 사람은 아무것도 배우지 못하고, 알고 있는 것만 고집하게 되는 것 같습니다. 그래서 신체적인 나이와 정신적인 나이를 나누어, 정신적 나이를 크게 강조하는가 봅니다.

역사의 교훈을 담고 있는 2세기 기독교인들의 신앙고백의 문서인 사도신경에서, 오늘은 "거룩한 교회"라는 말 속에 있는 하느님의 말씀을 다시 들어 보겠습니다. 기독교 박해 시대인 2세기에 만든 신앙고백 문헌인 사도신경 속에서, 그들은 교회를 "거룩한 교회"라고 이름 붙였습니다. 교회를 "거룩하다"고 말했을 뿐만 아니라, 문맥상으로 보면, 이 교회를 "성령의 중요한 작품"이라고 생각하고 있습니다. 따라서 2세기의 신앙고백은, 성령은 이 땅에 교회를 만들어냈는데, 그 작품을 자기들에게 종말의 희망을 보증해 주는 도장(인장)과도 같은 것이라고 그들이 생각했음을 알 수 있습니다.

그런데 그 후 150여 년, 로마로부터 박해가 끝나고 지하의 교회가 지상에서 떳떳하게 십자가를 세우며, 하나밖에 없는 제국의 보호를 받는 편안한 교회가 되었을 때, 교회는 새로운 두 가지의 말을 덧붙였

습니다: "교회는 하나요, (거룩하며, 보편적이며) 사도적이다."(니케아-콘스탄티노플 신조, 318년). 나아가, 니케아-콘스탄티노플 신조는 더 근원적으로 거슬러 올라가, 예언자들을 통하여 말씀하시던 영, 성경의 주인공이 되는 영, 그리고 설교자를 통하여 말씀하시는 영을 아울러 생각하고 있습니다. 교회가 안정기에 접어들면서 하느님의 영에 대하여 그리고 자신들의 모습에 대하여 새롭게 생각하게 된 겁니다. 그래서 신앙인이든 오늘의 세속인이든, 사람들은 언제나 역사를 통하여 꾸준히 배워 나간다는 걸 알 수 있습니다.

저는 이 4세기의 니케아 신경이라는 신앙 유산 중에 나오는, '성령은 하느님의 말씀을 보존해 주는 영'이라는 고백은 매우 소중하고 가치 있는 발전이라고 생각합니다. 가톨릭에서 본다면 성령을 고백할 때 우리는 성령의 작품인 교회를 믿습니다. 그러나 개신교의 입장에서 본다면, 성령 고백은 늘 "성경(말씀)과 더불어" 활동하시는 교회를 믿는다는 뜻을 함께 간직하고 있다 할 수 있습니다. 그러므로 성령이 이 땅에 와서 한 그 많은 결실 중에 가장 중요한 두 가지를 꼽는다면, 4세기의 신앙고백인 니케아 신조가 말하는 것처럼, "하느님의 말씀"과 "교회"라고 말할 수 있겠지요.

지난주에 말씀드리기를, 우리가 '성령'이라는 기독교의 단어를 쓸 때는, 그 문법을 따져서 생각하며 말해야 되는데, 기독교의 고전적 성령 문법은, 주님의 고난과 더불어 교회라는 공동체를 함께 생각하는 것이라고 했습니다. 오늘은 이 고전적 '성령 문법'의 연장이라 할 수 있는 4세기의 문법을 아울러 생각해 보고 있습니다. 이 문법에 의하면, "성령을 받는다."는 말을 사용할 때, 예언자들과 사도들을 통해 역사 속에서 계속하여 말씀하시는 "하느님의 말씀"을 동시에 생각해야 한다는 것입니다. 얼마나 귀한 가르침입니까?

오늘날 많은 사람들은, "성령을 받았다"고 하면, 이상한, 초월적인, 신비적인 경험을 곧장 마음속에 떠올립니다. 이와는 달리, 2세기의 문법으로는 "성령을 받았다."는 것이 "주님의 고난을 회상한다."는 말의 연장이요, 4세기의 문법으로는 "하느님의 말씀이 생각난다."는 말입니다. 여러분은 성령을 받으셨습니까? 예수님의 고난과 하느님의 말씀이 여러분의 가슴속에 그려져 있습니까? 그렇다면 아무런 신비의 경험이 없더라도 우리들의 고전 문법에 의하여 여러분은 성령을 받은 사람들이라고 말씀드릴 수 있습니다.

어떤 사람들은 "성령을 받았다"는 말을 "내 기분이 매우 좋아졌다," "내 사업이 매우 잘 된다."는 말로 이해하고, 그렇게 사용하기도 합니다. 내 기분이 좋고 일이 잘 풀리는 것은 하느님의 커다란 축복이겠지요. 그러나 우리가 "성령"이라는 말을 그렇게 사용하는 것은 기독교 고전 문법에 맞지 않는 용례입니다.

이제 오늘 이야기의 핵심인 교회에 대한 이야기를 드리겠습니다. 니케아 신조는 교회를 가리켜서 "하나"요, "거룩"하며, "보편적"이요, "사도적"인 교회라고 말했고, 이 네 가지 속성을 두고 신학자들은, 이것이 모든 시대의 "참된 교회의 네 표지(標識)"라고 이름 붙입니다. 어느 시대의 교회든 기독교 교회는 진정한 교회이기 위하여 '하나'를 지향해야 되고, '거룩'하게 살아야 되며, '보편적'이어야 되고, 나아가 '사도적'이어야 된다는 것입니다.

그런데 제가 이 설교를 준비하면서, 사도신경과 니케아 신조를 다시 생각해본 결과, 사도신경이 나온 후 거의 150년이 지나 태어난 니케아 신조가 말하는, "하나요, 보편적이며, 거룩하고, 사도적인 교회"

라는 표현은, 사도신경(=거룩하고 보편적인 교회)에 대한 수정이나 보완이 아니라, 단지 재해석에 불과하다는 생각이 들었습니다. 왜냐하면, 박해를 받다가 마침내 황제의 시녀가 되어, 다른 종교인들이나 이단자들을 박해하는 당당한 위치에 올라선 교회가, 자기들이 왜 거룩한지를 설명할 수 없기 때문에, "거룩한 오늘의 교회는 -역사적으로- 사도적인(사도들이 세운, 또 사도들의 가르침을 계승한) 교회다"라는 말을 고민 끝에 집어넣은 것 같기 때문입니다. 교회는 그 기초로 보면 거룩하다고 할 수 있지만, 현재 실제 모습을 보면 늘 더러운, 오염된 교회임을 4세기의 교회가 눈치채고 있었던 게 아닐까 하는 생각이지요.

 4세기의 교회, 제국과 더불어 친해진 교회, 오늘날로 말하면, 자본주의와 결탁한 교회가, 자기들을 가리켜서 "거룩한 교회"라고 진정 말할 수 있었을까요? 박해가 끝나고 세속과의 갈등을 넘어서서 세상과 동일해지고 세상과 구별되지 않는 교회, 자본주의의 아류 혹은 앞잡이가 되고 표본이 된 교회, 그러한 4세기의 교회나 지금 우리들의 교회를 가리켜서, 여전히 "거룩한 교회"라는 2세기의 고전적 신앙 고백을 반복할 수 있을까요?

 달리 또 생각해 봅니다. 4세기의 사람들은 "우리는 지금 이 모양으로 살고 있지만, 우리의 조상들은 거룩한 삶을 살았다."고 말했다고도 볼 수 있습니다. 곧 적어도 그들의 근원, 역사적 출발은 '사도들의 가르침'이라는 것이지요. 모든 교회의 뿌리는 사도들로부터 시작되었기 때문입니다(왜 예수로부터 시작되었다고 표현하지 않았는지 모르겠습니다). 몰락한 귀족들이나 몰락한 세도가들이 자기의 가문과 출신 성분을 자랑하지요. 노인들은 "내가 젊었을 적에 ……" 하는 말을 자주 하십니다. 그런 것처럼 4세기에 니케아 신조를 고백한 기독교인들도 "지금 우리는 이렇게 되었지만 우리 조상들, 사도들 시대의 우리 교회는 세상과 엄연히 다른 거룩한 교회였다"는 고백을 한 것이 아닐까요? 왜 기독교 역사가 이미 300여 년이나 지난 그 때에, "우리는 사도들의 교회다"라는 말을 했겠습니까?

가톨릭 신학자들의 글을 읽어보면, "교회를 믿습니다."라는 이 사도신경 구절의 해석 때문에 고민을 많이 합니다. 개신교 신학자들 중, 누구에게서도 발견할 수 없는 고민입니다. 사도신경은 "하느님을 믿습니다," "성령을 믿습니다."와 똑같은 방식으로 "교회를 믿습니다."라고 고백하고 있습니다. 교회가 성령처럼 신앙의 대상일 수 있느냐 하는 문제에 대해 개신교 신학자들은 아무도 주목하고 있지 않습니다. 그런데 가톨릭에서는 "왜 우리가 교회를 믿어야 하는가? 교회를 믿을 수 있는가?"라고 고민합니다. 그리고 그들은 다음과 같이 결론을 내립니다:

> 교회는 본질적으로 거룩한 것이 아니며, 그 자체로는 결코 신앙의 대상이 되지 않는다. 개신교 신학자들이 가르친 것과 마찬가지로 교회는 오류가 많으며, 교회는 죄인들이 모인 곳이다. 교회 자체는 껍데기에 불과하지만, 그러나 교회는 그 안에 거룩한 유산을 간직하고 있기 때문에, '참여를 통하여' 간접적으로 거룩하다.

가톨릭 신학자들은 대개 교회의 거룩함을 늘 자랑스럽게 여깁니다. 그들에게 교회란 거룩한 어머니입니다. 그런가 하면, 오늘날 개신교에서는, 중세 신학자들을 본 따, "교회가 노아의 방주처럼 거룩한 곳이다"라고 자랑하며, 그 안에 들어오는 것을 마치 천국 입장권을 확보하기라도 한 것처럼, 무엇인가를 보장해 준다는 식으로 생각하는 사람들도 많이 있습니다. 그런 사람들은 노아의 방주에서 구원받고 나온 사람이, 방주에서 나오자마자 술에 취했던 죄인들이었음을 상기해야 할 것입니다.

교회는 결코 그 자체로서는 거룩한 것이 아닙니다. 그럼에도 불구하고 오늘 우리가 한 달에 한 번씩 사도신경을 고백하며, "거룩한 교회"를 고백할 수 있다면, 그것이 무엇을 말할 수 있을까요? 이미 아시는 대로, "거룩"이란 말은 "구별"입니다. 세상과는 다르다는 말입니다. 그래서 성경을 통하여, 오늘날의 우리의 교회가 거룩해질 수 있는 근거를 생각해 보려고 합니다.

요한복음 17장에, 오늘날의 교회가 거룩해질 수 있는 힌트가 나와 있다고 저는 생각합니다. 요한복음 17장에는 하느님의 말씀이 곧 진리이고, 사람은 개인적이나 공동체적으로 이 진리를 통하여 거룩해질 수 있다고 가르쳐 줍니다. 다시 말하면, 기독교를 세운 사람들, 사도들과는 이제 상관이 없다고 할 만큼 오랜 세월이 지난 우리들의 교회이지만, 이 교회가 여전히 세상과 구별되는 거룩한 교회일 수 있다면, 그것은 교회가 자본주의의 복음이 아니라 예수 그리스도의 복음을 전할 때에 비로소 그리고 참으로, 거룩해질 수 있다고 성경은 가르쳐 주고 있습니다.

교회가 스스로 '우리는 거룩하다'고 주장한다 하여 거룩해질 수는 없습니다. 이 교회가 전하는 이야기 속에 거룩한 주님의 복음, 주님의 이야기가 들어 있다면, 그 말씀 때문에 교회는 거룩해진다는 이야기입니다. 그런 의미에서 교회는 소중합니다. 비록 초라하지만, 교회들이 모두 사라지고 나면 이 지구에는 더 이상 "주님의 이야기"가 들리지 않을 것입니다. 예수님의 이야기를 들을 수 있기 때문에 교회는 거룩한 공동체가 됩니다.

다음, 골로새서 1장에서 바울 선생님이 매우 독특한 신학을 전개하고 있습니다. 많은 신학자들이 '예수 그리스도의 십자가의 고난과 부활에서 구원은 완성되었다'고 가르치고 있지만, 바울 선생님은 "나는 그리스도의 남은 고난에 참여하고 있다"고 했습니다. 교회는 이미 완성된, 끝난, 고난을 회상하는 곳이 아니라, 그리스도가 남긴 구원의 사업을 위하여 "남은 고난"에 동참하라는 사명을 받고 있는 공동체입니다. 그 사명을 다할 때에 비로소 교회는 거룩해질 수 있다는 말입니다. 교회의 물려받은 유산 때문에 또 이어가는 사명 때문에 거룩하다는 말입니다. 우리 교회는 지금 유감스럽게도, 우리 자신들의 고난을 치료하기에 너무 바빠, 그리스도의 "남은 고난"에 동참할 만한 여력이 없습니다. (혹 예수님 이야기 때문에 우리가 거룩하다 할 수 있더라도) 우리는 감히 거룩하다 할 수 없는 처지에 있습니다. 그렇지만, 골로새서 1장에 있는 바울 선생님의 "남은 고난"이라는 이 사상은 우리 교회가 앞으로 가야 할 방향, 이 교회가 진정 거룩한 교회로 남으려면 무엇을 해야 하는지를 가르쳐 주는 중대한 교훈이라고 생각합니다. 우리는, 개인적으로 혹은 공동체적으로, 이 세상을 구원하기 위하여 치러야 하는 그리스도의 "남은 고난"에 동참해야 합니다. 바울 선생님의 값진 가르침입니다. 참으로 귀한 가르침입니다. 여러분, 할 일이 없다고 생각하시는 분이 계십니까? 예수 그리스도의 "남은 고난"이 여러분들을 기다리고 있습니다.

25

왜 그 여러 교회를 "하나"라 했을까

시편 84편 만군의 주님, 주님이 계신 곳이 얼마나 사랑스러운지요. 내 영혼이 주의 궁전 뜰을 그리워하고 사모합니다. 내 마음도 이 몸도, 살아 계신 하나님께 기쁨의 노래 부릅니다. 참새도 주의 제단 곁에서는 제 집을 찾고, 제비도 새끼를 칠 보금자리를 얻습니다. 만군의 주님, 나의 왕, 나의 하나님, 주의 집에 사는 사람은 복됩니다. 그들은 영원토록 주님을 찬양합니다. (셀라) 주님께서 주시는 힘을 얻고, 마음이 이미 시온의 순례길에 오른 사람들은 복이 있습니다. 그들이 눈물 골짜기를 지나갈 때에도, 그들은 그 곳을 샘들이 터져 나오는 곳으로 만들 것입니다. 이른 비가 내려 줄 것입니다. 그들은 힘을 얻고 더 얻으며 올라가서, 시온에서 하나님을 우러러뵐 것입니다. 주 만군의 하나님, 나의 기도를 들어 주십시오. 야곱의 하나님, 귀를 기울여 주십시오. (셀라) 우리의 방패이신 하나님, 주께서 기름을 부어 주신 사람을 돌보아 주십시오. 주의 집 뜰 안에서 지내는 하루가 다른 곳에서 지내는 천 날보다 낫기에, 악인의 장막에서 살기보다는, 하나님의 집 문지기로 있는 것이 더 좋습니다. 주 하나님은 태양과 방패이시기에, 주께서는 은혜와 영예를 내려 주시며, 흠 없이 사는 사람들에게 좋은 것을 아낌없이 내려 주십니다. 만군의 주님, 주님을 신뢰하는 사람에게 복이 있습니다.

에베소 5:15-20 그러므로 여러분은 어떻게 살아가야 할지를 조심하여 지혜롭지 못한 사람처럼 하지 말고 지혜로운 사람처럼 하십시오. 세월을 아끼십시오. 때가 악합니다. 그러므로 어리석은 자가 되지 말고, 주님의 뜻이 무엇인지를 깨달으십시오. 술에 취하지 마십시오. 거기에는 방탕이 있습니다. 성령의 충만함을 받으십시오. 시와 찬미와 신령한 노래로 서로 화답하며, 여러분의 마음으로 주님께 노래하며 찬송하십시오. 모든 일에 늘 우리 주 예수 그리스도의 이름으로 하나님 아버지께 감사를 드리십시오.

누가복음 10:25-29 어떤 율법교사가 일어나서, 예수를 시험하여 말하였다. "선생님, 내가 무엇을 해야 영생을 얻겠습니까?" 예수께서 그에게 말씀하셨다. "율법에 무엇이라고 기록하였으며, 너는 그것을 어떻게 이해하고 있느냐?" 그가 대답하였다. "'네 마음을 다하고 네 목숨을 다하고 네 힘을 다하고 네 뜻을 다하여, 주 너의 하나님을 사랑하여라' 하였고, 또 네 이웃을 네 몸같이 사랑하여라' 하였습니다." 예수께서 그에게 말씀하셨다. "네 대답이 옳다. 그대로 행하여라. 그러면 살 것이다." 그런데 그 율법교사는 자기를 옳게 보이고 싶어서 예수께 말하였다. "그러면 내 이웃이 누구입니까?"

지난주에 드린 말씀을 다시 정리해 보겠습니다. "교회가 왜 거룩한가, 교회는 과연 거룩할 수 있는가, 사람들이 모인 교회가 어떻게 계속하여 거룩할 수 있을까, 2세기에 고난 받은 기독교인들이 '교회는 거룩하다'는 말을 남겼는데, 그 말을 오늘 우리들의 입장에서는 어떻게 이해해야 하는가."를 생각해 보았습니다. 그리고 첫째, 본질적으로는 세상과 조금도 다름이 없는, 세상의 사람들이 모인 교회가, 오늘 우리 시대에도 거룩할 수 있다면, 그것은 교회가 그 자체로서 본질적으로 거룩하기 때문이 아니라, 교회 안에는 적어도 예수 그리스도의 이야기가 선포되고 있기 때문에 이 세상 모든 것과 구별되고(그런 의미에서 어느 특정 교회가 아무리 타락했다고 할지라도, 여전히 거룩합니다), 그래서 우리 교회도 감히 거룩하다고 말할 수 있다는 말씀을 드렸습니다. 둘째, "예수의 남은 고난"이라는 특별한 신학이 있었다는 사실을 주목했습니다. 그런 의미에서 2세기의 교회는 그 어느 시대의 교회보다도 거룩하다 말할 충분한 근거를 스스로 가지고 있는 교회였다는 점을 상기했습니다. 많은 신학자들이 예수님의 고난은 십자가에서 완성되었고, 인류의 비극은 부활에서 완전히 정복되었다고 가르치고 있지만, 바울 선생님은 "예수님의 고난은 아직 남아 있고, 그 남은 고난에 내가 동참한다."고 설교했다고 말씀드렸습니다. 아니, 그는 실제로 그렇게 살았지요. 그런가 하면, 우리는 이 사회 속에서 우리 자신이 살아남기도 어려운, 연약한 처지에 있기 때문에 거룩하다고 말하기에는 아직 너무나 역부족이라는 점도 지적하였습니다.

2세기, 박해 시절에 교회가 사도신경을 만들었다면, 그 뒤 평화 시절인 318년에, 교회는 니케아(-콘스탄티노플) 신조라는 에큐메니칼 신조를 만들었습니다. 사도신경은 엄격히 말하면 로마를 중심으로 한 서방 교회의 신앙고백이기 때문에 전 세계의 기독교인들이 한 자리에 모여 예배를 드릴 때는 사도신경으로 신앙고백을 하지 않고, 최초의 "에큐메니칼 신조"라 할 수 있는 "니케아-콘스탄티노플 신조"로 신앙을 고백합니다.

동·서 교회가 함께 모여서 신앙고백을 만든 처음이자 마지막인 이 니케아 신조에는, 사도신경과는 달리, 교회는 거룩할 뿐만 아니라 "하나"라는 말을 덧붙였습니다. 왜 그랬을까요? 간단합니다. 교회가 이제는 하나가 아니기 때문에 하나라고 한 거지요. 갈라져 나온 교회가 "한마음교회"라고 이름을 붙이고, 사랑이 절실히 필요한 교회가 "사랑교회", 소망을 찾는 이들이 "소망교회"라 이름을 붙이듯, 교회가 찢겨지고 분열되었을 때, 아이러니하게도, 교회는 "하나"라는 이름을 스스로 붙였습니다. 우리가 말을 한다는 행위는, 그 상황이 말을 해야 할 필요성을 만들고 있기 때문에 발생합니다. 부모 말에 순종하는 자녀에게는 "부모 말 잘 들어라" 하고 말하지 않습니다. 공부만 열심히 하는 자녀에게는 "제발 좀 나가서 놀아라." 하고 말할 수밖에 없지요. 이것이 우리 인간이 쓰는 말의 일반적인 정황입니다.

그래서 고난 받는 교회에서 해방된 교회로 바뀐 상황에서 나온 니케아 신조에는, 교회는 '사도적'이요, 교회는 '하나'라는 두 말을 덧붙였습니다. 2세기에 사도신경을 고백한 사람들은 말하지 않아도 사도적이었기 때문에, 사도적이라고 굳이 주장할 필요가 없었습니다. 2세기의 교회는 사도들의 얼굴과 이름을 알고 있었으며, 사도들의 가족과 함께 예배를 드린 경험을 기억하고 있는 사람들이었습니다. 따라서 "우리 교회는 사도들이 세운 교회다"라고 말할 필요가 전혀 없었던 것입니다. 그러나 세월이 150년쯤 지나, 이 교회의 주인이 누구인지 알 수 없는 상황이 되었을 때, 니케아-콘스탄티노플 신조는, "지금 우리들의 교회는 오래되고 낡은 교회지만, 처음 교회와 마찬가지의 교회"라고 생각하며, 우리는 "사도적인 교회"라고 한 것입니다.

그렇다면 왜 교회를 "하나"라고 해야만 했을까요? 성경에도 교회는 이미 여러 교회들이 나와 있는데 말입니다. 요한계시록에 보면 교회가 7개 있습니다. 바울 선생님이 목회한 교회를 보면 교회는 이미 3~4파로 나누어져 싸우고 있었고, 그 후 바울 선생님이 간곡하게 부탁하지만, 그 교회는 결국 분열되고 만 것으로 보입니다. 기독교인들은 교회에 열심이지만, 그 열심이 곧잘 분열을 가져다줍니다. 그렇다면 여러 교회들이 모여, 우리는 "하나"라고 고백해야만 했던 4세기 교회들의 상황은 무엇이었을까요? 생각해 보겠습니다.

도둑들이, 함께 도둑질을 하는 동안에는 단결을 잘 한다고 합니다. 작전을 짜서 무사히 담을 넘어 전리품을 획득하는 시간까지는 그들은 신사답게 질서를 지키며 단결을 한답니다. 그런데 도둑들은 일단 도둑질에 성공한 다음, 그 노획품을 나누는 시간에 오면, '우리 사이에도 도둑이 있구나!'라는 생각과 함께, 도둑들의 근성은 별 수 없다는 것을 깨닫게 된답니다. 전리품 중에 귀중한 것은 이미 두목이 재빨리 뒤로 감춘 후, "오늘밤 전리품은 이것이다. 나누어 갖자."고 하면, 부하들이 "우리 가운에 도둑이 있다."고 한답니다. 결국 도둑들의 단체는 오래가지 못하지요.

아마 사업가들도 그렇겠지요. 동업자들은 회사가 어려울 때는 흩어지면 죽기 때문에 단결을 잘 할 수밖에 없습니다. 그러나 회사가 잘 될 때 오히려 위기가 올 수 있지요. 형제처럼 가깝던 동업자들이, 회사가 잘 되어 이윤을 남기기 시작하면, 더욱 단합하는 것이 아니라 서로의 본색을 드러내게 됩니다. 이것은 참 불행한 일입니다. 우리나라에는 "어려울 때 친구가 정말 친구"라는 말이 있습니다만, 동업자들끼리는 어려울 때는 단결해야 되기 때문에 친구가 되지만, 오히려 넉넉해지면 그렇지 못합니다. 때문에 어려울 때보다 넉넉할 때가, 친구노릇 하기에 더 어려운 경우도 이 세상에는 있습니다.

2세기, 박해 시절의 교회는 자기네들의 교회가 '하나'라는 생각을 하지 못했습니다. 그럴 필요도 없었습니다. 오히려 여러 교회들이 온 세계에 흩어져 있다고 하는 사실 때문에 하느님께 감사했을 겁니다. 예루살렘 교회나 알렉산드리아 교회, 시리아의 교회들은 서로 아낌없는 지원을 했습니다. 성경에 보면, 최초의 교회인 예루살렘교회가 경제적으로 매우 어려웠을 때, 사도 바울 선생님은 선교 여행을 다니며 경제적으로 넉넉한 이방인들의 교회에 가서는 "모(母)교회가 어려우니 경제적인 도움을 주자"고 모금운동을 했다고 합니다. 아름다운 일입니다.

교회들이 아직 힘들었을 때, 그들은 여러 곳에 교회가 있고 교회들의 상황이 서로 다르다는 것을 고맙게 생각하면서 잘 살았겠지요. 그러나 콘스탄티누스 황제가 312년에 회심하고, 313년에 로마 제국의 유일한 공식 종교를 기독교로 선언하고 났을 때, 종의 교회가 하루아침에 상전의 종교가 되고, 지하실의 교회가 언덕 위의 찬란한 교회로 바뀌게 되었습니다. 그리고 국가로부터 보호를 받고 있는 교회들은 "누가 참 교회냐?" "누가 진짜 기독교인이냐?" "누가 황제의 보호를 받기에 적당한 교회냐?"라고 논공행상(論功行賞)을 하기에 이르렀고, 이때부터 교회들은 서로 심각한 싸움을 시작했습니다. 늘 그렇듯이 교회 안에 새로운 파벌이 생겼습니다. 순수파가 있습니다. 순교자들의 후예들, 예수님의 직계 제자들의 후손들은 정통과 순수성을 주장합니다. 그들은 박해 시절에 현실과 타협해가면서 비겁하게 변절한 사람들이 모인 교회는 더러운 교회, 타락한 교회, 비겁자들의 교회이므로, 황제의 보호를 받을 자격이 없다고 주장했습니다.

또 어떤 사람들은 그것도 모자라, 성령 받은 우리들만이 진짜라 하여 '참 교회' 운동을 시작했습니다. 그들은 이 세상 황제들과 더불어 사는 대부분의 교회들을 더러운 교회라고 생각하였고, 이제는 더 이상 아무런 정치적 박해가 없는 시절임에도 불구하고 스스로 산이나 혹은 사막으로 들어가, 성령 충만한 특별한 교회를 세우자고 했습니다. 그 사람들을 가리켜 몬타누스파라고 합니다. 결국 평화는 교회 안에 심각한 분란을 초래했던 것입니다. 논공행상(論功行賞), 곧 순수성

시비가 벌어진 겁니다. 이것은 성공한 도둑들이 전리품을 나누어 가지면서, 혹은 권력을 창출한 당원들이 권력다툼을 벌이면서 누구의 공이 더 큰가를 놓고 치열한 싸움을 하는 것과 같습니다.

한국교회의 경우, 일제 말기에 일본이 강요한 신사참배를 하느냐 마느냐를 고민했을 때는, 교회가 분열되지 않았습니다. 그러나 해방이 되어 서로 사랑하기에 충분한 시간이 있고, 모든 것들이 맑게 정돈된 시간에는 교회가 분열되었습니다. 신사참배를 끝까지 거부한 사람들과, 현실에 타협하고 약삭빠르게 신사참배에 참여한 사람들이 대립하였습니다. 신사참배에 가담한 사람들도 또 다른 이유를 들어 자기네들이 정통이라고 주장하였습니다.

이러한 갈등은 '하나의 신'을 믿는 신앙을 가진 사람들일수록 더욱 치열했던 것 같습니다. 이와 같은 정황은 유대인 교회나 기독교 초기에도 있었으니까요. 에베소서 4장에 보면, 바울 선생님은 교회 일치를 강력하게 호소하고 있습니다. 하느님도 하나요, 세례도 하나요, 성령도 하나이니, 색깔은 다르고 음성은 달라도 같은 노래를 부르라고 애타게 호소하고 있습니다만, 바울 선생님의 호소에도 불구하고, 기독교는 평화를 회복하였을 때 오히려 축제의 교회가 되지 못하고, 분열을 거듭하는 교회가 되고 말았습니다. 바로 이 특별한 상황 속에서, 평화 시절을 맞이한 교회의 지도자들이 모였습니다. 그들의 교회가 갈라지고 싸우고 있었기 때문에, "우리가 이제는 하나이어야 한다"고 주장하기에 이르렀다고 생각합니다.

신학자들의 글을 보면 교회가 하나인 이유를, "교회는 한 하느님, 한 주님, 한 성령으로 같은 세례를 받았기 때문에 그 근원에서 하나이며, 교회는 마지막에 있어서 같은 하느님의 나라에 일원이 될 것이기 때문에, 즉 같은 국가의 시민이 될 것이기 때문에 하나다."라고 설명합니다. 처음 출발과 마지막 목표가 하나라는 의미에서 교회는 하나라고 신학자들은 설명합니다.

그러나 저는 요즘 사도신경을 다시 생각해 보며, 평화시절에 만들어진 니케아 신조가 고백하고 있는 "교회는 하나다"라는 말은, 바울 선생님이 생각했던 것보다 훨씬 더 심각한 정치적인 이유를 그 안에 담고 있다는 생각을 피할 수 없습니다. 교회는 신학적으로 출발과 목표가 하나이기 때문에 하나인 것만은 아니라고 생각합니다. 교회가 정치적인 이유로 분열될 수밖에 없는 그 때의 상황에서, 참 신앙인이라면 교회가 하나이고자 하는 우선적이고도 진지한 열망을 가져야 하기 때문에, 곧 "순수성"보다는 "일치"가 더 높은 가치라는 정치적, 신학적 결단으로서 이 말이 나오게 된 것이라고 생각합니다.

이 이야기는 한국의 상황을 생각하면 이해할 수 있을 것입니다. 남한에서 공산주의자라고 오랫동안 감옥에 갇혀 있던 사람들, 30년 이상 "나는 공산주의자요. 사상의 자유가 있는 나라에서, 내가 빨갱이라는 것이 죄라면 잡아 가두시오."라고 하며 뜻을 굽히지 않던 소위 비전향(非轉向) 장기수들, 그들 중에서 63명이 "나는 공산주의 나라로 돌아가겠다"고 신청서를 냈던 사실을 여러분은 기억하시겠지요? 그런데 바로 옆에서 "억울합니다" 하고 이의를 제기하는 사람들이 나섰습니다. 20년, 혹은 25년 동안 가족들과 헤어져서 고독한 감옥에서 살다가, 얼마 전에 푸른 하늘이 그립고 이미 다 장성했을 자식들을 만나고 싶어서, "나는 공산당이 아니오. 이제는 사상을 전향했오"라고, 안기부에서 요구하는 전향서에 서명을 하고 나온 소위 "전향한 공산주의자들"입니다. 그 사람들은 억울했습니다. "고향으로 돌아갈 기회가 올

줄 알았으면 조금만 더 참을 걸 ……." 그러나 이미 늦었습니다. 동지들의 만류에도 불구하고 서명을 하고 나온 그 사람들도 17년, 20년 혹은 25년의 긴 세월을 감옥에서 보낸 위대한 사람들로서, 거의 순교자들이라 할 수 있습니다. 다만 얼마 동안을 못 참았기 때문에 '배신'한, '타락'한 공산주의자가 되었습니다. 그래서 억울한 이 사람들이 "나는 공산주의자요, 나도 고향으로 보내주시오"라고 말하는 것입니다. 불쌍한 사람들이지요. 그런데 이북에서는, 공산주의자라는 이유 때문에 긴 세월 고생하다가 막판에 잠시 참지 못하여, 강요된 전향서에 서명을 하고 나온 그 노(老)공산주의자들을 받아주겠다고 했습니다. (남쪽에서는 이 실패한 영웅들은 죄질이 나쁘기 때문에 고생을 더 해야 한다고 하지만, 사실 이 사람들을 보내면 이북에서 가만 놔두지 않을 것이라고 생각하여, 보호하려는 것이 아닐까 합니다.) 그러나 불쌍한 이 사람들은 가지도 오지도 못하고, 사람들로부터 따돌림을 받고 있습니다.

그런데 니케아-콘스탄티노플 신조는, 비록 전향한 공산주의자라도, 공산주의자라는 하나의 이유 때문에 10년, 20년 이상 긴 세월 감옥에 갇혀 있던 사람이라면, 공산주의자로 대우받아야 된다고 선언을 한 셈입니다.

여러분들은 어떻게 생각하십니까? 여러분들은 지난 날 잘 살아왔기 때문에 순수파에 속하고 싶겠지요? 그러나 살다보면, 비겁하기 때문에, 혹은 생각이 혼들리기 때문에, 혹은 인간이기 때문에 현실과 타협할 수도 있습니다. 전향한 사람들임에도 불구하고 그들이 여전히 "나는 공산주의자요"라고 말한다면, 공산주의자들이 받는 특혜를 그들도 받아야 된다는 것이, 4세기에 해방된 기독교의 니케아 신조가 고백한 "교회는 하나다"라는 선언의 속뜻입니다. 대동단결(大同團結)이라는 말 아시지요? "크게 보면 하나"라는 말이지요. "하나"라는 말은 숫자의 하나가 아닙니다. 인생, 사물, 세상을 크게 보자는 것이지요. 우리와는 색깔이 다르더라도 예수님 이야기를 하는 사람이면 우리의 형제요 자매라는 것이지요. 신사참배에 동참을 했다 할지라도 우리의 형제와 자매라는 것입니다.

어느 것이 옳은지는 모르겠습니다. "하나"를 이해함에 있어, "포용성"의 학파가 있고 "순수성"의 학파가 있습니다. 니케아 신조는 포용성의 학파가 만든 신앙고백이라고 저는 봅니다. "교회는 하나다"라고 선언한 그들의 이 '하나'의 마음이, 우리 교회가 살아내고자 하는 "큰 가슴의 사람"의 길이 아닐까 생각해 봅니다.

26

팔은 안으로 굽는다

시편 91:9-16 내가 다른 아무도 하지 못한 일을 그들 가운데서 하지 않았더라면 그들에게 죄가 없었을 것이다. 그러나 이제 그들은 내가 한 일을 네가 주님을 피난처로 삼았으니, 가장 높으신 분을 너의 거처로 삼았으니, 네게는 어떤 재앙도 내리지 않을 것이다. 네 장막에는 어떤 재앙도 가까이하지 못할 것이다. 그가 천사들에게 명하셔서 네가 가는 길마다 너를 지키게 하실 것이니, 너의 발이 돌부리에 부딪히지 않게 천사들이 두 손으로 너를 붙들어 줄 것이다. 네가 사자와 독사를 짓밟고 다니며, 사자 새끼와 살모사를 짓이기고 다닐 것이다. 그가 나를 간절히 열망하니, 내가 그를 건져 주겠다. 그가 나의 이름을 알고 있으니, 내가 그를 높여 주겠다. 그가 나를 부를 때에, 내가 응답하고, 그가 고난을 받을 때에, 내가 그와 함께 있겠다. 그를 건져 주고, 그를 영화롭게 하겠다. 나는 그가 마음껏 오래 살게 하고, 내 구원을 그에게 보여 주겠다. 가장 높으신 하나님, 주님께 감사를 드리며, 그 이름을 노래하는 것이 좋습니다.

요한복음 15:18-21 세상이 너희를 미워하거든 세상이 너희보다 먼저 나를 미워하였다는 것을 알아라. 너희가 세상에 속하였더라면 세상이 너희를 자기 사람이라고 하여 사랑했을 것이다. 그러나 너희는 세상에 속하지 않고, 도리어 내가 너희를 세상에서 가려 뽑았으므로, 세상이 너희를 미워한다. 내가 너희에게 종이 주인보다 높지 않다고 한 말을 기억하여라. 사람들이 나를 박해했으면 너희도 박해할 것이요, 또 그들이 내 말을 지켰으면 너희의 말도 지킬 것이다. 그들은 너희가 내 이름을 믿는다고 해서, 이런 모든 일을 너희에게 할 것이다. 그것은 그들이 나를 보내신 분을 알지 못하기 때문이다.

"주님의 이름을 알기에 주님께서 우리를 높이신다." 시편에 있는 말씀입니다. "주님의 이름을 믿기에 세상이 우리를 미워한다." 요한복음의 말씀입니다. 우리는 오늘 사도신경에 있는 "거룩한 공회(公會)를 믿는다"라는 말 중에서 한문으로 된 공(公)을 생각해 볼 차례입니다. 현재의 우리 말 사도신경 속의 "공회(公會)"란 본래 공교회(公教會, catholic church)를 가리킵니다. 박해시절의 신앙고백서는 교회를 두 개의 단어로 규정하였습니다. 세상과 다르기에 교회는 '거룩하다'고 했고, 온 세상에 두루 퍼져 있기에 교회를 '공교회'라고 했습니다. '세계적인 교회(universal church)'라는 말입니다. 우리 말 사도신경은 그 두 말을 묶어, "거룩한 공회"라고 했는데 이 말의 뜻을 아는 한국인이 몇이나 될지 궁금합니다. '거룩한 공회'를 한자(漢字)로 표현하면 성공회(聖公會)가 되겠지요. 영국 교회를 가리켜서 한국에서는 성공회라고 합니다. 따라서 사도신경에서 "거룩한 공회를 믿는다."라는 말은 "영국 교회를 믿는다."라는 말로 오해되기에 충분한 말로 번역된 것입니다. 그래서 어떤 교회에서는 "거룩하고 공번된 교회를 믿습니다."라고 번역하기도 합니다.

여러 가지 언어로 번역되는 '공(公)'이라는 단어의 원래의 뜻은 희랍어에서 나온 "카톨리코스"라는 말인데, 오늘날의 영어로 말하면 "보편적(universal)" 혹은 "일반적(general)"이라는 말입니다. 특별한 세상이 아니고 '온 세상', 구체적인 것이 아니고 '전체적'인 것이라는 말입니다. 왜 사도신경은 교회를 가리켜서 지역적인 교회, 구체적인 교회가 아니라 "세계적인 교회", "일반적인 교회"라는 말을 했을까를 생각해 보기 위해서, 오늘 우리들이 쓰고 있는 카톨릭(Catholic)이라는 말의 의미를 먼저 생각해 보기로 하겠습니다. 오늘날 Catholic이라는 말은 로마에 본부를 둔 로마 교회, 곧 서방교회를 말합니다. 그러나 교회 역사적으로 보면, 1054년 이전에 분열되지 않은 온 세계의 교회를 하나로 통칭할 때 Catholic Church라고 이름을 붙였습니다. 1054년에 동방교회와 서방교회가 갈라지면서, 동방교회는 Orthodox(정통)라는 이름을 들고 나왔고, 서방교회는 Catholic이라는 이름을 들고 나왔습니다. 하지만 1054년 교회분열의 사건에서 본다면, Catholic이나 Orthodox는 같은 말이었습니다. Orthodox는 이론적으로 우리가 '진짜'라는 말이고, Catholic은 분열되지 않은 '통짜'라는 말입니다. 기독교는 분열이 죄악이라는 것을 알지만 분열할 수밖에 없었고, 그 때에 한편은 Orthodox(정통)라고 하고, 다른 한편은 Catholic(통짜)라고 한 것입니다. 따라서 교회 분열 이전인 11세기에 사용한 Catholic이라는 말은 내용상 정통을 의미합니다. 오늘날 로마 가톨릭이라는 말이 하나의 교파를 가리키는 것과는 크게 다릅니다. 한국의 가톨릭 교인들은 개신교를 기독교라고 보고, 개신교 교회를 "교회"라고 부르며 자기들은 천주교이고 천주교 교회는 "성당"이라고 하는데, 그것은 한국 사람들만 사용할 뿐, 전 세계 어디에도 없는 이상한 말입니다.

    Catholic이 서방교회 전체를 일컫다가, 16세기에 루터가 종교개혁을 일으킨 다음에는 개신교를 제외한 서방교회만 Catholic이 되었습니다. 그리고 1517년에 피오 5세가 영국 여왕 엘리자베스 1세를 파문시켰습니다. 그래서 영국교회(성공회)는 독립을 선언하고 갈라졌습니다.

결국 로마 Catholic 교회는 루터 때문에 분열되고, 엘리자베스 1세 여왕 때문에 또 한 번 분열되었습니다. 여기에 계신 대부분의 개신교 신자들은 루터의 후예라고 볼 수 있는데, 저는 감리교회에서 안수를 받았기 때문에 영국교회 엘리자베스 1세가 만든 영국교회의 후예라고 볼 수 있습니다. 루터가 갈라져 나왔을 때도 영국 교회는 Catholic에 남아 있었는데, 영국 여왕의 파문 사건으로 인하여 뒤늦게 독립했기 때문에, 감리교회와 성공회는 개신교라고 하지만 Catholic 의식이 많이 남아있습니다. 지금은 Catholic이란 말이 역사적 의미를 상실하고 교단을 의미하게 되었습니다. 그래서 오늘날에는 "Catholic Church"를 믿는다는 말을, 개신교회에서는 "Universal Church" 즉 세계적인 혹은 보편적인 교회를 믿는다는 말로 바꾸어 고백하게 되었습니다.

    교회가 자신들을 가리켜서 감히 "세계적인 교회"라고 말하기 시작한 것은, 남겨진 기록에 의하면 안디옥 교회의 둘째 감독 때부터입니다. 안디옥 교회에서부터 처음으로 크리스천(Christian)이라는 이름이 사용되었는데, 이 안디옥 교회의 첫 번째 교황이면서 감독이 베드로입니다. 로마교회도 마찬가지입니다. 베드로에 이어 둘째 감독이 된 이그나시우스 감독은 70세의 나이로 로마에서 순교를 당했는데, 그분의 문서에서 최초로, 우리 교회는 어느 한 마을에 있는 교회나 이스라엘 민족의 교회가 아니고, "온 세계의 교회"라고 기록하고 있습니다. 그분이 세상을 떠난 것이 107년이고 보면, 기독교라는 종교는 예수님이 세상 떠난 지 70년 만에 어두운 지하터널을 통과하여 마침내 "온 세계"를 정복했다고 선언했습니다. 나중에 박해자들의 교회가 된 로마 Catholic 교회가 사도신경을 만들어 냈고, 거기서부터 교회는 일요일마다 "우리는 비록 숨어 있고, 비록 작은 동네에 속해 있지만, 우리의 형제와 자매들은 세계를 장악하고 있다"는 자부심을 표방하기에 이르렀습니다.

이것은 참으로 놀라운 일입니다. 초기 기독교인들이 작은 동네에서 예배를 드리면서 "우리는 세계의 교회다"라고 선언할 수 있었다는 것은 참 놀라운 교회의 기상입니다. 그러나 이 발전을 사실 잘 들여다 보면, 엄청난 열등의식의 발로라고 볼 수도 있습니다. 물론 승리와 자부심의 확증이라는 긍정적 평가를 할 수 있습니다. 그러나 우리 주변에서 종종 볼 수 있는 집단적 자부심은 사실상 약자들의 콤플렉스(complex)의 노출인 경우가 있습니다. 물론 모든 약자들이 이런 집단의식을 갖는 것은 아니지만, 조그만 교회가 자신들을 "세계의 교회"라고 했던 것은 약자들의 열등의식이라고 말할 수 있겠습니다. 일반적으로 말하듯이, 만약 지역감정이나 집단 이기심을 악(惡)이라고 규정한다면, 교회가 아직 지하에서 박해를 받고 로마 황제로부터 도망을 다니면서도, 자기들의 교회가 로마 제국처럼 "세계적인 교회"라고 선언한 이 무서운 약자들의 집단 자존심에 대한 선언도 악으로 규정해야 할까요? 안디옥 교회가 자의식이 없었다면, 그들의 교회가 '세계의 교회'라는 엉뚱한 말을 하지 않았을 것입니다.

한국에서 특정 지역의 사람들이 다른 지역보다 더 많이 지역감정을 갖고 있는 것은, 강한 자의식을 소유한 그들의 집단의식이 있다는 뜻입니다. 언젠가 그들은 역사를 만들어 낼 것입니다. 그러나 사춘기의 청년이 늘 그 자리에 머물러 이유 없는 반항만을 일삼고 성장하지 못하면 추한 것이 되고 말듯이, 지역감정, 집단 이기심이 더 이상 발전하지 않고 그 자리에 머물러 있다면 남을 해치는 파괴적인 것이 될 수 있습니다. 그렇지만 사춘기를 거치지 않는 어른이 있을 수 없듯이,

지역감정이나 집단 이기심은 발전시키고 승화시켜야 할 것이지 처음부터 갖다 버려야 할 쓰레기는 아니라고 생각합니다. 이제는 기독교인이 엄청나게 많아졌기 때문에, 옛날에는 기독교인이라는 것으로 인하여 친구가 될 수 있었지만, 이제는 그런 의미가 없어졌습니다. 그래서 이제는 진지하게 생각해야 될 때입니다. 사도신경에 있는 대로 우리도 "세계적인(Catholic)" 교회라는 말을 굳이 사도신경을 통해 고백해야 할 것인지 생각해 보아야겠습니다. 우리가 "한국인"이라는 말을 사용할 필요가 없듯이 이제는 "기독교인"이라는 종파적인 말을 사용하지 않는 것이 좋을 지도 모르겠습니다.

1920년을 전후하여 2차 대전 이후 본격적으로 발전한 개신교 중심의 교회운동이 있습니다. 그것을 "에큐메니칼(ecumenical) 운동"이라고 하는데, Catholic이라는 말을 쓸 수 없는 교회가 같은 의미의 단어를 달리 사용한 것입니다. "에큐메니칼"이라는 단어는 "사람이 살고 있는 온 세상"이라는 의미로, "오이코스(oikos)"라는 희랍어에서 나온 단어입니다. 'Universal'이라는 단어와 마찬가지입니다. "전 세계에 있는 기독교인들, 하느님의 선교 사업을 위하여 손을 잡읍시다"라는 교회연합 일치 운동을 에큐메니칼 운동이라고 합니다. 공산주의자들도 참여했다는 이유로 한국의 합동측은 에큐메니칼 운동을 정죄했습니다. 그러나 이제는 동방교회와 가톨릭 교회도 동참하여 전 세계의 많은 교회가 하나님의 사업을 위해서는 온 기독교인이 뜻을 모아야 한다는데 생각을 같이하고 있습니다. 가톨릭이라는 말이 "하나님의 사업을 위해서 뜻을 모읍시다"라는 선교일치동참운동으로 전환하고 있는 것입니다.

저는 이것을 우리들이 알기 쉬운 말로 "팔을 안으로 굽혀라"라고 번역을 합니다. 한국의 아름다운 말 중에 "팔은 안으로 굽는다," "초록은 동색이다"라는 말이 있습니다. 그것은 욕이 될 수도 있고, 자랑이나 칭찬일수도 있습니다. 팔이 안으로 굽지도 못한다면 그 팔을 어디에 쓸까요? 남을 마땅히 사랑해야 하지만, 같은 민족인 한국인들끼리, 같은 신을 섬기는 기독교인들끼리, 우리들끼리도 서로 사랑하지 못한다면, 우리들 팔이 안으로 굽지 못한다면, 그 늘 뻗쳐 있는 팔을 어디에 쓸 수 있겠습니까? 해외선교를 한다고 멀리 가서 사랑을 나누어주기에 열을 올리는 수없이 많은 사람들이, 왜 같은 기독교인끼리 죽일 듯이 싸우며, 왜 지역 사람들의 복지에 대해서는 무관심합니까? 멀리 가서 사랑하는 것이 나쁜 것이 아니라, 팔이 안으로도 굽지 못하면서 밖에 있는 것까지 참견한다면, 그것은 뭔가 잘못된 것이 아닐까요? 한국인이 한국인을 욕되게 하면서 타국인을 사랑하겠다고 하고, 기독교인이 기독교인을 증오하고 피하면서, 불교인 또는 비 기독교인을 사랑하겠다고 한다면, 팔은 안으로 굽는 것이 기본인데, 그 기본도 되어 있지 않다는 이야기 아닐까요?

우리 교회에 나오신 여러분들의 팔은 최소한 안으로는 굽습니까? 여러분의 가족, 여러분의 이웃, 우리 교인, 기독교인, 한국인에게 동료의식을 가지고 더 많이 사랑을 베풀어야 된다고 생각을 하십니까? 다시 말하면 사랑의 우선순위를 아십니까? 다원성의 시대에, "세계의 종교"라고 자랑할 필요는 없지만, 우리들의 사랑의 팔이 안으로 굽어서 사랑의 순서를 잊지 않고 있다면, 우리는 새로운 의미에서 "세계적인 (Catholic) 교회"를 믿는다고 고백할 수 있습니다. 그런데 유감스럽게도 우리들은 그렇지 못한 것 같아요. 우리가 사랑해야할 가족을 사랑하는데 게으르고, 편협한 신앙관을 가진 기독교인이 되어, 사랑의 순서에 서툰 모습인 것 같습니다.

사랑의 우선순위를 잊어버리지 마십시오! 그것이 "세계적인 교회", Catholic이 되는 길입니다.

27

교회, 뽑힌 자들의 모임

신명기 7:6-9 자녀에게 부지런히 가르치며, 집에 앉아 있을 때나, 길을 갈 때나, 누워 있을 때나, 일어나 있을 때나, 언제든지 가르쳐라. 또 너희는 그것을 손에 매어 표로 삼고, 이마에 붙여 기호로 삼아라. 집 문설주와 대문에도 써서 붙여라.

마가복음 6:7-13 그리고 열두 제자를 가까이 부르셔서 그들을 둘씩 둘씩 보내기 시작하셨는데, 그들에게 악한 귀신을 제어하는 권능을 주셨다. 그리고 그들에게 명하시기를 길을 떠날 때에는, 지팡이 하나 밖에는 아무 것도 가지고 가지 말고, 빵이나 자루도 지니지 말고, 전대에 동전도 넣어 가지 말고, 다만 신발은 신되, 두 벌 옷을 가지지 말라고 하셨다. 또 그들에게 말씀하셨다. "어디서 어느 집에 들어가든지, 그 곳을 떠날 때까지 거기에 머물러 있어라. 어느 곳에서든지, 너희를 영접하지 않거나, 너희의 말을 듣지 않거든, 그 곳을 떠날 때에, 너희의 발에 묻은 먼지를 떨어서, 그들에게 증거로 삼아라." 그들은 나가서, 회개하라고 선포하였다. 그들은 많은 귀신을 내쫓으며, 수많은 병자에게 기름을 발라서 병을 고쳐 주었다.

오늘은 사도신경에 나오는 단어의 하나인 "교회"란 말을 생각해 보려고 합니다. 여러분의 사도신경에는 "교회"라는 말이 나오지 않지요. 그것은 한국어 사도신경이 잘못 번역되었기 때문에 "교회"라는 중요한 단어가 등장하지 않는 것입니다. 사도신경에 있는 공회(公會)라는 말은 두 단어의 합성어인데, 거기에 회(會)라는 말이 우리가 말하는 "교회"라는 말입니다.

"교회"라는 말을 종교적인 건물을 가리키는 것으로 착각하는 사람들이 많습니다. 그것은 예배당 건물에 "○○교회"라는 간판을 붙였기 때문에, 그곳을 드나드는 사람들은 무심코 "교회"를 교인들이 예배를 드리는 건물이라고 생각을 합니다. 그리고 "교회"란 단어는 처음부터 종교적인 의미를 지니던 단어일 것이라고 보통 생각을 합니다만, 이러한 일반적인 생각과 본래의 뜻은 크게 다릅니다. 신약성서 속의 "교회(에클레시아)"라는 말은, 종교적인 말이 아니고 정치적인, 세속적인 말이었습니다. 쉽게 말하면 교회는 한국의 반상회와 같은 말이었습니다. 거기서 그 지역의 일을 의논하고 중요한 일을 결정하지요. 정치적인 소그룹들이 모여서 논공행상도 합니다. 교회란 본래의 말은 이처럼 세속적인 정치모임을 뜻했습니다. 따라서 교회라는 말이 건물을 의미하는 것은 전혀 아닙니다. "사람들의 모임"입니다. 다시 말하면 고정된 것이 아니라 사람들이 흩어지면 그 모임은 없어지는 것이지요. 그리고 "교회에 다닌다."는 말도 자주 씁니다. 그러나 이것은 엄격하게는 문제 있는 어법입니다. 우리가 교회에 다니는 것이 아니고, 우리들의 모임 그것이 곧 교회입니다. 우리가 들에 나가서 모이면 그곳이 교회에 생기는 것이고, 산에 올라가서 예배를 드리면 그곳에 교회가 성립되는 겁니다. 사람들의 모임을 의미하기 때문에 그렇습니다. 그러므로 신약성서에 나오는 "교회(에클레시아)"라는 말은 엄격히 말해서 영어로 church가 아니고, "회중"이라는 뜻의 congregation 혹은 assembly 라 해야 더 적절하겠지요. 사도행전 19장 39절을 보면, 교회라는 말이 본래 무엇을 의미했는지 잘 알 수 있습니다. 기독교인들의 모임이 아니라 에베소 사람들의 정치적인 모임을 가리켜 교회라고 하고 있습니다. 따라서 이 "교회"라는 것은 여러분이 생각하는 것처럼 종교적인 뉘앙스로 건물을 가리키는 것이 아니라는 것을 기억하시기 바랍니다.

한편, "교회"라는 말이 사용될 때는, 그 말 뜻대로 "뽑힌 자의 모임", "선민의식"이라는 자긍심의 뜻이 담겨 있습니다. 우리는 누군가의 '부름을 받고 모였다'는 자부심이, 교회라고 하는 단어 속에 들어 있습니다. 사도신경을 처음 만든 2세기의 사람들이 "우리는 교회를 믿습니다."라고 말했을 때, 그들이 마음속에 생각했던 말은 "우리는 특별하다(We are special)"입니다. 우리는 주님의 명령을 받들어 모인 귀중한 단체라는 자의식, 자긍심이 거기에 확실히 담겨 있습니다. 따라서 이 "교회"라고 하는 말 안에는 아름다운 선민의식이 가득 차 있습니다.

그러나 이 선민의식은 아름다운 것이지만 또한 대단히 위험한 것임을 여러분은 많이 경험했을 것입니다. "우리는 특별하다"고 하는 의식은 대단히 소중한 것이고 아름다운 것이지만, 그것이 다른 사람을 향하여 무조건 배타적인 감정이 될 때는 엄청나게 위험하다는 것을 경험하신 적이 있을 겁니다. "우리는 하느님의 선택을 받은 특별한 선민"이라고 하는 유대인들로부터 내려오는 이 우월감, 이 선민의식은 우리들의 열등감에서 오는 불안심리의 표출일는지도 모르겠습니다. 객관적인 이유와 또 이웃을 향한 적절한 배려가 없다면, 종교인들이 표출하고 있는, "우리는 하느님의 선택을 받았다"는 자부심과 긍지는 아주 위험한 것입니다.

그러나 선민의식이 없으면 교회는 모래성처럼 연약하게 무너질 수밖에 없습니다. 많은 자유인들, 많은 지성인들의 모임인 교회들의 역사를 보면, 쉽게 무너져버린 과거를 볼 수 있습니다. 그것은 그들 가운데 "우리는 특별한 집단이다"라는 집단 자부심, 강한 우월감이 없었기 때문인지도 모르겠습니다. 저는 '하느님이 선택하여 부른 사람들'이라고 하는 강한 자부심이 없을 때, 많은 지식인들의 모임이 쉽게 무너지는 것을 볼 수 있었습니다. 그러므로 이 자부심, 이 선민의식이 없으면 우리들의 교회라는 공동체는 무너지기 쉬운 것입니다만, 그러나 또한 이것은 대단히 위험한 감정이기도 합니다. 이것은 질병과 같이 감염되어 나도 죽고 남도 죽이는 것이 될 수도 있기 때문입니다. 배타적인 종교 감정은 공동체를 파괴하는 폭탄과도 같습니다.

물론 이러한 감정이 유대인이나 기독교인들에게만 있는 것은 아닙니다. "만물을 부처님처럼 사랑하라. 본질적으로 만물은 부처님과 동일하다"고 말하는 불교도들에게도 배타적인 감정은 있습니다. 이슬람교도들에게는 말할 것도 없습니다. 그래서 지구 마지막 전쟁은 핵폭탄을 무기로 삼는 종교전쟁이 될 것이라고 예견하는 사람들이 많이 있습니다. 종교인들이 가지고 있는 이 배타적인 감정은 다른 것과 비교할 수 없을 만큼 무섭기 때문입니다. 따라서 아름답기는 하지만 위험한 이 종교적인, 배타적인 우월감은 어떤 식으로든지 거듭나고 재해석되어야 합니다.

그래서 미국에 있는 성공회의 스퐁(John Shelby Spong) 감독은 『기독교, 변하지 않으면 죽는다』(김준우 옮김)라는 책을 썼습니다. 지금의 기독교는 거듭나든가 아니면 자멸할 것이라는 예언인데, 그것은 절대적으로 옳다고 볼 수 있습니다. 스퐁 감독이 말한 내용 중 하나는, 바로 오늘 종교인들이 가지고 있는 배타적인 감정입니다. 기독교인이 박해 받고 고통 받는 소수의 입장에 있었을 때는 "우리는 선민이다"라는 말로 충분히 교회 의식을 표현할 수 있었을 것입니다. 그러나 이제 전 세계에 있는 기독교인들은 2세기의 기독교인들처럼 "우리도 왕의 명령을 받고 모인 부름 받은 사람들의 공동체다"라는 말로 "교회"를 다 설명할 수는 없습니다.

저는, 이제 우리는 이웃을 향한 연대성, 역사를 향한 연대성, 새로운 연대성으로 무장한 교회 의식으로 우리 자신을 변화시켜야 될 때라고 말씀드리고 싶습니다.

지난번에 교회는 Catholic Church(공교회)라는 말씀을 드렸습니다. 교회가 혼자 존재하는 것이 아니라 이웃 교회와 하나라는 연대성, 동시대를 살아가는 우리는 하나의 형제라고 하는 공교회성, 이것이 오늘 교회라고 하는 단어 안에 자연스럽게 숨어 있습니다.

교회가 교회로 살아남으려면 연대성을 표출할 줄 알아야 합니다. 그것에 대한 실례를 여러분에게 말씀드리겠습니다. 제가 애틀란타에서 공부하고 있을 때 사우스 캐롤라이나를 방문하였습니다. 거기는 감리교회가 처음 시작된 곳이기 때문에 감리교회가 많이 있었습니다. 그런데 제가 방문한 한 교회가 그 곳을 휩쓴 거대한 폭풍우 때문에 완전히 무너져 버렸습니다. 그 교회는 지은 지가 오래 되지 않았고, 20년 된 5만불짜리 파이프 오르간이 있었는데, 그것도 산산조각이 났습니다. 그 뿐만 아니라 교인들이 담임 목사님과 재정부장과 임원들을 향하여 책임을 묻습니다. 교회 건물은 보험에 가입되었기 때문에 다시 지으면 되지만, 5만불짜리 파이프 오르간에 대한 보험은 아직 들지 않았었기 때문입니다. 그러니까 5만불을 책임지라는 것입니다. 예배당만 무너진 것이 아닙니다. 파이프 오르간만 깨진 것이 아닙니다. 교회가 완전히 깨어질 위기에 처해졌고, 이것이 교계 신문에 알려졌습니다.

그 후 한 달 뒤에 작은 봉투가 이 교회에 날아왔습니다. 그 지역 산간 지방에 있는 루터란 교회에서, 5만불짜리 파이프 오르간을 잃어버리고 교회가 분열 위기에 처해 있는 이 교회의 슬픈 소식을 듣고, 5만불짜리 수표를 보내온 것입니다. 그리고 사연은 다음과 같습니다. 오래 전부터 파이프 오르간의 연주를 듣고 싶어서 그 루터란 교회는 조금씩 조금씩 모금을 했고, 이번 크리스마스에는 파이프 오르간을 사기로 되어 있었답니다. 그러나 감리교회가 급한 상황에 놓인 것을 알게 되었습니다. 그래서 "우리 교회는 지금까지 파이프 오르간이 없어도 예배를 드리는데 아무 지장이 없었으나, 당신들 교회는 사정이 급한 것 같으니, 이 돈을 가지고 하느님을 찬양하는 데 조금도 손색이 없는 아름다운 파이프 오르간을 사십시오."라는 사연과 함께 5만불을 보내온 것입니다. 이 헌금을 받고 감리교회는 비상이 걸렸지요. "우리가 정신없는 사람들이었구나. 폭풍우 앞에서 무너져버린 교회와 파이프 오르간을 두고 안타까워 하기는 누구나 다 마찬가지인데, 어쩌자고 우리가 책임을 전가하고 누구의 잘못이냐를 따지면서, 함께 살아왔던 신앙의 공동체까지 져버렸단 말인가!" 하면서 참회하기 시작했습니다. 그리고 고맙다는 답장을 루터란 교회에 한 뒤, 오랜 시간에 걸쳐서 5만불을 만들어 루터란 교회에 갚았습니다.

여러분이 이 교회에 속했다고 하는 것만으로 이 교회 교인이라고 생각하신다면, 여러분은 진정한 기독교인이 아닙니다. 교회라고 하는 것은 하느님의 부르심을 받은 공동체이기 때문에, 하느님 중심으로 생각을 해야 합니다. 하느님을 예배하는 사람들이 특정한 시간과 공간에 모였고, 비록 피부색과 언어가 다르며, 부르는 노래와 신앙고백이 다르다고 할지라도, 같은 하느님 이름 때문에 '우리는 하나'라는 의식을 갖지 않는다면, 우리는 진정한 하느님 백성이라고 할 수가 없습니다.

그래서 저는 우리 교회가 예산의 적어도 1/10을, 우리 교회가 아닌 다른 곳을 위해서 쓸 수 있기를 바랍니다. 우리가 할 수 없는 아름다운 일을 하는 이 지역의 숨은 일꾼들에게 우리의 것을 보낼 수도 있습니다. 우리 사회에 고통 받고 있는 사람들을 위하여 우리의 것을 줄 수 있었으면 좋겠습니다.

저는 우리교회의 교인들이 숫자적으로 더 늘어나야 한다고 생각하지 않습니다. 여기 있는 우리들이, 그리스도가 우리들에게 가르쳐준 생활 원칙에 따라 산다면, 그것으로 충분하다고 생각합니다. 저는 우리 교회가 언제쯤이면 자립하는 단계를 거쳐서 이웃에게 봉사하는 교회가 될 수 있을까를 생각해 보았습니다. 그런데 너무 오래 기다려야 될 것 같습니다. 그래서 결론을 내렸습니다. 우선순위를 바꾸는 것입니다. 그것 외에는 길이 없는 것 같군요. 옛날 사람들은 하느님을 믿고 예수님을 믿는다는 이유로 순교도 감당했다면, 우리가 입으로만 역사와 이웃을 향한 연대성을 이야기할 것이 아닙니다. 우리가 힘들게 벌어서 귀중하게 바친 이 헌금을, 상징적으로라도 1/10은 우리 자신이 아닌 다른 곳에 쓰는 것을 실천하지 않으면, 우리의 사고방식이 바뀔 수 없다고 생각합니다. 따라서 내년의 교회 예산 중 1/10은 없는 것으로 간주하고, 이웃을 돕고, 또 이 지역사회의 그늘진 곳을 위하여 우리가 할 수 없는 힘든 일을 하고 있는 단체에 보내는 일을 실천해야 할 것입니다.

건물이 교회가 아닙니다. 여러분이 교회입니다. 교회는 그런 의미에서 움직입니다. 흩어질 수도 있고 모일 수도 있습니다. 이 교회를 아름답게 만들어 나가는 것은 우리가 해야 할 일입니다. 신앙생활 하면서 힘들고 어려운 일이 많이 있을 수 있습니다. 여러분은 어떤 어려움을 감수하시겠습니까? 개인적으로, 공동체적으로, 이 작은 어려움을 감당한다면 우리가 조금은 나아질 것입니다.

그리고 중요한 것은, "하느님의 교회"라는 말이 교회를 가리키는 모든 수식어들 중 가장 기본이라고 합니다. "하느님의 교회"라는 말은 "종말론적인 단체"를 의미합니다. "종말론적인 단체"란 말은 현실에서, 그 현실을 넘어서고, 그 현실을 파괴하는 것이 아니라 심판을 통하여 완성한다는, "내일"에 대한 생각으로 산다는 말입니다. 교회는 지금 있는 이 모습에 만족하고 교회를 치장하는 것이 아니라, 이웃을 향하고 내일을 향하는 모임입니다. 교회는 결코 자족적인 공동체가 될 수 없습니다. 교회가 자기만족적인 교회일 때는 그것은 이미 교회가 아닙니다. 교회는 내일을 생각해야 합니다. 이웃을 생각해야 됩니다.

갈라디아서 1:13에 보면 교회는 "하느님의 모임(Assembly of God)"이라고 그랬습니다. 우리 성경에는 "하느님의 모임"이라고 했지만, 이것은 "하느님이 불러모은 사람들의 모임"이라는 말로서, 현실을 초월하는, 내일을 생각할 줄 아는 공동체의 모임이라는 뜻입니다. 오늘을 즐기되, 내일이 없기 때문에 오늘 먹고 마시고 즐기는 것이 아니라, 내일이 있기 때문에 고통당하더라도 즐거운 마음으로 보람과 긍지를 가지고 오늘을 즐길 수 있는 것입니다. 쾌락주의자들과 종말론자들의 차이는 내일이 있느냐 없느냐에 있습니다.

   "교회"라는 말, 그것은 정치적인 것입니다. 하느님이 우리를 불러 모았습니다. 그렇기 때문에 내일을 생각하는 모임입니다. 우리 모두 개인적으로, 공동체적으로 거듭날 수 있기를 원합니다.

28

교회, 거룩한 나눔

갈라디아서 5:13-15 형제자매 여러분, 하나님께서는 여러분을 부르셔서 자유하게 하셨습니다. 그러나 여러분은 그 자유를 육체의 욕망을 만족시키는 구실로 삼지 말고 사랑으로 서로 섬기십시오. 모든 율법은 "네 이웃을 네 몸과 같이 사랑하여라"하신 한 마디 말씀 속에 다 들어 있습니다. 그런데 여러분이 서로 물고 먹으면 양쪽 다 멸망하고 말 것이니, 조심하십시오.

요한복음 13:34-35 이제 나는 너희에게 새 계명을 준다. 서로 사랑하여라. 내가 너희를 사랑한 것과 같이 너희도 서로 사랑하여라. 너희가 서로 사랑하면 모든 사람이 그것으로써 너희가 나의 제자인 줄을 알게 될 것이다.

이미 여러분들에게 들려 드린 대로, 사도신경을 고백한 2세기는 기독교가 로마의 박해를 심하게 받고 있던 때입니다. 어두운 지하묘소에서 예배를 드리던 사람들이 남긴 신앙고백을 오늘 우리도 예배 때에 고백합니다. 그리고 이 사도신경은 교회에 대해서 많은 말을 했습니다. 첫째, "교회는 성령의 열매다"라고 합니다. 둘째, "교회는 거룩하고 세계적이다"라고 합니다. 이것은 아마 로마제국을 향하여 "너희만 제국이 아니고 우리도 제국이다. 우리는 거룩한 제국이다"라는 대외적 선언이라고도 할 수 있습니다. 셋째, "교회는 성도의 교제이며 거룩한 곳이다"라고 밝히고 있는데, 이것은 2세기 교회의 대내적 선언으로 우리 자신을 향한 선언이라고 보여집니다. 그리고 시간적으로 멀리 "교회는 의의 최후 승리를 믿는 희망으로 산다"는 미래적 사명을 곁들이고 있습니다. 우리는 그 동안 교회가 성령의 열매이고 미래적이며 세계적이라는 대목을 이미 살펴보았습니다.

오늘은 교회는 "성도의 교제"란 말을 생각해 보려고 합니다.

지금은 옛날 생각과는 달리, 교회가 세계적인 공동체라기보다는 지역적인 소수의 사람이 모인 그룹이며, 거룩하다기보다는 세속의 문화, 특별히 자본주의 문화에 많이 휩쓸려가고 있는, 세상과 하나도 다를 바 없는, 세속적인 소수의 집단으로 전락해 버렸습니다. 그래서 "교회가 달라지지 않으면 죽는다"고 하는 이야기를 담은 책들은 진보적인 신학교 도서관뿐만 아니라, 보수적인 신학교 도서관이나 서점에도 많이 진열되어 있습니다. 이것은 21세기에 기독교가 상당한 위험을 당할 것이라는 이야기입니다. 진보적인 신학자나 보수적인 신학자가 서로 주장하는 논리적인 이유는 다르지만, 이대로 가면 교회는 미래가 없다는 예견에 있어서는 일치합니다.

보수적인 출판사인 미국의 존더반(Zondervan) 출판사에서 펴낸,『당신의 교회를 새롭게 만들어라』라는 제목의 책을 쓴 브라이언 맥래른(Brain D. McLaren)의 글을 한 토막 소개하겠습니다. 맥래른은 목회자입니다. 그는 자기의 경험을 통해서 말합니다. "세상이 새로워지면 새로운 교회가 필요하다. 옛날 지도로는 달라진 새 세상을 여행할 수 없다." 너무나 빨리 변하는 세상 속에서 우리 삶의 좌표를 도와줄 새로운 지도가 필요하다는 보수적인 목회자 브라이언 맥래른 목사님의 말은 상당히 일리가 있습니다. 문제는 우리에게 주어진 이 과제를 풀어 줄 해답이 없다는 것입니다. 그리고 해답을 찾을 수 없는 그 문제의 해답을 찾을 힌트는 역시 "역사"라고 하는 참고서, "사도신경" 밖에 없다고 생각합니다.

소수자의 집단이고 어려운 처지에 있었던 2세기의 기독교인들은 사도신경을 고백하며, "*Communio Sanctorum*(거룩한 교제, Holy Fellowship)"라고 교회의 본질을 규정했습니다. 교회의 성장이나 퇴보에 대한 문제는, 교회가 그 본질에 맞게 서 있느냐 아니냐 하는 것보다는 중요한 질문이 아닙니다. 무엇이든지 잘 될 때가 있고 잘 못될 때가 있습니다. 태어날 때가 있고 죽을 때가 있습니다. 기독교라고 하여 영원히 살아남는다는 보장은 없습니다. 로마가 영원하지 않았듯이 기독교도 영원하지 않을 거라고 생각할 수 있습니다. 기독교의 존속이 중요한 것이 아니라, 그 본질에 서 있느냐 아니냐가 더 중요합니다.

2세기의 신앙인들이 교회를 가리켜 "거룩한 교제"라고 했는데, 가톨릭 학자들은 이 말을 교회는 성례전이라고 풀이합니다. "거룩한 교제"라는 것이 사람을 말하는 건지, 성찬식을 말하는 건지, 라틴어로는 구별되지 않습니다. 따라서 가톨릭 학자는 교회의 본질은 2세기에서부터 *Communio Sanctorum*, 곧 성찬식에서 그 본질을 찾았다고 주장합니다. 개신교에서는 그것이 성찬식이 아니라 사람들의 "거룩한 교제," "거룩한 나눔"이라고 이해합니다. 그러나 우리는 2세기의 신앙인들이 무슨 의미로 교회를 가리켜서 "거룩한 교제"라고 했는지, 그것이 사람을 가리킨 것인지, 성찬식을 가리킨 것인지 알 수 없지요.

어떻게 이해하든, 기독교인들은 교회를 오래 전부터 "나눔," 곧 사랑을 나누고, 사랑을 실천하고, 사랑을 보전하는, "사랑의 배움터"라고 자부해 왔다 할 수 있습니다. 그러나 기독교 역사를 보거나 오늘의 현실을 보면, 이것과는 대단히 거리가 멉니다. "십자군 전쟁," 혹은 "마녀 사냥"이라는 끔찍한 사건을 통하여, 기독교는 다른 어떤 종교들보다 많은 희생자를 냈습니다. 사람을 많이 죽인, 잔인하고 비인간적인 어두운 역사를 가지고 있는 종교이기도 합니다. 한국의 감옥이나 정신과 병동을 찾아오는 사람들 중에는, 다른 종교인들보다 기독교인들이 많다는 보고, 그리고 감옥에 수감된 사람들의 종교 역시 기독교인들이 압도적으로 많다는 보고가 있습니다. 이것은 기독교가 처음부터 "우리는 거룩한 나눔, 거룩한 사랑을 실천하는 공동체"라고 대내외적으로 주장해 왔지만, 실제로는 그렇지 못하다는 증거라고 할 수 있겠습니다.

또 다른 충격적인 보고가 있어서 여러분에게 소개해 드립니다. 미국 본토에 50개 주에서 이혼이 제일 많은 주는 물론 네바다(Nevada) 주입니다(저는 이혼 자체를 부도덕으로 간주하는 입장은 전혀 아닙니다). 네바다 주는 결혼하고 그 즉석에서 이혼을 해도 되는 곳이기 때문입니다. 네바다 주 말고 이혼이 가장 높은 주는 어디일까요? 여러분은 아마 뉴욕(New York) 주나 캘리포니아(California) 주라고 생각할 지도 모르겠습니다. 뉴욕은 타당한 사유가 있어야 이혼을 할 수 있고, 캘리포니아는 부부 중에 어느 한 쪽이 원하면 이혼을 할 수 있습니다. 그래서 어쩌면 캘리포니아가 네바다 다음으로 이혼율이 높을 것이라고 생각하실 수도 있습니다. 그러나 조사에 의하면 테네시(Tennessee), 알칸서스(Arkansas), 알라바마(Alabama), 오클라호마(Oklahoma) 주가, 다른 주보다 이혼율이 훨씬 더 높습니다. 그런데 이 주들은 소위 지난 200년 동안 기독교가 매우 왕성하게 발전한 "바이블 벨트(Bible belt)"에 속합니다. 따라서 역사로 보거나, 한국인들의 경험으로 보거나, 미국인들의 경험으로 보거나, 기독교라는 종교는 사랑을 배우고, 가르치고, 보존하고, 실천하는 데 실패한 종교라고 말할 수밖에 없습니다.

왜 이렇게 기독교인들이 다른 종교인들보다 이혼율이 많을까요? 이 보고서에 의하면, 기독교인들은 잘되는 것, 올라가는 것, 승리하는 것, 복 받는 것 등에 대한 강렬한 희망을 가지고 사는데, 내리막길을 갈 때는 다른 종교인보다 약하기 때문이라고 합니다. 그게 사실인지는 알 수 없습니다. 오르막길은 하느님을 믿기 때문에 희망을 가지고 잘 올라가는데, 자신이 계산했던 기대나 기대했던 축복이 오지 않을 때, 기독교인들은 다른 종교인이나 비 기독교인보다 훨씬 빨리 포기한다는 겁니다.

세계 이목이 집중된 유명한 대형교회에서 많이 부르는 복음송 (Gospel Song)으로 "욥의 노래"가 있다는 이야기를 듣고 깜짝 놀랐습니다. 왜냐하면 저는 그 큰 교회가 이제 철이 들어서 '고난'에 대한 재평가를 하는 모양이라고 생각했기 때문입니다. 그러나 그들은 욥의 고난을 노래하는 것이 아니라 욥기서 끝에 나오는 이야기를 노래합니다. 욥이 자식과 재물을 모두 잃었는데도, 하느님을 잘 믿었기 때문에, 다시 자식도 더 많이 얻고 소와 나귀도 늘어나서 이전보다 더 큰 복을 받았다는 내용입니다. 그래서 "욥의 노래"가 그 대형교회 복음송의 최고 주제라는 거예요. 모든 사람들이 그렇게만 된다면 얼마나 좋겠습니까? 그렇게 될 거라고 기대를 갖고 있는 동안에는 기독교인들은 오르막길을 참 잘 오르는데, 그 기대가 무너졌다고 생각이 될 때, 기독교인들은 그 어떤 종교인보다 자신의 가는 길을 쉽게 포기한다는 데 문제가 있습니다. 그래서 한국의 감옥이나 정신과 병동에는 다른 종교인보다 기독교인이 더 많은지도 모릅니다.

그렇다면 2세기의 박해받는 초대교회가 "우리는 거룩한 나눔의 교회다. 우리는 거룩한 예수님의 사랑을 실천한 거룩한 교제다"라고 한 선언은 오늘 우리들이 되새겨 볼 만한 중요한 교훈이라고 생각합니다.

어느 신혼부부가 이웃에 사는 10여 년쯤 연상인 중년부부를 만나 친하게 지냈는데, 가끔씩 주말이 되면 그 중년 부부가 키우고 있는 아들과 딸을 만날 수 있었습니다. 그러면서 그들은 "우리는 언제쯤 저런 아름다운 자녀를 가진 중년부부가 될 수 있을까?" 생각했습니다. 하루는 이 신혼부부가 물어보았습니다. "어떻게 하면 그렇게 사랑스러운 아들, 딸들을 둔 아빠, 엄마가 될 수 있을까요?" 선배 부부 중에 남편이 천천히 이렇게 대답을 합니다. "웬걸요, 이건 두 번째입니다. 사실은 나도 첫 번째는 크게 실패를 했지요. 일찍 젊은 나이에 결혼을 해서 아이도 키워 보았는데 불행하게도 쓰라린 실패를 경험했고, 지내놓고 보니까 그것은 주로 아버지인 내가 서툴러서 실패한 것이었습니다. 지금은 두 번째라 조금 잘하고 있을 뿐입니다. 당신도 부모가 되거든 최선을 다하십시오, 그래도 아주 셀 수 없이 많은 실수를 할 것입니다. 그러다 보면 아이는 21살이 될 것이고, 그때는 떠나보내십시오. 그때 '우리는 너희를 사랑했다. 더 사랑해 주지 못해서 미안하다.'라고 말하십시오. 그것으로 부모의 역할은 끝납니다."

두 번째는 좀 잘 할 수 있을까요? 그렇다면 교육적으로 두 번쯤 할 수 있도록 새로운 교과서를 쓰는 것이 어떨까요? 클로닝(cloning, 생물 복제)을 해서 인생을 다시 산다고 하는데, 그렇게 하면 사람들이 더 행복하게 살 수 있을까요? 이 행복한 중년부부는 두 번째이기 때문에 조금은 잘 하고 있다고 말합니다. 그러나 그게 그리 간단한 게 아닌 것 같습니다. 저도 "인생을 다시 시작하면 어떻게 할까?" 하고 생각해 보는 때가 있습니다. 특별히 로스앤젤레스에 와서 살았던 삶이 그렇게 잘 산 삶이라고 생각되지 않기 때문에, 다시 시작하면 어떨까 하고 때로 생각해 봅니다. 사랑했음에도 불구하고 헤어져야만 했었던 많은 아픔들을 생각해 보면서, 다시 하면 잘 할 수 있을 것 같은 생각이 들기 때문입니다. 그 많은 실패와 실수는 저에게 많은 교훈을 주었고, 그래서 새롭게 출발하면 이전보다는 나을 것 같습니다. 두 번째도 잘 안 되면 세 번째로 도전해 볼일이지요.

뜻밖에도 신학자들 중에 결혼을 여러 번 한 사람들이 있습니다. 그 중에는 7번 한 사람도 볼 수 있습니다. 칠전팔기의 놀라운 인내와 용기이며 도전이지요? 잘 안되면 그냥 그대로 살아가자고 각오하지 마십시오. 종교도 바꾸어 보고 교회도 바꾸어 보는 사람들이 많습니다. 그들은, 한번 바꾸면 조금은 나아지지 않을까 기대해 보는 것입니다. 그런데, 바꾸지 못한다고 해도 그냥 사는 것이 아니라, 바꾸지 못한 채로, 현재 처해 있는 그 상태에서 사랑하는 법을 배울 수 있다면 얼마나 좋겠습니까? 조국을 떠나지 않고, 한국에서 나라를 사랑하면서 우리의 가족과 내 자신이 행복할 수 있는 길을 발견할 수 있었다면 더 행복하지 않았을까요? 그것이 불가능하면 혁명이라도 할 수 있었으면 얼마나 좋았겠어요? 변화 없이 죽을 때까지 그냥 살자는 것이 아닙니다. 개혁을 할 수 있으면 가장 좋고, 안 되면 혁명을 해야지요. 그것이 안 된다고 해서, 주변 조건을 바꾸는 것이 아니라, 이제는 우리 자신이 달라져야 할 때입니다.

블랜차드(Kenneth Hartley Blanchard)는 "사람이 달라질 수 있는 4가지"

를 말하는 중에 이런 말을 했습니다. 가장 필요한 것은 우선, 지식이라는 겁니다. 학교에 다니거나, TV를 열심히 보거나, 남들의 이야기를 열심히 들으면 지식이 달라질 수 있습니다. 거기서부터 인생은 새롭게 시작됩니다. 그런데 그 지식이 곧장 우리에게 행복, 변화를 가져다 주지는 않는다고 합니다. 우리들의 감정과 태도에도 변화가 와야 된다고 합니다. 보기 싫은 사람이지만 사랑해야 되고, 하기 싫은 일도 자신의 건강과 훗날을 위해 해야 한다는 것을 알기는 압니다. 노후대책을 위해서는 무얼 해야 되고, 행복을 위해서, 가정의 아름다운 질서를 위해서는 무얼 해야 하는지 알지만, 감정을 바꾸기는 여간 어려운 것이 아닙니다. 아마, 많이 인내하고 많이 기대하면 감정이 달라질 수 있을 것입니다. 다음으로는 행동으로 나타나야 하는데, 이건 더 힘든 것 같습니다. 끝으로, 그것이 더 나아가 조직 사회에서 하나의 문화로까지 정착되어야 한다는 겁니다. 이것은 훨씬 더 힘듭니다. 하나의 새로운 지식이 사람들을 참으로 변화시키려면 사람들의 감정, 행동이 변화되고, 그 사람들이 살고 있는 조직사회, 문화가 바뀔 수 있어야 한다는 겁니다. 여러분들은 어디까지 와 있습니까?

    교회는 사랑을 배우고 연습하는 사랑의 배움터입니다. 좋아하는 것을 사랑하는 것이 아니라, 하느님이 사람에게 생명을 주고 있다는 단순한 사실 때문에 하느님의 질서에 내가 동참하는 것이, 교회가 배우고 가르치고 보전하려는 그 사랑입니다. 내가 좋아하기 때문에 사랑하는 것이 아니지요. 하느님이 지금 허락해 주신 생명이라는 단순한 사실 때문에, 하느님의 뜻에 승복하고 동참하는 것이지요. 우리가 자신을 사랑하고 우리 가족을 사랑하는 것도, 우리 자신이나 가족이 우리의 것이기 때문에 사랑하는 것이 아니라, 하느님이 그들을 사랑하시기 때문이라는 새로운 질서를 배울 수 있을 때, 우리가 비로소 거룩한 사랑, "컴뮤니오 쌍토룸", 거룩한 친교를 배운다고 말할 수 있습니다.

'말'로는 '말'을 다하지 못합니다

시편 19:1-6 하늘은 하나님의 영광을 드러내고, 창공은 그의 솜씨를 알려 준다. 낮은 낮에게 그의 말씀을 전해 주고, 밤은 밤에게 그의 지식을 알려 준다. 그 이야기 그 말소리, 비록 아무 소리가 들리지 않아도 그 소리 온 누리에 울려 퍼지고 그 말씀 세상 끝까지 번져 간다. 해에게는, 하나님께서 하늘에 장막을 쳐 주시니, 해는 신방에서 나오는 신랑처럼 기뻐하고, 제 길을 달리는 용사처럼 즐거워한다. 하늘 이 끝에서 나와서 하늘 저 끝으로 돌아가니, 그 뜨거움을 피할 자 없다.

잠언 29:13-20 가난한 사람과 착취하는 사람이 다 함께 살고 있으나, 주님은 이들 두 사람에게 똑같이 햇빛을 주신다. 왕이 가난한 사람을 정직하게 재판하면, 그의 왕위는 길이길이 견고할 것이다. 매와 꾸지람은 지혜를 얻게 만들어 주지만, 내버려 둔 자식은 그 어머니를 욕되게 한다. 악인이 많아지면 범죄가 늘어나지만, 의인은 그들이 망하는 것을 보게 된다. 너의 자식을 훈계하여라. 그러면 그가 너를 평안하게 하고, 너의 마음에 기쁨을 안겨 줄 것이다. 계시가 없으면 백성은 방자해지나, 율법을 지키는 사람은 복을 받는다. 말만으로는 종을 제대로 가르칠 수 없으니 다 알아들으면서도 따르지 않기 때문이다. 너도 말이 앞서는 사람을 보았겠지만, 그런 사람보다는 오히려 미련한 사람에게 더 바랄 것이 있다. 어릴 때부터 종의 응석을 받아 주면, 나중에는 다루기 어렵게 된다.

요한복음 6:52-62 그러자 유대 사람들은 서로 논란을 하며 "이 사람이 어떻게 우리에게 자기 살을 먹으라고 줄 수 있을까?"하고 말하였다. 예수께서 그들에게 말씀하셨다. "내가 진정으로 진정으로 너희에게 말한다. 너희가 인자의 살을 먹지 않고 또 인자의 피를 마시지 않으면 너희 속에는 생명이 없다. 내 살을 먹고 내 피를 마시는 사람에게는 영생이 있을 것이요, 마지막 날에 내가 그를 살릴 것이다. 내 살은 참된 양식이요, 내 피는 참된 음료다. 내 살을 먹고 내 피를 마시는 사람은 내 안에 있고, 나도 그 사람 안에 있다. 살아 계신 아버지께서 나를 보내셨고 내가 아버지로 말미암아 사는 것과 같이 나를 먹는 사람도 나로 말미암아 살 것이다. 이것은 하늘로부터 내려온 빵이다. 이것은, 너희의 조상이 먹고서도 죽은 그런 것과는 같지 않다. 이 빵을 먹는 사람은 영원히 살 것이다." 이것은 예수께서 가버나움 회당에서 가르치실 때에 하신 말씀이다. 예수의 제자들 가운데서 여럿이 이 말씀을 듣고 "말씀이 이렇게 어려우니 누가 알아들을 수 있겠는가?"하고 말하였다. 예수께서 제자들이 자기의 말을 두고 수군거리는 것을 아시고, 그들에게 말씀하셨다. "이 말이 너희의 마음에 걸리느냐? 너희가 인자가 전에 있던 곳으로 올라가는 것을 보면 어떻게 하겠느냐?

사도신경에 대한 이야기를 계속하면서, 오늘은 전체적으로 개신교 예배에 중심이 되고 있는 "말"에 대한 이야기를 하겠습니다. "말로는 말을 다 할 수 없습니다."에 대한 말씀입니다. 가톨릭의 예배 핵심은 "미사", 제사입니다. 그래서 그들은 성직자를 '제사장(사제)'이라고 부릅니다. 개신교에서는 "말"을 중심으로 하기 때문에 성직자를 '설교자'라고 합니다. 왜 루터(Martin Luther)가 1517년 종교개혁을 하면서, 사도신경 중에 나오는 "성도의 교제"(그것을 어쩌면 '교회'가 아니라 '성찬식'으로 이해했을지도 모름에도 불구하고)에 대하여 그렇게 혹평을 해야만 했던가를 잠시 생각해 보겠습니다.

1517년, 루터가 인생이 무엇인지도 다 모를 33살쯤의 젊은 나이에, 1500년의 긴 역사를 가진 가톨릭 교회에 대해서 아주 단순한 생각으로 비판적인 글을 썼습니다. 그 글의 내용은 "가톨릭에서 행하는 일곱 가지의 성사 중의 하나인 고해성사가 잘못된 부분이 있다. 이것을 공개적으로 토론하자"는 것이었는데, 이것이 그만 일을 크게 만들고 만 것입니다.

　가톨릭에서는 고해성사를 하는데, 이 고해성사 제도가 개신교에서는 "상담"이라는 이름으로 오늘날 대대적으로 부활되고 있습니다. 가톨릭의 고해성사 혹은 고백성사는 세 가지로 구성되었는데, 먼저 자기의 죄를 뉘우쳐야 하고, 충분히 뉘우쳤으면 사제에게 가서 자기의 죄를 고백해야 합니다. 그러면 사제는 하느님을 대신하여 "용서의 선언"을 합니다. 가벼운 죄는 그것으로 끝납니다. 그러나 사람은 죄를 쉽게 반복할 수 있는 것이고, 죄가 너무 쉽게 용서되면 하느님의 용서의 선언이 실감나지 않기 때문에, 교회는 점차적으로 제3의 요소를 만들어냈습니다. 곧 형벌의 요소를 집어넣었습니다. 벌금을 물게 한 것이지요. 경고장(yellow card)을 몇 번 주다가 도저히 되지 않기 때문에 벌금을 물리기 시작한 겁니다. 처음에는 벌금형이 없었고 모두가 체형이었습니다. 가벼운 죄를 지은 사람은 예배당 안을 청소하면 됩니다. 조금 더 중한 죄를 지은 사람은 남들이 왔다 갔다 하면서 볼 수 있는 예배당 마당을 청소합니다. 죄를 좀 더 많이 지은 사람은 성찬식을 할 때 제일 뒷자리에 앉아 있어야 됩니다. 죄를 그보다 더 많이 지은 사람은 예배당 안에도 못 들어오고 예배당 문간에서 특별한 회색 옷을 입고 서 있어야 합니다. 그리고 가장 크게 죄를 지은 사람은 아예 예배당 마당에 서 있어야 합니다.

그런데 때로는 부자나 왕이 죄를 짓게 되었습니다. 교회에서는 고민이 생긴 것이지요. 보통 사람들은 형벌을 받아도 그 다음에 아무 문제가 없지만, 고관대작들이 죄를 짓게 되었을 때는 그렇지가 못합니다. 그들이 예배당 마당을 쓸거나 예배당 밖에 서 있어야 하기에, 예배를 드릴 수 없다면, 나라가 무너지게 됩니다. 그래서 교황청에서는 하느님의 용서를 받아야 하는 그들의 편의를 봐주기 위하여, 요즘 여러분들이 교통법규를 어기면 벌금을 내듯이, 교회도 벌금형으로 체형을 대신하게 되었습니다. 그러다가 마침내 돈 많은 사람들은 돈과 죄를 맞바꾸게 되었고, 그것이 발전하여 소위 "면죄부"가 된 것이지요. 이 제도는 드디어 천국 가는 표를 돈 주고 사는 것으로 발전해 갔던 것입니다.

그래서 루터는 이것이 지나친 처사라고 말하기 시작한 것이고, 그러다 보니까 가톨릭의 일곱 가지 성례전을 모조리 비판하며, 세례와 성찬식, 두 가지만 예수님이 직접 제정하신 것이라고 생각했습니다. 그리고 고해성사, 결혼, 신부서품, 종부성사 등등의 제도는 예수님께서 직접 제정하진 작품이 아니기 때문에 성례전이 아니라고 했습니다. 결국 개신교에서는 하느님의 은총을 받는 가장 중요한 수단이 설교가 된 것입니다.

설교는 물론 성례전은 아닙니다. 성례전은 "visible means of invisible grace(비가시적 은총의 가시적 방편))"인데, 설교는 눈에 보이지 않기 때문에 하느님의 은총을 받는 수단이기는 하지만 성례전이 될 수가 없었습니다. 루터가 시작한 이 우연한 일 때문에 개신교는 "말" 중심의 종교로 바뀌었습니다. 물론 개신교가 1500년이나 된 기독교의 전통을 하루아침에 "말" 중심의 종교로 바꿀 수 있었던 것은, 그 배경에 충분한 오류가 지적되었기 때문입니다. 루터는 종교개혁에 성공을 했지만, 그 이전에 수많은 실패한 종교개혁자들이 이미 있었고, 그들 중의 많은 사람들은 교회가 성찬식을 미신적인 관습으로 전락시켰다는 것에 대해서 신랄한 비판을 가했었습니다.

오늘날 가끔씩 납득하기 어려운 불교 행사를 보게 됩니다. 절을 짓고 봉헌식을 할 때 어떤 절에서는 인도나 티베트, 혹은 히말라야 산 속 어디, 전설적인 곳에서 가져왔다고 하면서 부처님의 진품 사리 봉안식을 갖습니다. 부처님의 몸에서 사리가 몇 개나 나왔는지 모르지만, 2500년이 지난 오늘도 불교인들은 부처님의 진품 사리를 구해 왔다고 절에서 봉안식을 합니다.

바로 그것과 마찬가지로 가톨릭 신부가 입에 넣어주는 작은 떡을 먹는 시늉만 하고는 주머니에 넣어 가지고 집에다 보관하거나, 위험한 전쟁터에 나갈 때 가슴에 넣고 가거나 하면서, 그것을 우상처럼 받들기 시작했습니다. 예수 그리스도의 몸의 한 조각, 부처님의 사리 하나를 소중하게 여겨야겠다는 신앙심은 잘못된 것이 하나도 없습니다. 그러나 그것들이 종교 의식이라는 맥락을 떠나서도, 독자적으로 종교적인 가치를 갖게 되고, 주문처럼 마술적인 힘(magic power)을 행사하게 되었을 때, 많은 개혁자들은 그것은 중지해야 한다고 외치기 시작했습니다. 그 중의 한 사람이 종교개혁자 루터입니다.

이렇게 하여 기독교에서 가장 중요한 요소 중의 하나라고 볼 수 있는 성찬식 제도는, 개신교 시대를 맞이하면서 우상으로 취급되어 뒷전으로 밀려나게 되었습니다. 루터보다 200년 후의 영국 종교개혁자 존 웨슬리(John Wesley)는 목사들에게 "할 수만 있으면 성찬식을 자주 하라"고 했습니다. 그러나 실제로 많은 감리교회에서는 성찬식을

1년에 몇 번밖에는 하지 않습니다. 성찬식에 대하여 혹독한 비판을 한 루터는 극단적인 사례입니다.

성찬식에 대한 이야기를 하기 전에, 개신교의 특징인 말 중심의 신앙생활은 심각한 위험 한계에 와 있다고 말씀드리고 싶습니다. 가톨릭이 가장 위대하게 생각하는 13세기 신학자 토마스 아퀴나스(Thomas Aquinas)는 인간의 말이 문제가 많다는 것을 가장 진지하게 생각한 신학자였습니다. 아퀴나스는 하느님에게 사용되는 모든 말은 왜곡된 것이고, 껍데기라고 했습니다. 그리고 최선을 다해서 '말'해야만 비로소 비슷한 '말'이 될 수 있을 뿐이라는 것을 그는 장황하게 설명했습니다.

그는 "하느님에 관해서는 '……이다'라는 말은 사용하지 않는 것이 좋다. 하느님에 대해서는 '……이 아니다'라는 말만 사용할 수 있을 뿐이다"라고 까지 말했습니다(부정의 신학). "하느님은 존재한다."라는 말을 사용하는 것도 실은 대단히 위험하다는 것이지요. 광화문 네거리에 육교가 "있다," 존재한다는 겁니다. 그러나 얼마 전에 철거되었습니다. "하느님이 있다"라는 말 속의 "있다"는 광화문 네거리에 "육교가 '있다'"는 말처럼 그렇게 "있다"는 것이 아니라는 것입니다. 아퀴나스는 하느님에게는 인간이 쓰는 말 중에서 가장 단순한 말인 "있다"라는 말도 그대로는 해당이 되지 않는다는 것을 알았습니다. 따라서 그는 하느님을 향한 우리들의 언어, 성서의 언어, 개신교가 그렇게 소중하게 여기는 설교자의 언어, 그것은 어렴풋한 그림(유비)에 불과한 것이라고 매우 진지하게 강조했습니다.

20세기 칼빈주의 신학자 칼 바르트(Karl Barth)는 "'사랑'이라는 말만큼은 하느님에게 쓸 때는 올바로 쓰는 것이다. 그러나 사람에게는 '사랑'이라는 말을 올바로 쓸 수 없다. '사랑'이라는 말 외에 모든 말은 하느님에게 적합하지 않다."고 했습니다. 그는 토마스 아퀴나스와는 정반대의 길을 갔지만, 인간이 가지고 있는 언어의 한계성을 조금은 알았던 것 같았습니다.

인간이 하는 말, 특히 교회에서 하는 종교적인 말은 대단히 위험한 것입니다. 어쩌면 침묵이 더 정직한 말일지도 모르겠습니다. 말로는 가장 진실한 것, 가장 심오한 것, 종교적인 것을 결코 다 말할 수 없습니다. 신학적으로는 그것을 "인간의 피조성"이라고 말합니다. 피조물은 질적으로 다른 하느님에 대하여 말할 자격이나 능력, 여건이 되어 있지 않습니다. 그런데 개신교가 성찬식이라고 하는 상징적인 행위가 위험하다고 하여 "말"을 가지고 하느님의 관한 모든 것을 해 보려 한 것은 엄청난 위험이고 오만이었습니다. 그것은 심각한 한계에 부딪쳐 있습니다.

사람들이 기독교인들을 가리켜서 "말 잘하는 사람들"이라고 합니다. 말 잘하는 사람들에게 "교회에 다니십니까?" 하고 물어보면 거의가 "예"라고 답할 것입니다. 그런데 "말 잘하는 사람"이면 괜찮지요. 이제는 "말만 잘하는 사람"이 되었어요. 그래서 옛날의 어떤 기업의 창업자는 기독교인을 직원으로 채용하지 않았다는 이야기가 전해집니다. 기독교인은 "말만 잘하는 사람"이 되었기 때문입니다. 지금은 시대가 달라졌기 때문에 그런 편견은 없어졌겠지만, 기독교인들, 특별히 개신교인들이 말만 잘하는 경우가 사실 아주 많습니다. "말"이라는 것을 하느님과 관계되어서 사용할 때, 말하지 않는 것보다 못한 경우가 허다하다는 것을 여러분들이 깊이 생각해 보시기 바랍니다.

'말'이라는 것이 이렇게 소중함에도 불구하고 왜 그렇게 심각한 유한성을 가지고 있는 걸까요? 여러분이 익히 아는 킬케골(Kierkegaard)

은 "끝나지 않은 사랑은 말할 수 없다"고 했습니다. 사랑하는 과정 중에 있을 때는, 마치 그 끝에 도달한 것처럼, 하느님에 대해서나 다른 그 무엇에 대해서도 인간은 논할 수 없다는 것입니다. 하느님에 대하여는 말이 부족하지만, 하느님에 대한 것이 굳이 아니라, 사람이나 역사의 토막에 대하여 우리가 말하려 한다 할지라도, 그 한 사람 또는 그 사건은 아직도 진행 중에 있고 끝나지 않았기 때문에, 과거의 역사라고 해도 그 역사의 의미가 늘 새롭게 이해되고 다시 발굴되기 때문에, 단정적으로 말하는 것, 마지막 말을 하는 것은 불가능하지요. 실존주의자들은 역사성을 철저하게 강조했습니다. 아직 끝나지 않은 역사의 한가운데 있기 때문에, 그 무엇에 대하여 말할 때, 그 말은 말하는 그 시점에서만 타당한 말이지, 그 나머지는 알 수 없다는 단서를 반드시 달아야겠지요. 그게 불편하니까 우리는 습관적으로 지금 하는 말이 마치 전부인 것처럼 말하는 것입니다. 우리가 하는 말은 결코 마지막 말이 아닙니다. 이것은 인간의 말(발설된 언어)이 지니는 피할 수 없는 역사성이라고 이름할 수 있겠습니다.

철학자 하이덱거(Heidegger)는 또 다른 이론에서 인간과 인간이 하는 말은 대단히 위험한 것이라고 생각했습니다. 비행기를 타본 적이 없는 겁 많은 하이덱거의 철학의 가장 중요한 주제는 "걱정"이었습니다. "걱정"이라는 단어만 가지고 일생을 걱정하며 시간을 보낸 사람입니다. 그의 유명한 책은 『존재와 시간』이지만 '존재'에 대해서 말하려다가 '시간'이 없어서, '시간'에 대해서만 조금 말하고 시간을 다 보낸 할아버지였습니다. 왜 철학자 하이덱거가 겁이 많았느냐 하면, 사람이라는 존재는 너무나 이상하여 알 길이 없다고 생각했기 때문입니다. 우리나라 속담에 "열 길 물 속은 알아도, 한 길 사람 속은 모른다."는 말을 하이덱거는 뒤늦게 안 것이지요. 물건은 부수어 보면 속을 알 수 있는데 사람은 해부를 해도 그 속을 알 수가 없어요. 하이덱거는 거기에 "인격"이라는 말을 붙였습니다. 자기 스스로 "나는 이렇습니다."라고 말하기 전에는, 우리가 옆에서 아무리 뜯어봐도 그 속을 알 길이 없는 것이 사람이라는 거지요. 하이덱거는 진리란 말이 "폭로한다", "가면을 벗는다"는 뜻을 지니고 있음에 주목했습니다. 인간이야말로 스스로 속마음을 열어 보이기 전에 겉모양만으로는 알 길이 없다는 겁니다. 여러분은 자주 만나는 사람들에 대하여 얼마나 알고 있습니까? 그 상대방이 여러분에게 보여준 부분들밖에는 모르고 있는 것입니다. 더구나 사람은 자기가 누구인지도 잘 모르기 때문에 상대방은 더욱 모를 수밖에 없습니다.

왜 "말"이라는 게 이렇게 온전치 못한가에 대해서 칼 마르크스는 또 다른 교훈을 우리에게 남겼습니다. 그는 계급이 다르면 보이는 것도 다르다고 합니다. 우리가 힘들여 산에 오르면 시야가 달라지지요. 산밑에서 올려다 보이던 세상이, 산에 올라가면 세상이 발 밑으로 보이는 것과 같다는 겁니다. 부부싸움을 못해 보신 분은 없겠지요. 남자와 여자가 서로를 완전히 이해하는 것은 거의 불가능한 것 같습니다. 그러니 이해할 수 있는 범위 내에서만 사랑하려 한다면, 포기할 수밖에 없습니다. 결코 서로를 완전히 이해할 수 없으니까요. 남자와 여자뿐 아니라 평신도와 목사, 소매상과 도매상도 서로를 이해할 수 없습니다. 노력한다고 되는 것이 아니니까 그냥 외우세요. 이것이 칼 마르크스가 여러분에게 가르쳐준 교훈입니다.

그런데 어떤 교회든 교회에서는 남자와 여자, 사장님과 종업원이 어울려 삽니다. 그러니 얼마나 힘들겠습니까? 더구나 개신교는 상징적 행위보다는 말로 뭔가를 다 이루려고 하니 더 힘들지요. 우리가 하고 있는 말은 엄청나게 불완전하니까요. 말은 유한한 인간의 유한한 표현 도구입니다. 사람이나 역사, 계급에 대해서는 뛰어 넘을 수 없는 깊은 간격이 있는데, 말은 결코 그 간격을 뛰어넘을 수 없습니다.

그래서 종교는 일찍부터 예배(liturgy) 의식을 개발했습니다. 철학자 헤겔은 "철학보다 못한 것이 종교이고, 종교보다 못한 것이 예술"이라고 생각했습니다. 그러나 저는 철학보다 위대한 것은 "상징(헤겔의 예술 세계 중심)"이라고 생각합니다. 종교는 일찍부터 예전(禮典)을 만들었습니다. 그것은 매우 막강한 의사소통의 수단입니다. 어쩌면 유교는 "어른을 공경하라"는 말 대신에, 때가 되면 제사를 드리는 것으로 예전을 만들었는지도 모르겠습니다. 우리가 그 예전을 포기하고 무시하면서부터 어른에 대한 공경도 잊어버린 것 같다는 생각도 듭니다.

30

거룩한 것과 속된 것의 만남

신명기 27:16-19 '아버지와 어머니를 업신여기는 자는 저주를 받는다' 하면, 모든 백성은 '아멘' 하십시오. '이웃의 땅 경계석을 옮기는 자는 저주를 받는다' 하면, 모든 백성은 '아멘' 하십시오. '눈이 먼 사람에게 길을 잘못 인도하는 자는 저주를 받는다' 하면, 모든 백성은 '아멘' 하십시오. '외국 사람과 고아와 과부의 재판을 공정하게 하지 않는 자는 저주를 받는다' 하면, 모든 백성은 '아멘' 하십시오.

요한복음 4:20-24 우리 조상은 이 산 위에서 예배를 드렸는데, 선생님네 사람들은 예배드려야 할 곳이 예루살렘에 있다고 합니다." 하였다. 예수께서 말씀하셨다. "여자여, 나의 말을 믿어라. 너희가 이 산 위에서도 아니고 예루살렘에서도 아닌데서 너희가 아버지께 예배를 드릴 때가 올 것이다. 너희는 너희가 알지 못하는 것을 예배하고 우리는 우리가 아는 분을 예배한다. 구원은 유대 사람에게서 나기 때문이다. 참되게 예배를 드리는 사람들이 영과 진리로 아버지께 예배를 드릴 때가 온다. 지금이 바로 그 때다. 아버지께서는 이렇게 예배를 드리는 사람들을 찾으신다. 하나님은 영이시다. 그러므로 하나님께 예배를 드리는 사람은 영과 진리로 예배를 드려야 한다."

오늘도 사도신경에 있는 '교회' 이야기를 계속합니다. "교회가 무엇을 의미하느냐?"고 묻는다면, 교회에 다니지 않는 사람들은 예배당에 세워져 있는 십자가를 생각할 것이고, 개신교인이라면 설교를 생각할 것입니다. 그러나 가톨릭 교인이라면 미사를 생각할 것입니다. 어느 편이든지 다 옳지만 신·구교의 장벽을 넘어선 곳에서 말한다면 교회란 "성(聖)과 속(俗)이 만나는 지점"이라고 할 수 있습니다.

신학자 칼 바르트(Karl Barth)는 "탄젠트 포인트(Tangent Point)"라는 말을 썼습니다. 원이 직선과 한 지점에서 만나는 것입니다. 거룩한 것이 속된 것(인간적인 것)과 작은 순간에 한 지점에서 만날 수 있는데, 그것이 곧 예수 그리스도요, 교회요, 예배라고 생각하는 것이지요. 어떤 학자들은 신약 성경에 등장하는 한 사건, 곧 예수님이 십자가에 달려 돌아가실 때 인간과 신을 가로막고 있던 두꺼운 휘장이 위에서부터 아래로 찢어졌다는 기록(마가 15:36, 마태 27:51)을 이것에 견주어 이해합니다. 실제로 예수께서 십자가에 못 박히실 때에, 예수님의 제자들은 십자가 주위에도 없었고 예루살렘 성전에도 없었기 때문에, 아무도 성전에서 무슨 일이 일어났는지 알 수 없었음에도 불구하고, 신약 공동체들은 신학적 상상력을 발휘하여 성전 휘장이 위에서부터 아래로 찢어졌다고 말한 것이지요. 하느님과 인간이 만날 수 있는 새로운 통로가 생겼다는 것입니다(그러나 실은, 하느님께서 그 성전을 버리고 떠나가 버린 사건을 상징하는 것으로 읽어야 한다고 요즘 학자들은 봅니다).

그러면 교회라고 하는 곳은 정말로 '탄젠트 포인트'처럼 거룩한 것, 또는 영원을 만나는 구별된 영역일까요? 전에 제가 신학생들에게 물어 보았습니다: "마침내는 잠을 잘지언정, 교회에 나가, 철야기도를 하다 거기서 잠들면, 처음부터 평안히 집에서 자는 것보다 더 거룩하다고 생각하는가?" 신학생들은 "교회가 우리 집보다는 더 거룩하지 않습니까? 잠을 자더라도 교회에서 잔다면 하느님께서 우리를 어여삐 보아주지 않으시겠습니까?"라고 대답했습니다. 그럴는지도 모릅니다. 교회라고 하는 이 건물이 다른 것과 구별되어 조금은 더 거룩할지 모릅니다.

로스앤젤레스 한인 타운에 불교 선원(仙院)이 하나 있습니다. 현대의 절입니다. 아무도 없는 빈집이지만 그 곳을 드나드는 선원 신자들은, 동양인이나 서양인을 막론하고, 신발을 벗고 들어가서, 아무도 없는 텅 빈 공간에 머리를 숙여 정중하게 인사를 합니다. 그리고 그 빈 방을 나올 때는 뒷걸음으로 나옵니다. 그 공간을 구별된 거룩한 공간으로 믿는 사람에게는, 그 공간이 다른 공간과 달리 거룩한 영역이 될 수도 있을 것입니다.

그런데 우리가 오늘 읽은 요한복음에 보면, 어디서든지 진정으로 신을 찬양하면 그곳이 곧 성전이라는 파격적인 선언을 하고 있습니다. 잠을 자려면 어디에서 자도 마찬가지이고 기도를 드리려면 어디에서 기도해도 마찬가지라고, 시간과 공간에 대해 요한복음은 아무런 구별을 하고 있지 않습니다. 이와 같은 경향에 대해서 더 과격한 것이 도마복음입니다. 도마복음은 예배를 일체 인정하지 않습니다. 도마복음서에는 예수님은 순수한 철학자이며 조금도 종교적인 모습이 없습니다. 예수님은 사람들에게, 자기의 내면 속에 있는 진실을 발견하고, 그 진리와 하나가 되라고 가르쳤으며, 결코 기도를 하라든가, 금식을 하라든가, 교회에 다니라든가 하는 등의 형식을 가르치지 않았다고 도마복음은 말합니다. 그런가 하면, 신약성경은 예수님의 제자들이 처음부터 부활절을 기념하는 주일날 예배를 드렸다고 기록하고 있습니다.

예수님의 제자들 중에도 매우 다양한 사람들이 있었다고 생각할 수 있습니다.

로스앤젤레스의 버질(Virgil)과 로스펠리츠(Los Feliz) 지점에 있는 어떤 건물에 「세계 모든 전통들의 지혜를 존중하는 집」이라는 간판이 붙어있습니다. 그리고 모든 종교인을 환영하며, 모든 철학, 모든 지혜, 모든 종교를 배우고 가르치는 곳이라고 써 놓았습니다. 모든 방문객을 환영하며 도서관도 있다고 써 놓았습니다. 말하자면 생활의 지혜와 인간 그 자체를 배우는 인간학교라고 써 놓은 것이라는 생각이 드는데, 언젠가는 한 번 가보려고 합니다. 저는 미래의 우리교회 앞에다가 동양이다, 서양이다, 부처님이다, 예수님이다, 이런 것 그만두고, "삶의 지혜가 필요한 사람 있습니까? 여기 와서 삶의 지혜를 배우십시오."라고 써 놓으면 어떨까 생각해 보았습니다.

가장 세속적으로 예수님을 이해하려는 곳도 있고, 지극히 전통적이고 고전적인 종교적 입장으로 기독교와 예수님을 이해하려는 곳도 있습니다. 우리는 그 중간쯤에 와 있을는지 모릅니다. 양극단이 다 옳을 수도 있고, 그 중간도 마찬가지입니다. 종교를 이해하는 폭이 이렇게 넓습니다. 따라서 우리는 이 교회와 이곳에서 예배드리는 우리의 행위를 어떻게 이해해야 되는지 생각해 볼 필요가 있습니다.

저는 우리가 드리는 이 예배가 무엇일까를 늘 생각해 봅니다. 신명기에 있는 고전적인 해답으로는, 옛 선조들이 했던 종교 경험을 새롭게 갱신한다는 데 있습니다. 율법서에 있는 모세의 율법을 읽으면, 이스라엘 백성들이 모세의 입을 통하여 직접 하느님의 말씀을 들었듯이, 이곳에서 교인들은 한 조목마다 '아멘' 하며 하느님과 직접 약속한 것처럼 새롭게 언약을 갱신해 나가라는, 그 본보기가 신명기 26장, 27장이하에 나와 있습니다. 예배란 옛날에 일어났던 종교경험을 오늘 우리가 이 시간에, 여기서, 다시 재현하고 갱신하는 것이 가장 본질적인 것입니다. 신을 만나는 사람들, 신과 대화하는 사람들, 신께 찬양하고 기도하는 사람들의 경험 이야기를, 오늘 여기서 우리의 경험, 우리의 이야기로 새롭게 하는 것이 우리가 드리는 예배행위의 본질이라고 할 수 있습니다.

사도신경에 있는 것과는 많이 다르게 현대의 신학자들이 새롭게 교회를 규정했습니다. 그들은 "교회는 예배와 봉사를 목적으로 단결하여 모인, 하느님을 믿는 사람들의 모임"이라고 주장합니다. 교회는 예배드리는 곳이고, 사람들에게 봉사하는 것을 배우는 곳이라고 현대의 신학은 정의하고 있습니다. 그런데 어떤 진보적 교회들은 예배보다는 봉사를 더 중요하게 생각하고 있습니다. 그래서 화려하게 장식한 예배당 때문에, 교회에 대하여 신랄하게 비판하는 진보적인 신학자들이나 비 기독교인들이 있습니다. 여러분 중에 유럽을 순방하신 분은 관광코스 중의 하나로 교회를 보셨을 것입니다. 텅 비었지만 웅장하고 찬란하게 높이 솟은 고딕식 옛 건물들, 그리고 그 벽에는 엄청나게 화려한 장식들이 있는 것을 볼 수 있습니다. 그것을 보면서 사람들은, 과연 교회가 그 자신을 화려하게 장식하는 것이 옳은 것인가를 많이 생각합니다. 사람들 중에는 자기의 주머니가 넉넉하면서도 이웃 사람들을 위해서 아무것도 하지 않는 사람들이 많습니다. 그리고 그런 사람들도 교회가 왜 가난한 신도들의 돈을 거두어서 십자가와 예수님의 보좌를 화려하게 장식하느냐고 비판을 해댑니다.

저는 사회적인 책임을 무시한 교회의 자기 치장을 변호할 생각은 추호도 없습니다. 그러나 교회의 본질이 무엇이냐고 묻는다면, 사람들을 사랑하고 그들에게 봉사하는 것도 중요하지만, 일차적으로 하느님과의 만남이 있는 '예배하는 공동체'가 교회라고 말하고 싶습니다. 자선사업, 사회사업이 중요하기는 하지만 그것은 예배 시간이 아니어도 할 수 있는 것입니다. 예배에서 가장 중요한 것은 '하느님을 만나는 것'이며, 인간이 할 수 있는 가장 숭고한 것도 '하느님을 만나는 일'이라고 저는 믿습니다. 제가 이렇게 생각하는 이유는 양로원을 방문하거나 식물인간이 된 사람들을 보면서 비로소 생각하기 시작한 것입니다. 사회를 위하여 뭔가 헌신할 때에만 진정한 예배를 드릴 수 있다면, 병든 사람들, 신체적으로 불완전한 불행한 사람들, 밥벌이하기에도 힘든 가난한 사람들은 신을 어떻게 찬양할 것이냐 하는 물음 때문이었습니다. 그래서 저는 이웃을 사랑하고, 고난 받는 사람들을 편들어 주는 것도 중요하지만, 인간이 할 수 있는 가장 숭고한 본질적 행위는, 그 모든 것에 앞서서, 우리의 근원이 되는 조물주 하느님과의 만남인 "하느님을 예배하는 행위"라고 생각합니다.

우리의 신학적인 빈곤이나 이웃에 대한 무관심 때문에, 이웃을 향하여 아무것도 하지 못하고 우리 자신의 치장에만 열중하고 있다면, 우리는 분명히 비난을 받아 마땅합니다. 그러나 우리에게 아무런 여력이 없고 선택의 여지가 없이 하나만 할 수밖에 없을 때, 우리가 조용히 하느님을 찬양한다면, 세상이 우리를 향하여 무어라고 손가락질을 하든, 우리는 인간이 할 수 있는 가장 숭고한 행동을 하는 거라고 저는 믿습니다.

그래서 구약 성경에 나와 있는 대부분의 이야기는, 하느님 앞에 드리는 거룩한 희생 제사의 이야기를 매우 장황하게 하고 있습니다. 유교의 관습은 가르침들에 있지만 조상에 대한 제사를 성스럽게 여기기 위하여 많은 규칙을 발전시켰듯이, 구약의 종교는 하느님에게 드리는 제사에 대한 세부적인 엄격한 규칙을 말하고 있는데, 그것은 신과 인간이 만나는 행위가 인간으로서 할 수 있는 가장 숭고하고 존엄하고 귀한 일이기 때문일 것입니다. 따라서 사회를 향해서 무관심하고 무책임하기 때문에 교회가 자기 치장만을 하는 거라면 그것은 용서할 수 없는 행위지만, 교회가 신을 예배하는 그 행위와 그 공간이 숭고하기 때문에 교회에 대하여 우선적으로 많은 정성을 쏟는 것이라면, 화려한 치장을 권고할 일은 아니지만 허용할 만한 일이라고 생각합니다.

사람은 누구나 자기가 소중하게 여기는 것에는 다른 것보다 더 많은 투자를 할 권리가 있는 것 아닐까요? 여러분들이 소중한 자녀들에게 특별히 애정을 쏟는 것이 허용될 수밖에 없는 것과 같겠지요. 교회가 끝없이 자기 치장만을 위해서 사회에 대한 관심과 책임을 외면해 버린다면 용서가 될 수 없겠지만, 우선순위에 있어서 하느님과 만나는 것을 더 소중하게 여기기 때문이라면, 옳은 신학은 아니지만 그래도 허용할 수는 있지 않을까 생각합니다. 종교적인 경험을 재현하는 것이 예배라면, 하느님과 인간의 만남을 리사이틀(recital) 하는 이곳에서는, 언어도 필요하지만 상징적인 행동, 몸짓이 필연적이라고 할 수밖에 없습니다.

옛날에 어떤 친구가 저에게 칼피스라는 이상한 쥬스를 먹어보라고 하면서 그 맛을 말로 설명해보라고 한 적이 있습니다. 제가 먹어보았는데 지금도 무슨 맛인지 말로 설명을 못하겠어요. 사이다에 우유를 약간 탄 거 아닌가 싶은데, 꼭 집어서 말을 못하겠더군요. 여러분이 매일 마시고 있는 커피 맛을, 커피가 무엇인지 전혀 모르는 사람에게 설명을 한다고 가정하면, 여러분은 어떻게 설명하시겠습니까? 커피를 직접 먹여주면서 "이게 바로 커피 맛이다"라고 말하기 전에는, 커피 맛을 설명하기에 인간의 언어가 얼마나 형편없이 부족한가를 우리는 경험하게 됩니다.

그래서 모든 종교에서 인간이 하는 가장 숭고한 행위에는 적절히 반복되는 상징적인 행위가 들어 있습니다. 심지어는 가장 세속적인 국가의 의식에서조차 반복성과 규칙성이 있습니다. 그것은 흐트러져 있는 일상을 재조율하고 질서를 만들기 위해서 있는 요소라고 말할 수 있고, 종교적인 의식의 핵심은 바로 이 반복되는 것, 그리고 규칙적인(실은 규칙을 만들어 나가는) 것에 있습니다. 이것은 유대교가 천지창조와 출애굽 사건을 끊임없이 반복하는 이유입니다. 유대인들이 안식일(토요일)에 예배를 드리는 것은 천지창조를 반복하는 것이며, 유대인들이 율법을 중심으로 예배를 드리는 것은 노예로부터의 해방을 다시 한 번 상기하며, 그 틀을 회상하고, 생활 속에서 재연하고 이어가기 위해서입니다. 그래서 그들은 토요일에 율법을 중심으로 예배를 드리는 것입니다.

기독교인들이 주일(일요일)에 모이는 것은 예수 그리스도의 부활을 기념하기 위해서입니다. 다른 날도 모일 수 있지만 주일에 모이는 것은 예수 그리스도의 부활 사건이 우리 예배에서 가장 중요하다고 믿기 때문입니다. 만약 여러분이 안식일에 천지창조와 출애굽을 기념하면서 예배하고, 또 주일에 예수 그리스도의 부활을 기념하여 예배한다면 더 아름다운 일이 되는지도 모르겠습니다. 처음 기독교인들은 그렇게 살았습니다.

그러면 오늘 우리가 드리는 이 예배 속에서 "예수 그리스도의 부활" 이야기는 얼마나 중심적인 역할을 차지하고 있을까요? 사실상 우리가 예수 그리스도의 부활을 기념하는 날(주일)에 예배로 모인다는 것 이외에는, 우리들이 드리는 이 예배 속에서 예수 그리스도의 십자가와 부활은 그리 중요한 역할을 차지하지 못합니다.

그래서 저는 내년부터 우리의 예배를 조금은 더 예배다운 예배로 시정하고, 또한 반대로 조금은 더 예언자적이고 혁명적인 예배로서의 실험적인 예배로 바꾸는, 이 두 개의 극단을 우리 교회에다가 도입하는 것이 바람직하지 않을까 하고 곰곰이 생각해 봅니다. 다시 말해서, 지금 주일에 하고 있는 우리의 예배가, 예배 이해의 기독교 전통 중에서 중도에 있는 거라면, 우리의 우편에는 기독교가 전통적으로 해 왔던 천지창조를 회상하는 사건, 좌편에는 예수 그리스도의 십자가와 부활과 성찬식을 회상하는 사건이 있어야겠는데, 그 요소, 그 상징이 우리에게는 많이 결여되어 있습니다. 천지창조와 출애굽과 예수님의 십자가와 부활을 함께 기념할 수 있는 상징적인 요소가 우리에게 결여되어 있다는 말입니다.

여러분들이 10년, 20년 후에 이 교회를 찾아오더라도, 지금 드리는 이 예배 형식의 2/3 이상은 변하지 않고 남아 있어서, 고향에 찾아온 것처럼, 옛 친구를 만난 것처럼, 편안하게 예배할 수 있는 안전성, 반복성, 규칙성이 남기를 저는 바랍니다. 그러나 적어도 1/3은 늘 새롭게 변형될 것입니다. 변함없는 지속, 반복만으로는 예배라고 할 수 없습니다. 우리의 예배 중에는 하느님과 우리가 만나는 원초적인 계기(moment)의 제공, 곧 구약성서에서 배운 창조와 해방의 사건, 신약성서에서 배우는 십자가와 부활의 사건을 재연하는 상징적 몸짓이 늘 있어야 하지만, 하느님을 만나는 우리 인간들의 모습, 인간들의 현실은 자꾸만 달라지고 있습니다. 이 점 또한 무시해서는 안 됩니다. 현재 우리 교회에는 젊은 세대들이 비교적 없기 때문에 느낄 기회가 적지만, 우리 시대는 엄청나게 빨리 달라져가고 있고, 사람의 정서와 언어, 그리고 통하는 상징과 몸짓들, 음악, 미술, 의상, 행동들도 달라졌습니다. 우리가 만일 전통적인 예배 모습 안에만 머물러 있게 된다면, 젊은 세대들이 우리를 가리켜 골동품이라고 생각할지 모릅니다. 코드가 통하지 않는다고 느낄 것입니다. 이 점을 생각하면, 필연적으로, 젊은이들의 새 언어와 새 미디어로 하느님을 찬양하는 일, 새로운 공간, 새로운 방식으로 예배하는 조심스러운 실험을 점진적으로 하는 것이 바람직하지 않을까 생각합니다. 과거의 전통이 아무리 고상할지라도 정체되어 있다면, 교회와 그 예배는 마침내 서서히 죽고 말 것입니다.

처음 사람의 죄, 누구의 실패인가

창세기 3:8-16 그 남자와 그 아내는 날이 저물고 바람이 서늘할 때에 주 하나님이 동산을 거니시는 소리를 들었다. 남자와 그 아내는 주 하나님의 낯을 피하여서, 동산 나무 사이에 숨었다. 주 하나님이 그 남자를 부르시며 "네가 어디에 있느냐?" 하고 물으셨다. "하나님께서 동산을 거니시는 소리를 제가 들었습니다. 저는 벗은 몸인 것이 두려워서 숨었습니다." 하고 그가 대답하였다. 하나님이 물으시기를 "네가 벗은 몸이라고 누가 일러주더냐? 내가 너더러 먹지 말라고 한 그 나무의 열매를, 네가 먹었느냐?" 하시니 그 남자는 핑계를 대었다. "하나님께서 저와 함께 살라고 짝지어 주신 여자, 그 여자가 그 나무의 열매를 저에게 주기에, 제가 그것을 먹었습니다." 주 하나님이 그 여자에게 물으셨다. "너는 어쩌다가, 이런 일을 저질렀느냐?" 여자도 핑계를 대었다. "뱀이 저를 꾀어서 먹었습니다." 주 하나님이 뱀에게 말씀하셨다. 네가 이런 일을 저질렀으니 모든 집짐승과 들짐승 가운데서 네가 저주를 받아 사는 동안 평생토록 배로 기어다니고 흙을 먹어야 할 것이다. 내가 너로 여자와 원수가 되게 하고 너의 자손을 여자의 자손과 원수가 되게 하겠다. 여자의 자손은 너의 머리를 상하게 하고 너는 여자의 자손의 발꿈치를 상하게 할 것이다." 여자에게는 이렇게 말씀하셨다. "내가 너에게 임신하는 고통을 크게 더할 것이니, 너는 고통을 겪으며 자식을 낳을 것이다. 네가 남편을 지배하려고 해도 남편이 너를 다스릴 것이다."

창세기 47:13-26 기근이 더욱 심해지더니, 온 세상에 먹을거리가 떨어지고,

이집트 땅과 가나안 땅에서는 기근 때문에 사람들이 야위어 갔다. 사람들이 요셉에게 와서 곡식을 사느라고 돈을 치르니, 이집트 땅과 가나안 땅의 모든 돈이 요셉에게로 몰렸고, 요셉은 그 돈을 바로의 궁으로 가지고 갔다. 이집트 땅과 가나안 땅에서 돈마저 떨어지자, 이집트 사람들이 모두 요셉에게 와서 말하였다. "우리에게 먹을거리를 주십시오. 돈이 떨어졌다고 하여 어른께서 보시는 앞에서 죽을 수야 없지 않습니까?" 요셉이 말하였다. "그러면 너희가 기르는 집짐승이라도 가지고 오너라. 돈이 떨어졌다니, 집짐승을 받고서 먹을거리를 팔겠다." 그래서 백성들은 자기들이 기르는 집짐승을 요셉에게로 끌고 왔다. 요셉은 그들이 끌고 온 말과 양 떼와 소 떼와 나귀를 받고서, 먹을거리를 내주었다. 이렇게 하면서 요셉은 한 해 동안 내내, 집짐승을 다 받고서 먹을거리를 내주었다. 그 해가 다 가고 이듬해가 되자, 백성들이 요셉에게로 와서 말하였다. "돈은 이미 다 떨어지고, 집짐승마저 다 어른의 것이 되었으므로 이제 어른께 드릴 수 있는 것으로 남은 것이라고는 우리의 몸뚱이와 밭뙈기뿐입니다. 어른께 무엇을 더 숨기겠습니까? 어른께서 보시는 앞에서 우리가 밭과 함께 망할 수야 없지 않습니까? 그러니, 우리의 몸과 우리의 밭을 받고서 먹을거리를 파십시오. 우리가 밭까지 바쳐서, 바로의 종이 되겠습니다. 우리에게 씨앗을 주십시오. 그러면 우리가 죽지 않고 살아날 것이며, 밭도 황폐하게 되지 않을 것입니다." 요셉은 이집트에 있는 밭을 모두 사서 바로의 것이 되게 하였다. 이집트 사람들은 기근이 너무 심하므로 견딜 수 없어서, 하나같이, 그들이 가지고 있는 밭을 요셉에게 팔았다. 그래서 그 땅은 바로의 것이 되었다. 요셉은 이집트 이 끝에서 저 끝까지를 여러 성읍으로 나누고, 이집트 전 지역에 사는 백성을 옮겨서 살게 하였다. 그러나 요셉은 제사장들이 가꾸는 밭은 사들이지 않았다. 제사장들은 바로에게서 정기적으로 녹을 받고 있고, 바로가 그들에게 주는 녹 가운데는 먹을거리가 넉넉하였으므로 그들은 땅을 팔 필요가 없었다. 요셉이 백성에게 말하였다. "이제 내가 너희의 몸과 너희의 밭을 사서 바로께 바쳤다. 여기에 씨앗이 있다. 너희는 이것을 밭에 뿌려라. 곡식을 거둘 때에 거둔 것에서 오분의 일을 바로께 바치고, 나머지 오분의 사는 너희가 가져라. 거기에서 밭에 뿌릴 씨앗을 따로 떼어 놓으면 그 남는 것이 너희와 너희 집안과 너희 자식들의 먹을거리가 될 것이다. 백성들이 말하였다. "어른께서 우리의 목숨을 건져 주셨습니다. 어른께서 우리를 어여삐 보시면, 우리는 기꺼이 바로의 종이 되겠습니다." 요셉이 이렇게 이집트의 토지법, 곧 밭에서 거둔 것의 오분의 일을 바로에게 바치는 법을 만들었으며, 지금까지도 그 법은 유효하다. 다만, 제사장의 땅만은 바로의 것이 되지 않았다.

요한복음 8:31-33 예수께서 자기를 믿은 유대 사람들에게 말씀하셨다. "너희가 나의 말에 머무르면 참으로 나의 제자가 되고, 진리를 알게 될 것이요, 진리가 너희를 자유롭게 할 것이다." 그들은 예수께 말하였다. "우리는 아브라함의 자손이라 아무에게도 종노릇한 일이 없는데, 당신은 어찌하여 우리가 자유롭게 될 것이라고 말합니까?"

오늘도 우리는 사도신경의 순서를 따라서 교회의 기능을 생각해 보겠습니다. 여러분이 고백하는 사도신경은 교회가 맡고 있는 기능을 세 가지로 요약해서 말하고 있습니다. 첫째, 사람들과 하느님, 혹은 사람들과 사람들이 만나는 "교제"입니다. 둘째, 교회는 "죄 용서"를 받는 곳입니다. 셋째, 교회는 "영생의 소망"을 배우는 곳입니다. 2세기에 박해받는 우리의 기독교도 선배들이 정리한 이와 같은 교회의 세 가지 기능 가운데 오늘은 "죄 용서"에 대하여 생각해 보겠습니다.

오늘은 종교개혁 기념주일로서, 모든 개신교회가 종교개혁을 기념하는 주일로 지킵니다. 지난번에도 잠깐 말씀을 드렸습니다만, 1517년 10월 마지막 날, 전설에 의하면, 루터가 비텐베르크 성당 정문에다 공개적인 도전장을 냈다고 합니다. 그 도전장의 내용은 가톨릭에서 성스럽게 생각하는 고해성사 제도에 이의를 제기하면서 공개토론회를 요청한 것입니다. 그런데 가톨릭 학자들은, 이것은 잘못 전해진 이야기라고 합니다. 신학교 교수인 루터가 동료 교수들에게 "우리가 지금 시행하고 있는 고해성사 제도가 성서에서 많이 이탈되었다고 생각하는데 당신들의 생각은 어떻습니까?" 하고 편지를 냈는데, 동료 교수 중의 하나가 그 교구의 주교에게 이 편지를 보냈기 때문에 일이 벌어졌다는 것입니다. 그것이 정설로 보입니다. 왜냐하면 33세의 겁 많은 루터가 큰일을 저지르겠다고 결심하고 공개적으로 비텐베르크 성당 정문에 글을 써 붙이지는 않았을 것 같기 때문입니다. 개신교인들이 사건을 극화하기 위하여 만들어낸 전설인 것 같습니다.

루터의 도전장의 핵심은, 가톨릭 신부가 하느님의 특권인 '죄 용서'를 가로채고 있다는 것입니다. 그리고 사람들이 벌금으로 형벌을 대신한다거나 면죄부를 사고판다는 것은 천국 가는 티켓을 돈으로 사고파는 것이며, 이것은 신성모독이라는 것입니다.

이 문제에 대하여 가톨릭에서는 뭐라고 하나 궁금해서 저는 서울 퇴계로에 있는 천주교 본부에 갔었습니다. 개신교 신학자들이 하는 말들을 그대로 믿기가 어려웠기 때문입니다. 천주교 중앙 본부에서 하는 이야기는 전혀 달랐습니다. 가톨릭의 사제는 한 번도 하느님의 권한을 찬탈한 적이 없으며 가톨릭의 신도들은 돈으로 천국 가는 티켓을 거래한 적이 없다는 것입니다. 어느 쪽이 맞느냐 하면, 양쪽 다 맞습니다. 처음에는 가톨릭이 생각한 대로였습니다. 그러나 나중에는 루터가 생각한 대로 상업적 장사가 되어버렸습니다.

'고해성사' 제도라는 것은 죄를 어떻게 하면 확실하게 용서받느냐 하는 교회에 따른 제도입니다. 루터의 종교개혁은 고해성사 제도가 잘못되어 간다는 데서 시작되었고, 그 이슈는 하느님과 사람 사이에 "중개인(broker)"이 있느냐 없느냐 하는 겁니다. 중간도매상이 많으면 소비자 물가가 올라갑니다. 그래서 한국의 농산물 직거래를 위해 수

산협동조합, 농업협동조합 등이 생겼습니다. 생산자와 소비자가 직접 거래하도록 하여 중간의 여러 단계를 줄인다는 것입니다. 그것이 개신교의 사고방식입니다. 교회와 사제는 하느님과 사람들 사이에서 중개인 노릇을 하는 것인데, 이것이 있는 게 좋으냐 없는 게 좋으냐 하는 겁니다. 집을 집주인과 직접 사고파는 게 좋습니까? 아니면 중개인을 통하고 부동산 거래 정산소(escrow company)를 통해서 비싼 수수료를 주며 사고파는 게 좋습니까? 이게 참 쉽지 않은 문제지요.

오늘날 전 세계는 가톨릭의 질서에서 개신교의 질서로 빠른 속도로 넘어가고 있습니다. 중개인이 없거나 중개인의 역할을 최소한으로 줄이는 세상을 이야기한 루터가 전적으로 옳다면, 개신교가 발전하면서 가톨릭은 망했어야 됩니다. 그런데 루터의 새로운 개혁에도 불구하고 가톨릭은 여전히 중개인을 통하는 제도를 지키며 잘하고 있습니다. 그리고 개신교도 이제는 점차적으로 중개인이 생겨나기 시작하고 있습니다. 그 증거로 성직자의 권위가 회복되어야 한다는 목소리가 높아지고 있는 것입니다. 지금 가톨릭과 개신교의 중요한 논제는, 하느님과 우리 사이에 '죄의 용서'를 주고받는데, 중개인이 있는 것과 없는 것, 어느 것이 안전하냐 하는 것입니다.

여러분이 하느님께 죄를 고백했습니다. 그런데 하느님이 "너의 죄를 용서해 준다"고 여러분의 귀로 들을 수 있도록 말해 주지 않으십니다. 그 대답을 직접 듣지 않아도 여러분의 맘이 편하다면 개신교 방식대로 사십시오. 그러나 목사 혹은 신부가 "하느님의 이름으로, 너의 죄는 용서받았다"고 선언해 주는 말을 들으면 여러분의 마음이 더 편해지십니까? 그러면 가톨릭 방식으로 사십시오. 중개자나 정산소(escrow company)도 다 사람이지만, 그래도 그 사람 손을 거치면 중립지

대에 있기 때문에 조금은 믿음직해집니까? 그러면 수수료를 주고라도 안전한 길을 선택하십시오. 그게 아까우면 집주인과 직접 거래하셔야 하겠지요. 가톨릭과 개신교가 제도는 다르지만, 근본적으로는 차이가 없습니다.

그런데 이제는 시대가 달라졌기 때문에, 하느님과 우리 사이에 중개인이 있는 것이 좋으냐 없는 것이 좋으냐가 문제가 아닙니다. 16세기 루터 시대와는 달리 "우리가 도대체 왜 죄인이란 말인가?" 하는 것이 오늘 현대인들의 문제입니다. 옛날에는 "죄가 무엇인가?" "죄를 어떻게 용서받을 수 있는가?"가 문제였다면, 이제 21세기 우리들에게는 "내가 왜 죄인인가?"가 문제라는 거죠. 이것은 루터가 당면했던 문제보다 훨씬 더 심각한 문제입니다.

지금은 도덕의 혼란 시대이고 일정한 규율이 없습니다. 들키지 않는 사람들은 모두 의인입니다. 유전무죄(有錢無罪)입니다. 혹 우리도 아직 들키지 않아서 감옥 밖에 있는 것은 아닐까요? 무엇이 과연 죄란 말입니까? 교회가 계속해서 "죄를 용서 받으라"는 고전적인 가르침을 반복할 필요가 있을까요? 현대인들에게 과연 "죄"라는 말이 의미 있는 말일까요? 전통적으로 죄란, 하느님의 명령, 임금님의 명령, 국가의 명령 등, 나보다 높은 어떤 권위나 권력이 명령을 내렸을 때, 그 명령을 어기는 것입니다. 바울의 말대로 의롭지 못한 것, 법을 어기는 것이 곧 죄입니다. 우리는 법을 어기지 않았기 때문에, 혹은 들키지 않았기 때문에 죄인이라는 말을 듣지 않고 살고 있는 겁니다.

아리스토텔레스는 임금님이나 운명의 신이 사람인 우리들에게 특정 법을 명령하는 것이 아니고, 존재하는 만물들에게는 저마다의 타고난 질서, 운명, 법이 있다고 생각했습니다. 각자가 하나의 씨앗처럼 마침내는 크게 자라서 열매를 맺어야 하는 목표를 가지고 태어났는데, 이 타고난 자기의 목표에 이르지 못했을 때, 그것이 곧 선하지 못한 것이며 죄라고 아리스토텔레스는 생각했습니다. 희랍사람들이 '의롭게 된다'는 것은 타고난 저마다의 소질을 개발하여 아름다운 꽃을 피우고 열매를 맺는 것입니다. 그러나 유대인들과 기독교인들의 생각은 다릅니다. 하느님이 명령한 것을 어겼으면 죄가 되는 거죠. 이렇게 언뜻 보기에는 크게 다르지만, 사실 따지고 보면 두 사상은 같은 것을 말하고 있다고도 할 수 있습니다. 어쨌든 죄라는 것은 목표에서 빗나갔거나 목표지점에 도달하지 못한 것입니다. 화살이 과녁을 빗나갔거나, 조준은 똑바로 했지만 힘이 모자라 중도에서 떨어진 것과 같습니다. 목표에서 벗어났거나 미달한 것, 죄란 결국 실패입니다. 칼 마르크스는 죄라는 개념을 소외라는 말로 번역을 했지만, 저는 죄란 결국 실패라고 말하고 싶습니다. 하느님 앞에서 실패했든지, 타고난 자기 자신의 최선의 가능성을 꽃피우지 못했다는 점에서 실패든지 간에 죄는 실패입니다.

그렇다면 교회에서 배워야 될 값진 죄 용서란 무엇이겠습니까? 죄가 실패라면, 죄 용서는 기회를 다시 한 번 주는 것이죠. 이웃에게도 자기 자신에게도 그렇게 하는 것입니다. 기회를 다시 준다는 것은, 무엇에 실패한 사람에게 다시 그가 하고 싶은 것을 해보도록 허락해 주는 것입니다. 이웃에게도 자신에게도 마찬가지입니다. 자신이 참으로 원했던 것이 있는데 여건이 맞지 않고, 때가 되지 않아서 충분히 준비하지 못했기 때문에 실패했을 경우, 그런 자신에게 다시 도전의 기회를 주는 것입니다.

옛 사람들, 특히 어거스틴은 "불신앙"이 곧 죄라고 했습니다. 이것은 믿음이 없는 것이 죄라는 말이 아닙니다. 불신앙이 죄라는 말은, 새로운 기회를 주시고 새롭게 우리를 향해 도전해 오는 가능성을 주시는 "하느님의 은총을 거역하는 것"이 죄라는 말입니다. 사람들은 기독교가 무엇인지 잘 모르기 때문에, 또 기적을 믿을 수 없기 때문에, 자신들은 믿음이 없다고 생각하는데, 그런 불신앙이 죄라는 말이 아닙니다. 불신앙이 죄라는 말은 나 자신에게 혹은 내가 증오하고 미워하는 이웃에게 다시 한 번 기회를 주지 않는 것, 가능성을 차단하는 것, 그것이 곧 죄라는 말입니다. 그런 의미에서 "죄는 실패"요, "불신앙은 기회를 다시 허락하지 않는 것"입니다. 그것은 도전하지 않는 것, 이제는 끝이라고 생각하는 것, 이제는 가능성이 없다고 생각하는 겁니다.

우리는 법을 어기고 감옥에 가지는 않았습니다. 그러나 꼭 하느님을 생각지 않는다 하더라도, 조용히 나 자신을 보면, 이웃과 내 자신을 향해서 "나는 죄인"이라고 말할 수밖에 없지 않습니까? 가장 심각한 죄는 다시 도전하지 않는 것이며, 자기 자신과 이웃에게 다시 기회를 주지 않는 것입니다. 저도 이런 죄를 범하는 죄인입니다. '저 사람은 과연 가능성이 있을까?' 하고 의심합니다. 제가 참으로 원하고 다시 도전한다면 가능성이 있을지도 모릅니다. 그런데, 성공 여부와 결과를 염려하면서 "아니야"라고 자꾸만 고개를 흔듭니다. 가능성이 없을 것 같은 그 사람을 다시 사랑하고, 그에게 다시 기회를 준다는 것은 이제 의미 없는 일이라고 자꾸만 부정하려 합니다. 그러면 자기 자신과 이웃에 대해서 기회를 더 이상 주지 못하게 되는 거죠. 하느님을 믿는다고 말하지만 은총의 가능성, 새로운 가능성을 원천적으로 부정하는 것이 되고 마는 겁니다.

사람들은 아담이 죄인이라고 말합니다. 그러나 1770년에 태어나서 1831년까지 산 철학자인 헤겔은, 아담은 죄인이 아니라고 합니다. 100년 후에 태어난 철학자요 소설가인 헤르만 헤세도 아담은 죄를 지은 적이 없다고 합니다. 아담은 가능성 앞에 도전했을 뿐입니다. 그 도전에 실패했지만 적어도 그는 도전했습니다. 아담이 만일 하느님의 명령을 거역하지 못하고 기가 죽어서 살았다면 오히려 그것이 죄일는지도 모르지요. 그러나 아름다운 동산에 하느님의 음성과 사탄의 음성과 사랑하는 여인의 음성이 한꺼번에 들릴 때, 아담은 무엇인가를 선택해야만 했었습니다. 그렇게 그가 선택한 것이 큰 죄가 된다면 인류의 역사는 아무 의미가 없죠. 그래서 역사라는 개념을 신중하게 생각했던 헤겔은 아담에게 죄가 없다고 보았습니다. 인간이 역사의 수레바퀴를 돌리기 위한 정상적인 성장과정일 뿐이라고 생각했습니다. 아담의 죄가 후손에게까지 물려내려 왔기 때문에 모든 사람이 죄인이라는 말은 잘못된 것이라는 말이 됩니다. (물론 아담은 실제 인물이 전혀 아니기에, 장황한 설명은 조금도 필요하지 않습니다).

교회는 죄 용서 받는 그 길을 배우는 곳입니다. 여러분의 죄가 용서되기를 바랍니다.

32

용서, 사람이 할 수 있는가

역대기하 6:32-39 그리고 또 주의 백성 이스라엘에 속하지 아니한 이방인이라도, 주의 크신 이름과 강한 손과 편 팔로 하신 일을 듣고, 먼 곳에서 이리로 와서, 이 성전을 바라보며 기도하거든, 주께서는 주께서 계시는 곳 하늘에서 들으시고, 그 이방인이 주께 부르짖으며 간구하는 것을 그대로 다 들어 주셔서, 땅 위의 모든 백성이 주의 이름을 알게 하시고, 주의 백성 이스라엘처럼 주님을 경외하게 하시며, 내가 지은 이 성전이 주의 이름을 부르는 곳임을 알게 하여 주십시오. 주의 백성이 적과 싸우려고 전선에 나갈 때에, 주께서 그들을 어느 곳으로 보내시든지, 그 곳에서 주께서 선택하신 이 도성과, 내가 주의 이름을 기리려고 지은 이 성전을 바라보며, 그들이 기도하거든, 주께서는 하늘에서 그들의 기도와 간구를 들으시고, 그들의 사정을 살펴 보아 주십시오. 죄를 짓지 아니하는 사람은 없습니다. 이 백성이 주께 죄를 지어서, 주께서 진노하셔서, 그들을 원수에게 넘겨 주시게 될 때에, 멀든지 가깝든지, 백성이 남의 나라로 사로잡혀 가더라도, 그들이 사로잡혀 간 그 땅에서라도, 마음을 돌이켜 회개하고, 그들을 사로잡아 간 사람의 땅에서 주께 자복하여 이르기를 '우리가 죄를 지었고, 우리가 악행을 저질렀으며, 우리가 반역하였습니다' 하고 기도하거든, 또 그들이 자기들을 사로잡아 간 사람들의 땅에서라도 마음을 다하고 정성을 다하여 주께 회개하고, 주께서 그들의 조상에게 주신 땅과 주께서 선택하신 이 도성과 내가 주의 이름을 기리려고 지은 이 성전을 바라보면서 기도하거든, 주께서는, 주께서 계시는 곳인

하늘에서, 그들의 기도와 간구를 들으시고, 그들의 사정을 살펴보아 주십시오. 주께 죄를 지은 주의 백성을 용서하여 주십시오.

마태복음 26:20-29 저녁때가 되어서, 예수께서는 열두 제자와 함께 식탁에 앉아 계셨다. 그들이 먹고 있을 때에, 예수께서 말씀하셨다. "내가 진정으로 너희에게 말한다. 너희 가운데 한 사람이 나를 넘겨 줄 것이다." 그들은 몹시 근심이 되어, 저마다 "주님, 나는 아니지요?" 하고 말하기 시작하였다. 예수께서 말씀하셨다. "나와 함께 이 대접에 손을 담근 사람이, 나를 넘겨 줄 것이다. 인자는 자기를 두고 성경에 기록되어 있는 대로 떠나가지만, 인자를 넘겨 주는 그 사람은 화가 있다. 그 사람은 차라리 태어나지 않았더라면, 자기에게 좋았을 것이다." 그 때에 예수를 넘겨 줄 유다가 "선생님, 나입니까?" 하고 물으니, 예수께서 그에게 "네가 말하였다." 하고 말씀하셨다. 그들이 먹고 있을 때에, 예수께서 빵을 들어서 축복하신 다음에, 떼어서 제자들에게 주시고 말씀하셨다. "받아서 먹어라. 이것은 내 몸이다." 또 잔을 들어서 감사를 드리신 다음에, 그들에게 주시며 말씀하셨다. "모두 이 잔을 마셔라. 이것은 많은 사람에게 죄를 사하여 주려고 흘리는 나의 피, 곧 언약의 피다. 내가 너희에게 말한다. 이제부터 내가 나의 아버지의 나라에서 너희와 함께 새것을 마실 그 날까지, 나는 포도나무 열매로 빚은 것을 절대로 마시지 않을 것이다."

교회를 다녀 본 사람들은 누구나 아는 대로, 기독교가 가르치고 있는 핵심적인 교훈은 하느님께서 우리의 죄를 용서하셨고 우리 또한 이웃의 죄를 용서해 주어야 한다는 것입니다. 주기도문에 있는 이야기죠. 우리가 우리에게 죄지은 자를 용서했듯이 우리의 죄를 용서해 달라고 하느님께 기도하라고 가르치는 것이 기독교의 본질입니다.

그러나 성경에는, 그리고 역사 속에는, 기독교가 전하고 있는 용서의 복음에 대하여 수없이 많은 도전이 있었습니다. 사도신경을 따라서 교회가 해야 되는 가장 중요한 일이, 용서를 배우고 용서를 가르치는 일이라는 것을 우리가 인정해야 하겠지만, 그래도 21세기에 살고 있는 우리 자신을 위해, 기독교의 가장 본질이 되는 용서에 대해서 심각하게 다시 한 번 생각해 봐야 될 것 같습니다.

저는 "용서"라는 주제에 대해서 상당히 긴 동안 자료를 모으고 생각을 해오고 있습니다. 그리고 아직 결론을 내리지 못했습니다. 예수님의 설교에 나타난 바에 의하면, 용서는 다음과 같은 여러 가지 복잡한 차원을 가지고 있습니다. 예수님의 설교 중에서 용서를 주제로 하는 것이 여러 개 있는데, 가장 대표적인 것이, 빚을 탕감해 준 부자의 이야기입니다. 이것은 돈을 꾸어간 빚쟁이가 도저히 빚을 갚을 수 없을 때, 너그러운 마음으로 그의 빚을 탕감해 주는 것이 용서라는 예수님의 비유 말씀입니다. 하느님께서 우리의 빚을 탕감해 주셨으니 우리도 우리에게 빚을 진 이웃의 빚을 탕감해 주라는 것이 "용서"에 대한 예수님의 가르침의 핵심입니다. 그런 의미에서 기독교가 가르치고 있는 용서의 핵심은 경제생활에서 온 것이라고 말할 수 있습니다. 여러분의 돈을 꾸어간 사람, 여러분에게 경제적으로 큰 빚을 지고 있는 사람의 빚을 너그럽게 탕감해 주라는 것입니다.

또한 빌라도가 예수님을 심문하고 재판할 때, 민중의 소리 때문에 할 수 없이 다른 강도 바라바를 놓아준 기사가 있습니다. 여기서는 용서가 정치적인 측면이 있습니다. 통치권자가 중대한 범인에게 사면을 선언하는 거죠. 예수님 덕에 바라바라는 정치범이 특사의 혜택을 받았습니다. 우리나라도 설날, 3·1절, 8·15, 혹은 크리스마스와 석가탄신일에 중대한 정치범들을 특별사면 합니다. 어떤 사람을 사법부에서 죄인이라고 고발하여 감금하면, 정치가가 그들을 풀어주는 경우도 있습니다. 그런데 우리는 남을 용서(사면)할 만한 그런 정치적인 권력을 가지고 있지 않습니다. 그래서 경제적인 용서는 우리와 연관이 있을 수 있지만, 정치적인 차원의 용서는 우리와 상관이 없기 때문에 그 문제는 건너뛰겠습니다.

"용서한다"는 것이 쉬운 일은 아니라는 것을 지혜서는 잘 알고 있었습니다. 잠언 19장 11절에 "노하기를 더디 하는 것은 사람의 슬기요, 허물을 덮어주는 것은 그의 영광이다."라고 했습니다. 표준새번역이나 공동번역보다는 옛 번역이 확실하게 번역되어 있는 것 같습니다. 화를 더디 내는 것은 지혜로운 일이고 "이웃의 허물을 용서해 주는 것은 영광스러운 일"이라는 것입니다. "나는 억울한 일을 당해서 견딜 수가 없는데, 나에게 해를 끼친 사람은 나에게 용서해 달라고 빌지도 않고 뻔뻔스럽게 나오는 데도, 내가 그 사람을 용서해야 합니까?"라는 질문을 했을 때, 잠언을 쓴 지혜자는 "억울한 일을 당했을 때 너그럽게 용서하는 것은 인간으로서 매우 잘하는 귀한 일이고 영광스러운 일"이라고 당부하고 있습니다. 용서는 쉬운 일은 아니되, 할 수만 있으면 대단히 자랑스러운 일이라고 지혜자는 우리에게 가르쳐 주고 있는 것입니다.

종교개혁의 전통에 의하면 "용서라는 것은 어그러진 인간관계가 정상적으로 되돌아가는 것"이라고 가르칩니다. 과거에서부터 해방되고 편견에서부터 해방되어 새로운 인간관계를 형성하는 것이 용서라고 종교개혁자들은 가르칩니다. 싸우던 부부가 새로운 인간관계를 형성하는 것이 용서라는 말입니다. 어쩌면 우리에게 가장 절실한 것이고, 우리가 그렇게 힘들이지 않고도 할 수 있는 것이 용서일 것입니다. 그리고 어쩌면 하기는 가장 힘들지만, 하고 나면 가장 큰 득을 얻는 것이 바로 이 존재론적이고 관계론적인 용서일 것 같습니다.

이와 같은 용서에 대하여 유대인들이 질문을 했습니다. 만일 유대인 누군가가 이 자리에 있다면 이 질문은 유대인이 한 것이 아니고 기독교인들이 유대인을 미워하여 뒤집어씌운 거라고 말할 지도 모르겠습니다만, 우리가 가지고 있는 신약성경(요즘에는 구약 성경을 첫 번째 성경이라 하고 신약 성경을 두 번째 성경이라고도 합니다)에 의하면, 예수님이 용서를 선언했을 때, 구약성경을 믿는 유대인들이 예수님께 도전을 합니다. "사람인 네가 어찌 용서를 선언하느냐?" 이 얘기는, 통치권자인 빌라도만이 죄인을 사면할 수 있는데 일반 백성이 바라바를 용서한다고 말하면 그것이 넌센스가 되듯이, 창조주 하느님만이 할 수 있는, 혹은 창조주로부터 합법적으로 위임받은 제사장만이 할 수 있는 특권인 사면 행위를 일개 평민인 예수가 선언한다면, 이것은 심각한 종교-정치질서의 혼란이 되는 것입니다. 따라서 구약성경을 믿는 유대인들은 예수님의 용서 행위에 대하여 도전합니다. "너는 그럴 만한 권한이 없다"는 것입니다.

베드로도 도전합니다. "용서, 도대체 몇 번이나 하면 좋습니까? 일곱 번쯤 하면 되겠습니까?" 이 얘기는 "나를 수 없이 괴롭히고 피해를 주는, 그러나 피할 수 없는 나의 이웃들, 나의 가족들, 나의 친구들을 일곱 번쯤 봐주면 됩니까?"라고 묻는 심각한 질문입니다. 그런데 예수님은 베드로의 고민은 못들은 척하고, 무제한으로 이웃을 봐주라고 하십니다. 아마도 베드로는 똑같은 잘못을 상습적으로 저지르는 내 아내를 계속해서 용서해야 할까? 아니면 예수의 제자된 내 직분을 그만둘까? 하며 고민을 많이 했을지도 모릅니다. 여러분의 남편이나 아내, 또는 자식이나 여러분의 동업자가 상습적으로 여러분을 괴롭히면

일곱 번씩 일흔 번이라도 그들을 용서해 주라는 말을 그대로 따를 수 있으시겠습니까?

유대인이 볼 때나 베드로가 볼 때나, 용서는 신이 아닌 사람으로서는 할 수 있는 일이 아니었습니다. 용서는 사람이 할 수 없다는 것은 종교적인 차원에서만이 아닙니다. 사회적, 정치적 관심을 가지고 있는 도덕론자들도, 용서는 해서는 안 된다고 오래 전부터 말하고 있습니다. 1980년대 한국의 운동권 학생들과 민중을 부르짖는 지도자들도, 정의 없이는 평화가 존재하지 않는다고 말해왔습니다. 기독교인들도 마찬가지였습니다. 정의 없는 평화는 사회 질서의 기본적인 것들을 흔들기 때문에, 정의 확립을 위해서도, 용서는 안 된다는 것입니다. 그것은 기독교의 지도자들이 한 말입니다. 그렇다면 어느 누구도 사실은 용서를 가르치거나 실천하려고 애쓰지 않았다는 것입니다.

성경에는 몇 군데 용서라는 말이 더 있기는 하지만 그것은 현실적인 것도 아니고 우리가 실천할 수 있는 것도 아닙니다. 그렇기 때문에 예수님의 교훈이 우리에게는 중요한 도전이 되지요. 예수님은 "너희가 신도 아니고 강자도 아니고 오히려 피해자이지만, 너희들도 용서할 수 있다"고 말씀하신 셈입니다. 그런데 기독교는 이 예수님의 교훈을 왜곡시켰습니다. 교회는 예수님의 교훈을 잘 포장해서 제도를 만들었습니다. 성직자를 만들고 성례전을 만들어서 사람이 하느님의 용서를 받는 절차를 만들었습니다. 다시 말하면 뉘우치는 자에게만 용서를 선언했습니다.

그러나 예수님 앞에서 용서받은 많은 사람들은, 그들이 죄가 무엇인지도 모르는 상황에서 용서를 받았습니다. 그렇지만 교회는 예수님의 용서의 가르침을 그대로 전할 수가 없었기 때문에, 뉘우치는 자에게만 용서를 선언했습니다. 기독교가 오래 전부터 시행해온 고해성사 제도가 그것입니다. 뉘우치지 않는 사람은 용서할 수 없는 거죠. 그런 의미에서 "이웃을 용서하라"는 예수님의 가르침은, 참 고독한 것, 역사의 예외적인 것이라고 할 수 있습니다. 신, 구약 성경 전체를 볼 때에, 하느님은 자비의 하느님이고 용서의 하느님의 모습이 아니니까요.

가톨릭 신학자 크로산(John Dominic Crossan)은 기독교의 하느님을 '살인자 하느님(Killer God)'이라고 합니다. 구약에도 신약에도 하느님은 참회하지 않는 자를 잔인하게 죽이는 이야기들이 있습니다. 성경을 읽어드리겠습니다. 민수기 21장 35절에는 "그리하여 그들은 그와 그의 아들들과 그의 온 군대를, 생존자 하나도 남기지 않고, 다 때려 눕혔다. 그리고 그들은 그 땅을 차지하였다."고 하였고, 신명기 2장 34절에는 "그때에 우리는 모든 성읍을 점령하고, 모든 성읍에서 남자 여자 어린아이 할 것 없이 한 사람도 남기지 않고 전멸시켰습니다."라고 기록되었습니다. 이런 얘기는 성경에 많이 있습니다. 여호수아 10장 40절에는 "이와 같이 여호수아는 온 땅 곧 산간지방과 네겝 지방과 평지와 경사지와 그들의 모든 왕을 무찔러 한 사람도 살려 두지 않았으며, 이스라엘의 주 하나님의 명을 따라, 살아서 숨쉬는 것은 모두 전멸시켜서 희생제물로 바쳤다."라고 했습니다. 유대인이 왜 지독한지, 왜 기독교인을 "지독교인"이라고 부르는 사람들이 있었는지 알 만 하지요? 열왕기상 15장 29절에도 "바아사는 왕이 되자, 여로보암 가문을 쳤는데, 숨 쉬는 사람은 누구든지, 하나도 남기지 않고 모두 전멸시켰다. 주님께서 실로 사람인, 주님의 종 아히야에게 말씀하신 대로 이루어진 것이다."라고 했습니다. 한국인들은 적당히 하고 철저하게 하지 못하는 경향이 있습니다. 역사의 심판을 하다가도 적당히 합니다. 그런데 이 유대 기독교 전통은 철저하게 하는 겁니다. 죽일 때도 철저하게 아이들까지 다 죽입니다. 요한계시록이 바로 그런 거죠.

그래서 예수님은 참 외로운 사람인 것 같습니다. 동서고금의 모든 신들과 모든 정치가들과 모든 종교지도자들은, "당신이 말하는 용서, 뉘우치지 않는 자도 먼저 용서하는, 기독교적으로 말하면 복음적인 용서, 그거 어디 사람이 할 일이오?"라고 예수님에게 말합니다. 저는 잘 모르겠습니다. 그래서 이렇게 말하겠습니다. "복수할 수 있으면 하세요."

유대인과 희랍인들이 그 사회의 지도자들과 귀족들에게 하는 최초의 가장 중요한 교훈은 '사랑'과 '복수'를 올바로 가르치는 것이었다고 언젠가 말씀드렸지요. 저는 저의 부모님이나 교과서로부터 사랑과 복수에 대해서 단 한 번도 배운 적이 없습니다. 그냥 착하게 살라고만 배웠습니다. 그런데 유대인과 희랍인은 지도자들과 귀족들에게 처음부터 복수와 사랑을 가르쳤다는 겁니다. 복수할 수 있으면 하십시오. 왜냐하면 정의를 수립해야 되기 때문에 그렇습니다. 그러나 복수를 할 수 없으면 어떻게 해야 할까요? 이때에 예수님의 교훈이 우리들에게 의미를 줍니다.

복수할 수 있는 상황임에도 복수하지 않는다면, 이건 하느님이 지옥에 가서 "오늘은 내 생일이니 지옥과 천당을 합하자"고 하는 것과 마찬가지라고 생각합니다. 성경 어디에도 하느님이 그런 무질서한 사랑을 베푼 기록은 없습니다. 복수할 수 없으면, 그때는 용서할 수밖에 없을지 모르겠지만, 그냥 적을 용서할 수는 없죠. 왜냐하면 나는 아직도 심히 괴로워하고 있는데, 나에게 엄청난 피해를 준 사람은 그 사실을 다 잊어버린 듯이 잘 살고 있으면서 전혀 나에게 용서를 구하지도 않는 상황에서, "하느님 내가 그를 용서합니다."라고 말한다면, 과연 하느님은 무어라 하실지 모르겠습니다. 물론 나에게 피해를 주고도 조금도 뉘우침 없이 잘 사는 그 사람은 나를 크게 비웃을 것입니다.

그러니까 용서라는 것은 복수할 수 없는 상황에서만 의미가 있을 것 같다는 생각이 듭니다. 다시는 만나지 않아도 되는 사람들이 아니라, 계속해서 만나야 되는 내 가족, 내 교인, 내 사업의 동업자, 내 이웃과 친구, 그런 사람들과 용서하며 살라는 것이 아닐까요? 그리고 용서라는 것은 개인적인, 그러면서도 날마다 만나야만 되는 가까운 거리의 사람들 사이에서만 의미가 있지 않을까요?

"용서," 예수님이 과연 용서를 가르치셨을까? 또 그것과 아무런 상관없이, 우리가 누구를 용서한다는 것이 과연 무엇을 의미할까? 실제로 가능한가? 누구, 무엇을 위한 용서인가? 정의라는 질서를 파괴하는 것으로 보이는 용서, 그것이 주는 은택은 과연 무엇이란 말인가? 참으로 어려운 질문들입니다. 2세기의 교회가 사도신경을 통하여, 교회라는 공동체의 본질 하나가 용서에 있으며, 교회는 용서를 배우는 공동체요 그것을 실천하는 모임이라고 가르쳤는데, 이것은 21세기를 살고 있는 우리들에게는 큰 도전이 아닐 수 없습니다.

"주여, 우리에게, 우리를 상하게 한 자들을 용서할 수 있는 힘을 주옵소서. 그리하여 우리가 당한 상처들에도 불구하고, 주님 은총으로 인하여 우리가 시작할 수 있었던 선한 사업들을 세상 끝날까지 계속하게 하옵소서."

33

자본주의 사회에서 믿는 "몸의 부활"

사무엘하 19:1-8 왕이 목놓아 울면서 압살롬의 죽음을 슬퍼하고 있다는 소문이 요압에게 전해졌다. 그래서 모든 군인에게도 그 날의 승리가 슬픔으로 변하였다. 왕이 자기의 아들 때문에 몹시 슬퍼한다는 소문이, 그 날 모든 군인에게 퍼졌기 때문이다. 그래서 그 날 군인들은, 마치 싸움터에서 도망쳐 나올 때에 부끄러워서 빠져 나가는 것처럼, 슬며시 성 안으로 들어왔다. 그런데도 왕은 두 손으로 여전히 얼굴을 가린 채로, 큰소리로 "내 아들 압살롬아, 내 아들아, 내 아들 압살롬아!" 하고 울부짖었다. 마침내 요압이 집으로 왕을 찾아가서 항의하였다. "임금님, 모든 부하가 오늘 임금님의 목숨을 건지고, 임금님의 아들들과 딸들의 목숨도 건지고, 모든 왕비의 목숨과 후궁들의 목숨까지 건져 드렸습니다. 그런데 임금님께서는 오히려 오늘 부하들을 부끄럽게 만드셨습니다. 임금님께서는 어찌하여 임금님을 반역한 무리들은 사랑하시고, 임금님께 충성을 바친 부하들은 미워하시는 겁니까? 우리 지휘관들이나 부하들은 임금님께는 있으나마나 한 사람들입니까? 차라리 오늘, 압살롬이 살고, 우리 모두 죽었더라면, 임금님께서는 더 기뻐하셨을 것입니다. 그렇지 않으시다면, 이제라도 일어나 밖으로 나가셔서, 임금님의 부하들을 위로의 말로 격려해 주십시오. 제가 주의 이름을 걸고 맹세하지만, 지금 임금님께서 밖으로 나가지 않으시면, 오늘 밤에 한 사람도 임금님 곁에 남아 있지 않을 것입니다. 그러면 임금님께서, 젊은 시절부터 이제까지 당한 그 모든 환난보다도 더 무서운 환난을 당하실 것입니다." 그러자 왕이 일어나서 성문으로 나와 앉았다. "임금님께서 성문에 앉아 계신다!" 하는 소식이 모든 부하에게 전해지니, 모든 부하가 왕의 앞으로 나아왔다. 그 사이에 이스라엘 사람들은 모두 도망하여, 저마다 자기 집으로 돌아갔다.

마태복음 16:24-28 그 때에 예수께서는 제자들에게 말씀하셨다. "누구든지 나를 따라오려거든, 자기를 부인하고 제 십자가를 지고 나를 따라 오라. 누구든지 제 목숨을 구하고자 하는 사람은 잃을 것이요, 누구든지 나를 위하여 제 목숨을 잃는 사람은 찾을 것이다. 사람이 온 세상을 얻고도 제 목숨을 잃으면, 무슨 이득이 있겠느냐? 또, 사람이 제 목숨을 되찾는 대가로 무엇을 내놓겠느냐? 인자가 자기 아버지의 영광에 싸여, 자기 천사들을 거느리고 올 터인데, 그 때에 그는 각 사람에게 그 행실대로 갚아 줄 것이다. 내가 진정으로 너희에게 말한다. 여기에 서 있는 사람들 가운데 죽음을 맛보지 않고 살아서, 인자가 자기 왕권을 차지하고 오는 것을 볼 사람들도 있다."

    예수님께서 "온 천하를 얻고도 목숨을 잃으면 무슨 소용이 있겠는가?"라는 말씀을 하셨습니다. 그건 예수님이 아니라도 조금만 철들면 할 수 있는 평범한 말입니다. 그런데 사도신경을 고백한 2세기 로마의 기독교인들에게는 이 질문이 심각한 도전거리가 되었습니다. 로마의 황제가, 자신을 신으로 예배하라고 강요하면서 그 명령을 따르지 않는 자는 다 죽이겠다고 했기 때문입니다. 기독교인들은 하느님만 예배할 뿐, 다른 우상을 숭배할 수 없기 때문에 심각한 고민을 합니다. 목숨을 잃으면 종교의 자유가 무슨 소용이 있겠습니까? 그러니 살고 보라는 예수님의 말씀이겠지요?
    그래서 어떤 사람들은 고도의 철학을 동원했습니다. 이 세상에서 육체로 산다는 것은 열등한 삶이기 때문에, 영원한 하늘나라에서 영적으로 사는 높은 수준의 삶에 비하면 하찮은 것이라고 말합니다. 그러니 로마 황제에게 절을 하는 것은 대수롭지 않은 일이고, 로마 황제에게 절을 하지 않고 하나밖에 없는 목숨을 잃는다는 것은 어리석은 일이라는 것입니다. 이렇게 육체는 아무것도 아니고 영이 소중한 것이라고 말하면서 황제 숭배를 적극적으로 지지하는 기독교인들이 많이 생겨났습니다.

우리나라의 일제 시대에 신사참배에 참여한 감리교 목사님들이 있었습니다. 그들은, 이 난국을 넘어서서 후계자들에게 신앙을 물려주는 것이 옳은 일인데, 지금 우리 지도자들이 신사참배를 거부하고 다 죽으면, 기독교가 이 땅에서 뿌리뽑히게 된다고 생각했습니다. 그래서 겉으로는 일본 천황을 숭배하면서 속으로는 계속해서 기독교를 전파하는 것이 지혜롭다고 생각하여 신사 참배를 했던 것입니다. 그와 마찬가지로 2세기에 로마황제의 박해가 시작되었을 때, 많은 신령한 사람들(그 사람들을 영지주의자라고 합니다)이 육체로 하는 일이 영을 더럽히지는 않는다고 생각하면서 황제숭배와 타협해 왔습니다.

그런데 교회의 지도자들은 로마황제에게 예배하기를 거절하고 우리 주님의 뒤를 따라서 처형을 당하는 것이 영원히 사는 것이라고 가르쳤습니다. 그래서 교회는 '목숨을 잃는 것이 목숨을 건지는 것이고 영원히 사는 것이며, 몸이 죽어야 몸으로 다시 산다'는 문구를 사도신경에 집어넣었습니다. 몸으로 죽어야 몸으로 사는 것이고, 영으로만 죽으면 영으로밖에 못산다는 것이죠. 2세기의 기독교 지도자들은 영지주의자들의 생각이 틀렸다고 하면서, 순교를 서슴치 않았던 것입니다.

그런데 그것은 옛날의 이야기입니다. 지금 우리들은 순교를 원한다고 해도 누가 우리를 예수 믿는다는 이유로 죽이지 않습니다. 오늘 우리들은 자본주의 국가에 살고 있습니다. 자본주의 국가라는 것은 경제적인 의미만 있는 것이 아니라, 정치적으로 개인에게 철저한 자유가 보장된 나라에서 산다는 것을 의미합니다. 이제는 더 이상 국가가 개인의 운명을 보호하지도 책임지지도 않습니다. 우리는 미성년자가 아니기 때문에 부모가 우리의 운명을 책임지지도 않습니다. 국가도 부모도 우리의 운명을 책임지지 않는 자유로운 성인인 우리들이 자본주의에 살고 있는 것입니다.

그러면, 사도신경을 만든 2세기의 사람들이 남긴 교훈, '몸으로 죽어야 몸으로 산다'는 귀한 역사적인 유산을, 개인의 자유가 철저하게 보장된 자본주의 사회에서 우리가 어떻게 이어갈 것이냐 하는 것이 문제입니다. 오늘 이 시대에도 '몸으로 죽는 자는 몸으로 산다'고 믿는다면, 순교를 해야 다시 몸으로 살아날 수 있을 텐데, 그렇게 하려면 우선 기회가 있어야 하겠지요? 지금도 기독교인을 박해하는 어느 나라로 이민 가서 순교를 당해야만 2세기 신앙인들의 유산을 따를 수 있을 것입니다. 그러나 그렇게 할 수 없는 우리는, 생명의 위협을 느끼면서 살았던 2세기의 사도신경의 신앙을 오늘 어떻게 이어갈 수 있을까요?

저는 지금 우리들에게 있어서 가장 소중한 것이 돈이기 때문에, 돈 얘기를 해야 된다는 생각이 들었습니다. 저는 나이가 50이 넘어서야 '돈이 거의 하느님이구나. 돈이라는 것이 거의 생명이구나.' 하는 것을 조금씩 알게 되었습니다. 돈의 위력을 겨우 알아보게 된 것이죠. 옛날에는 갱들이 등장하는 영화나 특공대가 활동하는 영화를 보면, 그 영화의 주인공이 사랑이나 조국, 또는 정의롭고 아름다운 어떤 일을 위해서 죽는 모습으로 그려졌습니다. 그러나 요즘 영화를 잘 보면 대부분 돈 문제를 둘러싸고 죽고 죽입니다. 그 뿐만 아니라 한국이나 미국에서 어마어마하게 큰 교회를 담임하고 있는 거룩하신 목사님들이 자기의 아들에게 그 큰 교회, 곧 돈이 보장된 자리를 물려주는 모습들을 볼 수 있습니다. 그 유명한 목사님들의 모습을 보아도 돈이라는 것이 거의 하느님이고 거의 목숨인 것이 분명한 것 같습니다. 요즘 신문에서 자주 볼 수 있는 부모와 자식간에 벌어지는 놀라운 사건들, 혹은 다 보고되지 않은 부부 사이의 갈등 등의 배후에는 심각하게 돈 문제가 얽혀져 있는 것을 볼 수 있습니다. 일류대학을 나오고도 돈을 벌지 못하면 대학에서 배운 것을 자랑하지 못하는 시대에 우리는 살고 있습니다.

2세기의 신앙인들은 목숨이 신앙과 연관되고 자존심과 연관되기 때문에 신앙을 지키려고 애를 썼다면, 오늘 자본주의 사회에서의 목숨이라는 것은 사실은 돈이라고 할 수 있습니다. 지금 이 사회는 "하느님을 열성적으로 믿고도 돈의 축복을 얻지 못한다면 무슨 소용이 있느냐?"라고 예수님의 말씀을 바꾸어 말할 수도 있는 자본주의 사회니까요. 아버지를 향하여 아들이 "아버지는 저를 사랑한다고 말씀하십니다. 그렇지만 아버지의 재산을 지금 저에게 주셔서, 이렇게 제가 젊었을 때 그 유산을 쓸 수 있는 기회를 주시지 않는다면, 저를 사랑한다는 아버지의 말씀은 거짓말이 아닙니까?"라고 한다면, 그 아버지는 뭐라고 답할 수 있을까요? 돈을 많이 버는 남편에게 "내가 젊었을 때 쓸 수 있도록 지금 내 몫을 주시오."라고 아내가 말하면서 "당신은 정말 나를 사랑합니까?" 하고 대든다면, 남편은 뭐라고 대답해야 할까요? 그들은 사실은 돈이 무엇보다도 중하다고 생각하는 것 아닙니까?

오늘의 성경이야기를 자본주의 사회에서 다시 읽는다면, 돈의 문제가 얼마나 심각한가를 우리들에게 일깨워 주고 있는 것 같습니다. '몸으로 죽은 자가 몸으로 다시 살 수 있다'는 2세기의 사도신경을 고백한 신앙인들의 그 신앙을 오늘 우리들이 계승한다면, 순교할 일이 없는 우리는, "예수님 때문에 돈이나 혹은 돈을 벌 수 있는 직장을 잃어버릴 위기에 처했느냐? 예수님 때문에 돈을 잃고 예수님 때문에 직장을 잃는다면, 너희는 영생을 얻을 것이다"라고 바꾸어 고백해야 할 것입니다.

여러분은 한 번도 예수님 때문에 위기에 처한 적이 없습니까? 그렇다면 여러분은 동방교회처럼 행운의 기독교인이라고 할 수 있습니다. 기독교에는 서방 기독교와 동방 기독교가 있습니다. 예수님이 사용하셨던 희랍어를 쓰는 기독교가 있고, 로마 교황이 쓰는 라틴어를 쓰는 기독교가 있습니다. 로마 황제의 철저한 지배와 박해를 받았던 서방 기독교는 사도신경을 만들어서 "몸으로 죽는 자는 몸으로 다시 산다"는 신앙고백을 남겼고, 희랍어를 쓰는 동방 기독교는 비교적 평화로운 신비주의에서 살았으며 사도신경 비슷한 것도 고백한 적이 없습니다.

따라서 여러분들이 지금까지 살아오는 동안에, 그리고 앞으로 지구를 떠나는 그 시간까지, 한 번도 신앙이나 양심 때문에 돈이나 직업이나 직위를 잃어버릴 위기에 처하지 않았었고, 또 앞으로도 그런 위기에 처하지 않게 된다면, 사실은 사도신경의 "몸으로 다시 산다"는 대목은 아무런 의미가 없다고 할 수 있습니다. 그러나 혹시라도 살아가면서 예수님을 믿는다는 신앙과 양심을 지키기 위해 돈이나 지위의 손해를 보게 된다면, 그 때는 사도신경의 신앙을 생각해 보아야 할 때입니다. 돈을 선택할 건지 아니면 예수님의 신앙, 인간의 존엄성을 지킬 것인지를 결단하셔야 됩니다. 그 때 사도신경은 여러분들에게 "자본주의 사회에서 명예와 지위와 돈을 손해 보고라도 신앙을 지키는 사람이 인간답게 사는 것이고, 백 년 후에 후손들에게도 칭찬 받는 바른 삶을 사는 사람"이라고 말하는 것입니다.

무엇을 선택하든지 그것은 UN 헌장에 보장되어 있는 대로 여러분의 자유입니다. 그러나 예수 그리스도의 부활, '몸의 부활'을 믿는다는 것이 무슨 마술처럼, 사람이 죽어도 또 산다는 얘기는 결코 아니라는 것을 기억해야 합니다. 그런 얘기가 아니라고 하는 증거는 성경에 충분히 있습니다. 「Q(큐) 복음」이라는 본래의 복음에는 십자가와 부활의 이야기가 없으며 「도마복음」에도 없고 여러분이 들고 다니는 성경의 요한복음에도 없습니다. 요한복음은 예수님의 십자가는 인간의 죄를 대속하기 위하여 예수께서 피 흘리신 "대속의 십자가"가 아니고, 영광스런 "순교의 십자가"라고 기록하고 있습니다. 동방교회는 예수 그리스도의 부활을 생각하면서, '몸의 부활'이라는 신앙고백을 남긴 적도 없습니다.

그런데 지금 여러분은 죽음을 각오하고서야 기독교인이 되는 2세기에 살고 있지도 않으면서, "나는 예수님을 믿으니까, 내가 죽은 다음에 육체적으로 또 살아나서, 삶의 두 번째 기회를 갖게 될 것이라고 믿는다."고 한다면, 교회 밖의 사람들이 "욕심 좀 버리시오!"라고 말할 것 같습니다. 성경은 일찍이 그런 헛된 야망을 소개한 적이 없습니다. 거듭 말씀드립니다만, 2세기의 사도신경은, 서방의 기독교인들이 정말로 예수님을 믿는 이 길을 지키기 위하여 죽을 것인지, 아니면 황제숭배와 타협을 할 것인지를 결정해야 되는 절박한 시각에 나온 신앙

고백입니다. 그러므로 자본주의 사회에서 몸의 부활을 믿는 것은, 돈과 사회적인 지위를 양보하더라도 양심적인 길을 선택하는 것이, 내 자신과 내 가족과 내 자녀 앞에서 옳다고 믿는 것이라고 할 수 있습니다. 따라서 '몸의 부활'을 믿는다는 것이 그렇게 어려운 것은 아닌 것도 같지만, 또한 그게 쉬운 것도 아닙니다.

제가 처음 직장생활을 시작했을 때에 저의 어머니가 하신 말씀을 지금도 기억합니다. "너의 아버지는 일생동안 직장을 아주 많이 옮겨 다니셨다. 너는 어느 직장에 가든지 거기서 평생을 지내라." 그래서 저는 직장에 첫 출근하는 날 어머니의 이 말씀을 수첩에 기록했습니다. '이 직장에서 죽자.' 그런데 1년 만에 옮겼어요. 지금 생각하면 별 것 아닌 이유였습니다. 그 당시 저는 공개채용을 거쳐 어떤 직원과 동시에 취직이 되었습니다. 그런데 가만히 보니까 나이가 나보다 많은 그 직원에게 가족이 더 많다고 해서 봉급을 더 주는 거예요. 그 당시에는 봉급이 2만원인가 할 때였으니까 그 액수가 크게 차이가 나지도 않았을 것 같습니다. 그런데 자존심이 아주 많이 상하더라구요. 아니 어떻게 공개 채용을 통해 들어와서 똑같은 시간을 일하는데, 단지 나이가 더 많다는 이유로 돈을 더 줄 수가 있을까 싶었죠. 그래서 제가 직장을 옮겼습니다. 돈 몇 푼이 자존심을 크게 상하게 했던 제 경험입니다(당시는 세상 이치를 전혀 모르던 시절이었지요).

자본주의 사회에서 돈이라는 것이 아주 심각한 것임은 모든 사람들에게 마찬가지일 겁니다. 미국 사람들은 시간당 몇 센트만 더 받을 수 있으면 직장 옮기고, 그것을 자랑스럽게 생각합니다. 그러니까 지금 사람들은 자본주의 사회에서 사실은 영지주의자들처럼 살고 있는 것입니다. 영지주의자들은 영적인 것이 중요하다는 이유로, 육체로 사는 실질적인 삶을 소홀히 여겼습니다. 우리는 돈보다 더 중요한 것은 없다고 생각하면서 사는 것입니다. 시간당 몇 센트를 더 받느냐 덜 받느냐 하는 것 때문에 인간이 지켜야 되는 자존심과 체면, 명예, 신앙, 같은 것을 우습게 여기면서 살아가고 있습니다.

여러분들은 2000년 동안 지켜온 신앙의 길을, 이 자본주의 사회에서 몸으로 살고 계신 겁니다. 자본주의 사회 생활 속에서 한 가정을 책임져야 하는 남자들은 여인들보다 그 책임이 더 무거워서, 돈 때문에 시시때때로 자기의 양심과 신앙의 길을 조금씩은 타협하면서 자존심을 버리고 살아야 하는 확률이 더 클 것도 같습니다. 그것이 바로 여러분이 영지주의자처럼 적당한 다른 핑계를 대서 황제숭배라는 세속주의와 타협하면서, 부활의 길이 아니라 죽음의 길을 걸은 거라고 말할 수 있겠습니다. 이제 2세기의 사도신경을 만든 그 분들이 우리들에게 말합니다. "너는 몸의 부활을 믿느냐? 그렇다면 자본주의 사회 속에서 참 하느님의 길, 예수 그리스도의 길을 걷기 위하여 얼마간의 손해, 얼마간의 불편은 참아라."

많은 사람들이 돈을 우습게 아는 듯이 말하지만, 생활수준이 조금 내려가는 것을 참으라고 하면 달라집니다. 특히 한국인들은 돈 얘기 하는 것을 꺼리기 때문에, 제가 여기서 돈 얘기를 하는 것이 잘 받아들여지지 않을 거예요. 그러나 조금 더 편안하고 좋은 생활을 하기 위해 지금까지 많은 노력을 했고, 이민도 단행했는데, 이제 예수님을 믿고 양심적으로 살기 위하여 이전보다 더 불편한 생활을 감수할 용의가 있는가를, 여러분들 자신들에게 조용히 묻고 또 답변해 보시기 바랍니다.

34

"영생"이라는 나무의 열매는

다니엘 12:1-4 그 때에 너의 백성을 지키는 위대한 천사장 미가엘이 나타날 것이다. 그리고 나라가 생긴 뒤로 그 때까지 없던 어려운 때가 올 것이다. 그러나 그 때에 그 책에 기록된 너의 백성은 모두 피하게 될 것이다. 그리고 땅 속 티끌 가운데서 잠자는 사람 가운데서도, 많은 사람이 깨어날 것이다. 그들 가운데서 어떤 사람은 영원한 생명을 얻을 것이며, 또 어떤 사람은 수치와 함께 영원히 모욕을 받을 것이다. 지혜 있는 사람은 하늘의 밝은 빛처럼 빛날 것이요, 많은 사람을 옳은 길로 인도한 사람은 별처럼 영원히 빛날 것이다. 그러나 너 다니엘아, 너는 마지막 때까지 이 말씀을 은밀히 간직하고, 이 책을 봉하여 두어라. 많은 사람이 이러한 지식을 얻으려고 왔다갔다 할 것이다.

마태복음 19:16-22 그런데 한 사람이 다가와서 예수께 말하였다. "선생님, 내가 영생을 얻으려면, 무슨 선한 일을 해야 합니까?" 예수께서 그에게 말씀하셨다. "어찌하여 너는 나에게 선한 일을 묻느냐? 선한 분은 오직 한 분뿐이시다. 네가 생명에 들어가고자 하거든 계명들을 지켜라." 그러자 그는 예수께 "어느 계명들입니까?" 하고 물었다. 예수께서 말씀하셨다. "살인하지 말아라, 간음하지 말아라, 도둑질하지 말아라, 거짓으로 증언하지 말아라, 부모를 공경하여라. 그리고 네 이웃을 네 몸과 같이 사랑하여라 하는 계명들이 있지 않으냐?" 그 젊은이가 예수께 말하였다. "나는 이 모든 것을 다 지켰습니다. 아직도 무엇이 부족합니까?" 예수께서 그에게 말씀하셨다. "네가 완전한 사람이 되고자 하거든, 가서 네 소유를 팔아서, 가난한 사람에게 주어라. 그리하면, 네가 하늘에서 보화를 차지하게 될 것이다. 그리고 와서. 나를 따라라." 그러나 그 젊은이는 이 말씀을 듣고, 근심하면서 떠나갔다. 그에게는 재산이 많았기 때문이다.

요한복음 6:52-63 그러자 유대 사람들은 서로 논란을 하며 "이 사람이 어떻게 우리에게 자기 살을 먹으라고 줄 수 있을까?"하고 말하였다. 예수께서 그들에게 말씀하셨다. "내가 진정으로 진정으로 너희에게 말한다. 너희가 인자의 살을 먹지 않고 또 인자의 피를 마시지 않으면 너희 속에는 생명이 없다. 내 살을 먹고 내 피를 마시는 사람에게는 영생이 있을 것이요, 마지막 날에 내가 그를 살릴 것이다. 내 살은 참된 양식이요, 내 피는 참된 음료다. 내 살을 먹고 내 피를 마시는 사람은 내 안에 있고, 나도 그 사람 안에 있다. 살아 계신 아버지께서 나를 보내셨고 내가 아버지로 말미암아 사는 것과 같이 나를 먹는 사람도 나로 말미암아 살 것이다. 이것은 하늘로부터 내려온 빵이다. 이것은, 너희의 조상이 먹고서도 죽은 그런 것과는 같지 않다. 이 빵을 먹는 사람은 영원히 살 것이다." 이것은 예수께서 가버나움 회당에서 가르치실 때에 하신 말씀이다. 예수의 제자들 가운데서 여럿이 이 말씀을 듣고 "말씀이 이렇게 어려우니 누가 알아들을 수 있겠는가?"하고 말하였다. 예수께서 제자들이 자기의 말을 두고 수군거리는 것을 아시고, 그들에게 말씀하셨다. "이 말이 너희의 마음에 걸리느냐? 너희가 인자가 전에 있던 곳으로 올라가는 것을 보면 어떻게 하겠느냐? 생명을 주는 것은 영이다. 육은 아무데도 소용이 없다. 내가 너희에게 한 그 말은 영이요, 생명이다.

사도신경 끝 부분에 있는 마지막 이야기를 하려고 합니다. "몸의 부활과 영생을 믿는다." 참 어려운 말이지요.

마태복음에 보면 예수님 앞에 한 청년이 급하게 찾아와 "내가 어떻게 하면 영생을 얻겠습니까?" 하고 물었습니다. 예수님께서는 구약 성경에 있는 계명을 지키라고 하셨습니다. 그 청년은 "그건 상식이지요. 그걸 다 했는데도 내 마음이 아직 힘드니 어쩌면 좋겠습니까?" 하고 물었습니다. "돈 그만 모으고, 네가 번 돈을 가난한 사람에게 나누어주고, 내 제자가 되어라." 예수님의 이 대답은 젊은이가 원하는 정답이 아니었습니다. 그 젊은이는 그냥 떠나갔습니다. 1700년 후에 진젠돌프라(루터란)는 독일의 백작이 이 성경구절을 읽고 나서 '나는 어리석은 청년이 되지 않으리라' 다짐하고, 자기의 재산을 다 팔아 가난한 사람들에게 주며 선교 사업을 했습니다. 개신교에서 큰 교단 중의 하나인 감리교는, 이 진젠돌프 때문에 생겨난 거라고 말할 수도 있습니다.

만약에 이 청년이 부처님에게 와서 물었다면, 부처님은 "이미 가진 것도 너무 많은데 무엇을 또 가지려고 하느냐? 욕심을 버려라."라고 말씀했을 것 같습니다. 13세기에 토마스 아퀴나스에게 물었다면, "영원한 생명이 무엇인지 네가 알기나 하고 묻느냐? 사람은 영원한 것에 대해서 알 수 없다"고 아마 말했을 거예요. 인간은 "영원(永遠)"이라는 시간을 경험할 수 없기 때문에 인간이 구한 "영생(永生)"이라는 말은 13세기에 신학자 토마스 아퀴나스에 의하면 아무 의미가 없는 것입니다. 신에게 부여된 모든 말은 인간에게 사용된 것과 다르다는 것 이상의 아무 의미가 없습니다.

이 청년이 고달픈 인생을 보내고 있었다면, 그가 말하는 의미의 "영생"은 "이 고달픈 일상생활에서 벗어나는 길은 없겠습니까?"라고 물은 것에 불과한 거죠. 여러분은 살면서 "영원히 살고 싶다"는 문제를 진지하게 물어본 적이 있습니까? 제가 젊었을 때는 영원히 살 거라고 생각을 했기 때문에 그런 질문을 품지 않았으며, 지금은 이만큼 산 것도 힘든데, 더 오래 살면 곤란하다는 생각 때문에, 저는 "영생"에 대해서는 흥미가 없습니다.

여러분에게 "사도신경 중에서 가장 흥미 없고 기분 나쁜 대목은 무엇이며, 사도신경 중에서 가장 흥미 있고 기꺼운 대목은 무엇입니까?" 하고 물어본다면, 아마 많은 분들이 "몸의 부활과 영생을 믿노라" 하는 이 끝 대목이 가장 기분 좋고 흥미 있는 대목이라고 대답할 것 같습니다. 또한 많은 분들은 예수님께서 "본디오 빌라도에게 고난을 받고 십자가에서 돌아가셨다"는 대목은 좀 피해가고 싶은 무거운 대목이라고 생각할 것입니다. 그리고 주기도문 중에서는 "남이 나에게 지은 죄를 용서했듯이 내가 지은 죄도 용서해 주십시오." 하는 대목은 좀 불편해 하며, "일용할 양식을 주시옵소서." 하는 대목은 기쁜 마음으로 기도하면서 양식을 주시는 하느님을 찬양할 것 같습니다. 여러분도 집에 가셔서 사도신경을 다시 잘 읽어보시고, 기분이 좀 껄끄러운 대목은 어느 것이며 호감이 가는 부분은 어느 것인지, 한 번쯤 생각해 보시기 바랍니다.

현대인들이 별로 중요하게 질문하지 않는 "내가 영생을 믿는다."라는 2세기 순교자들의 신앙 고백을, 오늘 우리들이 어떻게 유산으로 물려받을 수 있을까요? 먼저 우리가 주목해야 될 부분은 신약 성경에서 "내가 무엇을 해야 '영생'을 얻겠습니까?"라고 질문했을 때에 이 젊은 부자가 질문한 '영생'과, 사도신경이 고백하는 '영생'은 전혀 다르다는 사실을 염두에 두셔야 됩니다. 이 청년은 부자였음에도 불구하고 더 오래 살고 싶어서 진시황제처럼 불로초를 찾았던 거죠. 그러나 2세기의 순교자들이 했던 질문은, 다니엘서에 나와 있는 질문, 혹은 외경, 마카비서에 나와 있는 것과 같은 질문입니다. 로마 황제 앞에서 차례로 죽어 가는 그들이, 다음 번 죽음은 내 차례라고 생각하면서 하늘을 향하여 물었습니다. "이렇게 죽는 것이 과연 잘하는 일입니까? 믿음을 지키다가 목숨을 잃는 것, 믿음을 지키다가 치욕을 당하는 것, 죽음의 공포를 애써 견디어야 하는 것, 이것이 과연 의미 있는 일입니까?" 이것이 2세기의 순교자들의 물음이었습니다. 그리고 2세기의 교회는 그들을 향하여 "너희만 그렇게 죽은 게 아니다. 너희들이 믿는 예수 그리스도도 본디오 빌라도에게 고난을 받고 땅속 깊은 곳에 매장되었지만, 지금 모든 사람들의 존경과 사랑을 받으며 하느님과 더불어 살고 있으니, 너희들이 선택한 이 길도 옳은 것이다."라고 대답한 것입니다.

그러므로 "영생"이란, 오늘날 많은 기독교인들이 생각하는 것처럼 "죽은 다음에는 무엇이 있을까?"라는 의문에서 생긴 답이 아닙니다. 죽은 다음에 어떤 일이 일어날까를 생각하면서 팔자 좋게 상상의 날개를 펴는 것에 대한 대답은 성경에 없습니다. 그런 질문을 하는 사람에게는 예수님께서 "가진 것이 너무 많구나. 다 팔아서 가난한 자에게 나누어주어라." 하고 대답하십니다. 우리가 "가진 것이라고는 시간밖에 없는데요."라고 말한다면, "그 시간을 가난한 자에게 다 나누어주고 나를 따르라."고 하실 것입니다.

지금 우리들은 순교의 위협 앞에 놓여있지 않기 때문에, 2세기의 사도신경을 오늘의 유산으로 물려받는다는 것은 매우 어려운 일입니다. 그래서 곰곰이 생각을 해봅니다. 많은 기독교인들이 2000년 동안 "영생 - 영원한 생명"에 대해서, "구원"에 대해서 질문하고 대답하고 생각해 왔습니다. 마태복음에는 "영생에 이르는 것"이 "완전한 사람이 되는 것"이라고 예수님은 말을 바꾸어서 설명하고 있습니다. '영생'은 곧 기독교에서는 구원과 마찬가지로, 세속적인 언어로 표현하면 완전한 사람이 되는 길이라고 말할 수 있습니다. 그런데 기독교는 한 번도 예수님의 가르침을 정직하게 반복하지는 않았던 것 같습니다. 왜냐하면 교회를 운영하려면 돈 많은 사람들이 있어야 되기 때문에, "네가 가진 모든 것을 팔아 가난한 자에게 주고 너희는 나를 따르라. 그리하면 너희가 영생을 얻게 되리라."는 이 단순하고 평범한 말을 기독교는 교인들에게 충분히 설명하지 않았습니다.

기독교 2000년 역사를 보면 이 단순한 고백을 반복하기보다는 영생에 대해서 다음과 같은 두 가지 방법으로 설명하고 있습니다. 예수님을 믿는 것은 고난의 길이고 그것은 모종의 보상을 받게 된다는 것입니다. 예수님을 믿는 믿음은 이 땅에서나 저 세상에서나 반드시 보상을 받게 된다는, 믿음에 대한 보상, 그것이 기독교의 99%의 교회가 2000년 동안 줄기차게 가르쳐온, 영생의 개념입니다. 특히 박해받고 있는 사람들을 위해 씌어진 성경 히브리서에는, "하느님 앞에 나오는 모든 사람들은, 그가 자기에게 나오는 자에게 상급을 주시는 분이라는 것을 믿고 나올지라."고 노골적으로 말하고 있습니다. 즉 기독교는 지금까지 하느님은 교회에 나오고 신앙을 지키기 위하여 고통을 당하는 모든 사람들에게 이 세상에서나 저 세상에서, 특별히 저 세상에서, 충분하고도 넉넉한 보상을 준다고 가르쳤습니다. 요한계시록도 그렇습니다. 이것이 "예수 믿고 영생을 얻는" 것입니다.

어떤 사람은 '나는 지금 하느님이 나와 함께 교류하시는 신비적인 체험을 하고 있으므로, 저 세상에서 누려야 될 신비적인 하느님의 보상이 지금 이 현세에서도 가능하다'는 현세 신비주의를 선택하기도

했습니다. 그러나 대부분의 기독교인들은 '영생이라는 것은 하느님 앞에 나오는 모든 믿음의 사람들이, 이 세상에서 믿음의 길을 가기 위하여 겪었던 모든 수고와 고난에 대한 넉넉한 보상을 받는 것'이라고 배워 왔습니다.

철학자 파스칼은 "도박은 불확실한 것을 얻기 위해 확실한 것을 투자하는 것"이라고 했습니다. 그래서 아마 그는 기독교 신앙을 도박이라고 말했는지도 모르겠습니다. 우리가 살고 있는 이 세상은 확실한 것입니다. 그런데 무엇이 있는지 모르는 미래, 그 불확실한 것을 얻기 위해 꼬집으면 아픔을 느낄 수 있는 확실한 생명을 포기하고, 기독교인들인 여러분은 도박을 하시겠습니까? 2세기의 사람들은 그랬던 것 같아요. 이 도박 이론은 맨 정신의 사람들에게는 설득력이 없을 거라고 보여 집니다. 영국에서 이민 온 미국 하버드 대학의 철학자 화이트헤드는, 영생, 영혼불멸이라는 것은 인간이 저 세상에 가서 하느님으로부터 뭔가를 받는 것, 즉 인간이 받고 인간에게서 일어나는 그 어떤 사건이 아니라, 하느님에게서 일어나는 사건이라고 했습니다. 이 세상에서는 우리가 아무리 좋은 일을 하더라도 후손이 지워버리면 그만입니다. 그러나 하느님 앞에서 의로운 일을 하면 하느님의 기억 속에 영원히 남게 된다는 것입니다. '영원,' '영생'이라는 것은 우리에게서 일어나는 사건이 아니라 하느님의 마음, 하느님의 기억 속에서 일어나는 영원한 기억이라고 그는 설명했습니다. 이 얘기를 들은 지가 20년은 넘는데 지금도 저에게는 아무런 매력이 없어요. 왜냐하면 예수님을 믿는 것은 제가 믿는 건데, 뭔가는 하느님에게서 일어났다고 하면, 제가 하느님 형편까지 살피면서 살아야 하는 것이 되기 때문입니다. 정직하게 말해서 우리는 자신의 삶을 걱정하기 위해 이 자리에

와 있는데, 하느님이 우리를 기억할까 말까를 걱정한다는 것은 너무나 고차원적이고 감상적인 것 같습니다. 그래서 영생은 도박이라는 이론도, 하버드 대학의 철학교수가 말하는 '하느님에게서 일어나는 영원한 기억'이라는 이론도, 제게는 별로 설득력이 없어요.

그러면, 2세기에 있었던 순교자들의 신앙을, 거의 무신론적인 세대에 살고 있는 오늘 우리들이 계승하는 길은 없을까요? 저는 2세기의 순교자들이 다니엘서를 읽었고, 마카비서(외경)를 읽었을 거라고 봅니다. "이렇게 죽으면 저 세상에 가서 또 한 번 살 기회가 있을 것"이라는 언어를 그들은 알고 있었다고 봅니다. 그러나 만약에 그들이 그것을 계산해서 죽었다면, 세상에서 유대-기독교 신앙인들처럼 불쌍한 사람은 없을 것 같습니다. 여러분들이 헌금을 많이 하면, 저 세상에 가서는 몇 갑절로 늘어서 보상받을 거라고 계산하고 교회에 와서 헌금하세요? 그것은 어리석은 일입니다. 교회에 나와서 하는 모든 수고가 하늘나라에 가서 보상을 받을 거라고 생각하기 때문에 하는 수고라면 기독교인들은 정말 어리석은 사람들입니다. 영생을 얻기 위해, '도박 이론'이나 하느님에게서 일어나는 영원한 '하느님의 기억 이론'을 믿고, 그것 때문에 우리가 순교를 당한다면 그것도 어리석은 것 같습니다. 저는 그것이 기독교인이 믿음의 길을 계속 가야 될 이유는 아니라고 생각하기 때문입니다.

2세기의 순교자들이 오늘 우리 시대에 살아와서, 우리들이 알아들을 수 있는 말로 자기들 시대의 경험을 설명한다면, 이렇게 할 것 같습니다:

"황제숭배를 받아들이고 몇 년이 될지 모르는 남은 생을 마저 사는 것과, 황제 숭배를 거역하고 지금까지 지켰던 신앙의 지조를 지키면서 일찍 죽는 두 길 사이에서, — 나는 어느 것이 나중에 더 많은 것을 보상받을 수 있는 길이겠느냐 하는 계산을 한 것이 아니라 — 더 인간다운 길, 더 인간의 존엄성과 품위를 지키는 길이 무엇인가를 생각하여 선택한 것이다. 시간적으로 오래오래 살 것이 아니라 한 순간을 살더라도 옳고 바르게 사는 길이 무엇이겠는가! 황제 숭배가 처음부터 옳은 길이라고 생각했다면 황제 숭배를 하는 것은 잘못이 아니다. 그러나 죽음이 두려워서 내 양심과 내 판단을 내버린다면, 어떻게 하늘이 두렵고 자식이 두려워 계속 살아갈 수 있으랴! 내 자식이 나를 무책임한 부모라고 비난할 지라도, 설령 내가 죽은 다음에 하느님이 나를 기억하지 않는다 할지라도, 나는 이 길을 갈 수밖에 없다고 생각하기 때문에 이 죽음을 택하는 것이다."

다시 말하면 죽음이라는 것, 특별히 강요된 죽음이라는 것은 절대적인 자기 부정, 자기 상실의 위기입니다. 세상에 죽음처럼 두려운 것은 없습니다. 죽음처럼 큰 사건은 없습니다. 그것이 강요된 타살이라면 엄청나게 무서운 일이죠. 이 커다란 공포 앞에서 그들은 자기네들이 겪어야 할 공포보다도 더 크게 하느님의 절대적인 긍정을 믿은 것입니다. 그들이 "이 길이 옳으냐? 저 길이 옳으냐?"고 질문했을 때, 어디선가 들려오는 절대적인 긍정의 대답, "너희들이 지금까지 살아온 그 길이 너희 자존심과 너희 품위를 지키는 데 절대적으로 옳은 길이다"라는 하늘 음성을 그들은 들었기 때문에, 죽음을 감내할 수 있었을 겁니다. 그래야만 조국을 위해서나 이념을 위해서 죽는 사람들의 심정도 이해할 수 있습니다. 순교는 기독교인만 하는 것이 아니기 때문에 그렇습니다. 전폭적인 자기 상실의 큰 공포 또는 치욕과 허무 앞에서, 그들은 어디선가 들려오는 절대적인 긍정의 소리, "너의 길이 옳은 길이다," "너의 길이 인간다운 길이다," "그 길이 거룩한 길이다"라는 음성을 들었기 때문에 끝까지 그 길을 갈 수 있었습니다. 저는 그렇게 믿기 때문에 지금도 예수님을 믿습니다.

35

그 고백 후에 남은 이야기

집회서 (외경) 10:26-31 일을 할 때 너무 재간을 부리지 말며 곤경에 빠졌을 때 허세를 부리지 말아라. 일하고 풍족하게 사는 사람이 뒷짐지고 허세부리는 빈털터리보다 낫다. 너는 들어라, 자존심을 가지되 겸손하고 네 자신을 평가하되 정당하게 하여라. 자신에게 죄지은 사람을 남이 어찌 변명해 줄 수 있으며 제 생활에 먹칠하는 사람을 남이 어찌 존경하겠느냐? 지혜가 있는 사람은 가난해도 존경을 받고 부자는 그 재산 때문에 존경을 받는다. 가난하면서도 존경을 받을 수 있다면 부자일 때 얼마나 더 큰 존경을 받겠느냐? 부자이면서도 경멸을 받는다면 가난하게 되었을 때 그의 처지가 어떻겠느냐?

마태복음 19:16-22 그런데 한 사람이 다가와서 예수께 말하였다. "선생님, 내가 영생을 얻으려면, 무슨 선한 일을 해야 합니까?" 예수께서 그에게 말씀하셨다. "어찌하여 너는 나에게 선한 일을 묻느냐? 선한 분은 오직 한 분뿐이시다. 네가 생명에 들어가고자 하거든 계명들을 지켜라." 그러자 그는 예수께 "어느 계명들입니까?" 하고 물었다. 예수께서 말씀하셨다. "살인하지 말아라, 간음하지 말아라, 도둑질하지 말아라, 거짓으로 증언하지 말아라, 부모를 공경하여라. 그리고 네 이웃을 네 몸과 같이 사랑하여라 하는 계명들이 있지 않으냐?" 그 젊은이가 예수께 말하였다. "나는 이 모든 것을 다 지켰습니다. 아직도 무엇이 부족합니까?" 예수께서 그에게 말씀하셨다. "네가 완전한 사람이 되고자 하거든, 가서 네 소유를 팔아서, 가난한 사람에게 주어라. 그리하면, 네가 하늘에서 보화를 차지하게 될 것이다. 그리고 와서, 나를 따라라." 그러나 그 젊은이는 이 말씀을 듣고, 근심하면서 떠나갔다. 그에게는 재산이 많았기 때문이다.

"기독교 신앙의 전통을 어떻게 오늘 우리 시대의 언어로 다시 말할 수 있을까?" 하는 주제를 가지고 1년 동안 생각해 보았습니다. 할 수만 있으면 옛 2세기의 신앙을 오늘 우리들의 언어로 계승하고자 하는 마음에서 시도했습니다. 그리고 지난 주일에는 "영생이라는 나무에서는 어떤 열매가 맺히는가? 영원히 사는 것이 영생인가?"를 생각하면서, 2세기 신앙고백의 본문을 점검하는 일이 끝났습니다. 오늘은 그 마지막 시간으로, "숲에서 나오니 숲이 보인다."는 말도 있듯이, 이제 사도신경의 본문 하나하나를 검토하는 숲에 있었던 일들이 끝났으니, 숲이 어떻게 생겼는지를 조명해보는 전체적인 검토 작업을 해야 될 때라고 생각합니다.

첫 질문은 "2세기에 로마에 있었던 기독교인들이 만든 사도신경의 많은 말들의 핵심은 무엇일까?"입니다. 이들의 신앙고백의 진짜 핵심은 무엇일까를 네 가지로 생각해 보겠습니다.

1. 사도신경의 핵심은, 제일 처음에 나오는 "우리는 하느님을 믿는다."는 조항이고, 그 뒤에 나오는 모든 말은 "우리는 하느님을 믿는다."는 말의 반복에 불과하다.

2. 사도신경의 핵심은, 제일 끝에 있는 말 "몸의 부활과 영생을 믿

는다."이다. 곧 예수님을 믿는 것은 확실하게 복 받는 길이며, 그 복은 이 세상에서 결코 구할 수 없는 '몸의 부활'이다. 그래서 기독교를 선택한 것이 가장 현명하다고 믿는다.

3. 사도신경에 나오는 많은 말들은 "예수께서 고난을 받으셨다"는 사실을 여러 번 반복하고 있는 것이다. 고난 앞에 서있는 2세기의 사람들이 사도신경을 고백했고, 이런 정황으로 미루어 보아 예수님의 고난이나 인생의 고난은 언제나 값진 영광스러운 결과를 가져오고, 고난은 인간을 성숙하게 하며, 이 세상에 이유 없는 고난은 없고, 고난은 언제나 아름다운 결실을 가져온다는 종말론적인 희망, 혹은 하느님을 믿는 믿음에서 오는 고난 찬미가 사도신경의 주제다.

4. 사도신경은 하느님 얘기도 아니며, 죽은 다음에 복 받는 얘기도 아니고, 고난에 대한 일반적인 찬미도 아니고, 평범한 사람들의 평범한 이야기이다. 인생은 살다보면 삶이 아닌 죽음을 선택해야 되는 막다른 골목에 도달하게 되고, 이 때에 죽음을 선택하는 이유는, 그것이 현재의 상황에서는 최선의 선택이기 때문이라는 것이, 그 시대의 사람들(순교자들)이 그 시대의 사람들에게 그 시대의 말로 전한 자기긍정의 이야기이다.

이와 같은 네 가지의 생각은 다 맞는 이야기라고 할 수 있지만, 우리가 함께 생각해 왔던 사도신경의 메시지의 핵심은 네 번째의 이야기입니다. 사도신경은 영원한 진리가 있는 것도 아니고, 종교적인 얘기를 하려는 것도 아닙니다. 죽은 다음에 복 받는 얘기를 하려는 것도 아닙니다. 그들의 이야기는 '막다른 골목에 도달한 인간이 취할 수 있는 길'의 이야기입니다. 그들은 막다른 골목에 도달해서도 원망의 아우성을 치거나 뒤돌아 서지 않고 그냥 죽었습니다. 다른 길은 없었기 때문입니다. 때로는 그렇게 죽는 게 사는 길이기도 하다는 얘기지요.

한국교회가 사도신경을 어떻게 이해하고 있는지, 여론 조사를 해보지는 않았습니다. 그렇지만 제가 감리교와 장로교의 여러 사람을 만나서 그들이 신앙고백을 하는 모습을 보고, 또 신문지상에 오르내리고 있는 글을 통해서 본 바에 의하면, 사도신경은 2세기에 누군가가 만든 것이 아니라, 예수님의 열두 사도들이 다시는 만날 수 없을 것을 염려하며, 흩어지기 전에 기독교의 본질이라고 생각하는 것을 한 대목씩 고백해서 묶은 것이라는 5세기의 전통을, 대부분의 한국 기독교인들은 믿고 있었습니다. 저도 한 때는 그렇게 알고 있었습니다. 따라서 사도신경은 사도들이 쓴 성경과 마찬가지로 성경에 버금가는 절대적인 권위를 가지고 있다고 사람들은 생각합니다. 특별히 사도신경에 나와 있는 중요한 신앙고백인, 예수님은 하느님의 유일한 아들인 "독생자"라는 부분, 예수님은 보통 사람이 아니라 처녀에게서 태어난 특별한 사람이라는 "동정녀 탄생," 이 세상의 삶이 죽음으로 끝나는 것이 아니라 언젠가는 육체로 부활해서 다시 살 수 있다는 희망을 주는 "육체 부활," 이 세 가지가 우리 기독교만이 가지고 있는 독특하고 유일한 구원의 희망이라는 사실은, 다른 모든 세상 사람들을 향하여 천명할 수 있는 요소로서, 양보할 수 없는 기독교의 핵심이라고 많은 기독교인들은 믿고 있습니다.

그런데 유감스럽게도 사도신경은 사도들이 직접 만든 것이 아니고, 2세기에 만들어진 것입니다. 그리고 사도신경은 성경처럼 모든 기독교인들이 알고 있었던 신앙고백이 아니라, 동방교회는 알지도 못했고, 서방교회의 지역적인 신앙고백이었습니다. 따라서 사도신경을 고백하지 않는다고 하여 기독교인으로서의 자격을 상실할 수는 없다는 것이 오늘날 대부분의 지식인들이 알고 있는 사실입니다.

그러면 왜 우리 교회는 사도신경을 고백하는지를 말씀드리겠습니다. 우리가 가톨릭에서 왔든지, 안식교회에서 왔든지, 우리 한국 사람들의 공통된 신앙고백은 그 배경이 서방교회에 있으며, 서방교회의 최초의 신앙고백인 사도신경을 무시한다는 것은 우리가 속해 있는 교회의 역사적인 뿌리를 소홀히 한다는 것과 같습니다. 그리고 만약에 우리가 교회 안에서 우리의 역사적인 뿌리를 소홀히 여긴다면, 우리 자녀들에게 "너희는 한국인"이라는 말을 할 자격을 상실하기 때문입니다. 우리가 신앙인으로서 우리의 역사적인 뿌리를 소중하게 여기지 않는다면, 한국인으로서 한국인의 역사적인 뿌리를 소중하게 여기는 윤리적인 이유가 없어집니다. 우리가 좋든 싫든 한국인이라는 역사적인 기억을 가지고 살아야 되며 그것을 가꿀 수밖에 없다면, 똑같은 논리로서 우리가 자라온 신앙의 뿌리를 기억하는 것은 인간으로서 옳은 일인 것입니다. 그러나 그것을 매주일 고백하지 않는 것은 그것이 남을 판단하는 절대적인 잣대가 되어서는 안 되기 때문입니다.

서방교회의 이 아름다운 신앙고백은 결코 보편적인 교회의 고백은 아닙니다. 내용적으로 보더라도 사도신경은 쉽게 말하면 냉전시대의 신앙고백, 혹은 더 정확하게 말하면, 2차 대전 시대의 신앙고백이라고 말할 수 있습니다. 그러나 지금은 전쟁이 끝나고 냉전시대도 끝난 화해의 시대, 신세계 질서의 시대에 들어와 있기 때문에, 2세기에 로마제국의 박해를 받으면서 갈등 속에서 살았던 2세기 사람들의 신앙고백을 무조건 계승하는 것은, 시대착오적인 어리석음을 범하는 거라고 생각합니다.

다음에는, 사도신경이 내용적으로 어떤 문제를 가지고 있는지 생각해 보겠습니다. 사도신경을 곰곰이 1년 동안 생각해 보았는데, 거기에는 죽는 이야기밖에 없습니다. 사람이 죽는다는 것은 쉬운 것이 아니지만 어려운 것도 아닙니다. 2세기의 신앙인들은 직면한 죽음 앞에서, 죽을 것인지 아니면 죽음을 피하고 좀 더 살 것인가를 생각하며 삶을 살아야 했기 때문에, 사도신경을 고백할 수 있었습니다. 그런데 오늘 우리는 신앙의 자유가 보장된 시대, 나라에서 살고 있습니다. 죽고 산다는 것이 몹시 많은 변수들의 종합에서 이루어지는 기이한 일이기는 하지만, 오늘 우리들은 어느 누구도 어떤 강요에 의하여 죽을 것이냐 말 것이냐를 고민할 필요는 전혀 없이 살아갑니다.

전시도 아니고 냉전시대도 아닌 지금 우리들에게 주어진 문제는, "어떻게 죽는 날까지 열심히 사느냐?"입니다. 만약 지금 여기에 2세기의 기독교인들이 있다면, 그들에게 "당신들은 죽을 거냐 말 거냐를 고민하며, 죽음을 택하기까지 정말 어려웠을 것입니다. 지금 우리는 언제 죽을지 모르며, 죽는 날까지 인간의 존엄성을 지키며 살아야 되는데, 이것 또한 매우 어려운 일입니다. 왜냐하면 우리가 고통스러운 고민을 하는 기간이 당신들보다 훨씬 길기 때문입니다."라고 말해 주어야겠다는 생각이 들기도 합니다. 앞으로 얼마나 더 많은 날들을 살다가 죽을지 모르는 상황에서, 능력도 별로 없고 노력을 해도 잘 되는 일 없이 삶을 계속 살아야 하는 데다가, 기독교인이니까 엉터리로 살지 말고 예수쟁이답게 살아야 되니 정말로 어렵습니다.

제가 1년 동안 사도신경을 생각하며 얻은 결론은, 2세기의 사람들만 벅차고 힘든 과제를 갖고 있었던 것이 아니라, 평화시절에 사는 오늘 우리들에게도 크리스천들이라면 저마다 담당해야 될 십자가가 있다고 하는 사실입니다. 2세기의 신앙고백은 "죽음을 선택하는 것이 사는 것이다"입니다. 그런데 오늘 우리 상황은 그것이 아닙니다. 사도신경에는 "예수님은 죽으셨다"는 것만 있지, 어떻게 사셨다는 것은 없습니다. 예수님이 어떤 삶을 살았는지는 성경본문을 봐야 알 수 있습니다. 따라서 사도신경은 2세기의 아름다운 신앙고백으로서 위대한 유산이기는 하지만, 오늘을 살아가야 하는 우리들에게 충분한 신앙의 좌표가 될 수는 없다고 말할 수 있습니다.

2세기의 사람들과 우리들의 공통점은 "예수님의 뒤를 따라가는 것이 무엇인가?" 하는 것이었고, 2세기의 사람들에게는 그것이 죽는 길이었습니다. 오늘 우리들은 예수님의 뒤를 따라 가기 위해 어떻게 살아야 하느냐를 고민해야 합니다. 예수님의 삶은, 인간을 자기 자신의 운명으로부터 해방시키는 비판정신을 지닌 삶이었다고 했습니다. 그리고 인간을 아프게 하고 무섭게 하는 모든 "고통"과, 인간을 서로 갈라놓고 단절시키는 모든 "분열"에서부터 인간을 해방시키려는 것이, 예수님의 삶이었다고 여러분들에게 말씀드렸습니다.

2세기의 신앙인들이 "오늘 죽을 것이냐, 목숨을 연장할 것이냐" 하는 문제로 고민했다면, 오늘 우리들에게도 심각한 고난의 십자가가 있습니다. "예수님처럼 살 것이냐, 내 멋대로 살 것이냐" 하는 것입니다. 죽는 날까지 계속해서 고민해야 합니다. 2세기에 죽음을 택한 사람들이 60일을 고민했다면, 우리는 60년을 고민해야 될지도 모릅니다. 여기 젊은이들도 있습니다만, 앞으로 죽는 날까지, 변함없이 인간을 운명의 굴레에서 해방시키고 고통에서부터 해방시키며, 나와 생각이 다른 사람들과 더불어 사는 코이노니아(친교, 공동체)를 형성해 가면서, 예수님처럼 살려고 애를 쓰며 살 수 있겠느냐는 것입니다. 이것 역시 죽는 것만큼 힘들 거라고 생각합니다.

이렇게 보면, 예수님의 죽음 자체가 2세기 기독교인들에게는 "살아가는 한 방식"을 말해 주는 것이었다고 할 수 있음을 우리는 주목해야 합니다. 사도신경이 말하는 "십자가"는 그들에게 예수님의 생애를 압축적으로 상징해 주고 있었기에, 살아 있는 삶의 좌표였던 겁니다. 로마 제국에 대(항)하여 그들은 스스로 죽을 수 있었습니다. 언젠가 우리 교회가 온 세상을 향하여, "여러분, 진정한 기독교인들, 예수의 제자들을 만나고 싶습니까? 우리 교회로 와 보십시오."라는 건방진 말을 할 수 있게 된다면, 얼마나 좋을까요? 목사의 아들로 태어난 니체는, "기독교인은 있었다. 한 사람 뿐이었다. 그런데 그는 나무에 달려 죽었다."는 말을 남겼습니다.

여러분들은 예수님처럼 사십니까? 2세기의 사도신경을 고백할 자격이 있습니다. 예수님처럼 살지는 못하지만 그렇게 사는 것이 아름답고 옳은 길이라고 생각하십니까? 2세기의 사도신경을 고백할 자격이 있습니다. "진정한 기독교인을 만나고 싶습니까? 여기 우리 교회로 와 보십시오." 우리가 이런 말을 감히 할 수 있는 날이 오기를 바랍니다.